Schirner
Verlag

Die Autorin

Jeanne Ruland, Jahrgang 1966, ist Autorin und schamanisch und spirituell ausgebildete Lebensberaterin. Auf ihren zahlreichen Reisen erhielt sie Einblicke in die verschiedensten Facetten der Schöpfung. Sie erfuhr schon in frühen Jahren die Führung und Fügungen des unsichtbaren Reiches und damit die unglaubliche Fülle und Kraft, die das Leben bereithält. Dieses Wissen möchte sie in ihren Büchern weitergeben. Die Schwerpunkte ihrer Arbeit sind schamanische Sitzungen, Erdheilungen, Jahresfeste, heilsame und verbindende Rituale, Vorträge und Seminare zu verschiedenen Themen (Veranstaltungsdaten finden Sie auf der Website der Autorin: *www.shantila.de*).

Das Buch

Die Welt der Tiere erschließt sich uns in der realen Begegnung und in der geistigen Welt. Die Tiere bringen uns Botschaften und senden uns Zeichen über die Kraft, welche mit uns ist. Sie begleiten, stärken, helfen und heilen uns, warnen und mahnen uns und tanzen mit uns in unserem Sein. Es gibt Tiere, die begleiten uns ein Leben lang, andere sind nur in bestimmten Situationen bei uns, und manche weisen uns lediglich auf Störungen eines Kraftfeldes hin. Es gibt Kraft- und Helfertiere: Krafttiere verkörpern eine bestimmte Energie, und Helfertiere stehen uns eine Weile zur Seite, um uns auf Dinge aufmerksam zu machen und uns unsere aktuelle Situation zu spiegeln. In der geistigen Welt ist alles möglich, deshalb können sich uns auch Fabeltiere wie Einhörner, Drachen, Pegasus zeigen.

In diesem Buch werden über 100 Tiere und ihre Botschaften an die Menschen beschrieben. Die Texte sind so gestaltet, daß sich die Kraft und das Wesen des jeweiligen Tieres beginnend auf der realen Ebene hin zur geistigen erschließt. Sie finden Wege, ihrem eigenen Krafttier zu begegnen, und die Botschaften der Tiere, welche ihr Sein berühren, in einem neuen Licht zu sehen. In der Arbeit mit den Tiergeistern kann sich eine wunderbare Magie entfalten, welche uns zu den hilfreichen Umständen und Dingen in unserem Leben führt, uns aufmerksam macht, wachrüttelt und uns auf unserer Expedition in die geistige Welt unterstützt.

Mögen wir durch den Kontakt und die Erkenntnisse, welche wir auf geistiger Ebene mit und durch die Tiergeister erhalten, wieder den Weg zur Achtung, zur Brüderlichkeit und zu einem ehrenhaften Umgang mit den Tieren finden.

Jeanne Ruland

KRAFTTIERE
begleiten dein Leben

Schirner Verlag

ISBN 978-3-89767-148-5

© 2004 Schirner Verlag, Darmstadt
10. Auflage 2009

Umschlag, Fotografien & Gestaltung: Murat Karaçay
Redaktion & Satz: Kirsten Glück
Herstellung: Reyhani Druck & Verlag, Darmstadt

www.schirner.com

Inhaltsverzeichnis

Danksagung

Einen lieben Dank von Herzen an all diejenigen, die bei der Entstehung dieses Werkes mitgewirkt haben. Hier möchte ich die Verleger Heidi und Markus Schirner und die Verlagsleiterin Kirsten Glück nennen. Dir, liebe Kirsten, vielen herzlichen Dank für deine Hilfe, deine Arbeit und Unterstützung bei diesem Werk. Von Herzen danken möchte ich weiter meiner Familie – meinem Mann Murat Karaçay und meinen Kindern Silva und Samy – für ihre Geduld, ihr Verständnis und ihren Beistand. Dir, lieber Murat, danke für das schöne Cover, deine Unterstützung und die Bebilderung.

Dieses Buch möchte ich den Tiergeistern widmen. Ich wünsche mir, daß die Verständigung, die Achtung und das universelle Bewußtsein zwischen den Menschenwesen und den Tierwesen wieder zurückkehrt.

Mögen die Tiergeister mit euch sein, euch auf euren Reisen in die geistigen Welten begleiten, euch beistehen, unterstützen und schützen!

Von Herzen danke an die Spirits,

Jeanne

Vorwort

Der Ruf der Quelle

Kehr zurück –
hör den Ruf der Quelle in dir,
und erkenne ihn in allem, was auf deinem Weg liegt.

Ehre und Achtung vor allen Mitgeschöpfen auf diesem Planeten,
das ist der Weg zum Licht der Seele,
zu den Tiergeistern, welche seit Anbeginn der Zeit mit uns wandern,
uns führen, uns nähren und uns lehren.
Höre den Ruf der Quelle in dir.

Frei wie ein Adler,
schlau wie ein Fuchs,
zart wie ein Schmetterling,
stark und mutig wie ein Löwe,
beschützend und kraftvoll wie ein Bär,
fleißig wie eine Biene,
weise wie eine Eule,
mächtig wie eine Schlange,
treu wie ein Hund,
ungebunden und frei wie eine Katze …

Inmitten dieser Fülle hast du deinen Weg begonnen,
den Tanz der vier heiligen Wege
und der vielen Zwischenrichtungen des Lebens,
den Weg der Erde, den Weg des Himmels und den Weg der Mitte in dir.
Lausche dem Lied, welches das Leben dir bringt,
finde den Weg zurück zur Sprache der Seele,
die mit allem kommuniziert.
Höre den Ruf der Quelle in dir.

Geben und Nehmen,
der große Kreislauf bringt alles wieder,
wieder, wieder und wieder; und so haben wir unendliche Chancen.
Öffne deine inneren Sinne, denn alles ist bereits in dir.
Höre den Ruf der Quelle in dir.

(Ursprung unbekannt)

Grundsätzlich sollten wir jede Aufgabe, jedes Problem, jedes Ereignis als Wachstumschance, Lernaufgabe und Lektion betrachten, mit Hilfe deren wir uns korrigieren können und verstehen lernen. Dabei können Krafttiere eine sehr große Hilfe sein.

Jeder Mensch kann sich jederzeit mit seiner inneren Welt verbinden. Alles ist bereits in uns. Je mehr wir uns und die dort wirkenden Kräfte verstehen, um so besser sind wir in der Lage, uns und andere – sofern sie es möchten und uns darum bitten – zu versorgen, zu wandeln und zu heilen, ihnen zu helfen. Doch beginnen können wir nur in uns und mit uns. In dem Maße, wie wir uns der inneren Welt, der Krafttiere und ihren Botschaften öffnen, werden wir mehr Erfahrungen machen, die uns mit der Zeit sicher und klar werden lassen. Es liegt in unserer Hand, Erfahrungen mit dem alten Wissen der Tiergeister zu machen und damit unseren Weg zurück zu der Verbindung mit allem, was ist, zu finden.

Einführung

Was ist ein Schamane?

Das uns geläufige Wort Schamane kommt vom Tungusischen Wort shaman, Sanskrit strmana, und bedeutet soviel wie: asketisch. Schamanen findet man überall auf der Welt, und zwar in alten ebenso wie in neuen Kulturen. Ein Schamane ist ein Mittler zwischen den Welten und kann in beiden gleichzeitig und bewußt walten. Er versetzt sich dazu in einen anderen Bewußtseinszustand, Trance genannt. Das geschieht meist durch den Schlag der Trommel, welche den Herzschlag der Erde symbolisiert. Aber auch andere Mittel dienen als Träger: die Rassel; monotoner Gesang; gleichmäßige Naturgeräusche, etwa ein Wasserfall; Pflanzen, welche einen anderen Bewußtseinszustand hervorrufen; lange andauernde einförmige Tätigkeiten (kehren, pirschen, beobachten); Aufgaben, welche nicht zu lösen sind, wenn die geistige Ebene nicht mit einbezogen wird, z.B. Eisblöcke mit der eigenen Körperwärme schmelzen oder mit einem winzigen Stein einen großen Felsen umfahren. Im Gegensatz zu den anderen Menschen tritt ein Schamane bei vollem Bewußtsein, hellwach und geistesgegenwärtig, im Vollbesitz seiner Kräfte in die Anderswelt. Er sieht dort genauso gut und klar wie in der alltäglichen Wirklichkeit. In der Anderswelt gewinnt er Schutzgeister, sprich: Krafttiere, welche ihn schützen, führen und unterstützen, ihm ihre Kräfte leihen, damit er seine Aufgabe erledigen kann. Sie schenken ihm die Kraft, die Medizin* und die Botschaft, welche er gerade braucht: magische Gegenstände, Führer, Pflanzen, Plätze, welche ihn befähigen, auf der geistigen Ebene zu handeln. So ist er in der Lage, in das Energiefeld eines Menschen einzutreten, Botschaften zu übermitteln, Ursachen zu erkennen, Heilungen auszuführen, Voraussagen zu machen, verlorene Seelenteile und Kräfte zurückzuholen sowie Kräfte und Energien zu stärken, heilende Rituale und Wege zu finden und mit den Kräften zum Wohle aller zu kommunizieren, sie zu achten, zu ehren und zu würdigen.

Ein Mensch kann auf verschiedene Weise zum Schamanen werden.
• Es wurde ihm in die Wiege gelegt, sprich: Er hat diesen Auftrag mitgebracht.

---

* Medizin wird von der Autorin in diesem Kontext wie bei den nordamerikanischen Indianern verstanden: alles, was uns dabei hilft, den Weg der Schönheit, d.h. des Einklangs mit allem, zu gehen. (Anm. d. Verlags)

- Er wurde von seinem Stamm auf Grund verschiedener Zeichen dazu erwählt.
- Die Aufgabe wurde auf ihn übertragen.
- Er erwacht zu dieser Aufgabe durch plötzlich einwirkende Erlebnisse.
- Er erfährt seine Aufgabe durch Einweihungen.
- Er übernimmt diese Aufgabe im Laufe einer Ausbildung und sammelt Erfahrungen, bis er die Einweihung zur schamanischen Arbeit durch die Spirits, die geistige Welt oder einen anderen Schamanen oder Eingeweihten erhält.

Woher kommt das Wissen von den Krafttieren?

In vielen alten Völkern und Kulturen dieser Welt glaubte man, daß vor der Welt der Menschenwesen eine Welt der Tiermenschen existierte, woraus dann das Menschenreich erst erschaffen wurde. So ist das Tierreich die Existenzgrundlage des menschlichen Lebens. Andere Überlieferungen sprechen von einer übergeordneten Kraft, welche die eine in die andere Welt wandelte. Tiere sind Boten der geistigen Welt. In vielen indianischen Stammeskulturen lebte die Überzeugung, daß Menschen und Tiere seelenverwandt sind und sich lediglich eine Verkleidung anlegen, um eine Kraft sichtbar zu machen und sich gemeinsam zu entwickeln.

So waren Mensch und Tier von Anbeginn sehr eng miteinander verwoben und verbunden. Der Mensch lernte von den Tieren, indem er sie studierte. Er beobachtete sie, ahmte sie nach und versuchte, ihre Kraft zu verstehen, besonders auch die geistige, um mit ihnen in Einklang und Harmonie zu leben. Die Tiere schenkten dem Menschen Eigenschaften, Erkenntnisse, Rituale und spirituelle Qualitäten, welche ihm halfen, sich über sich selbst hinaus zu entwickeln und Übermenschliches zu leisten. Die Tiere gaben dem Menschen Nahrung in jeder Form und forderten dafür ab und zu Opfer, welche in Form von Ritualen, z.B. Tänzen, dargebracht wurden. So waren Menschen und Tiere wie Brüder und Schwestern, welche sich gegenseitig halfen, das Gesetz von Geben und Nehmen lebten und im ewigen Kreislauf miteinander und füreinander tanzten.

Auf diese Weise entwickelten sich verschiedene Clans, welche jeweils eine bestimmte Tierkraft hüteten, mit den Tieren kommunizierten, die Geschich-

ten, welche sie ihnen erzählten, weitergaben, die Tiere würdigten und sie riefen, wenn sie Hilfe durch die mit ihnen in Verbindung stehende Kraft benötigten. Auch einzelne Menschen konnten Träger und Hüter einer Tierkraft sein. Viele Stammeskulturen, in denen man überwiegend von der Jagd lebte, bewiesen im Umgang mit Tieren eine hohe Sensibilität, Achtung und Dankbarkeit. Sie kommunizierten mit dem Tiergeist, wandelten die Kraft der Tiere und gaben die Energie in den Kreislauf zurück, so daß das natürliche Gleichgewicht der Erde nicht gestört wurde. Plagen und ungewöhnliches Tierverhalten hingegen zeigten eine Störung in der Harmonie, kündigten Unheil an, neue Zeiten und das Wirken dämonischer Kräfte.

Wir finden ähnliche Aussagen über Mensch und Tier in vielen ursprünglichen Kulturen dieser Welt, auch in unseren europäischen, so bei den Germanen und Kelten. Je weiter sich eine Kultur entwickelte und je unabhängiger sie von der Natur wurde, desto stärker wurden Tierkräfte genutzt, um über besondere Eigenschaften zu verfügen. Der Mensch erhob sich über die Tiere und machte sie sich nutzbar. Er beutete und rottete sie aus und schaffte ein Ungleichgewicht in der Natur und damit in der Weltenseele. In den späteren Religionen wurden die Tiere schließlich dem Teufel zugeordnet und dann ganz in den Hintergrund verbannt. Das geistige Wissen um die Kraft der Tiere und das Gleichgewicht zwischen allem Leben wurde verdrängt. Einige Menschen, Stämme und Naturvölker hüteten dieses Wissen über die Zeit, so daß wir heute wieder neu von ihnen lernen können.

Denn wenn wir wieder lernen, mit dem Geist des Tieres in Verbindung zu treten, stellen wir eine Verbindung zur Kraft und Herrlichkeit der Seele her. In den Tieren haben wir großartige Führer und Begleiter, welche uns heute wie damals helfen, uns über uns selbst hinaus zu entwickeln, das Land der Seele und der Ewigkeit kennenzulernen, die uns innewohnende Kraft zu erkennen und heilsam einzusetzen, die Verbindung mit allem wiederherzustellen, ein gesundes Gleichgewicht zu finden, unsere Selbstheilungskräfte zu aktivieren, und uns die Unsterblichkeit des Geistes lehren.

Doch im Austausch sollten wir ihnen ab und zu ein Opfer bringen, sie ehren, uns für ihren Schutz einsetzen, in Liebe an sie denken. Wir können ihnen einen Teil unserer göttlich-geistigen Kraft schenken, indem wir ab und zu eine Kerze für sie anzünden, in unseren Gebeten für sie um ihre Erhaltung bitten und ihnen auf unsere Weise danken. Das kann geschehen, indem wir

für sie tanzen, singen, ein Ritual feiern oder ihnen einfach eine Zeit einräumen, in der wir an sie denken und von der geistigen Ebene aus etwas für sie tun. Auf diese Weise kann sich hier wieder ein neues/altes Gleichgewicht der Brüder- und Schwesternschaft zwischen Mensch und Tier entwickeln. Dies ist einer der Wege zurück zur Quelle.

Was ist ein Krafttier?

»*Wir wissen, was die Tiere tun, welches die Bedürfnisse des Bibers, des Bären, des Lachses und der anderen Lebewesen sind, weil sich die Männer ehemals mit ihnen verheiratet und dieses Wissen von ihren tierischen Gattinnen erworben haben ... Die Weißen haben in diesem Land nur kurze Zeit gelebt und verstehen nicht viel von den Tieren. Wir aber wohnen hier seit Tausenden von Jahren, und die Tiere selbst haben uns schon vor langer Zeit belehrt. Die Weißen schreiben alles in ein Buch, um es nicht zu vergessen; aber unsere Vorfahren haben die Tiere geheiratet, sie haben ihre Lebensweise kennengelernt, und sie haben diese Kenntnisse von Generation zu Generation weitergegeben.*«*

(Claude Lévi-Strauss: Das wilde Denken)

Das Krafttier ist ein Seelenführer, welchem wir auf verschiedene Arten begegnen können. Es begleitet uns von Geburt an über lange Strecken und ist mit uns im Wesenskern verwandt; manche Menschen zeigen sogar bewußt oder unbewußt Gesichtszüge oder Verhaltensweisen ihres Krafttieres. Je nach Aufgabe, Bestimmung und Umfang unseres Lebens können wir eines oder mehrere Krafttiere haben. Sie können so vielfältig und so verschieden sein wie die Menschen selbst. »Gibt es nicht« gibt es nicht in der geistigen Welt.

Erscheint uns ein Tier, sollten wir es, auch wenn es klein und unscheinbar oder gefährlich wirkt, nicht von vornherein ablehnen. Schließlich zeigt es sich uns, weil es in der aktuellen Lebenssituation wichtig für uns ist. Manchmal wird die Kraft eines Tieres erst durch eingehende Beschäftigung und Betrachtung mit ihm klar: In jedem Fall bringt es eine Botschaft, eine Kraft und Eigenschaften, die verstanden und gesehen werden wollen. Haben wir unsere Aufgabe gemeistert, hat sich die Lebenssituation geändert, so kann es sein, daß ein Krafttier verschwindet, stirbt, sich verwandelt und ein anderes Tier an seiner Stelle auftaucht, das uns auf dem nächsten Abschnitt begleitet.

Alle Lebensformen, alles, was sich uns zeigt, kann uns weiterhelfen und ist für unsere Entwicklung von Bedeutung. Wenn wir annehmen, was auf dem Weg liegt, bereit sind, den Tieren zu lauschen und ihnen wirklich zuzuhören, die Botschaft, die sie bringen, zu verstehen, sie zu würdigen, so kann das unser Leben verändern. Von den Tieren können wir lernen, daß die Schöpfung, das Göttliche, ausnahmslos in allem wohnt.

Wie können wir unser Krafttier finden?

- Indem wir eine Reise in die innere Welt zu unserem Krafttier machen (siehe praktischer Teil).
- Durch die Liebe, welche man schon sehr lange zu einem Tier empfindet.
- Durch die ungewöhnliche Beziehung zu einem Tier.
- Durch häufige oder ungewöhnliche Begegnungen in der alltäglichen Wirklichkeit, z.B. wenn einem zu bestimmten Zeiten immer wieder ein bestimmtes Tier begegnet oder man von ihm gebissen wird, kann das bedeuten, daß man von ihm ausgewählt wurde, seine Kraft zu tragen.
- Wenn Tiergegenstände auf ungewöhnliche Weise zu einem gelangen, man sie findet, sie einem geschenkt werden ...
- Indem wir uns auf Visionssuche begeben.
- Durch reale Tier-Begegnungen, -Erfahrungen und -Berührungen.
- Wenn ein Tier sich opfert oder für uns stirbt.

Wozu dient ein Krafttier?

- Es beschützt unsere Lebensenergie.
- Es führt uns im geistigen Reich.
- Es zeigt uns, wie es um unsere Kraft steht und was wir tun können, um unsere Kraft wiederherzustellen und zu erhalten.
- Es verleiht uns besondere Eigenschaften und Fähigkeiten.
- Es warnt, schützt und begleitet uns.
- Es hilft uns, alte Muster aufzulösen.
- Es schenkt uns den Mut und die Stärke, im Leben weiterzugehen und anstehende Aufgaben zu bewältigen.

- Es zeigt uns die Kraft, die Energie an einem Ort an.
- Es hilft bei Heilbehandlungen.

Was ist ein Helfertier?

Die Frage »Ist eine Ameise ein Krafttier?« ist berechtigt. Eine Ameise ist eher ein Helfertier, jedoch möchte ich nicht ausschließen, daß sie sich einem Menschen auch als Krafttier vorstellt, denn in den Andersreichen ist alles möglich – »gibt's nicht« gibt's nicht. Das, was gerade dran ist und sich zeigt, ist für die jeweilige Situation im Leben von Bedeutung.

Bei kleinen Tieren ist es ratsam, unseren Blick zu erweitern und nicht nur ein Tier zu sehen, sondern es uns in der Masse seiner Gruppe (Schwarm, Staat) vorzustellen und auf innerer Ebene zu schauen, als welches Wesen es sich im Schwarm formieren kann und welche Kraft es damit für die jetzige Situation bringt. Wenn wir die kleinen Tiere in ihrer Menge sehen und erkennen, welche Wesenheiten und Kraftfelder sie aufbauen können, so wirken sie nicht mehr klein. Unter Umständen können sie sogar machtvoller sein und uns bessere Hinweise geben als ein großes Krafttier.

So ist es der Geist der feurigen Erde, der Wandlung und Lockerung bringt, der sich in Gestalt Tausender Ameisen zeigt, welche sich meist am Boden formieren. Ameisen z.B. können uns in die Pyramide der Einweihung führen sowie Kräfte und Fremdenergien erkennbar machen und auflösen, die sich ungeordnet und belastend in unserem Energiefeld aufhalten. Dazu gehören z.B. der Zorn darüber, daß man keinen Platz im Leben findet, oder Wutblasen, die aufgrund ungerechter Behandlung entstehen. Die Tiere helfen, diese »Gifte« in unserem Energiefeld durch Gegengift und das Feuer der Erde zu wandeln und uns zu befreien, so daß wir unseren Auftrag erfüllen können. Außerdem verleihen sie uns den Fleiß, die Ausdauer und die Feuerkraft, die notwendig sind, damit wir unserem Weg weiter folgen können.

Die Feenschwestern aus Wyrd, dem Andersreich, zeigen sich z.B. in ihren Umrissen als Bienenschwarm und manifestieren sich so langsam durch ihn; sie weihen ein in die Anderswelt und lösen alte Verbindungen, damit Neues entstehen kann. Verstorbene Seelen, welche in der Zwischenwelt aus irgendwelchen Gründen – die es zu erfahren und, wenn möglich, aufzulösen gilt, damit sie gehen können – festhängen und sie nicht verlassen können,

zeigen sich oft in ihrem Umriß in einem Mottenschwarm. Dieser bildet die Form des Verstorbenen nach und gibt ihm eine gräulich-stumpfe Farbe. Wenn sich uns der Herr der Fliegen in Form eines Fliegenschwarms zeigt, so verweist er auf alte Muster und Kräfte in unseren Gedanken, die unser Nervensystem strapazieren und die abgetragen, gereinigt und aufgelöst werden müssen. Kleine Fischschwärme können im Wasser große Strudel und neue Strömungen erzeugen und so zur Reinigung und Erneuerung der vitalen Gefühlsenergie beitragen. Sie können sich zu einem großen Wesen zusammenschließen, welches gefährliche Kräfte in unserem Emotionsfeld aufspürt, sie verscheucht und besiegt. So wird das innere Gewässer wieder rein und klar, so daß wir uns der Liebe und dem Hier und Jetzt öffnen können. Dies sind nur ein paar kleine Beispiele dafür, wie kleine Tiere in großer Weise sich zeigen und wirken können.

Kleine Tiere können außerdem neue/alte heilende Urformen und Urmuster aufbauen, sie durch ihre Bewegung und Ausdauer aktivieren und z.B. durch heilende Mandalas, neue Muster und Symbole neue Kräfte in uns aktivieren. Sie helfen uns, unsere Zellen, Atome und kleinsten Schwingungsteilchen mit neuer Information zu speisen und sie umzustrukturieren, so daß neue Einsichten bis in unseren Mikrokosmos vordringen und sich dort stabilisieren können, wodurch alte Muster vollständig aufgelöst und unwirksam werden. Auf diese Weise können wir innerlich weiter wachsen und uns von Altlasten befreien, welche uns nicht mehr dienen.

Ein Schwarm kleiner Tiere taucht (wie ich selbst erfuhr) oft dann auf, wenn es gilt, Kräfte zu erlösen, zu wandeln oder die eigene verstreute Energie zurückzuholen. Das kann äußerst nützlich sein. Werfen wir hierzu einen Blick auf die Märchen: Meist bekommt der Held oder die Heldin drei Aufgaben, welche innerhalb eines bestimmten Zeitrahmens gelöst werden müssen – in einer Nacht alle Perlen vom Grund des Ozeans holen, alle Körner auf einem Acker einsammeln, die Spreu vom Weizen trennen ... Wird die Aufgabe nicht erledigt, kann keine Lösung der gebundenen Energie erfolgen. Hier helfen dann die kleinen Tiere, also kleine Fische, Ameisen, kleine Vögel, Bienen ... Es ist ein gutes Zeichen, wenn sie auftauchen, denn dann kann eine Aufgabe gemeistert, eine Kraft zurückgeholt werden, welche letztlich zur Erlösung der wahren Kraft dahinter und zu Glück führt.

Das sind die Aufgaben der Helfertiere. Sie wirken für eine Zeit und helfen, Energiefelder neu zu formatieren, zu wandeln, aufzulösen, sich aus einer

Verstrickung zu befreien, Kräfte zurückzugewinnen, welche man in der Vergangenheit verloren hat, neue Kräfte hinzuzugewinnen, ein anderes Grundmuster zu erschaffen und schließlich den Weg in ein glückliches, zufriedenes Leben zu finden.

Warum werden Teile von Tieren benutzt?

Einst, als der Mensch mit den Tieren die Welt gleichberechtigt bewohnte und ihnen Achtung entgegenbrachte, waren alle Tiere als Ganzes heilig. Der Mensch tötete nur die Tiere, die ihm nach langem Gebet, Opfer und Anrufung einer Waldgottheit oder eines Tiergeistes geschickt wurden. Er nahm bestimmte Teile eines Tieres für sich und gab andere an die Erde zurück, um den Tiergeist zu würdigen. Die Tierseele wurde außerdem durch Gebete, Rituale, Gesänge und Tanz mit geistiger Essenz genährt, um den natürlichen Kreislauf der sich ewig erneuernden Lebensenergie nicht zu unterbrechen. So dienten die erlegten Tiere nicht nur der Ernährung, denn der Mensch nutzte sie auf allen Ebenen – sowohl für den Kontakt mit der geistigen Welt, als auch als tatsächliche Medizin in bestimmten Angelegenheiten, in denen er um Hilfe gebeten hatte.

Pflanzen und Tiere ernähren Tiere, Pflanzen und Tiere ernähren Menschen. Der Mensch nährt die geistigen Ebenen, welche wiederum die Erde und ihre Kräfte erhalten. Steine, Pflanzen und Tiere geben dem Menschen Kraft auf jeder Ebene, damit wird er zum Hüter und Träger der Energie und des Gleichgewichtes zwischen den Kräften. Die Menschen früher wußten um diese hohe Aufgabe und den Auftrag, der sich damit verband. Sie würdigten und ehrten die Tiere und Tiergeister und brachten ihnen große Achtung und Dankbarkeit entgegen.

Die Natur ist ein ewiger Kreislauf aus Aufbau, Erhalten, Zerstören und Wiederhervorbringen. Auf der geistigen Ebene gibt es weder Tod noch Zerstörung, nur Wandlung. Deshalb ist es dort durchaus möglich, ein geliebtes verstorbenes Tier wiederzutreffen, mit Tiergeistern zu kommunizieren oder von einer Untat, die wir begangen haben, verfolgt zu werden. Je nachdem wie wir die uns gegebene göttliche Macht nutzen, erschaffen wir Himmel oder Hölle in uns. Auf der geistigen Ebene werden wir mit dem konfrontiert, was wir selbst erschaffen. Hier können wir der wahren Absicht einer Tat nicht

entgehen. Die Nachwirkungen einer Tat können wir durch Einsicht, Wiedergutmachung, Vergebung und Gnade auflösen, denn das Göttliche ist Liebe.

Wenn wir zu unserer geistigen Natur zurückfinden, werden wir aufhören, die Tiere und das, was sie uns geben, auszubeuten und zu mißachten. Dann werden wir, wenn wir uns einen Teil eines Tieres einverleiben, ihm danken und es würdigen und damit seine geistige Essenz berühren. Nicht mehr Gier oder Macht werden unser Verhältnis zu den Tieren prägen, sondern Liebe und Einverständnis mit der göttlichen Quelle.

Teile von Tieren, wie Leder, Knochen, Federn, werden zu uns kommen, wenn wir sie benötigen. Wir müssen nicht mehr nach ihnen jagen, für sie töten und uns an den Tieren vergehen. Wenn Teile von Tieren zu uns kommen, können wir durch unsere innere Geisteshaltung die Seele des Tieres neu und lichtvoll berühren, indem wir ihm danken, es ehren und würdigen. Auf geistiger Ebene können wir sie mit aufrichtiger Liebe und Achtung in den großen Kreislauf zurückgeben.

Stell dir vor, du verläßt deine irdische Hülle und deine Seele zieht sich in die geistigen Gefilde zurück. Nun blickst du zurück und schaust, was andere mit den Dingen machen, welche du hinterlassen hast. Worüber würdest du dich am meisten freuen? Sicher darüber, daß diese Dinge in Achtung und Liebe weiterverwendet werden. So ist es auch, wenn eine Tierseele ihren Körper verlassen hat. Dadurch, daß wir Teile von ihm in Achtung nutzen, würdigen wir die Tierseele und geben ein Stück der geistigen Essenz in den großen Kreislauf zurück.

Wir sollten nicht versuchen, dieses Mysterium zu verstehen, sondern das, was sich uns zeigt, mit einer inneren Haltung von Dankbarkeit und Demut annehmen. Die geistige Führung kennt den Weg unserer Seele.

Praktischer Teil

Die universelle Kraft kann sich in der Gestalt eines Tierwesens offenbaren. Auf unserer Reise in die Anderswelt – in die nichtalltägliche Wirklichkeit, in das spirituelle feinstoffliche Gewebe der Energie – treffen wir meist bereits sehr früh auf Tiere. Sie helfen uns als Spirits, Verbündete, und sind die wichtigsten Begleiter auf den mannigfaltigen Wegen der Traumpfade. Sie führen uns zu den Energieblockaden und helfen uns, diese zu verstehen, zu lösen und zu transformieren, ähnlich einer Metamorphose. Das, was auf unser seelisches Feld einwirkt und in unserem inneren Feld arbeitet, hat Folgen für unser Wohlergehen. Es ist hilfreich, stehenzubleiben, nach innen zu gehen, in sich hineinzuschauen, sich dem, was in uns wirkt, zu stellen und es – je nach Situation – zu verstärken, zu stabilisieren oder zum Guten und Heilsamen zu wandeln. Hier stelle ich ein paar Wege vor, wie man mit Krafttieren arbeiten kann.

Die Krafttiersuche

Zunächst ist es wichtig, sich mit dem Geist der Tiere zu beschäftigen. Tiere leben auf der Erde, in verschiedenen Elementen und haben Kräfte, welche sie dem Menschen verleihen, damit er über sich hinauswachsen kann. Wir stehen mit dem, was uns anzieht und beschäftigt, in Resonanz.

Nimm dir Raum und Zeit, einen Zettel und einen Stift, und frage dich:

- Welches Tier kommt mir spontan als erstes in den Sinn?
- Welches Tier liebe ich schon immer?
- Welche Tiere begleiten mich von Geburt an?
- Welches Tier hatte ich als Kind sehr gern?
- Welche Tiere habe ich als Stofftiere oder in der Realität geschenkt bekommen?
- Zu welchen Tieren habe ich einen engen Bezug?
- Vor welchen Tieren fürchte ich mich seit jeher?
  (Es ist wichtig, sich das anzuschauen, wovor du am meisten Angst hast. Es ist eine Kraft, welche in dein Leben integriert werden möchte, damit sie nicht gegen dich wirken kann. Tiere, vor denen wir Angst haben, fordern uns auf, uns ihnen zu stellen, damit wir diese Ängste überwinden können.)
- Welches Tier hat mich schon öfter in meinen Träumen begleitet?
  (Oft treffen wir unser Krafttier immer wieder in unseren Träumen.)
- Mit welchen Tieren hatte ich besondere Erfahrungen (positiv oder negativ)?

- In welchen Phasen begleitete mich ein Tier?
- Hat mich schon mal ein Tier angegriffen oder gebissen?
  (Im schamanischen Weltbild bedeutet dies, daß ein Tier einen gewählt hat. Durch den Angriff überprüft das Tier, ob wir in der Lage sind, mit seiner Kraft wirklich umzugehen.)
- Welches Tier fällt mir in meiner Umgebung am meisten auf?
  (Das kann auf die Energie in der Umgebung, in der du dich bewegst, hinweisen und dir dafür Rat geben und Überlebensstrategien zeigen.)
- Mit welchem Tier stehe ich aufgrund meiner Geburt in Kontakt (Sternzeichen, chinesische Astrologie, indianisches Medizinrad, Mayakalender ...)?
- Wofür stehen Tiere in meinem Leben?

Die Reise zum Krafttier

Die Welt der Schamanen gliedert sich in drei Ebenen: die obere Welt, Welt des Lichtes – die mittlere Welt, in der alles zusammenfließt – die untere Welt, Welt der Kraft, der Ahnen, der Geister, der Wurzeln. Dein Krafttier findest du in der unteren Welt, da es für die Kraft und Stärke steht, die du jetzt für deinen Erdenweg benötigst.

Hinter allen sichtbaren Erscheinungen wirkt ein Geistwesen. Tiere haben mächtige Geister. Diese können zu ihnen selbst gehören oder von einem höheren Wesen, einer Gottheit, einem Meister dazu genutzt werden, zu uns zu sprechen. Die Krafttiere wählen dich, indem sie sich dir zeigen – nicht du wählst sie. Jedes Tier hat besondere Merkmale, besondere Lebensräume und eigene Fähigkeiten. Finde heraus, welche das sind, du kannst daran die Kraft und die Medizin erkennen, die das Tier für dich hat. Deine innere Führung, die Quelle, die geistige Welt, weiß, was für dich richtig ist, du kannst ihr vertrauen.

Meistens reist man auf dem Herzschlag der Trommel in die untere Welt. Du kannst dir von jemandem einen Trancetrommelrhythmus schlagen lassen oder eine schamanische Trommel-CD mit einem monotonen Rhythmus einlegen*. Jedoch ist es auch möglich, mit der Rassel, der Klangschale und anderen Instrumenten zu reisen, wenn du einen besonderen Zugang dazu hast. Bevor du beginnst, sorge dafür, daß du für ca. eine halbe Stunde ungestört

---

* Michael Reimann: Trance-Trommel Vol. 1/Vol. 2. Darmstadt 2003.

bist – schalte Telefon, Handy und Klingel aus, schließ die Tür ab. Bereite deinen Raum so vor, daß du dich wohlfühlst und dich entspannen und fallen lassen kannst. Wenn du auf deiner Reise erschreckst oder dir das, was du siehst, zu heftig ist, so steige einfach aus. Bitte um lichtvolle Hilfe und Führung; wackle mit dem großen Fußzeh, und kehr zurück.

Stell dir einen realen Eingang in die untere Welt vor: Baumwurzeln, Brunnen, Erdlöcher, Seen, Felsspalten, Höhlen ... Das ist wichtig, weil du so einen Bezug zwischen der alltäglichen Wirklichkeit und der Anderswelt herstellst. Du kannst auch vor deiner Krafttierreise einen Spaziergang machen und nach Eingängen Ausschau halten.

Wenn du deinen Eingang gefunden hast, so verdunkle den Raum, packe dich warm ein, und sorge dafür, daß dich in der nächsten halben Stunde nichts ablenkt. Laß nun durch das Instrument deiner Wahl die Reise beginnen. Bitte die geistige Welt darum, dich zu schützen und zu führen und dir dein Krafttier zu zeigen. Geh zu dem Eingang in die untere Welt, und schreite hindurch.

In der unteren Welt, der Welt der Kraft, wird dir dein Krafttier begegnen. Du kannst es rufen und darum bitten, daß es sich dir zeigt. Ein Tier ist dann dein Krafttier, wenn es sich dir mindestens drei- bis viermal und von verschiedenen Seiten zeigt oder du dich in es verwandelst und in seiner Gestalt mit ihm reist. Auch wenn du ein Tier, dem du in der unteren Welt begegnest, fragst: »Zeige mir dein Licht, bist du mein Krafttier?«, muß es sich dir offenbaren. Wenn es stehenbleibt und dir ein Ja signalisiert, dann ist es dein Krafttier. Ist es nicht dein Krafttier, muß es nach dieser Frage gehen – denn auf geistiger Ebene zählt der freie Wille und das Gesetz der Resonanz. Manchmal kann das Krafttier dich auch beißen; es überprüft damit, ob du für seine Kraft bereit bist.

Wenn du dein Krafttier gefunden hast, bedanke dich. Du kannst es um ein Zeichen in der alltäglichen Wirklichkeit bitten (meistens erscheint das dann im Laufe der folgenden Woche). Kehre nun zurück in die Realität (du kannst auch das Endsignal der Trommel abwarten). Reck dich, und streck dich, trink ein Glas Wasser, und achte darauf, daß du wieder ganz im Hier und Jetzt angelangst. – Wenn du dein Krafttier nicht gleich bei der ersten Reise findest, so versuche es nach einiger Zeit noch einmal. Fällt es dir schwer, in die Erde einzusteigen, so bitte deine Spirits, deinen Schutzengel, ein Naturwesen ..., dich zu führen und zu begleiten.

Schreibe dir deine Begegnung auf. Du kannst dir auch einen Kraftschild basteln, indem du dein Tier und das, was du mit ihm verbindest, auf ein Stück Stoff oder Leder malst, stickst, aufträgst und dieses in einen runden Rahmen befestigst. Dein Krafttier steht dir jetzt zur Seite und verleiht dir seine Kraft, welche du in der jetzigen Lebensphase benötigst. Du kannst nun dein Krafttier zu allen möglichen Angelegenheiten des Lebens befragen und dich von ihm begleiten und beraten lassen.

Ein Krafttier kann dich zu einem anderen Krafttier führen, welches dir hilft, mit einer bestimmten Angelegenheit fertig zu werden. Beurteile nicht; alles ist immer gut, so wie es kommt. Angenommen, du findest ein Krokodil auf deiner Krafttiersuche und hast zunächst große Angst davor. Auf deiner nächsten Reise taucht dann vielleicht eine Wasserschildkröte auf, welche mit der Krokodilkraft problemlos und ungefährdet zusammen im Wasser leben und ihrem eigenen Weg folgen kann. Das Krokodil kann zum Beispiel die gefährliche Kraft der Ahnen verkörpern, ein Kollektiverbe oder eine Familienstruktur aufzeigen, welche/s in deinem Leben wirkt und dich nicht du selbst sein läßt. Wenn diese emotionale gefährliche Situation in deinem Leben erkannt ist und aufgelöst wurde, kann das Krokodil auf Nimmer-Wiedersehen verschwinden und die Schildkröte sich in einen Delphin verwandeln. Du wirst Zeichen erhalten und merken, daß es so ist.

Es gibt hier so viele Wege, wie es Menschen gibt – und so viele Bedeutungen und Deutungen, wie es Lebenssituationen gibt. Am besten läßt man sich die Botschaft und Aufgaben von den Krafttieren selbst mitteilen, denn der große Geist wirkt und spricht durch sie.

Was kannst du mit dem gefundenen Krafttier machen?

- Es hilft dir bei alltäglichen Angelegenheiten.
- Es hilft dir in allen Fragen. Formuliere deine Frage, und reise dazu auf Trommelmusik in die untere Welt. Triff dich dort mit deinem Krafttier, und laß dir zeigen, was zu tun ist.
- Es hilft dir in bestimmten Lebensabschnitten und verleiht dir bestimmte Kräfte, welche du in dieser Phase brauchst.
- Es zeigt eine Energie an, welche momentan wirkt, und gibt die entsprechende Medizin, um dich heil werden zu lassen.
- In Heilbehandlungen steht es dir auf der geistigen Ebene zur Verfügung, um deine Energie zu schützen und zu stärken und dich zu führen.

Das Krafttier holen lassen

Wer noch keinen bewußten Zugang zu seinen inneren Welten gefunden hat, kann sich von einem schamanisch arbeitenden Menschen ein Krafttier holen lassen. Dieser macht für den anderen Menschen die Reise wie oben beschrieben. Das Krafttier wird anschließend vom Suchenden über dem Herzen in die Hand genommen und vom Schamanen über das Kronen-Chakra eingeblasen. Sodann wird in der Regel die Rassel dazu verwendet, das Krafttier in das Energiefeld zu integrieren und es wieder zu verschließen. Hinterher trägt man dieses Tier mit seiner Kraft fest in seinem Feld.

Sein Krafttier kennenlernen, seine Kraft und Botschaft verstehen

Wie lerne ich die Kräfte meines Krafttiers kennen?

- Beschäftige dich mit dem Tier, das sich dir gezeigt hat. Lies über das Tier, schau, was es bedeutet, geh in den Zoo, oder beobachte es in freier Wildbahn, studiere seine besonderen Eigenschaften, seine besonderen Merkmale, die Elemente, in denen es sich aufhält, die Wesenheiten, mit denen es in Verbindung steht. All das gibt dir Aufschluß über dein Krafttier und die Medizin, die jetzt für dich als Verhalten und Eigenschaft wichtig ist.
- Stell ein Bild oder eine Figur von dem Tier auf, oder trage es symbolisch bei dir. Gib immer wieder Energie dorthin.
- Meditiere über das Tier.
- Laß das Tier in deinem ganzen Sein lebendig werden, und baue zu ihm deine ganz eigene Beziehung auf.
- Je bedeutender das Tier in deinem Leben wird, um so wirksamer und stärker kann es werden. Es ist gut, es zu achten und zu ehren.
- Fühle dich in das Tier ein. Ahme seine Bewegungen nach, verharre in seiner bevorzugten Haltung, beschäftige dich mit dem Element oder den Elementen, mit denen das Tier dich in Verbindung bringt. Laß dich das Tier fühlen.

Um dein Krafttier noch besser kennenzulernen, kannst du dir eine Trancemusik anstellen und dich im Tanz in dein Krafttier verwandeln. Bewege dich wie dein Krafttier, ahme seinen Ruf nach, seine Bewegungen, und versetze

dich ganz und gar in seine Kraft, so daß du sie in jeder Zelle spüren kannst. Du gibst dem Geist deines Tieres Energie und lernst, seine Kraft auf eine andere Art und Weise kennen, so daß du dich stärker mit ihm verbindest.

In dem Moment, da du mit dem Geist deines Krafttieres in Kontakt trittst, gehst du eine Partnerschaft mit diesem Tier ein: Auf geistiger Ebene ist es dein Bruder, deine Schwester. Das bedeutet, hier kannst du nicht nur nehmen, du solltest auch etwas geben, dich um das Tier kümmern: Stelle dazu ein Bild von ihm auf. Zünde ab und zu eine Kerze für es an. Gehörte es bis dato zu deinem Speiseplan, iß sein Fleisch nicht mehr, aus Achtung vor ihm und seiner Kraft. Bete für das Tier. Opfere dem Tiergeist Tabak, Blumen, Speisen, Wasser, Alkohol (spirit for the spirits!) – was dir auch immer einfällt. Frage auf der geistigen Ebene, ob du etwas für das Tier, den Tiergeist tun kannst, und führe aus, was du als Antwort empfängst.

Besonderheiten beim Arbeiten mit dem Krafttier

Die Anweisungen zum Umgang mit dem Krafttier können sehr unterschiedlich ausfallen. Einige schamanische Richtungen fordern auf, das Krafttier – sofern es zur menschlichen Nahrung gehört – nicht zu verspeisen. In alten Überlieferungen von indianischen Völkern und besonders bei Jägerkulturen weltweit findet man jedoch auch die Vereinigung des Tieres mit dem Menschen, gerade indem es verspeist wurde. So glaubte man, daß das Mysterium des Tieres auf diesem Wege in das eigene Lebensmysterium eingeginge und in dem Menschen weiterlebe, welcher es verspeiste.

Das Wichtigste bei der Arbeit mit Krafttieren ist der Respekt und die Achtung dem Tier gegenüber. Ein Schamane, erklärte mir, daß man sehr unterschiedliche Anweisungen für den Umgang mit dem Krafttier oder der Tiermedizin, die einem übertragen wird, bekommen kann. So würde er als Crow Adler niemals töten oder das Fleisch von Adlern zu sich nehmen. Alles, was vom Adler kommt – z.B. die Adlerfedern und Adlerknochenpfeifen, welche im Sonnentanz der Crow verwendet werden –, gelangt von allein, durch unerwartete Schenkungen zu ihm. Manchmal trinkt er vor einem Ritual Büffelblut, um sich mit der Kraft und der Energie des Büffels zu verbinden, um Ausdauer, Durchhaltevermögen und eine gleichmäßig tragende Kraft aufzubauen. Bei der Bärenmedizin erhielt er die Anweisungen, von keinem Tier mehr die Nieren zu essen.

Bestimmte Gemeinschaften, welche mit einem bestimmten Tier in Verbin-

dung stehen, haben geheime Rituale, bei denen man sich mit dem Tiergeist verbindet. Manchmal kann es wichtig sein, daß man zur Besänftigung der Spirits bestimmte Tierspeisen zu sich nimmt. Ein andermal ist es erforderlich, daß man etwas von sich selbst opfert, damit man eine bestimmte Tiermedizin nutzen darf.

Am besten ist es, wenn man die Anweisungen, die für einen selbst gelten sollen, von seinem Krafttier persönlich erhält. So kann man auf einer Trommelreise zu seinem Krafttier erfahren, was zu beachten ist beim Umgang mit diesem Tier und dessen Kraft.

Krafttier-Einsatz bei Heilbehandlungen und in der schamanischen Arbeit

Vorweg: Man sollte niemals ohne Erlaubnis mit der Kraft eines anderen Menschen arbeiten. Ist der Mensch nicht ansprechbar, so befragt man sein höheres Selbst, indem man in die obere Welt reist und sich dort bei einem Meister erkundigt, ob man dem anderen helfen darf. Folgende Formulierung hat sich dabei als sinnvoll erwiesen: Im Namen des Höchsten zeig mir dein Licht, sprich mit den Worten der Wahrheit, gib mir ein Zeichen des Lichtes, darf ich mit ... (voller Name) arbeiten?

In der schamanischen Arbeit und bei Heilbehandlungen kann ein Krafttier sehr nützlich sein. Es schützt und bewacht unsere Lebensenergie. Es führt uns im Andersreich und leiht uns seine Kräfte. Es erteilt uns Ratschläge, hilft uns, verlorene Seelenteile aufzuspüren und die Kraft eines anderen Menschen wieder zu stabilisieren.

Es kann auf sehr unterschiedliche Weise eingesetzt werden. Das Krafttier zeigt uns über die innere Ebene den Energiezustand des Menschen an, zu dem es gehört – also auch unseren eigenen. Ist es munter und kraftvoll, so ist der Mensch gesund, die Energie hoch. Ist es schlapp, müde, lustlos, so ist die Energie meist niedrig. Ist es verletzt, so können die Verletzungen über die innere Arbeit geheilt werden, z.B. indem man dem Tier Pfeile herauszieht, Bänder löst und Wunden mit Licht heilt. Weiter kann man anhand von Größe, Farbe, Aussehen und Haltung und Umgebung des Krafttieres erkennen, wie es um die Energie eines Menschen steht.

Hier ein paar persönliche Erfahrungen: Eine Bekannte lag nach einem Unfall im Koma. Wir fragten das höhere Selbst, ob es uns gestattet sei, ihr zu

helfen. Als wir ein Ja erhielten, begannen wir mit ihrem Krafttier, das uns in diesem Fall bekannt war, zu tanzen. Wir fanden es bewußtlos auf dem Boden liegen, schickten ihm Kraft und forderten es auf, zurückzukehren und sich zu erheben. In dem Moment, in dem dieses Tier die Augen öffnete, kam unsere Freundin im Krankenhaus wieder zu sich. Wir schickten diesem Krafttier über viele Tage hinweg Kraft und tanzten mit ihm. Im gleichen Maße, wie die Kraft in das Tier zurückkehrte, kehrte auch die Energie in den Menschen zurück, zu dem es gehörte.

Das Partnerschaftskrafttier und das Familienkrafttier

Es gibt Krafttiere für eine Partnerschaft, für eine Familie, für eine Gruppe. Wenn zwei sich zusammentun, entsteht immer etwas Drittes. Dieses Dritte nennt man Partnerschafts- oder Ehewesen. Aus den Lebensströmen der Seelenkräfte mehrerer Menschen bildet sich ein unsichtbares Wesen, der Geist dieser Gemeinschaft. So hat jede Beziehung, jede Gruppe ihren eigenen Geist. Und dieser Geist kann einer bestimmten Kraft, Fähigkeit und Eigenschaft unterstehen, welche die beiden Menschen miteinander verbindet. Durch das gemeinsame Krafttier wird eine gemeinsame Seelensprache geschaffen, in der man sich wortlos verstehen kann. Stirbt das Ehewesen, so stirbt auch dessen Krafttier.

Vielleicht kennt man das gemeinsame Tier schon, weil es die Beziehung irgendwie von Anfang an begleitet hat oder es ausschlaggebend für die Beziehung war. Um das Partnerschaftskrafttier zu finden, gehen beide Partner gemeinsam auf Krafttierreise, wie auf S. 25 beschrieben. Dabei legen sich die Partner nebeneinander und berühren sich an Händen und Füßen.

Es ist gut, das Krafttier zu kennen, welches die Partnerschaft begleitet. Mit seiner Hilfe können sich Paare auf andere Weise verbinden und verständigen, und zwar auf der inneren und der äußeren Ebene. Das Partnerschaftstier zeigt auf der inneren Ebene, wie es um das Ehe- bzw. Partnerschaftswesen steht: Ist das Partnerschaftskrafttier kraftvoll und gesund? Oder ist es verletzt und angeschlagen und muß gepflegt werden? So kann man sich auch auf einer anderen Ebene umeinander kümmern. Erfahrungsgemäß gelingt das auch, wenn zwischen zwei Menschen eine große räumliche Distanz herrscht. Dann kann das Tier auch Botschaften vom Partner überbringen: Plötzlich läuft man

an einem Bild des Tieres vorbei, oder es begegnet einem, oder man hört es innerlich rufen. Dann stellt man fest, daß der Partner in diesem Augenblick an einen gedacht hat oder vielleicht gar in Not ist. Wiederum kann man das Tier zu Hilfe schicken, damit es dem anderen in einer schwierigen Situation beisteht, und seine Kraft aktivieren. Meine Erfahrung: Das funktioniert.

Pfortenkrafttiere

»Jedes Energiezentrum in unserem feinstofflichen Körper stellt ein Tor dar in die Welt einer bestimmten Energie. So wie es Kraftpunkte und Orte auf unserem Planeten gibt, haben wir auch Kraftpunkte und Zentren in unserem feinstofflichen Energiefeld. Jedes Kraftzentrum steht in Resonanz mit bestimmten Themen, Organen und Lebensaufgaben. Jedes Energiezentrum hat für die Gesundheit eine unmittelbare Bedeutung. Jeder Pforte kann ein Tier zugeordnet sein, das dir wie ein Wächter am Tor hilft, die Kraft in deiner Energie besser zu verstehen, zu heilen und zu meistern, alte Muster zu erlösen, zu wandeln, neu zu strukturieren und so weiter zu wachsen. Die Möglichkeit des Dialoges in unserer Energie und mit unserer Energie kann Bewußtsein, Wandlung, Veränderung und Heilung bringen. Verändern wir die Energie in unserem Feld, so muß sich dies im Außen zeigen. Alles ist bereits in uns. Anderseits kann das Zwiegespräch mit uns selbst Erkenntnis und Einblick darein geben, warum Dinge so erscheinen, wie sie das in unserem Leben tun.«

Unser Körper besteht aus sieben Haupt-Chakras, Energiezentren, Rädern der Kraft. Durch diese Energiezentren tanzt das strahlende Regenbogenlicht und verleiht uns Kraft, Energie, Bewußtsein, vermittelt uns tiefere Einsichten und verbindet uns mit der kosmischen Quelle. In diesen sieben Feldern kann sich jeweils ein Krafttier zeigen, welches uns die Energie in diesem Bereich widerspiegelt. So können wir diese erkennen, anerkennen und, sofern notwendig, in Harmonie und Balance bringen. Das Tier kann uns bestimmte Eigenschaften verleihen, welche uns helfen, das Gleichgewicht zu finden. Dazu bietet sich die nachfolgend beschriebene Übung an.

Lies die Übung einmal durch. Vielleicht steigen vor deinem inneren Auge schon beim Durchlesen bestimmte Gedanken, Gefühle oder Bilder auf. Wenn sich dir andere Farben als die angegebenen zeigen, so nimm es einfach zur Kenntnis, und notiere sie. Das, was du wahrnimmst, ist für dich wahr; wir sind

alle verschieden. Als Hilfe kannst du dir das jeweilige Chakra in einem farbigen Kreis auf einen Zettel malen. Mache es dir bequem, und komme mit
deinem Atem ganz zu dir. Sieh und fühle, wie alles, was dich beschäftigt, aus
deinem Energiefeld geht und du immer mehr in deine eigene Mitte kommst.

Übung: Begegnung mit deinen Pfortenkrafttieren

1. Beginne mit dem Wurzel-Chakra, (Muladhara-Chakra).
   Dieses Chakra liegt in der Nähe des Steißbeins am Beckenboden, in Höhe
   des Damms zwischen Geschlechtsteilen und Anus. Seine Farbe ist Rot. Es
   steht für Wurzeln, Unterstützung, die Kraft der Erde, Basis. Themen des
   Wurzel-Chakras sind Sicherheit, Urvertrauen, Stabilität, Verwurzelung,
   Überleben. Es nährt Körper, Geist und Seele mit der Lebensenergie und
   sichert das Überleben.
   Frage dich: Wie sieht meine Basis aus? Wie ist mein Kontakt zu der Erde
   und zu den Wurzeln? Nimm dir wirklich Zeit, und konzentriere dich auf
   dein Wurzel-Chakra.
   Stell dir ruhige, meditative Musik oder Trommelmusik an. Stell dir die
   leuchtende Energie deines Chakras als ein rotes, pulsierendes Licht vor.
   Laß es groß werden. Bitte nun das Pfortentier, das in deinem Wurzel-
   Chakra wohnt, sich zu zeigen. Wenn es sich dir gezeigt hat oder du es
   gefühlt oder anders wahrgenommen hast, z.B. durch einen Gedankenimpuls, so bedanke dich. Mach dir eine Notiz, und geh zum nächsten
   Chakra.

1.2 *Für alle anderen Chakras:* Stimme dich ein. Stell dir ruhige, meditative
   Musik oder Trommelmusik an. Stell dir das leuchtende pulsierende Licht
   des jeweiligen Chakras vor. Laß es groß werden. Bitte nun das Pfortentier,
   das in diesem Chakra wohnt, sich zu zeigen. Wenn es sich dir gezeigt hat,
   du es gefühlt oder anders wahrgenommen hast, z.B. durch einen
   Gedankenimpuls, so bedanke dich. Mach dir eine Notiz, und geh zum
   nächsten Chakra.

2. Konzentriere dich nun auf das Sakral-Chakra (Svadhisthana-Chakra)
   Dieses Chakra liegt oberhalb der Geschlechtsorgane am Unterbauch bzw.

am Rücken in Höhe des Kreuzbeins. Seine Farbe ist Orange. Es steht für Beziehungsfähigkeit, Kontakt mit der Umwelt, für Körperbewußtsein, Kreativität, Schöpferkraft, Leidenschaft, Lebensfreude. Zu ihm gehören Themen wie Sexualität, Fortpflanzung, die Beziehung zu sich selbst und zur Umwelt, Kreativität, Emotionen, Empfindung, Sinnlichkeit und Lebenslust.

Frage dich: Wie sieht es mit meiner Beziehungsfähigkeit aus, meiner Kraft, mit mir selbst und meiner Umwelt in Beziehung zu treten? Wie sieht es mit meiner Kreativität und meiner Schöpferkraft, meiner Ausdruckskraft aus? Nimm dir Zeit, und konzentriere dich auf dein Sakral-Chakra. Verfahre, wie bei Punkt 1.2 beschrieben.

3. Konzentriere dich nun auf das Nabel-Chakra (Manipura-Chakra).
   Dieses Chakra liegt oberhalb des Nabels in Höhe des Magens; es wird auch Sonnengeflecht genannt. Seine Farbe ist Goldgelb. Es steht für Macht, Willen, Ausstrahlung, Bewußtsein. Seine Themen sind Macht, Schutz, Gefühl, Identität, Mitte, Zentriertheit.

   Frage dich: Wie sieht es mit meinem Verhältnis zur Macht aus? Wie lebe ich meine Kraft, meine Macht? Wofür setze ich meinen Willen ein? Höre ich auf mein Bauchgefühl? Fühlt sich dieser Bereich kraftvoll oder energielos an? Wie sehr bin ich in mir zentriert, in meiner Mitte? Nimm dir Zeit, und konzentriere dich in aller Ruhe auf dein Nabel-Chakra. Verfahre dann wie bei Punkt 1.2 beschrieben.

4. Konzentriere dich nun auf dein Herz-Chakra (Anahata-Chakra).
   Dieses Chakra liegt in der Brustmitte in Herzhöhe. Seine Farben sind Rotgold, Rosa und Hellgrün. Es steht für Mitgefühl, Offenheit, Vertrauen, Wertschätzung, Achtung, Liebe. Seine Themen sind Liebesfähigkeit, Geborgenheit, Zuneigung zum Ausdruck bringen oder annehmen, wirkliche Bereitschaft, Mitgefühl, Einfühlungsvermögen, Wertschätzung, Dankbarkeit, Verständnis, Vertrauen, Fröhlichkeit, Freiheit, Segen, Leichtigkeit, Nähe und Distanz.

   Frage dich: Wie steht es mit meiner Liebesfähigkeit? Bringe ich meine Gefühle zum Ausdruck? Bin ich mir selbst und anderen gegenüber offen? Kann ich mir und anderen Geborgenheit, Verständnis, Mitgefühl schenken? Kann ich Nähe zulassen? Kann ich mich abgrenzen? Höre ich mit meinem Herzen, und höre ich auf mein Herz in Angelegenheiten, die an

mich herangetragen werden? Nimm dir Zeit, und konzentriere dich in aller Ruhe auf dein Herz-Chakra. Verfahre dann, wie bei Punkt 1.2 beschrieben.

5. Konzentriere dich nun auf dein Hals-Chakra (Vishuddha-Chakra).
   Dieses Chakra liegt im Kehlkopfbereich. Seine Farben sind Türkis und Hellblau. Es ist das Zentrum des Tons und des Klangs, der Kommunikation mit allem. Es verbindet das Herzzentrum mit dem Kopfzentrum und vermittelt zwischen Denken und Fühlen. Seine Themen sind Verbindung, Austausch, Eindruck und Ausdruck, Wortbewußtsein, Gerechtigkeit, Wahrheit, Wandlung.
   Frage dich: Wie sieht es mit meinem Austausch mit der Umwelt aus? Kann ich mich mitteilen? Kann man mich verstehen? Kann ich meine Meinung, meine Wahrheit vertreten? Kann ich zuhören? Was gebe ich durch meine Sprache in die Welt? Wie ist die Balance zwischen dem, was ich in meinem Herzen fühle, und dem, was ich denke? Fühlt sich mein Hals-Chakra kraftvoll oder energielos an? Nimm dir Zeit, und konzentriere dich in aller Ruhe auf dein Hals-Chakra. Verfahre dann, wie bei Punkt 1.2 beschrieben.

6. Konzentriere dich nun auf dein Stirn-Chakra (Ajna-Chakra).
   Dieses Chakra liegt in der Mitte der Stirn, zwischen den Augenbrauen, oberhalb der Nasenwurzel. Seine Farben sind Indigo, Violett und Magenta. Es ist das Zentrum des Dritten Auges und dient der höheren Wahrnehmung, der Öffnung zur geistigen Energie, der Verbindung mit der geistigen Welt, der Innenschau, der Weisheit, Freiheit und Einheit. Seine Themen sind Glauben, Bewußtsein, Erkenntnis, Erleuchtung, Weisheit, Feinfühligkeit, innere Führung, übersinnliche Fähigkeiten wie Hellsehen, Telepathie, bewußte Wahrnehmung der feinstofflichen Bereiche.
   Frage dich: Wie sieht es mit meiner Glaubensfähigkeit aus? Woran glaube ich? Wie ist meine Verbindung zum geistigen Reich und zu anderen Dimensionen? Was ist der Sinn meines Lebens, was meine Aufgabe in diesem Leben? Was nehme ich innerlich wahr? Inwieweit bin ich offen für den geistigen Bereich? Fühlt sich mein Stirn-Chakra hell oder dunkel an? Nimm dir Zeit, und konzentriere dich in aller Ruhe auf dein Stirn-Chakra. Verfahre dann, wie bei Punkt 1.2 beschrieben.

7. onzentriere dich auf dein Kronen-Chakra (Sahasrara-Chakra).

Dieses Chakra liegt am Scheitelpunkt des Kopfes, am Schädeldach, deshalb auch Scheitelzentrum genannt. Es öffnet sich nach oben. Seine Farben sind Weiß und Gold. Hier tanzt das kosmische Regenbogenlicht; es ist das Zentrum der Vollkommenheit, Einheit, ewigen Vereinigung, das Tor zum reinen Bewußtsein. Themen in diesem Bereich sind Transzendenz, kosmisches Bewußtsein, Mystik, Aufstieg, Erlösung, Selbstverwirklichung, Spiritualität, Einheit, Öffnung.

Frage dich: Wie ist meine Verbindung mit meinem Selbst? Kenne ich Zustände der tiefen Gelassenheit, des Gottvertrauens, des tiefen Friedens, der Glückseligkeit, der Ekstase? Hatte ich schon Kontakt zu der Wirklichkeit, die jenseits des Denkens liegt, zu Engeln, zu Geistwesen, zur Unendlichkeit? Nimm dir Zeit, und konzentriere dich in aller Ruhe auf dein Kronen-Chakra. Verfahre dann, wie bei Punkt 1.2 beschrieben.

Bist du alle Chakras durchgegangen, so hast du eine Bestandsaufnahme deines feinstofflichen Zustands in den verschiedenen Bereichen gemacht. Du kannst jetzt beginnen, zu schauen, wo alles harmonisch ist und wo nicht. Beginne nun nach und nach, in deinem Tempo, deine Zentren ins Gleichgewicht zu bringen, indem du zum Beispiel das Tier, welches sich über die Trommelreise gezeigt hat, fragst, was zu tun ist. Warum ist es dort? Welche Aufgabe hat es? Welche Botschaft bringt es dir? Befolge die Anweisungen, welche dir gegeben werden. Alles, was im Energiefeld in Balance ist, kann auch im Leben in Balance kommen. Es kann sein, daß sich die Tiere in den Energiezentren allmählich wandeln, verschwinden und neue auftauchen. Das bedeutet, daß sich dort die Energie verändert hat und nun andere Kräfte walten.

Erweiterte Übung/Zusatzübung

Eine Abwandlung der Übung ist wie folgt: Stell dir Musik an, bei der du dich tief entspannen und fallen lassen kannst. Laß vor deinem inneren Auge einen Regenbogen entstehen. Eine Farbe (vielleicht auch mehrere) löst sich aus ihm heraus und hüllt dich ganz und gar ein. In diesem Regenbogenlicht ist eine Tür, hinter der ein Tier auf dich wartet. Tritt mit ihm in Kontakt. Wenn die Zeit um ist, kehre in den Raum zurück. Bedanke dich. Recke und strecke dich. Anhand des Lichtes kannst du erkennen,

welches Chakra deine Betreuung braucht. Das Tier, das du hinter der Regenbogentür gefunden hast, wird dir helfen, das Gleichgewicht in diesem Chakra wiederherzustellen.

Elementkrafttiere

In jedem der fünf Elemente – Feuer, Wasser, Erde, Luft, Äther – kann uns ein Tier begleiten und führen. Auch hier kann sich durch den Dialog mit den Elementarkräften über die Tiere die Energie offenbaren, sichtbar werden, gewandelt und geheilt werden. (Die Elemente sind bei den jeweiligen Krafttieren unter »Weitere Informationen« angegeben.)

Feuer

Das Feuer steht für Kraft, Tat, Macht, Wärme, Licht, Lebenskraft, Elektrizität, Aktivität. Themen des Feuers sind Schutz, Kraft und Stärke, Schöpfung, Impulse, Aktion, Tat und Umsetzung.

Konzentriere dich auf das Feuer in dir. Betrachte es. Ist es hell, lodernd, aufflackernd, gleichmäßig brennend, heiß, warm, glühend ...? Welche Beziehung hast du zum Feuer? Zünde dir eine Kerze an, und bau dir einen kleinen Feueraltar. Setz dich davor, und konzentriere dich eine Zeitlang auf das Feuer. Nimm deine Kraft und die Wärme in dir bewußt wahr, und bitte darum, daß sich das Tier, welches dich in diesem Element begleitet, zeigen möge. Notiere es dir. Typische Feuertiere sind: Raubkatzen, Raubtiere, Feuerdrachen, Salamander, Hyänen, Schlangen, stechende und piksende Tiere.

Wasser

Das Wasser steht für die Gefühls- und Empfindungskraft. Themen des Wassers sind Beziehungen, Emotionen, Intuition, Gefühl, die Welt der Träume, Empfangen, Reinigung, Heilung, fließende Bewegung, Magnetismus.

Konzentriere dich auf das Wasser in dir. Betrachte es. Ist es klar, trüb, fließend, stehend, groß, klein, salzig, süß ...? Welche Beziehung hast du zum Wasser? Stell dir eine Schale mit Wasser auf, und bau dir einen kleinen Wasseraltar. Setz dich davor, und konzentriere dich eine Zeitlang auf das Wasser. Nimm deine Emotionen und Gefühle bewußt wahr, und bitte darum, daß sich das Tier, welches dich in diesem Element begleitet, zeigen möge. Notiere es

dir. Typische Wassertiere sind: Fische aller Art, Wale, Delphine, Krebse, Kraken, Seesterne, Wasserschlangen.

Erde

Die Erde steht für den Körper, die festen Formen und Normen und für die Materie. Themen der Erde sind Talente, Fähigkeiten, Taten, Umsetzung, Ausdauer, Vollendung, Versorgung, Nahrung, Basis, Haus, Reichtum, Ahnen, Wurzeln, Familie, Dinge, die man aus sich heraus auf die Erde bringt.

Konzentriere dich auf die Erde in dir. Betrachte sie. Ist sie fest, eben, sandig, fruchtbar ...? Sind deine Wurzeln gesund, fest, tief ...? Fühlst du dich versorgt und getragen? Kannst du deine Talente und Fähigkeiten auf der Erde anwenden und umsetzen? Stell dir Erde, Salz, Brot, Kristall auf, und baue dir einen kleinen Erdaltar. Setz dich davor, und konzentriere dich eine Zeitlang auf die Erde. Nimm deinen Körper bewußt wahr, und bitte darum, daß sich das Tier, welches dich in diesem Element begleitet, zeigen möge. Notiere es dir. Typische Erdtiere sind: Kühe, Ochsen, Stiere, Rinder, Hühner, Fasane, Ziegen, Schafe, Böcke.

Luft

Die Luft steht für den Geist, das Wissen, die Weisheit. Themen der Luft sind Information, Austausch, Kommunikation, Erneuerung, geistige Nahrung, Leichtigkeit, Ideen, Einfälle, Empfangen und Senden.

Konzentriere dich auf die Luft in dir. Betrachte sie. Ist sie bewegt, sauerstoffreich, hell, dunkel, trüb, klar, rein, frisch ...? Ist der Himmel wolkenverhangen, offen, frei, grenzenlos ...? Kannst du dich ausdrücken, dich mitteilen, verstehen, zuhören, Dinge, die dich bewegen, in Worte fassen? Stell dir Räucherwerk, Federn und alles, was du mit der Luft verbindest, auf, und baue dir einen kleinen Luftaltar. Setz dich davor, und konzentriere dich eine Zeitlang auf die Luft. Atme bewußt. Bitte darum, daß sich das Tier, welches dich in diesem Element begleitet, zeigen möge. Notiere es dir. Typische Lufttiere sind Vögel aller Art.

Äther

Der Äther steht für die feinstoffliche Energie, die alles umgibt und alles durchdringt. Themen des Äthers sind Farben, Klänge, Töne, Wellen, Muster, Energie, Wahrnehmung, Verbindung mit der Quelle.

Konzentriere dich auf den Äther in dir. Betrachte die feinstoffliche Energie. Ist sie bunt, strahlend, leuchtend, glitzernd, matt, hell, laut, leise, wohlriechend, in harmonischen Mustern, schwingt sie im Gleichklang ...? Bist du angefüllt mit ihr, oder spürst du sie nur in bestimmten Bereichen? Bist du versorgt mit ihr? Ist sie ruhig, still und klar oder unruhig und verschwommen? Wähle Farben, Klänge, Instrumente, Muster, Mandalas, Edelsteine, und bau dir einen kleinen Ätheraltar. Setz dich davor, und konzentriere dich eine Zeitlang auf den Äther. Nimm bewußt deine Energie wahr, und bitte darum, daß sich das Tier, welches sich in diesem Element bei dir befindet, zeigen möge. Notiere es dir. Typische Äthertiere sind: Einhorn, Pegasus, Paradiesvogel, Zentaur, Drache, Phönix, weiße Tiere aller Art, noch nie gesehene Tiere und Mischwesen – hier ist alles möglich, »gibt's nicht« gibt' s nicht.

Krafttiere für bestimmte Angelegenheiten

Krafttiere sind unsere Helfer. Sie können uns in vielen Dingen zur Seite stehen, z.B. bei der Heilung eines Ortes, der Energie in einem Haus oder in einer Wohnung, bei Einzelbehandlungen, Gruppenarbeiten und Besprechungen, bei Prüfungen aller Arten, bei schwierigen Aufgaben und Angelegenheiten, bei Ritualen und Zeremonien ...

Egal was bevorsteht, du kannst dein Krafttier vorher rufen und es bitten, dir beizustehen. Du kannst auch die geistige Welt bei einer Reise in die innere Welt bitten, dir das Tier zu zeigen, welches in der aktuellen Angelegenheit von Bedeutung ist und dir Beistand leisten kann. Es wird dir die Eigenheiten und Möglichkeiten der Sache zeigen sowie das, was zu berücksichtigen ist, da es die feinstoffliche Energie widerspiegelt, die hierbei wirkt.

Krafttierenergien selbst entschlüsseln

Es folgt ein kurzes Beispiel dafür, wie man vorgehen kann, wenn einem ein Tier im Traum, auf einer Krafttierreise oder im Leben begegnet, das einen beschäftigt, einem aber im ersten Moment überhaupt nichts sagt. Wie entschlüssele ich die Botschaften, die es mir bringt? Welche Fähigkeiten, Eigenschaften und Kräfte möchte es mir zeigen? Wie dies funktioniert, möchte ich anhand eines Tieres zeigen, das in diesem Buch sonst nicht erwähnt ist. Diesem Beispiel kannst du dann folgen, wenn dir ein Tier begegnet, das in keinem Krafttierbuch auftaucht und über das dir auch nicht viel bekannt ist.

Beispiel: Tasmanischer Teufel

Ich frage das mir erschienene Tier auf geistiger Ebene: Welche Botschaft, Eigenschaft, Medizin oder Qualität willst du mir bringen?

Ich frage mich: Ist es mein Krafttier, oder ist es ein Helfertier, ein Begleiter für eine bestimmte Zeit, mit einer speziellen Aufgabe? Das kann man z.B. auch auspendeln.

Ich beginne, das Tier zu studieren. Dazu schaue ich mir in diesem Falle, zunächst ein Bild von einem Tasmanischen Teufel an und lasse es auf mich wirken. Dann vergegenwärtige ich mir seine auf den ersten Blick hervorstechenden Eigenschaften:

- Er hat ein schwarzes Fell mit wenigen weißen Flecken, weiße große Zähne und rote Ohren.
- Er ist wesentlich kleiner als ein Bär, aber größer als ein Marder.
- Er hat eher kurze Beine, den Blick aufmerksam auf den Boden gerichtet, die Ohren gestellt, die Nase schnüffelt auf der Erde herum.

Dann versuche ich, mehr über ihn herauszufinden: Ich lese im Lexikon nach, lese Berichte und gehe vielleicht in den Zoo, um ihn zu beobachten. Auf diese Weise bekomme ich weitere Botschaften über den Tasmanischen Teufel:

Er lebt in Australien und Neuguinea. Also frage ich: Habe ich zu diesen Ländern einen Bezug? Gibt es etwas, was mich mit diesen Ländern verbindet? Leben dort z.B. Verwandte oder Freunde? Sind es Länder, die ich mag oder die mir widerstreben?

Weiter erfahre ich, daß er zu den großen Raubbeutlern gehört, und zwar

den Beutelwölfen, und entfernt mit dem Wolf verwandt ist. Unter dem Stichwort »Wolf« kann ich mir nun weitere Informationen suchen. Der Wolf steht z.B. mit den Ahnen in Verbindung. Schaue ich unter »Marder« nach, erfahre ich, daß er die verborgenen Triebkräfte symbolisiert. Das könnte ein Hinweis darauf sein, daß etwas aus dem Ahnenreich, aus der Linie der Eltern oder Großeltern, noch in mein Leben hineinwirkt, was mir selbst nicht bewußt ist.

Ich vergegenwärtige mir weitere seiner Gewohnheiten und Eigenschaften: Der Tasmanische Teufel ist ein aggressiver, vor allem nachtaktiver Räuber, der anderen die Beute auch stiehlt. Er ist ein spezialisierter Jäger, der seine Beute mit einem kräftigen Biß in den Schädel oder das Genick tötet. Zudem ist er ein Aasfresser mit einem besonders entwickelten Raubtiergebiß, das sich dafür eignet, Knochen zu fressen und zu zerbeißen (Knochen stehen für die Grundlage, die Ahnen, die Substanz). Am Tage, seiner Ruhezeit, zieht er sich in seinen Erdbau zurück – damit weiß ich, daß er für das Element Erde steht. Er ist aufgeweckt, findig und eigenwillig. Er verfügt über ein breites Spektrum von Lauten: Er kreischt, zischt, keucht, knurrt, bellt, schnarcht, schnüffelt, winselt und gibt markerschütternde Schreie von sich. Die Zischlaute, die scharfen Zähne, sein aggressives Verhalten zeigen mir, daß er auch ein Tier des Elements Feuer ist.

Zuletzt schaue ich nach, was in alten Geschichten, Legenden, Sagen, Fabeln und Mythen über das Tier geschrieben steht. Das, was ich dabei erfahre, kann schon ein Hinweis auf seine Botschaft sein. Zum Tasmanischen Teufel habe ich gelesen: Er wird in manchen Darstellungen als ein tobsüchtiger, alles zerstörender Irrwisch dargestellt.

Mit all diesen Informationen ausgerüstet, formuliere ich nun die Botschaft des Tieres, seine Medizin. Im Falle des Tasmanischen Teufels lautet sie:

Der Tasmanische Teufel ist mir erschienen, weil er eine Botschaft für mich hat, welche mit der Erde (Materie) und dem Feuer (Energie) zu tun hat. Daß er ein Aasfresser ist, sagt mir, etwas Altes soll aufgelöst werden, und zwar etwas, was tief im Unterbewußtsein verborgen liegt (Nachtaktivität, tagsüber sich im Erdloch verstecken). Er bringt mir die Möglichkeit, jetzt

hinzuschauen, alte Verletzungen zu heilen oder eine alte Geschichte zu bereinigen und aufzulösen, und zwar Dinge, die mit früheren Taten, dem Ahnenreich oder mit einem früheren Karma zu tun haben. Dieses Tier führt mich zurück und zeigt mir, wo ich noch keinen Frieden in mir gefunden habe. Es macht mich darauf aufmerksam, daß mir etwas immer noch Kraft raubt, obwohl es schon längst vergangen ist, oder darauf, daß ich jemandem noch Kraft raube, oder auf Energieraub allgemein, weil diese Wunde in mir immer noch arbeitet. Es bringt mir die Fähigkeit, nach einer Kraft, die mir fehlt, zu jagen, sie zu mir zurückzuholen. Außerdem bringt mir der Tasmanische Teufel die Eigenwilligkeit und die Geschicklichkeit sowie die Aggressivität, die Selbstbehauptung und die Abgrenzung, die ich vielleicht gerade brauche, um mich aus einem für mich schädlichen »Energieraubmuster« zu lösen und zu mir selbst zu finden. Als Höhlenbewohner fordert er mich auf, mich nach innen zurückzuziehen und auf mich selbst zu besinnen ...

Nachfolgend nun der Ansatz für eine Liste, die dir zeigt, wie du bei deinen Zuordnungen vorgehen kannst. ***Doch denke daran: Die Botschaft des Herzens hat immer den Vorrang vor Bedeutungen, die du in Büchern findest.***

Augen	Wachheit, Aufmerksamkeit, Aufnahmefähigkeit, Kontakt zur Außenwelt, Beobachtungsgabe, Bewußtsein
Behaarung	
- Barthaare	Besondere Antennen; andere Möglichkeiten, seine Umwelt wahrzunehmen, feine Nerven
- Mähne	Wildheit, Selbstbewußtsein, Kontakt mit anderen Kräften
Beine	
- kurz, dick	Verbindung zur Erde
- lang, schlank	Verbindung zur Luft und zum Äther
Elemente	Alle Tiere bewegen sich mehr oder weniger in allen vier Elementen, nur sind bestimmte Elemente stärker betont. Auf diese sollten wir unseren Blick lenken, da wir sie, wenn sie sich zeigen, brauchen bzw. beachten sollen. Auf diese Weise wird durch die Medizin eines Krafttieres oft ein Schwerpunkt verlagert, so daß wir wieder in unsere Mitte kommen. Ist man z.B. von Natur aus eher im Feuer

und in der Luft zu Hause, so kann es sein, daß man ein Tier bekommt, das eine große Erd- und Wasserbetonung hat, damit man ins Gleichgewicht kommen kann. Die Geistige Welt weiß, was sie uns schickt und was für uns in der jeweiligen Situation wichtig ist. Es ist gut, zu schauen, wie das Tier sich in den Elementen verhält.

- *Luft*   Luft steht für Bewegung, geistige Wendigkeit, Einfallsreichtum, Klarheit, Ausrichtung, geistige Erkenntnisse, Empfangen von Botschaften aus anderen Reichen.

Erkennungszeichen: Lebensraum Luft, Höhe, Feingliedrigkeit, Geschwindigkeit, Tugend, Feingeistigkeit, Schönheitssinn, Harmoniebewußtsein; die Farben Weiß, Blau, Grau, Rosa, Zartgelb, Hellblau; hohe melodische Töne, Tonfolgen und Pfeiflaute; ständige Veränderung, Unruhe, Suche, plötzliche Änderung der Richtung.

- *Erde*   Erde steht für Materie, feste Energie, Basis, Substanz, Boden, Reichtum, Schätze, das Nutzen seiner Talente, Wertigkeit und Werte, Halten, Tragen, Festhalten, Langsamkeit, häufige Wiederholung, Prüfung, Tat, Praxis, Umsetzung, Ausdauer, Arbeit, Selbstwert und Selbstverwirklichung.

Erkennungszeichen: Lebensraum *über der Erde:* Überbewußtsein, Oberwelt, Kontakt mit Meistern, Lehrern, Heilern, kosmischen Kräften, Lichtwelten; *auf der Erde:* Verbindung mit allem, Bezug zum Hier und Jetzt, Realitätsbewußtsein; *in und unter der Erde:* Unterbewußtsein, verborgene Kräfte, hilfreiche Erdkräfte, dämonische Kräfte, Feuerkräfte, Wandlung, Rückzug; gleichförmiges, immer wiederkehrendes Verhalten; Farben Braun, Ocker, Dunkelgrün, Karminrot; tiefe gleichmäßige, rhythmische, andauernde Töne.

- *Feuer*   Feuer steht für Energie, Kraft, Antrieb, Wandlung, Umwandlung, Veränderung, Bewegung, Aktivität, aber auch für die ungelöste oder gelöste Energie der Ahnen, für das Blut, die Wärme, die Fähigkeit, sich abzugrenzen und sich selbst durchzusetzen und auszudrücken.

Erkennungszeichen: spitze Zähne, Stachel, Kralle; aktives bis aggressives Verhalten; Lebensräume mit hoher Temperatur; Knurr-, Knall-, Rassel- und Zischlaute; Farben Rot, Orange, Schwarz, Gelb.

- Wasser   Wasser steht für Gefühle, Intuition, den sechsten Sinn, Einfühlungsvermögen, Innenschau, Rhythmus, Tanz, Spiegelung, Emotionen, Strömungen, das Kollektivbewußtsein, Information, Empfangen, Eingebung, Traumbewußtsein, Reflexion, Bewegung, Loslassen.

Erkennungszeichen: Lebensraum *auf dem Wasser:* Leichtigkeit, getragen sein, Oberflächlichkeit, sich nicht zu tief auf etwas einlassen, die Fähigkeit, zu erkennen, seinem Gefühl zu vertrauen und ihm zu folgen; *im Wasser:* Ängste, Intuition, Innenschau, Mitgefühl, Einfühlungsvermögen, Anpassungsfähigkeit, Vertrauen, mit seinen Gefühlen verbunden sein; *Meerestiefen:* Urvertrauen, Hintergründigkeit, Potential, wortloses Verstehen, Zugang zum Kollektivbewußtsein, Gabe des Empfangens, in ungeahnte Tiefen vordringen können, auf anderen Ebenen kommunizieren können; wellenförmige Bewegungen; Farben Grau, Weiß, Blau, Türkis; wiederkehrende, melodische Töne, mal laut mal leise.

Ernährung

- Aasfresser   Aufspüren von längst überholten, alten Dingen, welche jetzt komplett aufgelöst werden wollen; Beseitigung von Verbindungen, welche, wenn sie länger aufrechterhalten werden, zu Krankheit oder Gefahr werden können; Säubern und Reinigen der Energie, des Energiefeldes.

- Wiederkäuer   Sich Zeit nehmen, um aufgenommene Informationen gründlich zu verarbeiten; langsamer machen, sich Ruhe und Zeit gönnen.

Farben

- Beige   Weisheit, Sanftheit, Wärme, Verständnis, Verständigung, Versorgung.

- Blau   Schutz, Abgrenzung, Weite, Innenschau, Kommunikation mit allem, Verbindung, Verbundenheit

- Braun   Erde, Erdung, Erdverbindung, Arbeit, Tatkraft, Wärme von innen, Geborgenheit

- Gelb   Sonne, Licht, Strahlen, Geist, Weisheit, Wissen, Neid

- Gold	Bewußtsein, Christuskraft, Ich-bin-Gegenwart, Selbstbewußtsein, Glanz, Schein, Trug
- Grau	Unauffälligkeit, Tarnung, Verstecken, Schutz, Eintauchen, Anpassung, Traurigkeit, Sehnsucht
- Grün	Heilung, Weihung, Wissenschaft, Natur, Genesung, Lebenswille, Reichtum, Fülle
- Orange	Feuerwelten, Bauchgefühl, Intuition, Kreativität, Eingebung, Eigenwilligkeit, Ideenreichtum, Wandlungskraft, mit seiner Umwelt verbunden sein, Zersetzungs- und Zerstörungskraft
- Rosa	Herzensliebe, Sanftheit, Zärtlichkeit, Mitgefühl, Verbundenheit
- Rot	Blut, Fruchtbarkeit, Liebe, Zorn, Wut, Aggression, Tat, Aktion, Feuer, Kraft, Erdung, Basis, Versorgung, Energie, Lebendigkeit, die Mittlere Welt
- Schwarz	Erde, Dunkelheit, Schutz der Erde, das Verborgene, Abgrenzung, die eigenen Grenzen, sich selbst kennenlernen, Innenschau, das Aufnehmende/das Absorbierende, Ahnenreiche, Feuerreiche und Untere Welt (Reich der Kraft), die Erdkräfte, die uns beistehen.
- Silber	Mond, Intuition, Schutz, Spiegelung, Reflexion, Eingebung, Gefühle, Täuschung
- Türkis	Unschuld, Heilkraft, Klarheit, Gesundheit, feinsinnige Wahrnehmung, Schutz und Abwehrkraft von ungesunden Einflüssen, Reinigung
- Violett	Wandlungskraft, übersinnliche Fähigkeiten, Hellhören, Hellsehen, Feinfühlen, spirituelles Bewußtsein
- Weiß	Himmel, Reinheit, Neubeginn, Bewußtsein, die Obere Welt, Tag, Licht, das Strahlende, das Helle, die geistigen Kräfte, die einem beistehen
Federn	Botschaften aus der oberen Welt, Sonnenstrahlen, Lichtfunken und Engel. Sie sind ein Hinweis darauf, sich auf die guten geistigen Kräfte zu besinnen.
Flügel	Fähigkeit, geistig zu fliegen, sprich: auf anderen Ebenen zu reisen; andere Perspektiven und Sichtweisen einnehmen und sich einen Überblick über eine Situation verschaffen können.

- ungenutzt	Praktische Nutzung des geistigen Potentials; Fähigkeit, Ideen umzusetzen, auf dem Boden der Tatsachen zu bleiben; ein guter Zugang zu den geistigen Kräften
Fell	Schutz; Fähigkeit, sich verschiedenen Temperaturen zu widersetzen, sich zu wärmen, in sich geborgen zu sein; je nach Beschaffenheit, *hart und kurz:* starke Abgrenzungsfähigkeit, *weich und lang:* Sanftheit, Weichheit, Fähigkeit, sich an die Gegebenheiten anzupassen, Einfühlungsvermögen, feine Antennen, Feingefühl
- Zeichnung	Fell und Hautzeichnungen können auf Masken, Mäntel, Hauben aufmerksam machen, also Werkzeuge, welche man dazu nutzen kann, mit bestimmten Kräften zu kommunizieren. Stellen am Körper eines Tieres, die besonders betont sind durch Zeichnungen und Farben, können auf besondere Empfindlichkeiten, Betonungen oder auf Fähigkeiten hinweisen, außerdem auf Stellen, die geheilt/geschützt werden möchten oder jetzt geschützt und geheilt werden können. Es ist gut, diese Zeichnungen am eigenen Körper nachzuvollziehen, indem man sie sich zum Beispiel aufmalt. So kann man herausfinden, was diese Zeichnungen für einen selbst bedeuten. *Flecken und Punkte*: Sterne, Weltall, Verbindung mit den kosmischen Kräften; *Streifen:* Ausrichtung, richtungsweisend, Geradlinigkeit, Ordnungssinn, Klarheit, klare Grenzen, klare innere Führung
Gifte, Giftdrüsen	Gift und Gegengift, Stärke, Entwicklungspotential, richtiges Einschätzen und Einsetzen seiner Kraft, seine Kraft annehmen und um ihre Wirkung wissen, Abgrenzung und Verteidigung
Hals	
- lang	Kommunikationsfähigkeit, Kontakt zu den geistigen Welten, Sozialverhalten, Verständnis
Haut	
- Häutung	Kraft der Wandlung, Erneuerung, neue Kreise und Zyklen; die Fähigkeit, das Ende einer Sache und den Neubeginn wahrzunehmen und bewußt zu vollziehen, Altes bewußt hinter sich zu lassen und sich zu neuen Kreisen aufzumachen

- *Schlangenhaut*	Beweglichkeit, Geschmeidigkeit, Anpassungsfähigkeit, Schutz; die Fähigkeit, Grenzen zu dehnen, ohne sie aufzugeben
- *Schuppen*	Beweglichkeit, Aufnahmefähigkeit, Intuition, Wendigkeit, in gutem Kontakt mit der Umwelt stehen
- *Stacheln*	Abwehr, Abgrenzung, Verteidigung
- *ledrig*	Die Fähigkeit, sich gut zu schützen und abzugrenzen, Geborgenheit in sich zu finden und trotzdem in gutem Kontakt mit seiner Umwelt zu stehen
- *löchrig*	Besondere Öffnungen und Möglichkeiten, mit Kräften und Energien zu kommunizieren
Knochen	Substanz, Basis, Kraft, Gerüst
- *Knochenplatten*	Schutz, von außen nicht viel an sich heranlassen; Fähigkeit, sich gut abzugrenzen und auf seine innere Stimme zu hören
Kopfform	
- *Haube*	Innere geistige Verbindung; die Fähigkeit, bei sich zu bleiben und seine eigenen Gedanken zu verfolgen, sich abzuschirmen gegenüber der Außenwelt
- *Hörner*	Eigener Wille; »Ich kann, ich bin, ich werde es schaffen«; das Einschätzen und Nutzen der eigenen Kraft, Sturheit, Bockigkeit, Eigenwilligkeit; vergleichbar mit Antennen; *nach vorn gebogen:* die Zukunftsausrichtung; *nach hinten gebogen:* die Rückverbindung (re-ligio), die Tradition, das Altbewährte; *zur Seite gebogen:* das Empfangen aus der Mittleren Welt und Gegenwartsbezogenheit; *nach oben gebogen:* das Empfangen aus der geistigen oder oberen Welt; *wellenförmig gebogen:* für die Zyklen und Gezeiten, alles hat seine Zeit.
Körperbau	
- *massig*	Belastbarkeit, Tragfähigkeit, Tragen und Halten von Energien und Kräften, innere Ruhe, Gelassenheit, Beharrlichkeit, Wissensspeicher; aber auch Überbelastun
- *betonte Körperregionen*	
	Verweis auf entsprechende besondere Fähigkeiten und Kräfte
Krallen	Verteidigung, Beweglichkeit, handwerkliches Geschick, praktisches Handeln

Laute	Kommunikations- und Ausdrucksfähigkeit, Kontakt mit der Umwelt. Es ist gut, die Laute seines Krafttieres zu kennen und nachzuahmen, dann kann man die Kraft des Tieres besser verstehen und seine Botschaft leichter entschlüsseln.

Lebensweise

- *Duftmarken setzen*	sein Gebiet abstecken/abgrenzen, sich abgrenzen gegen andere, Grenzen setzen, sich einen Überblick verschaffen
- *Höhlenbewohner*	Rückzug nach innen, Innenschau
- *Einzelgänger*	Den eigenen Weg gehen, Unabhängigkeit, sich in seiner Bewegung frei fühlen
- *Rudeltier*	In der Gemeinschaft sein, Gruppenregeln und Normen verstehen, gemeinsam etwas bewegen/erschaffen/aufbauen, Hinweis auf das Kollektiv (Gruppen jeder Art: Familie, Arbeitsgemeinschaft, Verein)
- *Spieltrieb*	Seinem Spieltrieb mehr Raum geben, experimentieren, Dinge nicht so ernst nehmen und mal von anderen, ganz verschiedenen Seiten betrachten, neue Perspektiven entwickeln, inneres Kind
- *Aktivität*	*Nachtaktiv:* Unterbewußtsein, Traumbewußtsein; versteckte, nicht so leicht zu erkennende Dinge, die im Verborgenen liegen, uns nicht mehr bewußt sind, die wir aber mit Hilfe des Tieres jetzt aufspüren und erkennen können; *tagaktiv:* Bewußtsein, Tagesbewußtsein; man ist sich der Handlung, der Vorgänge bewußt
- *unterirdische Gänge*	Unbewußte, verborgene Zugänge, Verbindungen, Möglichkeiten, Fähigkeiten, Zugriffe und Gefahren
- *Winterschlaf*	An die Zyklen der Erde gebunden sein, Zeit brauchen, Rückzug und Schlaf zur Regeneration, guter Kontakt zu Traumwelt und Andersreich; die Fähigkeit, Botschaften aus diesen Reichen zu empfangen und weiterzugeben, die Traumpfade zu wandern; schamanische Fähigkeiten
Metamorphose	Fähigkeit zur Verwandlung in einen völlig anderen Zustand; den Tod und die Unvergänglichkeit der Energie

schon im Leben kennenlernen; Entwicklungspotential, Wachstumschance

Nase Guter Riecher, Spürsinn, eine Spur verfolgen, Energien über die Gerüche und Düfte wahrnehmen und erkennen

Ohren Aufmerksamkeit, zuhören und hinhören können, seine Umwelt wahrnehmen, Verstehen und Verständnis, wortlose Verständigung, Empfangen

Rumpf

- *Rücken* Schutz, Tarnung, Wahrung der eigenen Kraft, Empfangen

- *Panzer* Schutz, Rückzug, abwarten können, in sich die Ruhe und Geborgenheit empfinden, sich schützen, seinen eigenen Weg verfolgen

- *Bauch* Bauchgefühl, Intuition, Öffnung, Geben

Schwanz Ruder, Gleichgewicht, Hilfswerkzeug, Signal, Kommunikationswerkzeug, Körpersprache verstehen, unbewußte Signale erkennen

Symbol Erscheint ein Tier mit einem Symbol, gilt es, dessen Bedeutung an sich und für uns zu ermitteln.

Tierart

- *Fabeltier* Mit Kräften nicht nur von dieser Welt in Kontakt stehen; starker Bezug zum Äther, zur universellen Lebensenergie, zur Energie, die alles durchdringt; erweiterte Sicht, innere Bilder, Kontakt zur Geistigen Welt, Vorstellungsgabe, Kunst des Träumens, ausgeprägte Phantasie, kreatives Potential, manchmal wenig Realitätsbezug

- *Beutetier* Selbstaufgabe, Hingabe, sich zur Verfügung stellen, seine Energie in den Dienst stellen, schnelle Erneuerung der eigenen Energie, Opferverhalten, sich seine Energie rauben lassen

- *Raubtier* Aktives Handeln, für sich selbst sorgen; die Fähigkeit, seine Kraft und Energie zurückzuholen; Nutzen, Anwenden und Einsetzen seiner Kräfte; Energieraub, Täterverhalten

Verletzung Geschwächte Kraft. Die jeweilige Stelle zeigt, wo wir selbst innerlich verletzt sind. Die im Energiefeld verletzten Stellen möchten gesehen, geheilt und aufgelöst werden.

Vermehrung

- *Eier*   Fruchtbarkeit, Erneuerung, kreatives Potential

Zähne   Verteidigung, Angriff, sich zur Wehr setzen; das, was einem
                 wichtig ist, verteidigen; Dinge aufnehmen, zerklei nern
                 und umsetzen

- Stoßzähne, Säbelzähne, Saugnäpfe

                 Besondere Werkzeuge, die in einer bestimmten Situation
                 dazu benötigt werden, sich zu verteidigen, zu schützen, ab-
                 zuschotten oder bestimmte Kräfte zu sich zurückzuholen.

Die Krafttiere

Die Dieser Abschnitt des Buches ist wie folgt gegliedert:
- *Der Name des Tieres*
- *Drei besondere Merkmale*
- *Lebensweise:* Informationen über die Herkunft, die Lebensweise, die besonderen Eigenschaften des Tieres. Von den Eigenschaften und besonderen Merkmalen werden die Kräfte eines Tieres abgeleitet. Die Herkunft des Tieres kann auf ein Land verweisen, mit dem wir auf eine besondere Art und Weise verbunden sind. Oft verknüpft ein Sammelbegriff sehr unterschiedliche Arten. Hier ist es gut, die spezifische Art, die sich einem gezeigt hat, zu studieren. Ein Affe ist nicht gleich Affe, ein Bär ist nicht gleich Bär – jede Unterart kann verschiedene spezifische Fähigkeiten, Eigenheiten und Eigenschaften aufweisen, die berücksichtigt werden sollten.
- *Die Kraft des Tieres in den Kulturen dieser Welt:* was man über das Tier aus alten und anderen Kulturen weiß, z.B. Mythologie, Fabeln, Märchen, Gottheiten, Legenden, Symboliken, berühmte Tiere.
- *Die Tiermedizin:* Diese Medizin ist sehr wirksam, denn sie bringt uns Botschaften unserer Seele. Sie läßt Dinge erkennbar werden, womit der erste Schritt zur Heilung und zurück zum inneren Gleichgewicht getan ist. Krankheiten finden zuerst im feinstofflichen Gewebe eine Resonanzbasis, bevor sie sich auf der körperlichen Ebene manifestieren. Die Tiermedizin bringt uns Botschaften über das, was nicht im Gleichklang ist und was auf der feinstofflichen Ebene mit Hilfe bestimmter Eigenschaften und Merkmale des Tieres wieder in Harmonie gebracht werden kann. Tiermedizin hilft uns dabei, bestimmte Lernaufgaben und Lektionen zu verstehen und

zu meistern. Sie geht an die Wurzel, die Ursache, deckt diese auf und bringt die Kraft, den Mut, die notwendig sind, damit man sich seinen Ängsten, seinen Schattenseiten stellen, sein Verhalten ändern und sich neues Verhalten antrainieren kann. Ist man von Natur aus z.B. eher ein feuriger und luftiger Typ, so kann es sein, daß es für eine gewisse Zeit wichtig ist, sich mit den Elementen Wasser und Erde zu beschäftigen – dementsprechend kann sich ein Tier zeigen, das einem ebendiese Qualitäten bringt und vermittelt. Wenn man zu hart ist, kann es sein, daß sich einem ein sanftes Tier zeigt und einen führt, damit man lernt, sich im Herzen zu öffnen. Die Tiermedizin bringt das Gleichgewicht, den Ausgleich, das, was in einer Situation gelebt werden sollte, damit man wieder in seine Mitte findet.

- *Weitere Informationen:* Hier finden sich weitere gesammelte Informationen und Zuordnungen zu dem Tier, z.B. Sternzeichen, Elemente, Farben, Symbole, Stärke, weitere Assoziationen sowie verknüpfte Begriffe und Ausdrücke. Diese weiteren Zuordnungen dienen dazu, die Dinge aufzuzeigen, welche mit der Kraft und Energie des Tieres in Verbindung stehen. Manche Zuordnungen mögen nicht gleich verständlich sein, doch je länger wir mit unserem Krafttier arbeiten, desto mehr werden wir dieses Feld verstehen lernen. Manche Dinge offenbaren sich erst mit der Zeit und durch unser ernsthaftes Bemühen und unsere Arbeit mit den Krafttieren. Wir können zum Beispiel in unserer Vorstellung das Tier fragen, was jetzt zu tun ist, oder wie was angewandt werden kann (siehe Krafttierreise). Wir können diese Informationen nutzen, um uns weiterführen zu lassen, z.B. zu einem guten Runenbuch, zu dem Element, welches uns das Krafttier bringt und der Elementarbeit in uns usw. Wenn wir um die weiteren Informationen wissen, können diese anfangen, in uns zu wirken und uns unserer Kraft ein Stück näherbringen. Für den Anfang ist es gut, einfach nur zu wissen, daß diese Dinge mit unserem Krafttier in Verbindung stehen können. Diese Informationen werden wirken und uns helfen, den Spuren unserer Seele zu folgen und diese mit der Zeit zu entschlüsseln und zu verstehen.

Zu den Affirmationen: Eine Affirmation ist ein Satz, welcher durch ständiges Wiederholen mit Energie aufgeladen wird. Dadurch kann sich die feinstoffliche Energie verdichten und sich in der inneren und äußeren Wirk-

lichkeit zeigen. Die Affirmation ist als Hilfestellung in der Arbeit mit dem jeweiligen Tier gedacht. Sie könnte beispielsweise dreimal morgens nach dem Aufwachen und dreimal abends vor dem Einschlafen angewandt werden (durch Sprechen, Aufschreiben oder konzentriertes Denken), oder wenn wir gerade eine ruhige Minute haben und uns mit unserem Krafttier verbinden wollen.

Zum Amulett: Das Amulett erinnert uns daran, daß wir verbunden sind mit Energien und Kräften, die immer da sind und uns stärken. So unterstützen wir durch das Tragen eines Amuletts unsere Verbindung mit einer Kraft. Das Amulett kann selbstgemacht sein, z.B. mit einem Abbild oder Symbol des Krafttieres darauf. Sicher fallen dir noch andere Möglichkeiten ein, ein Krafttier-Amulett herzustellen.

Allgemeine Hinweise

In der praktischen Arbeit können die Grenzen zwischen Krafttier und Helfertier fließend sein.

Wenn sich unsere Energie ändert, werden wir ein Tier, das sich uns zuvor gezeigt hat, auf der geistigen Ebene nicht mehr antreffen – es kann sich verabschieden, sich wandeln oder sterben. Die Zeit mit diesem Tier ist dann vorbei.

In der Heilarbeit kann das Auftauchen eines bestimmten Tieres augenblicklich Hinweise darauf geben, was ansteht und was zu tun ist.

Die Botschaften eines Tieres können sehr unterschiedlich sein. Auch wenn mehrere Menschen dasselbe Krafttier haben, kann es für jeden etwas anderes bedeuten.

Wenn man einer Botschaft auf der Spur ist, merkt man das daran, daß es einen überall kribbelt, daß man Gänsehaut bekommt, daß man diese Botschaft übermäßig abwehrt, daß sie einen immer wieder beschäftigt, daß ein inneres »Ja« da ist oder ein »Aha-Effekt« auftritt.

Folge einfach dem nächsten Schritt, der ansteht.

Adler
Macht, Herrschaft, Sieg

Vom großen Geist bin ich gesandt,
zu bringen die Botschaft vom Sonnenland.
Bin dem Licht des Himmels nah und der Götterbote gar.
In Kreisen und Spiralen ziehe ich meine Bahnen,
dich zu lehren, zu begleiten, zu warnen.
So hör auf meinen Ruf, prüfe die Wahrheit, die goldene Sonne in dir,
denn Wakan Tanka, der große Geist, spricht aus mir.
Ich leihe dir meine Augen, trage dich im Flug,
helfe dir zu besiegen der Dämonen genug,
verlange Opfer, Bereitschaft und Mut.
Folgst du mir, so wird alles gut!
Vertraue und glaube, laß dich nicht verleiten,
denn nun werde ich dich im Innern begleiten.

Lebensweise des Adlers

Adler sind, mit Ausnahme von Südamerika, eine weltweit verbreitete Vogelgattung und haben außer dem Menschen keine natürlichen Feinde. Adler haben einen kräftigen Hakenschnabel, befiederte Läufe, mächtige Krallen und Flügel mit bis zu einem Meter Spannweite. Sie leben in den größten und höchsten Gebirgen dieser Welt, wo sie ihre Nester weit oben in Felsen und Wipfeln bauen. Berge gelten seit jeher als Sitz der Götter, und so gilt der Adler wegen seiner majestätischen Erscheinung und seiner scharfen Augen in zahlreichen Kulturen als König der Lüfte. Ohne viel Kraftaufwand erhebt er sich elegant in die Luft, um innerhalb seines ausgedehnten Jagdreviers Beute zu erspähen. Adler leben meist monogam; das Paar hält sich ganzjährig in seinem Revier auf und benutzt immer wieder denselben Horst zum Brüten. Die Weibchen legen meist 1–2 Eier, die Brutzeit dauert zwei Monate. Der Jungadler bleibt vier bis sechs Monate im Nest. Die ersten Wochen der Aufzucht nach dem Schlüpfen übernimmt das Weibchen, während das Männchen die Familie mit Nahrung versorgt. Später wechseln sich beide Partner regelmäßig am Horst ab. Nach dem Flüggewerden bleibt der Jung-

adler noch ein Jahr im Revier seiner Eltern und erlernt sein Handwerk. Erst wenn der Jungadler aus dem Haus ist, wird ein neues Gelege bebrütet. Es gibt z.B. Kaiseradler, Schneeadler, Schreiadler, Steinadler und Steppenadler.

Der Adler und seine Kraft in den Kulturen der Welt

In den Überlieferungen erscheint der Adler oft als Helfer in der Not, welcher den Menschen in letzter Sekunde rettet. Oder er bringt ihn an den gewünschten Ort, damit er sein Lebensrätsel lösen kann. Doch damit der Erwählte sein Ziel erreicht, muß er den Adler füttern, zur Not auch mit seinem eigenen Fleisch. Er muß bereit sein, Opfer zu bringen, vielleicht gar sich selbst. Ist das Ziel erreicht, wird der Erwählte mit außergewöhnlichen Gaben ausgestattet sein und im Dienste der Menschheit stehen.

Adler stehen für den großen Geist, den Himmelsgott, das höhere Selbst und sind Boten der Oberen Welt. In allen indianischen Stammeskulturen wird er hoch verehrt. Die Hopi-Indianer hüten die Adlermedizin und die Adlerrituale; viele Stämme tanzen den Adlertanz. Zahlreiche Rituale, wie z.B. der Sonnentanz, sind dem Adler geweiht. In diesem Kulturkreis ist er Donner und Regen zugeordnet, weshalb er auch Donnervogel genannt wird. Im Medizinrad ist er der Hüter des Donnervogelklans und dem Element Feuer zugehörig. Adlerfedern symbolisieren die Sonnenstrahlen.

Bei den Griechen und Römern war der Adler Zeus' (Jupiters) Blitzträger und stand für das siegreiche römische Imperium. Im Christentum symbolisiert der Adler die Allmacht Gottes, den Glauben und die Himmelfahrt Jesu, außerdem gilt er als Symbol für Auferstehung, Wiedergeburt und Taufe. Mit einer Schlange im Schnabel zeigt er den Sieg des Guten über das Böse. Als König der Vögel steht er für Gerechtigkeit, Macht, Würde, Größe, Herrlichkeit, weshalb er auch Wappentier und Emblem vieler Adelshäuser, Institutionen und Staaten ist. Dem Adler ist die Rune Jera zugeordnet, welche für das zyklische Muster von Entstehen, Sein, Werden und Vergehen steht; sie verhilft zur Erleuchtung, Fruchtbarkeit, Harmonie und Frieden.

Adlermedizin

Adlermedizin ist mächtig und kann dem Menschen, der sie erhält, Großes zumuten. Sie fordert uns auf, uns zu erheben, uns aufzurichten zu unserer

vollen Größe und ja zu sagen zu dem unbegrenzten schöpferischen Potential in uns. Sie ermahnt uns, dieses kompromißlos zu verwirklichen, und zwar im Einklang mit unserer inneren Führung, dem großen Geist. Gleichzeitig verlangt sie große Demut, Achtung vor dem Schöpfer, Opferbereitschaft, Verantwortung, höchsten Einsatz und weitblickendes Handeln. Ein Mensch mit Adlerkraft ist ein Mittler, welcher die Botschaft des großen Geistes in die Welt bringt. Die Adlermedizin weist ihren Empfänger auf seine höhere Aufgabe im Dienste der Menschheit hin. Sie erinnert uns daran, ganz und gar die Verantwortung für unser Leben und all unsere Handlungen zu übernehmen. Mit der Adlermedizin werden wir aufgefordert, der Kraft des Herzens und den Anweisungen des großen Geistes zu folgen, für uns selbst einzustehen und unseren Weg zu vertreten. In der schamanischen Arbeit hilft der Adler, dämonische Kräfte aufzuspüren, den Kampf mit ihnen aufzunehmen und sie zu vernichten.

Von der lichten Seite betrachtet ist der Kontakt mit dem Adler ein großer Segen. Er kündigt eine neue Entwicklungsstufe an, weitere Perspektiven und größere Möglichkeiten der Entfaltung auf höheren Ebenen. Seine Kraft ist dafür geschaffen, dich hinaufzuheben zu einer höheren Sicht der Dinge. In lohnenden Angelegenheiten kannst du mit ihrer Hilfe pfeilschnell und zielsicher handeln. Der Adler zeigt dir das Potential, das in dir steckt, und die Werkzeuge, die dir zur Verfügung stehen, um deine Position zu sichern, deine Kraft zu entwickeln und zu bewahren sowie Selbstvertrauen zu erlangen. Auf seinen Schwingen gewinnst du die Freiheit und erreichst das Land jener unbegrenzten Möglichkeiten, welche uns allen gegeben sind, wenn wir uns über unsere Grenzen hinaus im Licht der Sonne bewegen. Der Adler lehrt uns die Weisheit der Schöpfung, er steht für Licht, Bewußtsein, kosmisches Feuer, Freiheit, Schnelligkeit, Macht und Kraft, höhere Bestimmung, scharfe Wahrnehmung, spirituelle Führung, Intelligenz, Klarheit, neue Dimensionen. Er fordert dich auf, seinem Ruf zu folgen, damit du deine Bestimmung findest und lebst.

Von seiner dunklen Seite betrachtet, kann der Adler auch auf Abgehobenheit, Habsucht, falschen Stolz, Arroganz, Überheblichkeit, große innere Einsamkeit, Einzelgängertum, Täterverhalten, extremes Machtstreben und egozentrischen Machtkampf sowie Probleme mit der Vaterfigur und dem Gottesbild hinweisen.

Weitere Informationen

Der Adler ist ein wichtiges Symbol der Sonnenkulturen dieser Welt. Seine Federn werden in verschiedenen Zeremonien verwendet: Im Haar getragen, schenken sie den Segen und den Schutz des großen Geistes. Als Räucherfeder werden sie gerne dazu verwendet, die Aura abzuwedeln und mit Licht zu reinigen. Adlerkrallen und -schnäbel gelten als heilige Werkzeuge der Schamanen, mit denen diese Dämonen und dunkle Kräfte aus dem Energiefeld eines Menschen ziehen können. Aus Adlerknochen werden Pfeifen hergestellt, welche den Schrei des Adlers erklingen lassen; sie werden beim Sonnentanz und in anderen Ritualen dazu eingesetzt, den großen Geist zu rufen. Das Adlerauge gilt als das allsehende Auge Gottes, dem nichts entgeht und das die Dinge stets von einer höheren Warte aus zu betrachten vermag. Das Adleramulett steht für eine Verbindung zum großen Geist, für Wachsamkeit und spirituelle Kraft. Im indianischen Medizinrad bewacht der goldene Adler Wabun, den Geist des Ostens, der Luft, des Morgengrauens und des Sonnenaufgangs, und die Kindheit. Ihm sind der Pfeifenstein und der Tabak zugeordnet. Der Osten ist die Richtung der aufgehenden Sonne und der Spiritualität.

Stein: Diamant; **Farbe:** Gold; **Elemente:** Äther, Luft; **Symbole:** Federn, allsehendes Auge; **Rune:** Jera; **weitere Assoziationen:** Scharfblick, Überblick, Raubvogel, Adlerschwingen, Schrei des Adlers, der große Geist, spirituelle Kraft, übergeordnete Botschaft/Botschaft der Götter, Führung, Macht; **Traumdeutung:** Der Adler steht für neue Impulse, Botschaften aus der oberen Welt, Segen und Schutz durch die Lichtwelten, den großen Geist. Außerdem kann er ein Hinweis auf die Beziehung zum Vater und zu Gott sein. Je nachdem, wie er sich zeigt, bringt er verschiedene Botschaften. Greift er an, kann das auf eine Bedrohung durch einflußreiche Personen hinweisen, auf Schwierigkeiten und Gefahren. Trägt er ein Beutetier, so deutet dies auf Gewinn, Reichtum hin. Ist er tot oder schwarz, so kündigt er den Tod oder Verlust anderer Art an. Ist er verwundet oder kann nicht richtig fliegen, so steht er für mangelndes Selbstbewußtsein, Einschränkung, Mangel, Verlangen nach Befreiung und Lösung aus zu engen Bindungen. Kreist er im Fluge nach oben, so kündigt er Freude, Gewinn positive Wenden und Überraschungen an; **Affirmationen:** »Die Kraft des großen Geistes durchdringt mich und leitet mich. Ich folge ihr – jetzt.« – »Dein Wille durch meinen, so soll es sein.«

Affe
Beweglichkeit, Spaß, Originalität

Wir hangeln uns von Ast zu Ast,
mal in Eile, mal ohne Hast.
Sind mal unter und mal über dir,
kaum sind wir da, sind wir schon hier.
Wir sind die Narren, doch bald bist es du,
findest nicht eher deine Ruh,
bis du erkennst: Vielfältig sind die Wege.
Die Dimensionen, sie sind rege,
unendliche Möglichkeiten steigen hervor.
Wir sind die Mittler der freien Natur,
uns machst du so schnell nichts vor,
eher hauen wir dich übers Ohr!
Wir äffen dich nach, sind der Spiegel im Innen,
uns wirst du heute nicht entrinnen.

Bleib stehen, betrachte dich, komm in dein Sein!
Hast du uns erkannt,
arbeiten wir mit dir im Verband.
Das Leben ist ein Spiel,
uns wird's nie zuviel.
Sei originell, erfinde die Welt,
damit dein Licht diese Welt erhellt.

Lebensweise des Affen

Es gibt unzählige Affenarten, die wie folgt aufgeteilt werden: zum einen die Neuwelt- oder Breitnasenaffen. Zu ihnen zählen mehr als 75 Arten, wie z.B. die Krallenäffchen, Kapuzineraffen, Wollaffen, Totenkopfäffchen; zum anderen die Altwelt- oder Schmalnasenaffen, die wiederum in die Tier- und Menschenaffen unterteilt werden; zu ihnen gehören u.a. Gibbons, Gorillas, Lemuren, Meerkatzen, Orang-Utans, Paviane, Rhesusaffen, Schimpansen. Diese unterschiedlichen Arten leben fast alle in den tropischen Wäldern und

Regenwäldern von Nord-, Mittel- und Südamerika, Afrika, Indien und Asien.

Affen haben überraschend wenige Feinde; es sind Affenadler, Riesenschlangen und Leoparden. Affen leben in mehr oder weniger großen, streng oder locker gegliederten Gemeinschaften, die zwischen zwei- und vierhundert Tiere umfassen. Selbst Einzelgänger fügen sich in Gruppen. Viele Affen können aufrecht gehen, und wie der Mensch sind sie Allesfresser. Sie bewegen sich auf vielerlei Art fort, z.B. durch Laufen, Springen, Klettern, Schwingen. Sie sind neugierig, gesellig und wißbegierig, sie lernen schnell, erforschen ihre Umwelt und passen sich ihr auf geschickte und originelle Weise an. Wenn sich dir ein Affe zeigt, so achte auf die besonderen Merkmale und Botschaften seiner Art.

Der Affe und seine Kraft in den Kulturen der Welt

Der Affe war bei vielen alten Völkern hoch angesehen, heilig und oft unantastbar. Im Fernen Osten gilt er wegen seiner vielen Begabungen und Fähigkeiten als Narr und Sinnbild der Weisheit. Ihm werden Heilkräfte zugesprochen, besonders seinem Herz. Der Affe gaukelt den Menschen etwas vor, äfft sie nach, täuscht sie und lockt sie auf eine neue Fährte, damit sie sich selbst erkennen können. Unrecht gleicht er oft auf originelle Weise aus. Im Hinduismus steht der Affengott Hanuman für Tapferkeit, Gelehrsamkeit, Schnelligkeit, instinktives Wissen, die Macht, die Feuer in geistige Energie umwandeln kann.

Bekannt sind die drei Affen, von denen sich einer die Ohren, einer den Mund und der dritte die Augen zuhält. Die Darstellung entspricht im Buddhismus der Diszipliniertheit des Geistes: »Wir sehen, hören und sprechen nichts Böses.«

Affenmedizin

Affen sind hochintelligente, scharfsinnige Tiere, welche die Weisheit auf besondere Weise in sich tragen. Sie bringen die Leichtigkeit des Seins zutage und lösen starre eingefahrene Muster auf unkonventionelle Weise auf. Erscheint der Affe, so fordert er dich auf, dich aus deinem alten Umfeld herauszubewegen und die Möglichkeiten, die das Leben bietet, in Augenschein zu nehmen. In-

dem sie unser Verhalten spiegeln und übertrieben lustig darstellen, schenken sie uns Selbsterkenntnis. Sie fegen neuen Wind durch abgestandene Angelegenheiten, bringen uns zum Lachen und auf neue Gedanken.

Die Affenmedizin schenkt Beweglichkeit und Wendigkeit auf allen Ebenen sowie die Weisheit des Humors. Sie fordert uns auf, das Leben als ein Spiel mit unendlichen Möglichkeiten zwischen den anderen und dem Selbst zu betrachten. Wir müssen uns nicht entscheiden zwischen Gemeinschaft, Familie und unserem eigenen Weg. Es kann alles gleichzeitig im Hier und Jetzt geschehen.

Affen verzagen nie, stehen nie still in ihrer Entwicklung, verharren nicht in Überholtem. Dort wo sich ein Türchen schließt, tut sich eine neue Möglichkeit auf. Sie sind Künstler des Hier und Jetzt, der vielfältigen Möglichkeiten, der positiven Lebenseinstellung und der Anpassung an Veränderungen. Sie haben ein hochentwickeltes Sozialverhalten und bei allem, was sie tun, stets auch die Gemeinschaft im Blick. Sie zeigen uns, wie wir inmitten der Gesellschaft unseren eigenen Weg gehen können. Für scheinbar ausweglose Situationen finden sie leicht originelle Lösungen. Sie schenken dir die sich ewig erneuernde Lebensenergie und den Mut, trotz Fehltritten munter weiterzugehen. Ihre Schätze schützen sie durch Ablenkung, Gauklerei, Wendigkeit und Blendung. Doch es gilt, sie nicht zu unterschätzen, denn sie kennen die tiefsten Geheimnisse, das verborgene Wissen, und können sich auf vielen Ebenen gleichzeitig bewegen.

Von der lichten Seite betrachtet sind sie gute Führer, hilfreiche Ratgeber und originelle Erfinder. Voller wendiger Beweglichkeit, Humor und Leichtigkeit führen sie uns im Dschungel der inneren Welten und bringen soziales Verhalten in eine Gemeinschaft. Sie zeigen uns, wie wir uns neuen Entwicklungen geschwind anpassen können. Das Leben bringt immer wieder neue Gelegenheiten und wunderbare Chancen. Halte nicht am Alten fest. Schau nach vorn, und mach einfach weiter. Manchmal nicht zu bekommen, was man möchte, kann ein Glücksfall sein.

Wir können die großen Wege des Lebens in ihrer Ganzheit nicht immer verstehen, das müssen wir auch gar nicht. Wir brauchen uns nur um den nächsten Schritt zu kümmern, der sich aus der gegenwärtigen Situation heraus entwickelt. Betrachte dich im Spiegel deiner Seele, äffe dich selbst nach, übertreibe, lache über dich, bringe andere zum Lachen, und nimm die Dinge nicht allzu schwer, denn sie sind zeitlich begrenzt, und alle Möglichkei-

ten sind immer da, auch wenn es einmal nicht so aussieht. Sei originell, sei erfinderisch. Öffne und weite deinen Horizont. Erhebe deinen Blick. Sei da im Hier und Heute.

Von seiner dunklen Seite betrachtet, bedeutet der Affe auch Eitelkeit, Falschheit, Unruhe, Zerstreutheit, Unkonzentriertheit, Verblendung, Leichtfertigkeit; eine Starke Fixierung auf eine Gruppe, eine intensive Anhaftung an und Verstrickung in weltliche Belange; Verlust des Strebens nach Selbstentwicklung; die Neigung, erst zu handeln und dann zu denken; den Hang zu Betrug, Aufschneiderei, Übertreibung, Phantasterei, Illusion, Raub, Unruhestiften, Tratsch und Täuschung, Unfug und Streiche; die Vorliebe, andere an der Nase herumzuführen; die Schwäche, sich schnell zu langweilen.

Weitere Informationen

Der Affe steht für die Weisheit der Narren, Gaukler und Taschenspieler dieser Welt. In der chinesischen Astrologie ist der Affe das neunte Zeichen; Jahre des Affen sind: 1920, 1932, 1944, 1956, 1968, 1980, 1992, 2004 (immer plus zwölf). Dieses Zeichen entspricht dem Löwen in der westlichen Astrologie. Affen gelten als vielseitig, überzeugend, geschickt, findig, humorvoll, schnell, phantasievoll. Das Jahr des Affen gilt als Zeit der Phantasie, des Optimismus und als gute Zeit für schwierige Vorhaben. Es ist ein Jahr, in dem alles vorangetrieben wird. Das Affenamulett gilt als Symbol für Weisheit, Gesundheit, Erfolg, die sich ewig erneuernde Lebensenergie und steht für Leichtigkeit, Spiel, Glück und glückliche Wege.

Steine: Rubin, Hämatit; **Farbe:** Rot; **Elemente:** Äther, Luft, Feuer; **Symbole:** Keule, Donnerkeil, Spiegel; **weitere Assoziationen:** Banane, Narr, Bewegung, Informationen werden schnell verarbeitet und verbreiten sich im Handumdrehen, in affenartiger Geschwindigkeit; Wissensdurst, Spiegel der eigenen Schwächen; **Traumdeutung:** Der Affe kündigt eine rasante, plötzliche, überraschende Entwicklung an sowie neue Impulse und Eingebungen, unvorhergesehene Wendungen. **Affirmationen:** »Mit Leichtigkeit folge ich der Weisheit meines Herzens, denn alles ist bereits in mir.« – »Ich lebe meine Originalität, jetzt.« – »Ich richte mich auf und vertraue meinem Weg, jetzt, mit allem, was er bringt.«

Bär
Mut, Stärke, Schutz

Bärenstark im braunen Fell, beschütze ich Mutter Natur.
Von Gevatter Bär gibt es ja eine Spur,
folge ihr nur in das Innere der Höhle.
Denn im Innern, da liegt die Welt der Weisen,
hier beginnen die mystischen Reisen.
Tauche ich auf, so prüfe ich den Verlauf,
weihe dich ein in die mystischen Kreise,
die Zyklen und Spiralen der alten Weise.
Ich schütze das, was zu schützen ist,
zeig dir die Tatzen, wer du auch bist.
Kommst du in Frieden, so führe ich dich,
versorge dich im Sein,
decke auf Verblendung und Schein.
Kraft in der Ruhe, aus der Mitte Stärke,
so gehen wir gemeinsam zu Werke.
Den Herzschlag der Mutter, du hörst ihn in dir,
es ist deine Intuition, vertraue ihr!
Ich zeig dir die Süße des Lebens, den goldenen Honigsaft,
darin liegt ein Teil meiner Kraft.

Lebensweise des Bären

Es gibt zahlreiche Bärenarten, welche vorwiegend in den undurchdringlichen Teilen der Wälder Europas, Asiens, Nordamerikas (Kanada, Alaska)
und Australiens verbreitet sind. In diesem Verbreitungsgebiet lebt eine Vielfalt von Bären, die sich farblich und größenartig so sehr voneinander unterscheiden, daß sie zu selbständigen Arten erklärt werden. So gibt es Eisbären,
Braunbären, Grizzlybären, Kodiakbären, Pandabären ... Der Bär allgemein ist
ein Allesfresser, er frißt Fleisch, Fisch, Pflanzen und Früchte, Honig liebt er
besonders. Häufig ist er nachtaktiv und erstaunlich beweglich – beim Laufen wird er bis zu vierzig Stundenkilometer schnell –, er kann klettern und
scheut das Wasser nicht. Bären leben in Höhlen und ziehen sich im Zyklus

der Jahreszeiten darin zurück, um Winterschlaf zu halten. Sie sind oft Einzelgänger und markieren die Grenzen ihres Territoriums, indem sie die Rinde von Bäumen auffällig abschälen. Als hervorragende Jäger kennen sie keine Furcht, außer dem Menschen haben sie ohnehin keine natürlichen Feinde. Bärenweibchen gelten als häuslich und verfügen über einen überaus starken Beschützerinstinkt.

Der Bär und seine Kraft in den Kulturen der Welt

Der Große Bär ist eines der wichtigsten Sternenbilder; es zeigt zum Nordstern, einem wichtigen Orientierungspunkt in der Seefahrt. Bärennamen wie Bernhard, Björn, Ursula verweisen auf die Verehrung des Menschen für seine Stärke, Tapferkeit, Ruhe und die Kraft, mit der er viel schützen, halten, tragen und ertragen kann. Den Bären findet man in vielen indianischen Stammeskulturen, bei den Hopi z.B. hütet der Bären-Clan die Bärenzeremonien. Der Bär ist ein mächtiger Schutzpatron und wird u.a. von den Schamanen und Heilern der arktischen Stämme der Keresan, Tewa, Zuni und Chippewa in Visionssuchen und Heilungszeremonien angerufen, den Ritualen beizuwohnen. Bären gelten als Beschützer der Kinder, des Waldes und der Natur, sie setzen sich für den Ausgleich von Unrecht jeder Art ein, sogar mit ihrem Leben. Gemäß einigen Erzählungen und Legenden wird dem Bären nachgesagt, daß er niemals irre. In Sibirien gilt Gevatter Bär als spiritueller Lehrer, Schamane und mythischer Vorfahre. Der Bär war ein beliebtes Emblem und Wappenzeichen, schon weil man ihn als König der Tiere des Waldes sah. Des Bären Rat und Tat wurden hochgeschätzt. Bärengeschichten und Erzählungen zählen zu den Einweihungsmythen; der Bär verweist auf den alten Pfad der großen Göttin. In der Mythologie ist er ihr zugeordnet, da er gemäß den Zyklen der Natur lebt, Erde und Leben beschützt: Er war der griechischen Mondgöttin Artemis (röm. Diana) geweiht; die keltische Mondgöttin Berne wurde als Bär dargestellt, ebenso Thor in der nordischen Sagenwelt, wohin auch die Bären Atli und Atla gehören, welche die Pole männlich und weiblich symbolisieren. Dem Bär ist die Rune Thurisaz, der Torweg, zugeordnet. Sie steht für Stärke, Ruhe, Innenschau, Rückblick, Innehalten, bevor man weitergeht, einen neuen Zyklus, Verteidigung, unbewußten Willen und Triebkraft. Sie bewirkt die Umsetzung des Willens in Handlung und die Vorbereitung für die weitere Entwicklung in allen Bereichen.

Bärenmedizin

Die Bärenmedizin gilt als genau, stark, hochwirksam, konzentriert; man zollt ihr hohe Achtung und großen Respekt. Um sich zu regenerieren, eine Lösung oder eine Antwort zu finden, brauchen Menschen mit dem Bären als Krafttier nichts als ihre Bärenhöhle, Ruhe und Schlaf oder einen Gang allein in den Wald, der Rest erledigt sich von allein. In der Zeit des Rückzugs und der Ruhe, während deren sie über ihre Träume in die Anderswelten eingeweiht werden, empfangen sie Botschaften, die sie, wenn die Zeit reif ist, in die Welt geben. Der Bär zeigt, daß alles in uns liegt und daß es wichtig ist, sich auf den Herzschlag zu konzentrieren, unserem Inneren zu lauschen. Hier gestalten wir unsere Welt, bereiten Veränderungen vor und erschaffen Neues, hier finden wir die Antworten und Lösungen, die wir in einer Angelegenheit benötigen. Zur Bärenmedizin gehören die Kraft der Zyklen, Kreise und Spiralen, der Innen- und Außenwelt, des natürlichen Schutzes und der Selbstversorgung, das Leben aus der eigenen Kraft heraus, im Einklang mit der Natur. Der Bär verleiht die Fähigkeit, in der inneren und äußeren Welt zu sein, nach innen zu gehen und seinen Standpunkt unabhängig von anderen zu formulieren. Er ist ein guter, schützender Begleiter in allen schamanischen Angelegenheiten. Als Wächter des alten Pfades verlangt er stets Achtung und Respekt vor Mutter Natur und ihren Schützlingen.

Von der lichten Seite betrachtet vermittelt der Bär das Gefühl für den richtigen Zeitpunkt, außerdem für die Kreisläufe des Lebens, für die Anbindung an die Natur und für die Kraft der Selbstentdeckung. Er erinnert uns daran, daß wir die Süße des Lebens suchen und genießen sollen. Der Bär gibt uns Schutz, Halt und Orientierung, und sein Rat ist gut, denn ein Teil seines Wesens ist fest und unerschütterlich in der Anderswelt verankert. Als Lehrer führt er uns in die innere Welt, die Welt der Schamanen. Von ihm können wir alles über die Kraft der Erde lernen, über die Fülle und Versorgung, über den Schutz unserer Kinder, über das Harmonisieren unserer Kräfte im Tanz der Jahreszeiten. Bei Heilarbeiten innerer Art steht er uns mit Schutz, Kraft und Tat zur Seite.

Von seiner dunklen Seite betrachtet, kann der Bär auf Gleichgültigkeit, Un-

mut, Griesgrämigkeit und Faulheit hinweisen und darauf, daß irgend etwas im Leben nicht im Einklang ist. Wenn er Gefahr herannahen sieht, kann er ohne Rücksicht auf Verluste brutal zuschlagen und angreifen. Daher wird ihm Rohheit, Gier, Kompromißlosigkeit, Zerstörung und Gnadenlosigkeit nachgesagt, wenn er erst einmal in Fahrt ist.

Weitere Informationen

Der Bär steht für den Weg der Göttin und für die alte Schamanentradition in Sibirien sowie den alten Kulturen der nordamerikanischen Indianer, Eskimos, Skolten, Kelten und Germanen. Bärenhöhlen sind Einweihungsstätten, und den Bären selbst werden heilende Kräfte nachgesagt: Sein Fell schütze vor Feinden und Angriffen aller Art, mache unsichtbar und verleihe innere Stärke und Mut, seine Gallenblase stärke die Manneskraft, Bärenfett helfe, Wunden augenblicklich zu heilen und zu verschließen. Seine Tatze und seine Zähne sind schutzverleihende Arbeitswerkzeuge der Schamanen: Seine Zähne verscheuchen Dämonen, und wer die Bärenklaue anlegt, besitzt die Heilkraft des Tieres und wird von ihm geführt. Diese Medizin kann er uns auf geistiger Ebene zur Verfügung stellen. Der Braunbär ist ein Zeichen des indianischen Medizinrads und dort der Zeit des Erntens (22. Aug. – 21. Sept.) und dem Schildkrötenklan sowie dem Südwind zugeordnet; seine Richtung ist Südsüdwest, seine Pflanze das Veilchen. Seine Themen sind Urteilsfähigkeit, Bescheidenheit, praktisches Handeln und Fleiß. Das Bärenamulett steht für Schutz, Heilung, Kraft, Tapferkeit, Mut und Stärke.

Steine: Heliotroph, Beryll, Jaspis, Türkis, Topas; **Farben:** Braun (Erdtöne), Waldgrün, Violett, Rot; **Elemente:** Erde, Feuer; **Symbole:** Bärentatze, Pentagramm, Spirale, Höhle, Rune Thurisaz, Thors Hammer; **weitere Assoziationen:** dickes Fell, Eiche; **im Tarot:** Der Herrscher; **Traumdeutung:** Der Bär lenkt unseren Blick auf die Zeitqualität, die wir prüfen sollen. Er weist auf Botschaften aus dem Unterbewußtsein hin, welche wahrgenommen werden wollen. Er verkörpert die Gefahren, die von dort drohen, wenn Aspekte unterdrückt werden, und fordert uns auf, hinzuschauen und uns unserer inneren Welt zu stellen, statt vor ihr davonzulaufen. **Affirmationen:** »Ich bin allseits geschützt, was immer ich tue.« – »Ich vertraue meiner Stärke und Kraft, jetzt.«

Biber

Vision, praktische Planung, Umsetzung

Im Wasser und an Land,
im See und am Uferrand
wohnen wir im Unterholz;
auf unser Leben sind wir stolz!
Wir bauen die schönsten Wasserburgen
mit Gängen und Wegen und Fenstern zum Lugen.
Wir benagen die Bäume, bis sie fallen,
mit ihnen bauen wir die heiligen Hallen.
Wir sind im Wasser und auf dem Land daheim,
leben friedlich und im Einklang mit unserem Sein.
Begegnen wir dir, so führ'n wir dich ein,
wie du baust dein Eigenheim,
wie du Träume verwandelst in Taten
und nicht länger verharrst im Warten.
Verfolge mit all deiner Macht
deinen Traum in seiner ganzen Pracht,
bestaune ihn in der Wirklichkeit,
so findest du Gelassenheit.

Lebensweise des Bibers

Der Biber ist das größte und tüchtigste Nagetier Europas, Asiens und Nordamerikas. Er bewohnt die Ufer ruhig fließender oder stehender Gewässer, deren Ufer mit reichlich Unterholz bewachsen sind. Seine Köperlänge beträgt etwa einen Meter, und er kann 15 bis 30 kg schwer werden.

Sein Schwanz kann bis 30 cm lang sein, ist stark abgeflacht und unbehaart und dient als Ruder; bei Gefahr klatscht er mit ihm zur Warnung aufs Wasser. Die Hinterfüße sind mit Schwimmhäuten versehen und die Nasenlöcher verschließbar, so kann er damit hervorragend schwimmen und tauchen. Biber haben einen dichten, wasserfesten Balg, Augen und Ohren sind sehr klein. An Land orientieren sie sich überwiegend durch den Geruchssinn. Sie sind reine Pflanzenfresser. Mit ihren kräftigen, scharfen Nagezähnen benagen sie dünne Baumstämme, bis diese umfallen. So kommen sie zu Nahrung und zu Baumaterial für Baue: Mit ihren zu Greiforganen entwickelten Vorderfüßen bauen sie aus Holz, Schlamm, Steinen und Schilf umfangreiche Dammsysteme und Wohnburgen mitten im Wasser. Damit halten sie den Wasserspiegel in ihrer Umgebung konstant, um sicherzustellen, daß die Zugänge zu ihrer Wohnburg unter Wasser liegen. Biber leben monogam und werden 15 bis 20 Jahre alt. Sie sind fürsorgliche Eltern und werfen jährlich zwei bis vier Junge, die sie über zwei Jahre bei sich behalten. Die Biber sind das ganze Jahr und meist nachts aktiv. Sie wurden einst schwer bejagt, so daß sie an manchen Orten gänzlich ausgerottet wurden.

Der Biber und seine Kraft in den Kulturen der Welt

Einst wußte man den Biber nicht einzuordnen, und da er weder Fisch noch Fleisch war, erscheint er in den Mythen manchmal als Fisch und dann wieder als Landtier, wodurch er andere Tiere zu überlisten weiß. Es gab unzählige Erzählungen über die Biber und ihre Eigenheiten, u.a. über ihre Art, dicke Bäume zu fällen und Wasserburgen zu bauen. Da der Biber jedoch nur noch vereinzelt vorkommt, taucht er in heutigen Geschichten nur noch selten auf. Er steht für die stärkende Abwehrkraft, warnt vor Energieverlust und Ungleichgewicht, hilft bei Krankheiten, die durch Kälteeinwirkungen entstehen, und schützt unsere Lebensenergie.

In manchen indianischen Traditionen spielt er als Übermittler von Geschichten und als Bewahrer des Gleichgewichtes bei Zeremonien eine wichtige Rolle. Er wird oft in Ritualen des Übergangs und der Neuorientierung angerufen. Einst wurden ihm prophetische Gaben zugesprochen, und noch immer gilt er als Orakeltier für Vergangenheit, Gegenwart und Zukunft, da er in den Spiegel der Seele eintauchen kann, um Botschaften aus ihm zu fischen.

Bibermedizin

Wenn der Biber als Krafttier auftaucht, so kann dies auf ein großes Potential hinweisen, mit dem du Träume in die Tat umsetzen kannst – schließlich ist er eines der wenigen Tiere, welche ihre Umgebung drastisch umgestalten können. Er ist ein Tier, das sich im Wasser und auf der Erde bewegt und damit beide Elemente miteinander verbinden kann. Er zeigt uns, daß auf die Vision, die Eingebung und die Träume die Tat folgen muß, damit sich die Wirklichkeit formen und vollenden kann. Er bringt uns bei, wie das Wasser mit Hilfe der Erde und ihren Materialien auf einen gleichbleibenden Pegel gebracht werden kann, d.h., wie wir unsere Gefühle und Emotionen beständig und so Beziehungen zu anderen konstant gestalten können. Er lehrt uns, die gefühlsmäßigen Zugänge unserer Welt zu schützen und die Eingebungen, die wir dort empfangen können, im Leben zu materialisieren.

Der Biber begleitet dich durch die aufbauenden Phasen deines Lebens und zeigt dir, wie du Architekt deiner Wirklichkeit wirst. Er zeigt dir, wie du die Dinge miteinander in Einklang bringen und so wirken kannst, daß du die Balance in dir und mit deiner Umwelt hältst. Der Biber schenkt dir Mut, Geschick, Entschlossenheit und Beharrlichkeit und zeigt dir, wie du damit Dinge von bleibendem Wert in die Welt bringst. Da er ein Heilmittel besitzt, das vielseitig eingesetzt werden kann, wird er dich auch in die Welt der Heilung durch Harmonisieren der Kräfte einweisen.

Von der lichten Seite betrachtet: Laß dich vom Baumeister des Lebensplans einweisen in deine Bestimmung und ihre Umsetzung. Du wirst staunen, was zu vollbringen du in der Lage bist, und zwar allein, in der Partnerschaft und in Gruppen. Der Biber schenkt dir Kontinuität, Ausdauer, Fleiß, handwerkliche Begabung; die Fähigkeit, die Kräfte zu erhalten, die du brauchst, um ein Projekt durchzuführen und zu vollenden; mit den Werkzeugen, die du zur Verfügung hast, geschickt umzugehen; Träume und Eingebungen, die du empfangen hast, aufrechtzuerhalten, bis sie Wirklichkeit geworden sind.

Er bringt Ausgeglichenheit und Balance und warnt dich, wenn deine Lebensenergie aus dem Lot geraten ist. Er kann Hellsichtigkeit und prophetische Gaben verleihen und die Innenschau stärken.

Von seiner dunklen Seite betrachtet, kann der Biber Stagnation und Stau von Gefühlen bedeuten, welche durch die selbstgebauten Dämme nicht ins Fließen kommen können. Auch kann er auf Kurzsichtigkeit in den verschiedensten Projekten und Angelegenheiten hinweisen sowie darauf, daß man zu

besitzergreifend, hemmungslos, unflexibel, überempfindlich, bequem und eigensinnig ist. Außerdem steht er für Selbstbestrafung, -kasteiung und Ängstlichkeit.

Weitere Informationen

Der Biber ist ein Zeichen im indianischen Medizinrad und ein Zeichen für die Zeit der wiederkehrenden Frösche (20. April – 20. Mai), dem Hüter Wabun (Osten) und der Schildkröte (Erde) zugeordnet sowie dem Ostwind und der blauen Camasspflanze. Seine Funktion ist, Stabilität zu schaffen, seine Themen sind Sicherheit, Zufriedenheit, Balance, Treue, Geduld, Erdverbundenheit, Bequemlichkeit, Selbständigkeit und Ordnungsliebe. Das Biberamulett steht für Visionen, Ausgeglichenheit und Balance.

Steine: Blutstein, Jaspis, Chrysokoll; **Farben:** Braungelb, Ocker, Braun, Grün, Blau; **Elemente:** Erde, Wasser, Äther; **Symbole:** Biberzähne, Biberkrallen, Holz, Werkzeug, Zirkel und Lineal; **weitere Assoziationen:** Anpassungsfähigkeit, den eigenen Bauplan entwerfen und praktisch in die Tat umsetzen, Grundlagen schaffen, Selbstverwirklichung, Verbindung der Traumwelt mit der Realität, ins eigene Spiegelbild schauen, empfangen; **Traumdeutung:** Erscheint der Biber in deinen Träumen, so weist er auf praktische Hilfe in deinem Leben, auf die Regelung von Basisangelegenheiten und Schaffung von Grundlagen hin. **Affirmationen:** »Mit meiner Kraft lasse ich Wünsche jetzt wahr werden.« – »Durch Ausdauer und Beharrlichkeit erreiche ich mein Ziel.«

Büffel/Bison
Beharrlichkeit, Gleichmut, Überfluß

Die Weite der Prärie – die heiligen Jagdgründe:
Einst standen die Tore offen zwischen den Welten
für die Menschen, welche sich mit uns verbanden.
Wir dienten ihnen und führten sie – sie dienten uns und
würdigten uns
in Achtung und Einklang, in der Verbindung mit dem großen
Geist.
Fülle, Überfluß und Reichtum sind der natürliche Segen;
mit Ausdauer und Beharrlichkeit erreichst du dein Ziel.
Die Pfeife brachten wir euch, sie zu rauchen und euch mit
allem zu verbinden,
um eure Gebete zum großen Geist zu tragen und euch zu führen.
So könnt ihr euch spiegeln in der Quelle der Einheit und aus ihr schöpfen,
so sind wir alle eingebunden in den großen Kreislauf, der gebiert, trägt,
nimmt und erneut gebiert.
Ihr seid versorgt.

Lebensweise des Büffels/Bisons

Büffel sind Herdentiere, die zur Gattung der Rinder gehören; sie finden sich in Asien, Afrika und Nordamerika. Es gibt verschiedene Arten, u.a. den Wasserbüffel, den nordamerikanischen Büffel, den Bison, die sich in Größe, Gewicht und Fell unterscheiden. Der Büffel ist ein großes Tier, das bis zu 2 Tonnen schwer werden kann. Sein massiver Kopf mit den Hörnern, seine gedrungenen Schultern und sein massiger Körperbau symbolisieren Kraft, Stärke, Ausdauer, einen Überfluß an Energie und Machtfülle. Die ursprünglich Hunderttausende von Tieren zählenden Büffelherden der nordamerikanischen Prärien wurden von den weißen Siedlern um 1700 herum in kürzester Zeit fast gänzlich und zumeist sinnlos abgeschlachtet – doch die Büffel kommen wieder.

Achtung, Liebe, ein Leben im Einklang mit der Natur und großer Respekt prägten einst das Verhältnis der nordamerikanischen Indianerstämme der Großen Ebene zu den Büffeln. Alles an ihnen war und ist heilig: das Blut

verbindet mit dem Geistwesen der Büffel; das Fett heilt Wunden schnell und schützt vor Angriffen aller Art; das Fleisch war einst das Hauptnahrungsmittel und wurde oft zusammen mit Fett, Kräutern und Beeren getrocknet und für lange Wanderschaften und strenge Winter aufbewahrt, so daß man auch in harten Zeiten keinen Hunger leiden mußte; die Haut nutzte man für Zelte und Kleidung, die Knochen für Werkzeuge und heilige rituelle Gegenstände. Die Zugstrecken der Büffelherden waren Wege der heiligen Kraft, denn dort fand man Platz, Nahrung und fruchtbares Land.

Der Büffel/Bison und seine Kraft in den Kulturen dieser Welt

Viele indianische Rituale, Zeremonien, Geschichten, Mythen und Erzählungen ranken sich um das Tier. Nach einer davon lebte am Anfang der Zeit ein Büffelpaar auf der Erde, das die Fülle der Tierwelt erschuf. Der Büffel wird mit Wasser, Regen, Segen, Reichtum und Fruchtbarkeit in Verbindung gebracht, dementsprechend gibt es unzählige Büffelrituale, welche Segen, Fülle, Wasser und Überfluß bringen sollen. So opfern zum Beispiel die Dakota-Indianer Nahrungsmittel, und bei großer Dürre beten sie vor einem Büffelschädel, einem heiligen Gegenstand, über den man mit dem Büffel und dessen Medizin Kontakt aufnimmt. Das Fleisch, Fett und die Kraft des Büffels wurden dazu genutzt, in Zeiten des Fehlverhaltens die Spirits zu besänftigen und zu beruhigen, so daß sie einem wieder zur Seite stehen und einen führen. Im Sonnentanz wird der Büffel gerufen, damit er die Tänzer mit geistigem Wasser und Nahrung versorgt, ihnen den Glauben an ihre Kraft und Durchhaltevermögen schenkt. Der Büffel zeigt den Stämmen Wege, wie sie ihr Überleben sichern können. Die weise Büffelfrau ist eine bekannte mythologische Gestalt. Sie brachte das Wissen um die Zubereitung der Nahrung, die Herstellung von Werkzeugen und Instrumenten, den Büffelgesang, den Büffelstein, den Weg der glücklichen, heiligen Gemeinschaft und lehrte zahlreiche Rituale. Sie schenkte den Menschen die heilige Pfeife, welche für Frieden, Verbundenheit und die heilige Gemeinschaft steht sowie Heilkräfte und Heilwissen verleiht. Das Rauchen der heiligen Pfeife ist eine Form des Gebets zum großen Geist; man kann auf diese Weise mit ihm Kontakt aufnehmen, um den Segen, den man erfahren hat, durch Gebete und Dankbarkeit zurückzubringen. Gebete im indianischen Sinne sind immer Dankesgebete.

Büffelmedizin

Wenn die Büffelmedizin dein Leben erreicht, so bist du aufgerufen, Lehrer, Führer und Erhalter einer Gemeinschaft, eines Projektes, eines Weges zu werden, etwas in die Welt zu bringen, es zu tragen, zu erhalten und zu versorgen. Die Büffelfrau ist deine Verbündete, welche dich auffordert, sie zu besuchen und dich von ihr einweihen zu lassen in die geistigen Gesetzmäßigkeiten, aus denen sich die Materie formt. Sie zeigt dir, wie du mit dem großen Geist kommunizierst, ihn empfängst und dein Wissen auf die Erde bringst. Sie bringt dir bei, wie du in mageren Zeiten, in Zeiten der Not dein Überleben sicherst, dich gut versorgst. Sie lehrt dich, wie du Mangel in Fülle verwandeln kannst, Unglauben in Glauben, Unwissen in Wissen, Unwürde in Würde, Theorie in Praxis. Sie verleiht dir Kraft, Beharrlichkeit und Ausdauer und einen unerschütterlichen Glauben an die Quelle. Die Büffelfrau zeigt dir Rituale und Wege der Heilung von Mangel und lehrt dich den Weg des Friedens. Als Hüterin der Fülle führt sie dich ein in die heiligen Gesetze.

Nimm dir Zeit, dich im Geiste mit der Büffelfrau zu treffen, ihr zuzuhören und ihren Rat zu befolgen. Sie hilft dir, deine innere Quelle zu finden, dein Wasser zu reinigen, dein Tal fruchtbar werden zu lassen, zum Segen aller. Sie schenkt dir Durchhaltekraft, Beharrlichkeit, Ausdauer und Frieden in deinem Herzen. Hier hast du eine sehr gute spirituelle Führerin, Lehrerin und Ratgeberin: Gib, und dir wird gegeben. Erwarte nichts von außen, empfange von innen, und folge dem Weg deines Herzens. Wenn du ein Gefühl des Mangels hast, so fordere nichts von anderen, sondern schließe dich an deine innere Quelle an, bis du die Fülle wieder spürst. Ernähre andere, indem du die Quelle durch dich wirken läßt und diesen Kontakt über die notwendige Dauer hältst. Alles, was du aussendest, kehrt tausendfach zu dir zurück. Danke dem großen Geist für seinen Reichtum und die Fülle, die er uns Tag für Tag offenbart. Ein liebendes Wort, eine liebende Geste, eine hilfreiche Handlung kann einen Menschen augenblicklich verändern und ihn zurückführen zur Quelle.

Von seiner lichten Seite betrachtet erinnert uns der Büffel an den freien Willen, der eingesetzt werden kann für die Gemeinschaft, fürs Überleben und dafür, die richtige Spur im Leben zu finden. Er nutzt seine Kraft friedlich und im Einklang mit der Natur. Er weiß, was er kann, was er auszulösen vermag, kennt seine Stärke. Er trägt das große Geheimnis. Wer dem Büffel folgt, kann die fruchtbaren Täler, den Segen der Schöpfung und den Reichtum finden.

Er weist den Weg zur Gemeinschaft, in der man sich gegenseitig unterstützt und versorgt, in der jeder seinen Platz und seine Aufgabe hat und des Büffels Reichtum und Fülle dem Gesamten zukommen läßt. Der Büffel führt uns zu den ewigen Jagdgründen und zum Frieden in uns.

Von seiner dunklen Seite betrachtet, kann der Büffel Starrsinn, Angriff, Dickköpfigkeit, Sturheit, Engstirnigkeit, Phlegma, Inflexibilität, Herdentrieb, Ungeduld, Geiz, Gier, Ziellosigkeit, Nehmen ohne Geben, Absacken der Energie, eine gewisse Schutzlosigkeit und Verletzlichkeit bei rohen, direkten und unerwarteten, ungerechtfertigten, nicht verständlichen Attacken aller Art bedeuten. Seine Themen sind: die Angst vor Mangel in jeder Form; die Angst davor, daß die Fülle der Möglichkeiten nicht zur Verfügung steht, daß die Ressourcen zur Neige gehen; starre Glaubenssätze wie: »Man muß hart arbeiten, um etwas zu erreichen.«

Weitere Informationen

Aus den algerischen Mythen kennt man den Urbüffel Itherther. In der jahrgebundenen chinesischen Astrologie ist der Büffel (in manchen Beschreibungen auch Ochse) das erste von insgesamt 12 Zeichen; Jahre des Büffels sind 1913, 1925, 1937, 1949, 1961, 1973, 1985, 1997 ... Dieses Zeichen entspricht dem Steinbock in der westlichen Astrologie. Ein Jahr des Büffels gilt als eine Zeit der Standfestigkeit, des Sicherheitsdenkens, des ausgewogenen Wachstums mit traditionellen Tendenzen. Es sind Phasen sorgfältiger Arbeit, die gerecht entlohnt wird; hier wird geerntet, was gesät wurde. Büffelmenschen gelten als pflichtbewußt, loyal, aufrichtig, unbestechlich, beharrlich, beliebt und verläßlich. Das Büffelamulett hilft durchzuhalten und steht für die Verbindung mit der Quelle sowie für Reichtum und Kraft.

Steine: Büffelstein, Lapislazuli, Moosachat, Jade; **Farben:** Grün, Gold, Violett, Weiß; **Elemente:** besonders Wasser und Erde, jedoch auch alle anderen Elemente; **weitere Assoziationen:** büffeln wie ein Ochse, harte Arbeit, säen und ernten; **Traumdeutung:** Zeigt sich der Büffel, so führt er dich zu Fülle und Überfluß, verschwindet er, so kann dies auf einen Kräfteverlust und Verlust des Kontaktes mit dem großen Geist hinweisen; **Affirmationen:** »Fülle und Reichtum offenbaren sich mir.« – »Ich bringe meinen inneren Reichtum jetzt in die Welt.«

Dachs
Gleichgewicht, Heilung, Intuition

Bin nicht so oft hier gesehen,
doch zeig ich mich dir, so laß uns gehen
ganz tief in den Wald hinein,
in die Höhle, mein Heim.
Hier lehre ich dich in Stille und leise,
die heilige praktische Heilungsweise.
Du kannst mir vertrauen,
das, was ich dir erzähle, darauf kannst du bauen.
Viele Wege kenne ich, dich zu schützen,
zu heilen und deine Kraft zu benützen.
Meine Spuren, sie führen überallhin,
oben und unten, alles ist drin.
Wo du hingehen mußt, dort führ' ich dich ein,
in Wahrheit und Liebe in meinem Sein,
schütze mit all meinem Wissen dein Seelenheim.
Komm und folge mir nun, es gibt viel zu tun –
aber manchmal ist es Zeit auszuruhn,
Zeit für sich selbst, den Traumpfad zu wandern,
zu mir, zu dir und all den andern.

Lebensweise des Dachses

Den Dachs findet man fast in ganz Europa sowie in den Teilen Asiens, Chinas und Japans mit gemäßigtem Klima. Er liebt die Wälder und ist vom Hoch- bis ins Tiefland zu finden. Zwar gehört er zur gleichen Gattung, ist allerdings weitaus größer als Marder oder Iltis: Er wird etwa 70 Zentimeter lang und hat einen 15 bis 20 Zentimeter langen Schwanz. Er ist plump, kurzbeinig, sein Gang ist langsam und schwerfällig. Sein Fell ist grau, erdfarben oder schwarz, und von seiner Nase verläuft über den Rücken bis zum Schwanz ein weißer Streifen. Seine Kiefer sind sehr stark; er ist ein Allesfresser. Er hat kräftige Klauen, welche sich wunderbar zum Graben eignen. An lichten Waldrändern oder Feldgehölzen gräbt er damit seinen Bau mit zahlreichen

Ausgängen in die Erde. Dieser dient ihm als Versteck und im Winter als Rückzugsort für den Winterschlaf. Der dauert nur immer wieder ein paar Tage, denn ab und zu verläßt der Dachs auch im Winter seinen Bau, um Nahrung und Flüssigkeit zu sich zu nehmen. Er ist vorwiegend nachtaktiv und eher einzelgängerisch, scheu und vorsichtig. Wenn er sich sicher fühlt, sonnt er sich tagsüber vor seinem Bau. Er geht nur bei völliger Dunkelheit auf die Jagd. Als Aasfresser hält er den Wald sauber. Es wird über ihn erzählt, daß er seine Haut aufblasen und dehnen kann, wodurch er in der Lage ist, Bisse und Schläge abzuwehren.

Der Dachs und seine Kraft in den Kulturen dieser Welt

Gemäß einer Legende der Schoschonen-Indianer gilt der Dachs als Helfer in der Not: Der Dachs Badger hörte das Jammern von Flüchtenden, grub ein Loch, in dem sie sich verstecken konnten, rief seine Artgenossen herbei und lockte den Verfolger in das falsche Loch, das er anschließend mit einem Felsen verschloß. So wurden die Flüchtlinge gerettet. Bei den Hopi-Indianern gibt es den Dachs-Klan. Dort wird folgende Geschichte erzählt: Ein Kind erkrankte sehr schwer. Der Klanälteste ging in den Wald, um die Kraft zu finden, die es heilen würde. Dabei folgte er einer Spur und begegnete dem Dachs. Dieser grub ihm ein Kraut aus, das der Klanälteste kochen und den Sud dem Kranken einflößen sollte. Das Kind wurde gesund. Der Dachs zeigte den Menschen noch weitere Kräuter, Pflanzen und Bäume, welche Krankheiten heilen oder giftig für den Menschen sein können. Aus Dankbarkeit für dieses Wissen nannte sich der so gesegnete Stamm Dachs-Clan und hütet seitdem die heilige Kraft des Dachses.

Dachsmedizin

Die Dachsmedizin ermuntert dich, dich an die guten Gedanken zu halten, und mahnt dich, Tag und Nacht vor dem Bösen auf der Hut zu sein. Im Schutz des Dachsbaus kannst du lernen, dein Licht zu erkennen. Der Dachs

fordert dich auf, das Licht auch in die Dunkelheit zu tragen. Im ihm hast du einen guten Führer in der Welt der Natur; er kennt die Geheimnisse der Säfte in Pflanzen, Tieren und Mineralien. Das alte Heilwissen, die Heilwerkzeuge, Heilungsrituale und die Medizin des Lichts lernen wir von ihm. Seine Heilwege sind vielfältig; er weiß, wie man die Kräfte harmonisieren kann. Er kennt das Erdendunkel und das Sonnenlicht, die Wurzel und die Blüte. Er zeigt dir, daß Gott Himmel und Erde erschuf und nicht Himmel und Hölle. Er hebt das Wissen der Erde wieder ins Licht. Er ist ein Meister der Tarnung und weiß sich durch sein grummeliges Wesen zu schützen, andere auf Abstand zu halten und ihn selbst zu wahren. Er ist intelligent, kreativ und unkonventionell im Suchen von Lösungen und Auswegen. Er nimmt die Dinge so, wie sie sind, und tut das, was auf seinem Weg liegt. Er gibt praktische, vielfältige und nutzbringende Botschaften, mit denen du augenblicklich große Erfolge erzielen kannst, wenn du sie umsetzt. Der Dachs fordert dich auch auf, ab und zu einmal einen Ruheschlaf zu halten und mit den Traumwelten in Kontakt zu treten. Auch zeigt er dir, wie du Altes bereinigen und deine eigene Energie in Ordnung bringen und stabil halten kannst. Sein Fell trägt die Farben Schwarz und Weiß, was signalisiert: Er kann sich im Licht wie in der Dunkelheit bewegen, Polaritäten sind für ihn kein Hindernis.

Von seiner lichten Seite betrachtet: Er vermag hinzuschauen, in die Tiefe einzudringen und so mit den Dämonenwelten, Naturwelten und Ahnenwelten, den Welten der Wurzeln in Kontakt zu treten und zu kommunizieren, wodurch er Erkenntnis und Heilung bringen kann. Er kennt die verschiedensten Wege und Eingänge und weiß sich zu schützen, sich zu tarnen und zu helfen. Die Heilung liegt darin, hinzuschauen, hineinzugehen, aufzuräumen, zu wandeln und sich intuitiv dabei führen zu lassen. Er steht für Wahrhaftigkeit, Aufrichtigkeit, Wandlung der Kräfte und Verbindung mit der Quelle. Er bringt das Wissen über die Heilkraft der Natur (Pflanzen- und Kräuterwissen); außerdem führt er uns zu unseren Selbstheilungskräften, indem er uns in unsere innere Natur einführt und uns darin bestärkt, uns selbst, unseren eigenen Fähigkeiten, unserer Wahrnehmung und unserer inneren Führung zu vertrauen.

Von seiner dunklen Seite betrachtet, weist er auf die verborgenen Seiten des Lebens hin, auf das Schattendasein und die Kräfte, welche auch gesehen und in Einklang gebracht werden wollen, die berühmten Leichen im Keller. Ignoriert man diesen Hinweis, so folgen kleinere Streitigkeiten, Zänkereien, Trägheit, Verdrießlichkeit, Schüchternheit und Ausbeutung, hat man Angst vor Verfolgung und geht in die Opferhaltung. Sein Erscheinen kann ein Anzeichen für dämonische und schwarzmagische Angriffe sein.

Weitere Informationen

Der Dachs verbindet uns mit dem Wissen der Hopi-Indianer und mit der Welt der Naturgeister. Das Dachsamulett steht für Überwindung der Polarität, für Wahrhaftigkeit und Erkennen der Wahrheit; es schenkt Weisheit und Heilwissen, und auf geistiger Ebene stärkt es unsere Knochen und unser Abwehrsystem und verleiht uns innere Wärme und Geborgenheit.

Stein: Bernstein; **Farben:** Schwarz und Weiß, Gold; **Elemente:** Erde, Luft; **Symbol:** Yin-Yang; **weitere Assoziationen:** heilige Fichte, Norden, Weisheit, Frechdachs; **Traumdeutung:** Erscheint der Dachs, so folge ihm. Er zeigt dir die Wege der Heilung. Er kennt viele Arten der Heilung und weiß um die Geheimnisse der Bäume, Pflanzen, Kräuter, Wälder und Berge. **Affirmationen:** »Das, was jetzt ist, ist. Ich folge dem Weg meiner Seele.« – »Heilweisen offenbaren sich mir.«

Delphin
Feinfühligkeit, Telepathie, Lebensfreude

*Wir singen das Hohelied der Liebe,
senden im Weltenmeer unseren Klang,
unseren Wal- und Delphinengesang.
Heilende Töne, Klänge der Welt
verbunden mit den Sternen am Himmelszelt.
Mal auf und mal ab, mal Ebbe, mal Flut,
all das berührt nicht unsere kosmische Glut.
Familie des Lichtes, Familie der Freude,
Spaß für alle – darum geht es heute.
Spiele das Leben, spiele dein Sein
mit Leichtigkeit in den Himmel hinein.
Lasse dich führen im Meer der Freude,
das Leben, es spielt jetzt, im Hier und Heute.*

Lebensweise des Delphins

Die Familie der Delphine setzt sich aus ca. 32 Arten zusammen. Innerhalb ihres jeweiligen Verbreitungsgebietes sind die Hautfärbungen ziemlich variabel: von Dunkelgrau über Dunkelbraun bis Bläulich, ja selbst weiße Färbungen können hier gefunden werden. Die Delphine leben in den großen Meeren dieser Welt, u.a. im Mittelmeer, im Schwarzen Meer oder in tropischen Meeren, dort in Küstennähe. Sie leben in Gruppen und folgen den Fischschwärmen. Der Delphin ist ein hochintelligentes, stimmfreudiges Meeressäugetier, welches über ein breites Spektrum unterschiedlicher Töne und Laute verfügt. Er gibt quietschende, pfeifende Laute von sich, wobei Niederfrequenztöne meist der Verständigung unter Artgenossen dienen und Hochfrequenztöne unter Wasser zur Orientierung genutzt werden. Diese Peiltöne werden von im Wasser vorhandenen Objekten als Echo zurückgeworfen, dessen Auswertung es dem Delphin ermöglicht, Entfernung, Richtung, Größe des angepeilten Objekts exakt zu bestimmen. Seine Nahrung sind Heringe und Sardinen sowie in Küstennähe lebende Fische. Mit Hilfe ihres hochentwickelten

Radarsinns, des Sonars, können Delphine Kunststücke vollbringen, synchron schwimmen und vieles mehr. Sie sind vollendete Schwimmer, deren kraftvolle Auf- und Abbewegungen nahezu mühelos wirken.

Der Delphin und seine Kraft in den Kulturen der Welt

In der Antike galt der Delphin als König der Meerestiere, er symbolisierte die Macht des Meeres. Zusammen mit mehreren Artgenossen zog er den Wagen Poseidons (röm. Neptun) und begleitete den Gott der Seefahrer, Apollo Delphinios. Sein Sternbild finden wir am nördlichen Himmel verewigt. Auch bei den Babyloniern war er heilig, war der Göttin Ischtar zugeordnet sowie in Ägypten der Isis und in Griechenland der Aphrodite (röm. Venus) geweiht, u.a., weil er den Schoß der Frau (griech. Delphis) verkörpern kann. Delphine geleiteten die Seelen der Toten zu den »Inseln der Seligen«. Einst reiste der griechische Dichter und Sänger Arion nach Italien und Sizilien. Auf seiner Heimreise wurde er von Piraten überfallen, ausgeraubt und ins Meer geworfen. Ein Delphin rettete ihm das Leben, indem er ihn auf seinem Rücken an Land trug. So wird der Delphin auch als Engel der Meere bezeichnet. Er steht für Frieden, Harmonie, altes Wissen und überlieferte Fähigkeiten, die Verbindung mit dem Kosmos, Fürsorglichkeit, universelle Liebe und Freude. Wird ein Delphin in Verbindung mit einem Anker dargestellt, so ist dies ein Symbol für Besonnenheit, Harmonie und Ruhe. Bei den Indianern gilt er als Götterbote und Verkörperung des großen Geistes.

Delphinmedizin

Delphinmedizin heilt durch Töne, Klänge und Frequenzen. Sie bringt die Heilung der Gefühle durch die Verbindung mit der göttlichen Quelle. Der Delphin verleiht die Fähigkeit und die Kraft, in den energetischen und feinstofflichen Bereichen zu heilen. Auch in Gesprächen bringt die Kraft des Delphins über Stimme, Laute und Töne oft die heilende Botschaft, den Trost und die Liebe. Delphine schenken uns die Fähigkeit, uns mit Kräften zu ver-

binden, die nicht von dieser Welt sind. Sie bringen friedliche Träume, Ideen und Visionen von einer besseren Welt und erhalten damit eine hohe Energie aufrecht. Sie übertragen die Fähigkeit, neue Impulse zu senden. Sie vermitteln eine hohe Moral, sind Boten des Friedens und des neuen Zeitalters.

Sie geben uns die Fähigkeit, vieles gleichzeitig zu erfassen, und ermöglichen den Zugang zu einem höheren Wissen. Delphinmedizin bringt die Öffnung zu einem holographischen, bildhaften Gedächtnis, mit dem man sich sehr gut und exakt an Ereignisse, Lerninhalte und Menschen erinnern kann.

Für Menschen mit Delphinkraft ist es wichtig, um sich herum Harmonie zu erschaffen, sei es in der Wohnung, auf der Arbeit und in Beziehungen jeder Art. Sie haben Zugang zu einem höheren Wissen und zu ihrem siebten Sinn. Durch ihre hohe Ethik, ihre Feinfühligkeit und ihre sehr ausgeprägten feinstofflichen Sinne nehmen sie oft mehr wahr als andere Menschen. So ist es wichtig für sie, sich in Liebe abzugrenzen und trotzdem mit allem verbunden zu sein. Egal was kommt, sie müssen im Vertrauen auf die Quelle verharren und in Verbindung mit ihr bleiben. Es ist für sie ratsam, regelmäßig einer spirituellen Praxis wie Meditation und Stilleübungen nachzugehen.

Von ihrer lichten Seite betrachtet, stehen die Delphine für Rettung, Liebe, Heilung und Wachsamkeit. Dieses liebenswürdige und intelligente Tier bringt Segen. Delphine haben ein sehr gutes Gedächtnis, in dem alles, was war, gespeichert und abrufbereit ist. Ihre Angaben sind verläßlich und sehr genau. Sie erinnern sich an Wohltäter und helfen den Menschen, die ihnen Gutes erwiesen haben. Sie sind die Retter in der Not, die alles tun, was sie können. Sie warnen und retten Menschen, führen sie, rufen Hilfe herbei. Sie ehren Verstorbene, indem sie Ertrunkenen die gebührende Bestattung in der Erde verschaffen. Sie sind sehr kommunikativ und stehen mit allem in ihrem Umfeld in Verbindung, erfassen dort exakt die Energie der Wesen und Dinge. Sie verständigen sich untereinander über sehr große Entfernungen. Ihr ausgeprägter Spieltrieb läßt sie die Welt vielfältig und kreativ erfahren. Sie vertrauen sich dem großen Weltenmeer an und lehren das Vertrauen in die innere Führung und die Verbindung mit allem. Sie verfügen über übersinn-

liche Fähigkeiten wie Telepathie, Geistheilung, inneres Sehen ... – die auch jeder Mensch als Anlage in sich trägt. Sie sind kosmische Meister, wir können viel von ihnen lernen. Sie öffnen uns unserer spirituellen Natur.

Von ihrer dunklen Seite betrachtet, können Delphine Unrecht nur schwer verzeihen und merken sich Ungerechtigkeiten über alle Zeiten. Trotz ihres Spieltriebs erhoffen sie viel – mitunter zuviel – von anderen, und zwar ebensoviel Disziplin, Moral, Harmonie, Bewußtsein und Ethik, wie sie selbst aufbringen. Ihr Urteil fällt manchmal übertrieben scharf aus, zudem sind sie sehr kritisch, genau und exakt. Die Themen ihrer dunklen Seite sind Schutzlosigkeit, Naivität, mangelndes Selbstvertrauen, Selbsttäuschung, ständiges Auf und Ab im Leben, mehr sehen, als da ist.

Weitere Informationen

Der Delphin steht für die Sternenweisheit von Sirius, den Plejaden und den Sternenwelten sowie für das Wissen der alten Kulturen von Atlantis und Lemuria. Delphine weisen uns auf unsere spirituelle Heimat und unsere Lichtfamilie hin; jenen Menschen, mit denen wir auf der Seelenebene verwandt sind und welche mit uns auf dem Weg sind. Im Feng-Shui (alte chinesische Kunst der Lebensraumgestaltung) steht der Delphin für die Bereiche Partnerschaft, Elternschaft, Kinder und hilfreiche Freunde, wo er eine friedliche harmonische Atmosphäre vermittelt. Das Delphinamulett ermöglicht den Zugang zu höheren Welten, zu unserer spirituellen Natur, Glück und Lebensfreude.

Steine: Larimar, Kristalle; **Farben:** Türkis, Hellblau, Hellgrün, Weiß, Rosa; **Elemente:** Wasser, Äther; **Symbole**: Merkaba (Symbol aus drei gegeneinander rotierenden Sterntetraedern), Sechsstern (Salomonssiegel); **weitere Assoziationen:** Venus, Neptun; Sonne, Spaß, Leichtigkeit; **Traumdeutung:** Ein Delphin bringt Glück und Heilung. Sein Erscheinen ist ein Zeichen für den Zugang zum universellen Wissen und für spirituelle Entwicklung. Folge ihm, er will dir etwas zeigen. **Affirmationen:** »Der heilende Klang durchdringt mich, jetzt.« – »Ich vertraue meinen Fähigkeiten.« – »Ich bin Licht und Liebe, ich sende dies an meine Mitmenschen aus.«

Drache
Dynamische Kraft, Stärke, Einweihung

Feuerspeiend, funkenschlagend,
die Kraft auf unserem Rücken tragend,
mächtige neue Wege wagend –
wir gebären die neue Kraft,
welche im Kosmos die Erde erschafft.
Weiche nicht aus deines Tempels Tür,
nimm den Platz ein, der dir gebührt,
deshalb wirst du von uns berührt.
Wir führen dich durch die verworrenen Seiten,
mit unsrer dynamischen Kraft wir dich begleiten.
Nimm den Kampf auf für deine Kraft,
erneuere deinen Lebenssaft!

Was man über Drachen weiß

Der Name Drache stammt von lat. draco = Schlange, der Scharfblickende. Zu früheren Zeiten war der Drachenglaube in Europa weit verbreitet. So glaubte man, daß sich die vitalen Lebenskräfte der Erde erneuerten, wenn ein Drache geboren wurde. Die Drachenmythen der Kelten, Germanen und Griechen wurden allerdings nach dem Sieg des Christentums nur noch verschlüsselt und verzerrt überliefert. In der Vorstellung vieler Menschen sind die Drachen aber immer noch lebendig. Meist erscheinen sie als Mischwesen aus mehreren Tieren, u.a. Krokodil, Schlange, Echse ... dazu ausgestattet mit mehreren Köpfen sowie Schwänzen und dabei so übermächtig groß wie unüberwindlich. Es gab sie in den verschiedensten Größen, Formen und Elementen an den mächtigsten Erdpunkten dieser Erde, wo sie die Kräfte aufrechterhielten. Erzengel Michael bezwang die Drachenkraft, indem er in den Erdpunkt stieß und die angezapfte Kraft lenkte und leitete. Später wurde der Drache zum Dämon der Unterwelt, welcher besiegt und getötet werden mußte – so wurde Erzengel Michael (ebenso wie alle anderen Heiligen mit gleicher Geschichte) vom Drachenbezwinger zum Drachentöter. In anderen Ländern und vor allem im

asiatischen Raum ist der Glaube an den Drachen und die Drachenkräfte noch heute sehr lebendig. Hier steht der Drache für die Himmelswelten, gilt als mächtiger Wächter und Beschützer. Er ist ein Sinnbild der Schönheit, der unermeßlichen Kraft, der Erdenergie und ihrer Erneuerung, der Phantasie und ist verflochten mit der Kraft beider Gehirnhälften.

Der Drache und seine Kraft in den Kulturen der Welt

Die gefiederte Schlange oder Weltenschlange findet sich in vielen Mythen als Schöpferin der Erde. Die babylonische Urgöttin Tiamat, auch »Mummu Hubur« (Mutter der Ungeheuer) genannt, wird als Drache dargestellt. Sie brachte die Mischwesen des Tierkreises hervor. Der Drache findet sich auch als Sternbild am Himmel. In Griechenland war Omphion auch als Python, Typhon oder Ladon bekannt. Er hütete und schützte die Dunkelheit und die Schöpfung. Er konnte alle Sprachen und Stimmen von sich geben. In vielen Religionen steht der Drache für die Urmächte, welche gebändigt werden müssen, auch im Altertum verkörpert der Drache das Weiterwirken des vorweltlichen schöpferischen Chaos. Indra, Apollo, Zeus, Siegfried und Erzengel Michael sind berühmte Drachenkämpfer, welche diese Kräfte meisterten und Erlösung und Neuordnung brachten. In Sagen und Märchen bewachen die Drachen sagenhafte Schätze oder eine geraubte Königstochter. Sie stehen für die Schwierigkeiten, welche der Held/die Heldin überwinden muß, damit er/sie hohe, einzigartige und besondere Ziele erreichen kann. In Asien steht der Drache für großes Glück, Führung aus den oberen Welten und Schutz vor Dämonen und wird entsprechend verehrt. Mächtige Drachen hüten hier die Tempel und Schreine mit deren spirituellen Schätzen. In Asien gibt es den Kampfstil des Drachen, Long Quan; er lehrt die Beherrschung und Kontrolle des Chi, der Lebensenergie. Dabei wird weniger Wert auf den Kampf gelegt als auf die spirituelle Wandlung des Übenden, die Konzentration und den Aufbau der Kraft durch Atmung und die Kontrolle des Geistes. Der Kämpfer kennt nur wenige Stellungen, er baut vielmehr mit Hilfe der Atmung ein großes Kraftfeld auf und agiert mit der feinstofflichen Energie und einem ausgeglichenen Geist. Dem Drachen ist die Rune Eihwaz zugeordnet, sie steht für den Baum des Lebens und des Todes, für göttliche Einweihung, Ausdauer und Schutz. Sie bewirkt das Begreifen des Mysteriums und hilft, sich an frühere Formen der Existenz zu erinnern.

Drachenmedizin

Zeigt sich dir der Drache als Krafttier, so steht Großes bevor. Der Drache fordert dein ganzes Potential und deinen ganzen Einsatz von dir. Er kann dich mit großen unbändigen Kräften in dir verbinden, damit du sie dir anschauen und sie beherrschen lernen kannst, so daß du vollständig wirst. Denn bisher hast du nur einen Teil deiner selbst gelebt und den anderen Teil mit seiner mächtigen Kraft unterdrückt. Dieser seelisch-geistige Teil meldet sich. Er will erkannt, gelenkt und herausgefordert werden, damit er dir seinen wahren Schatz und eine weitere Tür in deiner Entwicklung offenbaren kann. Der Drache fordert Ganzheit von dir. Er führt dich zu dem uralten Wissen der Erde, zur großen Göttin und zu deiner ungeteilten Kraft, mit der du Großes zu leisten vermagst. Er fordert dich auf, über dich hinauszuwachsen, dich mit deiner viel mächtigeren Seite aus unsichtbarer, feinstofflicher Energie zu verbinden, deinen Weg mutig und allein zu gehen, dich auf dein Gefühl zu verlassen, deine vitale Lebensenergie zu erneuern und dein Leben zu meistern. Er wacht sowohl an den Toren zu den Himmelsgärten wie auch an den Höhlen zu den verborgenen Schätzen. Er fordert dich auf, deine eigene Macht, deine Schöpferkraft und dein Potential zu entdecken. Mit seinen vielen magischen Fähigkeiten – fliegen, Feuer spucken, in den vier Elementen zu Hause sein ... – steht er dir zur Seite und zeigt dir, wie es um deine Lebensenergie bestellt ist. In ihm hast du einen alten und mächtigen Seelenführer gefunden.

Von der lichten Seite betrachtet, sind Menschen mit dem Drachen als Krafttier in der Lage, große Kraftfelder aufzubauen und zu halten, für Familie, für Gruppen, Organisationen ... jedoch sollten sie dabei ihre Innenwelt, die Zartheit ihrer Seele und ihr seelisches Gleichgewicht nicht aus dem Auge verlieren und sich ab und zu in ihre Höhle zurückziehen, um zu regenerieren. Der Drache bringt dir die Kraft der Phantasie – eine mächtige Kraft, die es zu beherrschen lernen gilt. Sie baut sich auf aus Vergangenheit, Gegenwart und Zukunft, aus alten Verletzungen, tiefen Wunden, großen Ängsten, aus deiner männlichen, aktiven und deiner weiblichen, passiven, empfangenden Seite, aus deinem Bild von dir und darauf, wie dich andere wahrnehmen, aber auch auf Zauberkraft, Schöpferkraft, Macht, Magie und Wundern, welche helfen, diese alten Dinge zu meistern. Der Drache verbindet dich mit dem Feuer in dir, mit deiner mächtigen Schöpferkraft, und mit dem Element, in dem du ihn siehst. Er verbindet dich mit deinen magischen Fähigkeiten und einer übergeordneten Sichtweise. Er verbindet dich mit deinem Potential und lehrt dich,

deine Kraft zu gebrauchen und dich für dein Leben und deine Ziele einzusetzen und sie nicht mehr gegen dich zu lenken. Lerne, den Drachen zu reiten
und seine Kraft zu lenken und zu beherrschen. Dann kannst du in den Auf-
winden des Lebens segeln und dir selbst zu einem glücklichen erfolgreichen,
erfüllten Leben verhelfen und diesen magischen Schatz in dir bergen.

Von seiner dunklen Seite betrachtet, ist der Drache selbstsüchtig, intolerant,
mächtig, fordernd, kontrollierend, gierig. Er hat
eine materialistische Grundeinstellung, verküm-
merte seelisch-geistige Bedürfnisse, wilde, übermächtige Phantasien und einen gefährlichen
Umgang mit der Feuerenergie. Er kämpft gegen Erschütterung, Rache, Zerstörungswut;
Kräfte in seinem Inneren, die sich gegen
ihn selbst richten; unbändigen,
unterdrückten Zorn auf Dinge,
denen er ausgeliefert war und
ist; brutalen Egoismus ohne
Rücksicht auf Verluste.
Er erlebt sich als hilflos
und als Opfer von Um-
ständen, welche er selbst
miterschaffen hat.

Weitere Informationen

Es hat im Laufe der Geschichte nicht nur
berühmte Drachen gegeben, sondern auch Gefährtinnen, die friedlich an der
Seite ihres Drachen lebten. Drachen hüten oft bedeutende Schätze oder treten zusammen mit bestimmten Symbolen auf. Im Feng-Shui steht der Drache
für die Bereiche Elternschaft und Reichtum sowie für die Yin-Yang-Kräfte, für
die dynamische Kraft und den optimalen Chi-Fluß. Er ist ein Symbol für den
Osten, den Sonnenaufgang und den Frühling, die schöpferische Kraft und
den Neubeginn. Er verkörpert Kraft, Stärke und Wohlstand. In der chinesischen Astrologie ist der Drache das fünfte der zwölf Zeichen. Jahre des Drachen sind: ... 1916, 1928, 1940, 1952, 1964, 1976, 1988, 2000 ... Dieses Zeichen entspricht dem Löwen in der westlichen Astrologie. Menschen, die im

Jahr des Drachen auf die Welt kommen, hält man für charismatisch, willens-stark und beschützend. Es soll ein gutes Jahr für Hochzeiten, neue Projekte und finanzielle Angelegenheiten sein. Das Drachenamulett steht für Meisterschaft und Selbstmeisterung, für die Macht des Geistes und für Schutz; es bringt seinem Träger Glück.

Steine: Diamant, Gold, Kristalle; **Farben:** Blau, Grün, Schwarz, leuchtendes Rot, Orange, Gelb; **Elemente:** alle Elemente, doch vorwiegend Feuer, kosmisches Feuer; **Symbole:** Drachenstab, Kristallauge, Kugel, Perle, kaiserliche Fahne, magische Schätze, Rune Eihwaz. Das Drachenamulett verleiht Mut, Willenskraft. **Weitere Assoziationen:** dunkle Erdkraft; Tarotkarten: Der Turm, Der Teufel; heilige Orte: Ätna, Delphi; **Traumsymbol:** Der Drache im Traum kann einerseits auf großes Glück, andererseits auf eine große Gefahr hindeuten, der man ausgeliefert sein wird. Er kann auf zügellose Kräfte, tiefsitzende Ängste und Kollektivkräfte hinweisen. Er kann aber auch Hoffnung, die Verwirklichung hochfliegender Pläne und großen Erfolg ankündigen. **Affirmationen:** »Ich vertraue der Weisheit in mir und entfalte meine kraftvolle dynamische Kraft, jetzt.« – »Ich folge meinem Weg und nehme mein in mir wohnendes Potential jetzt an.«

Rune Eiwatz

Eichhörnchen
Lebensfreude, Kommunikation, Öffnung

Baum runter, Baum rauf,
hüpf hierhin und dort drauf,
sammle die Kraft mit ganzer Leidenschaft,
husch zwischen den Welten und jenseits der Zeit,

so mache dich für viele Antworten bereit,
bringe die Botschaft von oben und unten
und bin gleichzeitig mit der Mitte
verbunden,
wage den Sprung in unbekannte Weiten,
sammele Vorrat für schlechte Zeiten,
knacke Nüsse in Feinarbeiten.

Informationen, die fliegen mir zu,
ich gebe sie weiter, es ist halt hier so.
Habe schnell die Lage gecheckt
und hier die Lebensgeister geweckt.
Die Feuerwelten können mich nicht schrecken,
kann die Toten dort erwecken.
Dem Teufel zeige ich keck mein Gesicht,
denn der hat für mich gar kein Gewicht.
Das Sein aus der Mitte ist mein Weg allein,
neugierig schau ich in die Welt hinein.
So hüpfe ich lustig und munter
mal hoch, mal rüber, mal her, mal runter.

Lebensweise des Eichhörnchens

Das Eichhörnchen gehört zur Gattung der Baumhörnchen, die mit zahlreichen Arten in den Wäldern Europas, Asiens sowie Nord- und Südamerikas vertreten sind. Eichhörnchen halten sich in Mischwäldern mit älterem Baumbestand, großen Gärten, Parks und auf Friedhöfen auf. Der Körper wird 20 bis 32 Zentimeter lang, der Schwanz ist meist ebenso lang. Die Färbung ist unterschiedlich und kann variieren von Hell- über Rot- bis Schwarzbraun.

Die markanten Ohrbüschel und den buschigsten Schwanz trägt das Eichhörnchen nur im Winter. Zur Winterruhe zieht es sich in seinen 20–40 cm großen Kobel zurück und läßt sich bei Eis und Schnee tagelang nicht sehen. Eichhörnchen sind gesellige, scharf beobachtende, kecke, kommunikative und treue Tiere. Sie sind sehr betriebsam, klettern Bäume hoch und runter, springen von Ast zu Ast und sind flink auf dem Boden unterwegs, wobei der Schwanz als Steuer dient. Eichhörnchen sammeln, verstecken und vergraben Vorräte, auch in ihren hoch gelegenen selbstgebauten Nestern aus Zweigen, Gras und Moos. Sie haben ein gutes Gedächtnis und einen untrüglichen, scharfen Geruchssinn, mit denen sie alte Fährten, Spuren und Verstecke neu aufnehmen und wiederfinden können. Ihre Nahrung besteht aus Baumsamen, Früchten, Pilzen, Insekten, gelegentlich auch aus Vogeleiern und Jungvögeln sowie einem kleineren Anteil Nüssen und Eicheln. Sie sind Hüter eines Gebietes und warnen andere Tiere vor Eindringlingen durch Schimpfen und Schnattern.

Das Eichhörnchen und seine Kraft in den Kulturen der Welt

In der nordischen Mythologie taucht das dem Thor, dem Donner- und Feuergott, geweihte rote Eichhörnchen Ratatösk auf, das in den Zweigen des

Weltenbaums Yggdrasil lebt und zwischen den verschiedenen Welten hin- und herspringen kann. In Irland ist das Eichhörnchen der keltischen Erd- und Fruchtbarkeitsgöttin Mebd zugeordnet. In Japan, Mittel- und Südamerika verkörpert das Eichhörnchen Fruchtbarkeit. In Indien segnete der heilige Sri Rama das Eichhörnchen, als er dessen Mut und Entschlossenheit gewahr wurde, indem er ihm mit drei Fingern über den Rücken streichelte – daher tragen alle Eichhörnchen in Indien drei Streifen als Zeichen der Segnung. Das Eichhörnchen steht mit dem Element Luft, Feuer und Erde in Verbindung. Sie können zwischen den Dimensionen und Welten schnell wechseln und so ein Botschafter anderer Reiche sein. Ihr Wirken wird oft mit den weiblichen Gefühlswelten in Verbindung gebracht.

Eichhörnchenmedizin

Eichhörnchen sind gern gesehen, denn sie kündigen von gesunder Lebenskraft, dem Wagemut, neue Wege zu gehen, und Hilfsbereitschaft. Eichhörnchenkraft bedeutet, blitzschnell in den verschiedensten Angelegenheiten alle Möglichkeiten, alle Dimensionen, alte Fährten, verborgene Schätze, Reserven intuitiv zu erspüren, um so ein umfassendes Bild zu entwerfen. Die genaue Beobachtungsgabe der Eichhörnchen und ihre Gabe, alte Spuren zu finden, läßt sie sich nicht nur in der Vertikalen und Horizontalen sondern auch in Raum und Zeit bewegen. Ihre Kraft ist beweglich, schwer zu fassen, schnell, sanft, neugierig und lebensfroh. Sie sind flink, fleißig, scheu, zugleich neugierig. Sie sind die Spurenleser der Seele, kennen die Wege, Kräfte zu sammeln, zu speichern und zu hüten. Sie verteidigen ihre Sache, ihr Revier, vergessen aber andere dabei nicht. Dieses liebenswerte Tier verkörpert Wünsche, Pläne, Ideen und Hoffnungen.

Kommt das Eichhörnchen in dein Leben, so bedeutet das Öffnung. Es fordert dich einerseits auf, dich deiner Umwelt aktiv zuzuwenden und dich mit ihr auseinanderzusetzen, andererseits aber auch zu bestimmten Zeiten Rückzug zu suchen, zu reflektieren und dir Zeit zu nehmen, nach innen zu gehen und für dich zu sein. Es erinnert dich daran, auf dich selbst zu hören und deine Kräfte kennenzulernen, auszuloten und einzuteilen. Es hilft dir, deine Grenzen auszuloten, Reserven anzulegen, dich nicht zu verausgaben und das Gleichgewicht in dir, mit deiner Umwelt und in deinem Leben zu finden.

Von seiner lichten Seite betrachtet, bringt es die Fähigkeit der Kommunikation, des Austauschs und die hilfreiche Lösung für schwierige Aufgaben und Angelegenheiten – schließlich ist eine seiner Lieblingsbeschäftigungen das Nüsseknacken! Es weckt die Herzenskraft und bringt eine zutrauliche, kecke, freche, liebenswürdige und erfrischende Art hervor. Es verleiht jenen Charme, mit dem man schnell die Herzen und das Zutrauen der Mitmenschen erobern kann. Es verbindet mit der weiblichen, empfangenden, intuitiven Kraft, die plötzlich unbeirrbar weiß, ohne zu wissen, warum. Nach einigem Hin und Her und Abwägen macht sich plötzlich ein untrügliches Wissen für den richtigen Weg, das richtige Wort, die richtige Handlung bemerkbar. Das Eichhörnchen ist ein guter Begleiter in Zeiten des Übergangs und des Umbruchs. Es lehrt, in den guten Zeiten für die schwierigeren Zeiten einen Vorrat anzulegen, von dem man zehren kann. Es bringt einen fruchtbaren Austausch und gutes Gelingen in den Angelegenheiten des Le-

bens und fordert uns auf, uns auch um uns selbst zu kümmern und ab und zu nach innen zu horchen.

Von seiner dunklen Seite betrachtet, kann das Eichhörnchen zu schnell zu viele Informationen bringen und damit Verwirrung und Unruhe stiften. Es kann auf Unruhe im Geist hindeuten, was verhindert, daß die Dinge in die Tat umgesetzt werden. Durch Neugierde, Tratsch und Klatsch kann es andere unbeabsichtigt in mißliche Lagen bringen und Zwist, Zwietracht und Unstimmigkeiten hervorrufen. Sein Trieb, Futter zu horten, wird als Geiz gedeutet. Es erzeugt Flüchtigkeit und Ängstlichkeit im Umgang mit anderen. Manchmal plagt uns die Angst, nicht genügend Reserven und Kräfte zur Verfügung zu haben. Eitelkeit, Selbstsucht, Verschlagenheit und ein geringes Selbstwertgefühl werden ihm nachgesagt.

Weitere Informationen

Das Eichhörnchen ist der Botschafter zwischen den Welten, es steht sowohl für das Reich der Naturengel und Naturwesen wie auch für das Reich der Ahnen. Das Eichhörnchenamulett steht für Fruchtbarkeit, fruchtbaren Austausch, Erfüllung, Lösung und Anbindung an die Quelle.

Stein: Karneol; **Farben**: Rot, Herbsttöne; **Elemente:** Luft, Feuer, Erde; **Symbole:** Nüsse, Eicheln; **weitere Assoziationen:** sammeln, horten, bewahren, vorbereiten auf Übergänge; **Traumsymbol:** Taucht das Eichhörnchen auf, so weist es auf eine Botschaft hin, die wahrgenommen werden will. Es kündigt ein freudiges oder aber ein unschönes Ereignis an. Es kann unerwartete Reserven mobilisieren und ankündigen. **Affirmationen:** »Ich folge meiner Eingebung bedingungslos.« – »Es ist immer genug für alle da.«

Eidechse
Tarnung, Erneuerung, Regeneration

Die Eidechse, das sage ich dir,
bringt großes Glück in dein Revier.
Sie lehrt dich, die Feuerkräfte zu lenken,
statt dich an ihrer Hitze zu versengen.
Da, wo sie ist, scheint das Licht, in deinem Gesicht.
Sie bestrahlt dich mit dem Glanz der Quelle
und führt dich ein in das Dunkle und Helle.
Lizard, du Botschafter aus der Träume Welt,
lehr mich, zu verstehen das Wandern weit
zwischen den Welten und jenseits der Zeit,
im Raum der tanzenden Ewigkeit.
Lehr mich, die Botschaften des Lebens zu sehen
und mit ihnen statt gegen sie zu gehen.

Lebensweise der Eidechse

Es gibt weltweit über 4000 Eidechsenarten; zu ihnen gehören z.B. Leguane, Chamäleons, Agamen, Gekkos, Echsen. Es sind Reptilien, die zu den Schuppenkriechtieren gehören. Man findet sie auf allen Teilen der Erde mit Ausnahme der eisbedeckten Polargebiete. Sie leben unter Steinen, an Felsen, in Bäumen, in Erdlöchern,

teils zu Wasser und teils zu Land. Ihr Lebensraum umfaßt Steppen, Wüsten, Gebirge, tropische und subtropische Wälder, ja sogar das Meer und die Küstenregionen. Besonderheiten sind ihre Augen, die sie unabhängig voneinander bewegen können, ihre zum Teil extrem verlängerte Zunge, die sie wie ein Wurfgeschoß benutzen können, um die Spinnen, Fliegen, Käfer, Heupferdchen, Larven zu erbeuten, welche zu ihrem Speiseplan gehören. Weitere Kennzeichen sind ihr gestreckter Rumpf mit der besonderen Tarnmusterfärbung, ihre gut

ausgebildeten Beine und der lange Schwanz mit den vorgebildeten Bruchstellen, an denen sie bei Gefahr einen Teil des Schwanzes abwerfen können. Der Schwanz wächst wieder nach. Sie tragen eine schuppige, ledrige Haut, die in ihrer perfekt an ihre Umwelt angepaßten Färbung von Grün über Grau, verschiedenen Braun- und Ockertönen bis hin zum Schwarz variiert, wobei überall leuchtendbunte Farbeinlagen vorkommen können. Manche Eidechsenarten tragen Rückenkämme, Hörner oder Knochenleisten auf dem Kopf, auch farbige Kehlsäcke und Falten kommen vor. Sie haben die Fähigkeit, senkrecht an Wänden auf und ab zu jagen und an der Decke entlangzulaufen, wobei sie sich in kleinsten Fugen mit ihren Zehen festkrallen. Sie können über 50 Jahre alt werden. Sie halten in kühleren Gebieten Winterschlaf. Ihre bevorzugte Temperatur beträgt 25 – 30°. Sie haben natürliche Feinde wie Schlangen, Kleinsäuger, Raubvögel und Hühner.

Die Eidechse und ihre Kraft in den Kulturen dieser Welt

Mangar-Kunger-Kunja ist der große Eidechsen-Ahn der Aranda in Zentralaustralien. Er formte die ersten Menschen und brachte ihnen das Steinmesser, den Speer, den Schild und den Bumerang. Außerdem führte er den Ritus der Beschneidung von Frauen und Männern ein und schenkte ihnen den Hochzeitsritus. Bei den Maori ist die Eidechse die Baumeisterin der Welt. Sie gilt bei den Ureinwohnern Australiens heute noch als heiliges Tier. In Ägypten war sie Serapis geweiht und stand für Auferstehung und Erneuerung; sie hütete das reinigende Licht. In Griechenland opferte sie sich dem Sonnengott Apollo, um in das ewige Licht zu gelangen. Sie war Hermes (Merkur) geweiht und steht für Weisheit und Glück. In Polynesien wird die Eidechse als Gott des Feuers und der Kraft verehrt. In einigen Kulturen gilt sie als Miniaturstellvertreter der Drachen und erinnert an ihre Kraft und Herrlichkeit. Bei den Indianern hat sie die Rolle der Träumerin und wacht über die Kraft der Träume; sie begleitet den Schamanen auf seinen Seelenwanderungen und wacht über sein Lebenslicht. Am Himmel finden wir Stellio, die Sterneneidechse, besetzt mit kleinen lichtschwachen Sternen, welche funkeln wie zarte Schuppen.

Eidechsenmedizin

In der Begegnung mit der Eidechse liegt ein großer Segen. Sie ist ge-kommen, um dich an die Quelle anzuschließen, so daß du mit dem männ-lichen Teil in dir deinen Frieden machen und mit ihm zusammenarbeiten kannst. Ob Mann oder Frau, wir alle tragen einen männli-chen und einen weiblichen Teil in uns, die wir ins Gleichge-wicht bringen sollten, damit die Kraft der Schöpfung durch uns pulsieren kann. Die Ei-dechse führt dich ein in die heilsame männliche Kraft, die im Empfangen des Feuers aus

der Quelle besteht und der Umsetzung dieses Feuers, indem wir der inne-ren Führung bedingungslos folgen. Die Eidechse lehrt dich, die volle Ver-antwortung für dein Leben zu übernehmen, dich durch Anpassung, Tarnung und Rückzug abzugrenzen und dich vorsätzlich von allem Bösen freizuma-chen, damit du dein Feuer in Licht verwandeln kannst. Sie ruft dich dazu auf, deiner Schattenseite nicht auszuweichen, sondern dich mit ihr ausein-anderzusetzen und herauszufinden, was wirkt. Sie lädt dich ein, die Weis-heit aus dem Kosmos zu empfangen und deine innere Welt kennenzulernen. Sie lehrt dich die verschiedenen Bewußtseinszustände, wie du sie in dei-nem Leben formen und neuen Mustern anpassen kannst. Sie zeigt dir, wie Träume wahr werden können, und schenkt dir die Gabe der verschiede-nen Beobachtungs- und Sichtweisen. Sie bringt dir Heilung und ist ein guter, weiser Seelenführer.

Von ihrer lichten Seite betrachtet, bringt die Eidechse dir den segensrei-chen Gruß von Vater Sonne. Sie zeigt dir, wie du Wärme, Geborgenheit, Se-gen und Glück in dein Leben holen kannst. Da sie sich aber auch in den Schattenbereich zurückzieht, kennt sie auch die Macht der Dunkelheit, den Traumpfad und die Wege in andere Welten. Sie führt dich ein in die Kunst des Träumens und der Manifestation. So lernst du, wie du deine Träume ver-wirklichen kannst. Als ein Wesen, das seinen Schwanz abwerfen und erneu-ern kann, bringt sie die Kraft der Regeneration und Erneuerung. Da sie an den Formen entlanglaufen kann, sogar an Decken und senkrechten Wänden,

lehrt sie dich, die Schwerkraft zu überwinden und sich in und durch alle Dimensionen zu bewegen.

Von ihrer dunklen Seite betrachtet, steht die Eidechse für Faulheit, Scheu, Abgabe der eigenen Kraft an andere Schattendaseine, Machtmißbrauch, Dominanz, sich zu wichtig nehmen, ständiges Um-sich-selbst-Kreisen, kein Einklang zwischen der männlichen und weiblichen Kraft, andere verantwortlich machen dafür, daß man seine eigene Kraft nicht lebt. Als Wesenheit kann sie manchmal auf dämonische Kräfte und Energieabzug durch die männliche Seite oder durch die Spannung zwischen der männlichen und der weiblichen Seite hinweisen. In der afrikanischen Kultur gilt sie als Herrin der Verwandlung in das Böse.

Weitere Informationen

Im indianischen Medizinrad steht die Eidechse für den inneren Kreis, Vater Sonne und den männlichen Aspekt. Das Eidechsenamulett steht für Reinigung, Sonnenkraft, Erneuerung der Lebensenergie und schnelle Regeneration.

Stein: Drusen; **Farbe:** Himmelblau; **Elemente:** Feuer, Luft, Äther; **Symbole:** Viereck, verschiedene Muster; **weitere Assoziationen:** Sonnenblume, Regenerationskraft; **Traumsymbol:** Die Eidechse sendet dir einen Gruß von Vater Sonne und sagt dir, daß die Zeichen für deine Vorhaben günstig stehen. Sie fordert dich auf, deine unbewußten Kräfte anzuschauen und sie ans Licht zu bringen, damit sie in deinem Leben heilsam wirken können. **Affirmationen:** »Ich bin im Einklang mit dem Licht der Quelle.« – »Vater Sonne segnet mich und meinen Weg, heute.« – »Das Licht des Bewußtseins durchdringt und läutert alle Ebenen meines Seins.«

Einhorn
Reinheit, Selbsterneuerung, kosmische Kraft

In den heiligen Welten aus Licht
kannst du vertrau'n und ausruh'n dein Ich.
Hüt' ich die reine wahre Kraft,
bring sie zurück in deinen Lebenssaft.
Nimm nun fort das Schuldgefühl
und das andere chaotische Gewühl.
Die Gnade des Göttlichen sende ich dir,
sonst würde ich mich nicht zeigen hier.
Ich öffne dir die Scheiteltür,
auf daß die göttliche Quelle dich führ'.
Dein inneres Auge ich dir öffne,
dann kannst du erkennen und Neues schöpfen.
Setz' du nun zwischen den Welten das Verbindungsstück.
Ich bring' dich zu deinem Ursprung zurück,
zu deinem Potential und Lebensglück.

Wissenswertes über das Einhorn

Einhörner kennt man nur aus Mythen und Legenden. Sie sind überall auf der Welt bekannt und werden auch als Unicorn, Licorn, Kartazon und Monokeros bezeichnet. Die ältesten erhaltenen Beschreibungen stammen von dem griechischen Arzt Ktesia, der ca. 400 v.Chr mit dem König von Persien, Ataxerxes Mnemon II und dessen Königin Parysatis auf Reisen war. In seiner Schrift Indika schrieb er, daß es in Indien flinke wilde Esel mit weißem Körper, rotem Kopf und einem spitzen Horn in der Mitte der Stirn gebe. Wer aus einem Becher trinke, der aus diesem Horn gefertigt sei, werde von allen Unreinheiten, Krankheiten und Giften befreit und vor ihnen geschützt. Einhörner lassen sich nur von Jungfrauen fangen, durch deren keuschen Duft sie angelockt werden. In alten Kulturen wurden Jungfrauen oft geopfert, um die Wiedergeburt allen Lebens zu sichern – denn alles Leben muß mit dem Leben bezahlt werden: Ehe die Saat zu keimen beginnt, muß sie ihr eigenes Wesen als Saat aufgeben, damit daraus eine neue Lebensform entstehen

kann. Alles muß sterben, damit es sich erneuern kann. Diese Kraft, die Erneuerung durch das Vergehen im inneren Feuer, ist eines der Geheimnisse, welches die Einhörner hüten. Sie stehen für Mut, Geschwindigkeit, Reinheit, Wahrhaftigkeit. Das spiralförmig gewundene Horn ist Sinnbild der himmlischen Urkraft, der Entwicklung, der Wandlung und des Aufstiegs. Da Einhörner Keuschheit und Reinheit wahrnehmen können, werden ihnen gesteigerte Sinneswahrnehmungen nachgesagt. Sie sind so rein, daß sie eine Energie ausstrahlen, der alle giftigen Einflüsse des Lebens weichen müssen.

Das Einhorn und seine Kraft in den Kulturen der Welt

Das Einhorn steht bei den alten Völkern Nordeuropas, im heiligen Wissen der Germanen und Kelten, für die reine Kraft. Die Keltenpriesterinnen trugen oft sein Abbild als Erkennungszeichen. Das Einhorn hütet die weiblichen Mysterien und symbolisiert den jungfräulichen reinen Aspekt der dreifaltigen Göttin. Das Einhorn steht mit der Apfelinsel Avalon in Verbindung und mit dem Apfelbaum, einem alten Symbol der Göttin. In unserer Kultur wacht das Einhorn an der Schwelle zur oberen Welt und der Drachen an der zur unteren, dazwischen lebt der Mensch. In Schriften des Mittelalters verkörpert das Einhorn Reinheit, den Zugang zu den Geheimnissen des göttlichen Geistes sowie viele magische Fähigkeiten und wurde zum Sinnbild der königlichen Rechtsprechung. Im Christentum betrachtet man die Vorstellung des Einhorns, das in den Schoß der reinen Jungfrau springt, als die Verkörperung Christi durch den Leib Marias; so entspricht das Einhorn auch dem Christusbewußtsein. Bei den Hopi-Indianern gibt es den Einhorngott Kwanitaqa, welcher am Eingang der Unterwelt den Weg der Toten bestimmt. Ihm ist die Zeremonie des Neuen Feuers zugeordnet; der dem Zweihorn-Clan untergeordnete Einhorn-Clan wacht über ihre Reinheit und

genaue Durchführung. Feen wurden oft in Begleitung von Einhörnern gesichtet, wenn sie Landschaften heilen und diesen wieder ihre paradiesische, zauberhafte Erscheinung zurückbringen. Ihr Instrument der Einhörner ist das Horn, der Kelch der Heilung, die heilige Lanze und die Tonglocke, welche vor drohender Gefahr warnt. Das Horn soll das Böse in der Welt vernichten oder zum Guten wandeln.

Einhornmedizin

Die Einhornmedizin bringt die Kraft des Dienens im Einklang mit dem Göttlichen. Sie führt uns zu den Toren der oberen Welt und zeigt uns die Stellen, wo die inneren Schätze liegen und die hilfreichen Kräfte wohnen und wie sie zusammen auf der Erde wirken können. Einhornkraft ist sehr fein, hochschwingend und sehr machtvoll; es ist eine sanfte Medizin mit starker Wirkung, die sich sanft und still aus dem Licht heraus ausbreitet und unbemerkt die Türen zum inneren Potential eröffnet. Menschen mit Einhornkraft können – von anderen unbemerkt – die Dinge wieder zum Licht ausrichten, die Energie augenblicklich reinigen. Wenn das Böse zu wirken beginnt, warnen sie leise und verschwinden. Sie öffnen das göttliche Portal, so daß der goldene Segensstrom und die göttliche Gnade unbemerkt auf die Menschen in ihrer Umgebung herniederströmen können. Sie verbreiten unmerklich eine Schwingung der Harmonie. Einhörner beziehen ihre Botschaften direkt aus der Quelle, sie sprechen aus dem Herzen der Wahrheit. Wer Ohren hat, der höre.

Von seiner lichten Seite betrachtet: Das Einhorn fordert dich auf, dich wieder an deinen Ursprung und deine geistige Heimat zu erinnern, dich von Karma, Lastern und schlechten Eigenschaften zu befreien und dein Selbst wieder ins Licht zu stellen. Es bringt dir Erlösung, die göttliche Gnade und die Kraft der Umwandlung aller negativen Einflüsse. Es verleiht dir die Kraft der Selbsterneuerung und verbindet dich mit dem höchsten Potential, der geistig-göttlichen Führung, der Gabe des Empfangens, der Unschuld und Reinheit und dem Mitschöpfertum. Du bist aufgerufen, dich wieder an dein wahres Selbst anzuschließen, geistige Botschaften zu empfangen und in die Welt zu geben, zu vermitteln zwischen den Licht- und Sternenwelten, den Lebensformen und den Menschen. Deine Aufgabe ist, den Menschen die Augen wieder zu öffnen, und, wenn sie bereit dazu sind, sie einzuweihen in den göttlichen Plan.

Das Einhorn war an der Schöpfung der Welt mitbeteiligt, und so kennt es den göttlichen Funken in jedem Wesen. Es sieht das, was in einem Menschen, an einem Platz und in den Wesen der Tiere und Pflanzen an Höchstem, Bestem und Größtem wirkt oder noch schlummert. Das Einhorn kündigt eine höhere Stufe geistiger Ausbildung an. Wenn es dein Feld betritt, so mach dich bereit, dich zu reinigen und zu läutern, denn etwas Größeres will durch dich wirken und dich führen. Es lehrt dich, die Schwingung in der Energie wahrzunehmen, die Energie zu harmonisieren und zu erhöhen. Es bringt die ursprüngliche Leichtigkeit zurück, zeigt dir die Kraft der Spirale und des Aufstiegs. Es hilft dir, das dritte Auge und die Tür am Scheitel zu öffnen und der inneren Führung zu vertrauen – wohin auch immer sie dich tragen mag. Als Wächter der Eingänge und Übergänge kann es diese öffnen oder verschließen und versiegeln. Es kann beide Welten (reale und geistige) gleichzeitig beobachten und achtet darauf, daß kein dunkles Geistwesen das höhere Feld betritt.

Von seiner dunklen Seite betrachtet steht das Einhorn für Hartnäckigkeit, Hilflosigkeit, Vertrauensseligkeit, Gutgläubigkeit, Opferhaltung, Einsamkeit, Verlorensein, vorschnelles Handeln, die Neigung, nicht den ganzen Zusammenhang der Gesetze zu sehen (z.B. den Zusammenhang zwischen Gut und Böse), nur auf den Lichtaspekt ausgerichtet zu sein, das Dunkle nicht verstehen zu können und zu wollen. Es geht unerbittlich gegen Menschen vor, welche unreine Gedanken und Gefühle hegen. Probleme werden mit dem rohen männlichen Prinzip und dem zerstörerischen Aspekt des Lebens bewältigt. Es kann schnell und hart urteilen. Es hat das Gefühl, nicht gesehen oder übertönt zu werden, fühlt sich oft nicht oder falsch verstanden, wird öfter ausgenutzt und kann sich dagegen nicht wehren, außer es verschwindet. Solange ein Mensch mit dem Einhorn als Tier dessen Kraft nicht versteht und seinen Platz nicht gefunden hat, fühlt er sich oft unsichtbar, nicht wahrgenommen und leidet deswegen manchmal an mangelndem Selbstwertgefühl.

Weitere Informationen

Das Einhorn verbindet uns mit der Priesterinnenschaft von Avalon, mit dem Feenreich, mit dem alten Wissen von Lemuria, dem jungfräulich reinen unschuldigen Aspekt der Frau, mit der Marienkraft, der Christuskraft der

Kraft der Selbsterneuerung, dem Wissen von Tod und Wiedergeburt, der Ewigkeit des geistigen Reiches. Im Feng-Shui steht das Einhorn für die Bereiche hilfreiche Freunde, Kinder und inneres Wissen. Es vergegenwärtigt Gerechtigkeit, Unschuld und Reinheit.

Steine: Kristalle, Mondstein und Amethyst; **Farben:** Violett, Weiß, Silber, Regenbogenfarben; **Elemente:** geistiges Feuer, geistige Luft; **Symbole:** gedrehtes Horn, Spirale, heilige Lanze, weißer Stern; **Weitere Assoziationen:** Apfel, Apfelbaum, heiliger Gral, Horn der geistigen Fülle, Wahrheit, kosmisches Wissen/Sternenwissen, Plejaden, Venus, Vega, Sirius, Schnee und kristalline Strukturen, violettes Feuer, Kommunikation mit Tieren und Pflanzen, Naturwesen, Meistern – schlicht mit dem geistigen Reich; **Traumdeutung:** Taucht das Einhorn auf, so hast du wieder Kontakt zu den höheren Welten. Es verweist auf Vorbereitung, Transformation, Gnade und Erneuerung deiner Kräfte, Reinigungsprozesse und Heilung. **Affirmationen:** »Das höchste Licht wirkt durch mich in der Welt.« – »Mein Seelenpotential eröffnet sich jetzt.«

Elch
Qualität, Wahrheit, Lebenskraft

Kommen wir in dein Sein,
bringen wir die Liebe heim.
Stabilität ist unsere Macht,
sie wurde uns aus der Quelle gebracht.
Wir bringen dir den Norden
und dazu verborgene Orden:
die weiße Bruderschaft,
die in und mit und durch uns
schafft.
Wir prüfen dein Sein
und machen es rein.
Sinn für Humor
ist der Weg und das Tor.
Komm mit uns, wir führen dich ein
in dein höheres feines Sein.

Lebensweise des Elchs

Der Elch ist ein Säugetier, gehört zur Familie der Paarhufer und ist deren größter Vertreter. Die heute lebende Art ist nicht älter als 2 Millionen Jahre; sie soll von dem ausgestorbenen Riesenelch abstammen, welcher ein Geweih von über zwei Metern trug. Der Elch ist ein Bewohner der sumpfigen, mit Seen durchsetzten Waldgebiete im Norden Europas, Asiens und Nordamerikas. Merkmale des Elchs sind sein gleichmäßig braunes Fell, seine stattliche Größe von bis zu 2,30 m Schulterhöhe – wobei Körpergröße und Gewicht je nach Unterart, Lebensraum und Lebensbedingungen variieren – und, bei den Bullen, das große Geweih mit den flächigen Schaufeln. Elchkühe haben kein Geweih und sind kleiner als die Bullen. Wasserpflanzen, wie z.B. Seerosen, sind eine wichtige Nahrungsquelle; darüber hinaus ernähren sich die Elche von Zweigen und Blättern von Laubgehölz. Ihre Feinde sind – je nach Vorkommen – Braunbären und Wölfe, Schwarzbären und Pumas.

Der Elch und seine Kraft in den Kulturen der Welt

Wie die anderen Totemtiere des Hirsch-Klans symbolisiert der Elch Lebenskraft, Stabilität und Wahrheit. Er ist ein Tier der großen Göttin, ihr Führer auf der nördlichen Erdhalbkugel, und Begleiter der Göttin des Waldes und der Jagd. In der Runenmagie ist der Elch der Rune Elhaz/Algiz zugeordnet; sie steht für universellen Schutz, Stärke, Bewußtsein, Verteidigung der lichten Wahrheit gegen das Dunkel, Verbindung mit den Göttern. Die Rune Elhaz ist ein stilisierter Weltenbaum, dessen Stamm sich in die Erde gräbt und dessen drei gespreizte Äste in den Himmel ragen. Damit steht der Elch für die Verbindung von Himmel und Erde, von menschlichem Bewußtsein und göttlichem, und für die Aufrechterhaltung dieser Verbindung. Der Elch verkehrt sowohl mit mächtigen Himmelswesen als auch mit den Geistern der Erde, den Zwergen, Riesen und Trollen; ja es gibt Trollelche und Geisterelche. Die sibirischen Völker sahen in den sieben Sternen des Großen Wagens einen Elch. Der Elch steht für Stabilität, langes Leben und Unsterblichkeit. In einigen alten Ritualen der Menschen der nördlichen Erdhalbkugel wurden seine heiligen Knochen für Liebeszauber, Partnerschaftsorakel und das Herbeilocken eines Partners fürs Leben, des Seelengefährten, genutzt. Er gilt als Beschützer und Verteidiger der Frauen.

Elchmedizin

Stolziert der Elch in dein Leben, so bringt er dir Stärke und Kraft, die Verbindung von unten und oben sowie die Kräfte des Herzens in deiner Seinsmitte. Er bringt dir die Stabilität, die du brauchst, um die Energie für die Umsetzung eines Projekts machtvoll aufrechtzuerhalten. Doch der Elch führt dich auch in die Stille und fordert dich auf, nach innen zu lauschen: Hier findest du die wahre Antwort auf die Fragen, welche dich beschäftigen. In der Stille verstehst du die Botschaft hinter den Worten, hinter der Erscheinung, hinter den Gedanken. Du siehst und fühlst die Wahrheit. Der Elch erinnert dich daran, nicht zu ernst und starr zu sein, sondern die Dinge mit Liebe, Mitgefühl, Humor und Güte zu betrachten. Das ist ein wichtiger Schlüssel zum Herzen. Verbinde dich mit den Wurzeln der Erde und der Kraft des Himmels. Werde zu einer tragenden Lichtsäule, welche negative Energien einfach durch ihre mächtige strahlende, gesunde, wahrhaftige, wache, pulsierende, klare Energie auflöst. Wenn das Herz offen bleibt, kann die

Lichtsäule aufrecht-
erhalten werden.
Der Elch fordert dich
auf, nach Erleuchtung
und Weisheit zu suchen,
welche im Rückzug, der
Innenschau und der Ruhe
gefunden werden können. Er
fordert dich auf, auf das Wesentliche
in deinem Leben zu schauen und dich
nicht ablenken zu lassen. Als Krafttier
führt er dich in die feinstoffliche Welt
der Götter ein, in die Botschaft des Lichtes. Er möchte, daß du dir deiner selbst
bewußt wirst, dich aufrichtest, ein gesundes
Kraftfeld aufbaust und stabilisierst und den friedlichen Weg im Leben suchst.
Er bringt dir Lebensqualität.

Das erste, was an einem Elchbullen auffällt, sind die mächtigen, nach oben
gebogenen Geweihschaufeln. Wie Antennen sind sie nach oben ausgebreitet, oder auch wie ein Gefäß, ein Kelch, eine Knochenschale, welche das
Licht der Wahrheit auffangen. Als Bewohner der Nordhalbkugel ist der Elch
dem Norden zugeordnet. Dieser steht für die Erde, die feste Verbindung, Stabilität, das Nichtsichtbare, das Unoffenbarte, die wortlose Verständigung,
Qualität statt Quantität. Weniger ist hier mehr.

Von seiner lichten Seite betrachtet, bringt der Elch uns die Gaben der feinstofflichen Energien: Hellsehen, Hellhören und das Verstehen aus der Mitte des Herzens heraus. Er weiß, was zu tun ist, und braucht darum nicht viel
Aufhebens zu machen. Als Wesen, das in der Nähe von Seen und Sümpfen,
in Wäldern und kargen Landschaften lebt, lehrt es uns den Blick in den
Spiegel und zeigt uns den Pfad in die innere Welt. Da er selbst nicht angreift
oder verletzt, weist er uns den Weg des Friedens. Seine Vorliebe für Seerosen offenbart den Blick für die schönen Dinge und den Weg der Erleuchtung.
Er lehrt uns Genügsamkeit und Zufriedenheit mit dem, was uns umgibt.

Von seiner dunklen Seite betrachtet, bedeutet der Elch Starrheit, festgefahrene Muster, Unbeweglichkeit, Berechnung, eine materialistische Einstellung.

Weitere Informationen

Im indianischen Medizinrad ist der Elch das Totemtier für die Zeit des langen Schnees (22. Nov. – 21. Dez.). Er gehört zum Donnervogel-Klan und ist dem Feuer zugeordnet. Elche werden als Lehrer geschätzt und schenken Zuversicht, Stärke, Freude, Beweglichkeit, Schutz, Gerechtigkeit, Weisheit, Verantwortung und Schnelligkeit. Das Elchamulett schenkt Weisheit, Treue in Liebe und Partnerschaft, humorvolle Führung und langes Leben.

Steine: Achat, Obsidian, Goldnuggets; **Farben:** Gold, Braun, Schwarz; **Elemente:** Erde, Wasser, Luft, kosmisches Feuer; **Symbole:** Geweihschaufel, Fell, Schutzrune Elhaz; **weitere Assoziationen:** Träger der Energie, Nordstern, Berge, Führung, Holunder, Angelikawurzel, Tarotkarte: Der Mond; **Traumsymbol:** Der Elch zeigt an, wie es um den Schutz, die Führung und die Stabilität deiner Lebensenergie steht. Je nachdem, wie er sich dir zeigt, bringt er dir die entsprechende Botschaft. **Affirmationen:** »Die göttliche Quelle führt mich, das Sein entfaltet sich mehr und mehr aus mir.« – »Verwurzelt in der Erde und verbunden mit den Kräften des Himmels, entwickelt sich mein strahlendes, leuchtendes Lichtfeld und schützt alles darin.«

Rune Elhaz

Elefant
Geduld, Weisheit, Stabilität

Majestätisch, alt und weise
ziehn wir auf der Erde unsere Kreise;
hüten viel Wissen und langes Leben,
können sehr schwere Dinge heben.
Von der Tiere Kraft wir künden,
ihren unerschöpflichen machtvollen Pfründen.
Wir hüten die Erde auf unserem Rücken,
lieben die Wälder voller Entzücken.
Lang lebe der König, das Juwel ist Gesetz,
Geduld und Weisheit statt Hast und Hetz'.
Die Kraft liegt in der Ruhe, die Würde im Sein.
Die Krone trägst du, ob groß oder klein.
So richte dich auf, folge dem Verlauf,
trage die Bürde, nimm die Hürde,
reihe dich ein, und laß dich nicht täuschen vom grellen Schein.
Feinfühlig, sensibel, ja das sind wir,
achten die Gemeinschaften allhier.
Wir beseitigen die Hürden auf deinem Weg,
auf daß dem Erfolg nichts im Wege steht.
Zum Wohle aller, so soll es sein,
dann findest du Frieden in deinem Heim.

Lebensweise des Elefanten

Die Heimatkontinente des Elefanten, des zweitgrößten Säugetiers der Erde, sind Afrika und Asien. Elefanten können eine Schulterhöhe von etwa vier Metern und ein Gewicht von 4 bis 7 Tonnen erreichen, außerdem werden sie zwischen 40 und 60 Jahre alt. Der Rüssel und die Stoßzähne sind die auffälligsten Merkmale der Grauhäuter. Die Stoßzähne sind die verlängerten oberen Schneidezähne der Tiere. Diese werden u.a. genutzt, um Hindernisse aus dem Weg zu räumen. Der Rüssel ist in der Tierwelt ein einzigartiges und geniales Tast-, Greif- und Riechorgan mit vielfältigen Einsatzmöglichkeiten. Beispielsweise ist er lang genug, daß der Elefant damit weit oben hängende Blätter und Früchte erreichen, und feinfühlig genug, daß er damit winzige Früchte vom Boden aufheben kann, stark genug, daß er einen Baum damit entwurzeln kann, und wird als Saugrohr zum Trinken und Duschen genutzt. Elefanten sind Vegetarier, sie ernähren sich von Blättern, Gras, Zweigen, Früchten und Rinde, wovon sie pro Tag an die 100 Kilogramm benötigen. Elefanten sind sehr soziale Tiere, die in Herden – die vorwiegend aus Kühen nebst etwaigen Jungtieren bestehen und von einer Leitkuh geführt werden – mit straffer Rangordnung leben. Die Herdenmitglieder verständigen sich u.a. über für den Menschen nicht hörbare Infraschallsignale. Die Bullen sind meist Einzelgänger oder leben in Junggesellengruppen. Zur Paarungszeit und anschließend bilden sich für eine begrenzte Zeit Familiengruppen. In der Regel bekommt ein Elefantenweibchen nach einer 22monatigen Schwangerschaft nur ein Junges. Außer den Menschen haben Elefanten keine Feinde. Sie spielen eine wichtige Rolle als Landschaftsgestalter und sorgen für Stabilität im ökologischen System. Da der Elefant einst königlichen Majestäten als Reittier diente, ist er ein Symbol für Macht und Status.

Der Elefant und seine Kraft in den Kulturen der Welt

In manchen Kulturen gilt der Elefant als kosmisches Tier, welches auf seinem Rücken die gesamte Welt trägt. Buddhas Geburt wurde seiner Mutter im Traum von einem weißen Elefanten angekündigt; so ist der weiße Elefant im Buddhismus heilig. Der Hindugott Ganesha hat einen Elefantenkopf, was ein Sinnbild für seine Klugheit ist. Ganesha steht für Wissenschaft, Weisheit sowie für die Beseitigung aller Hindernisse, er wird zu Beginn einer Unternehmung angerufen, um ihr höchsten Erfolg zu gewähren. Ganesha entspricht dem griechischen Götterboten Hermes (röm. Merkur). In der christlichen Tradition verkörpert der Elefant Mäßigung und Keuschheit. Viele Geschichten über Elefanten sind indischen Ursprungs, da die Tiere dort ein fester Bestandteil des Alltags und der Glaubenswelt sind. Für die Inder ist der Elefant ein sozial denkendes Wesen, hilfreich und verehrungswürdig, das gerne in Gesellschaft lebt und selbst dem kleinsten Tier Respekt entgegenbringt. Er kommt als Botschafter der Götter aus dem Himmel und rettet Menschen aus der Gefahr. Der Elefant gilt zudem als Verkünder der Lehre von der Einheit der Welt und der Unveränderlichkeit des Seins.

Elefantenmedizin

Betritt der Elefant dein Leben, so verleiht er dir eine große Kraft und Stärke, öffnet dir den Zugang zur Weisheit der Erde. Er bringt einerseits robuste Stabilität und andererseits ein sanftes, mitfühlendes Herz, eine außergewöhnliche Sensibilität und Feinfühligkeit. Er gibt dir Schutz, Achtung vor dem Leben und Liebe für die Schöpfung in all ihren Erscheinungen. Er schenkt dir sehr gut ausgeprägte Sinne, ein Gefühl für Gerechtigkeit und Ordnung, intuitives Wissen und die Verbundenheit mit der Quelle. Er versieht dich mit Antennen, über die du mit anderen Lebensformen kommunizieren kannst. Seine großen Ohren verleihen die Gabe des Zuhörens, Hinhörens, Verstehens, und des Gleichgewichts. Er bringt die Bereitschaft, zu helfen und andere zu unterstützen, sowie einen ausgeprägten Gemeinschaftssinn, Treue, Loyalität und heilendes Verständnis. Er schenkt Geduld und die Fähigkeit, Energien stabil und ausdauernd aufrechtzuerhalten und nicht aufzugeben; dadurch kann eine einmal begonnene Sache erfolgreich zu Ende gebracht werden. Er bringt die Botschaft des Friedens, der bedingungslosen Liebe, des Mitgefühls und die Einheit zwischen allen Lebensformen. Er heilt durch Zuhören und Dasein. Mit der Elefantenmedizin ausgestattet, bist du aufgefordert, die Krone der Schöpfung aufrecht und mit Würde zu tragen und zum Höchsten zu streben.

Von seiner lichten Seite betrachtet, verkörpert der Elefant Königtum, Würde und ein langes Leben. Ihm werden ein gutes Gedächtnis und eine geheimnisvolle Psyche nachgesagt. Der Elefant ist ein Lehrer der universellen Weisheit. In der Tierwelt wirkt er wie ein Fels in der Brandung, wobei seine unübersehbare Masse im Kontrast zu seinem intelligenten, feinfühligen Wesen steht. Doch so wie die Berge die höchsten Einweihungsstätten sind und die

Erde ein Ort der Vergeistigung, so verkörpert der Elefant spirituelle Wahrheit und Erleuchtung. Bei dem Auftrag, der Menschheit »ein Königreich auf Erden zu errichten«, ist der Elefant ein guter Führer. Durch seine friedfertige Art, seine Mäßigung, seine Zurückhaltung, sein Mitgefühl, seine Hilfsbereitschaft, seine Stärke, seine Vorsicht und Achtsamkeit und Beharrlichkeit zeigt er uns wahres Königtum. Er verfügt über ein weitgefächertes, kreatives Spektrum an Fertigkeiten und Fähigkeiten, mit seiner Umwelt in Kontakt zu treten. Sein soziales Verhalten weist eine gewisse Strenge und Disziplin auf, welche das Leben in der Gemeinschaft zum Wohle aller regelt.

Von seiner dunklen Seite betrachtet, bedeutet der Elefant Trägheit, Trampelhaftigkeit, Faulheit und Gefräßigkeit, erlernte Verhaltensmuster; sich nicht selbst aus angelegten Fesseln befreien können; sich kleiner machen, als man ist; Konditionierungen, die eigentlich nicht zu der Stärke und Kraft des Elefanten passen; Ängstlichkeit vor unerwarteten, plötzlich auftretenden Dingen. Man sagt dem Elefanten nach, daß er nichts vergesse und recht nachtragend sein könne. Wird er wütend und wild, so gnade Gott demjenigen, gegen den sich diese Kraft richtet!

Weitere Informationen

Der Elefant steht für das Urwissen der Erde, die alten afrikanischen Stammeskulturen, das Reich der Weisheit und den Buddhismus. Elfenbein gilt als weißes Gold. Das Elefantenamulett ist ein Weisheits- und Glückssymbol.

Steine: (Elfenbein), Gold, Bernstein; **Farben:** Weiß, Gold; **Elemente:** Äther, Erde; **Symbole:** Om, Lotos, Schüssel; **weitere Assoziationen:** Ruhe, Geduld, Elefantenrüssel, Stoßzähne, Elefant im Porzellanladen; **Traumsymbol:** Zeigt sich der Elefant, so ist dies ein glückverheißendes Zeichen. **Affirmationen:** »Glück, Erfolg und ein langes Leben begleiten mich, jetzt.« – »Friede sei zwischen uns.« – »Eine Lösung zum Wohle aller Beteiligten findet sich, jetzt.«

Ente
Vertrauen, Gleichgewicht, Wärme

Watschle ich in dein Seelenheim,
bringe ich dir das liebende Sein.
An Land, auf dem Wasser und in der Luft,
webe ich den feinen Duft;
stelle mich vielen mit meiner Kraft zur Verfügung,
bin Zeichen für Gemeinsamkeit, Festlichkeiten und Vergnügung;
lege meine Eier in das Nest,
bringe Fruchtbarkeit, ein rechtes Fest!
In der Kerzen sanftem Schein hüllen dich meine Federn ein
und führen dich in die Welt der Träume ein.
Illusion, Traum oder Lüge –
ich führe dich durchs feste und feine Seinsgefüge.
Tauche ich auf,
so nehmen die Dinge ihren Verlauf.

Lebensweise der Ente

Die in vielen Formen über die ganze Erde verbreitete Ente gehört zur Ordnung der Schwimmvögel und in die Familie der Zahnschnäbler. Es gibt ca. 100 Arten, die u.a. in Schwimmenten, Tauchenten, Glanzenten, Meerenten, Eiderenten und Ruderenten gegliedert werden. Bei uns ist die Hausente am bekanntesten. Enten sind in der Regel Zugvögel und können sehr weite Strecken zurücklegen. Sie bevorzugen nicht zu tiefe Teiche, Tümpel, Flüsse und Seen mit dichtem Uferbewuchs und vielen Wasserpflanzen. Auffällig an der Ente sind der typische Watschelgang, die breiten Füße mit den Schwimmhäuten zwischen den Zehen, der lange, vorn abgeflachte, runde Schnabel, der kurze Hals, der gedrun-

gene breite Körper, das je nach Entenart in den schönsten Farben schillernde Gefieder. Sie sind geschickte Schwimmer und Taucher (»... Köpfchen in das Wasser, Schwänzchen in die Höh' ...«), können sich elegant durch die Lüfte bewegen und etwas weniger anmutig an Land. Sie leben und ziehen meist in Gruppen. Durch ihr Quaken und Schnattern warnen sie ihre Artgenossen und auch den Menschen vor Eindringlingen. Das Weibchen hat meist ein unauffällig gefärbtes Gefieder, so daß es beim Brüten geschützt ist, denn Enten und Enteneier dienen vielen Tieren als Nahrung. Enten mausern sich zweimal im Jahr und legen sich ein neues Federkleid zu. Sie leben oft in Menschennähe und mit dem Menschen. Ihre Kraft und ihre Energie stellen sie unauffällig zur Verfügung, indem sie uns Nahrung, Eier und Daunen geben. Viele von uns schlafen Nacht für Nacht in ihrem wärmenden Federkleid, ohne sich dessen bewußt zu sein.

Die Ente und ihre Kraft in den Kulturen der Welt

Die Ente spielt in den Kulturen der Welt eine wichtige, jedoch unauffällige Rolle. Sie gilt im allgemeinen als Symbol für Fruchtbarkeit und Wohlstand. Sie ist ein Opfertier und geben sich dem Höchsten hin. In Gallien war die Ente das heilige Tier von Sequana, der gallischen Göttin des Flusses Seine und des Volksstammes der Sequaner. In der ägyptischen Kultur wurden Salbenschälchen in Entenform hergestellt, worin Cremes und Kosmetika gemischt und aufbewahrt wurden. In Märchen erscheint die Ente meist nur am Rande, z.B. um jemanden zu retten oder zum andern Ufer zu tragen. Im Christentum steht eine Ente mit Küken für die Kirche und ihre Anhänger. In der germanischen Mythologie ist sie unter anderem der Göttin Ostara geweiht und steht für die Wiedergeburt des Lebens und die Öffnung der Herzen. Das Kinderlied »Alle meine Entchen« ist in nahezu allen Sprachen der Welt bekannt; so schenkt die Ente die ersten Melodien und Töne. Die Ente steht für kosmische Ordnung, die Unschuld und Gleichgewicht. Sie öffnet uns für die Welt von Traum und Phantasie und fördert die Vorstellungsgabe.

Entenmedizin

Die Ente bringt dir die Kraft der klaren Unterscheidung und lehrt dich den Zusammenhang von Körper, Geist und Seele. Wenn dein innerer Spiegel getrübt ist, dann werden sich deine Gedanken verzerren, und dein Körper wird krank – und umgekehrt! Die Ente bringt dir die umfassendere Sicht der feinen Zusammenhänge. So lehrt sie dich das Gesetz von Ursache und Wirkung und die Wege der Heilung, führt dich an den Symptomen vorbei zu der Ursache. Sie zeigt dir, wie du deine Kraft stabil halten und deinem eigenen Tempo und Rhythmus folgen kannst. Da sie mit ihren hellsichtigen

Fähigkeiten in verschiedene Ebenen des Seins schauen kann (unter Wasser, auf dem Wasser, an Land und in der Luft), lehrt sie dich den klaren Blick für die Feinheiten zwischen Traum und Wirklichkeit, Trug, Illusion und Fakt. Sie bringt dir ihre sensible, zarte, einfühlende Kraft und fordert dich auf, deiner Liebe zum Leben zu vertrauen und trotz schlechter Erfahrungen den Mut aufzubringen, weiter zu vertrauen und weiterzugehen. Sie schenkt dir Mut und Kraft zur Zuneigung, Öffnung, Zärtlichkeit, Hingabe und Partnerbindung. Wie ein Bewegungsmelder kündigt sie dir Veränderungen in deinem Revier an und warnt dich vor Eindringlingen. Sie zeigt dir, wie du deine buntschillernde schöne Kraft eiförmig um dich halten, deine Kraft mehren und deinem Traum folgen kannst. Des Nachts hält sie dich warm und geborgen zwischen ihrem Gefieder und trägt dich sicher in die Traumzeit, wo du die Botschaften der verschiedenen Ebenen erhältst, die für dich jetzt gerade von Bedeutung sind.

Von der lichten Seite betrachtet, bringt dir die Ente bei, deine Herzenskräfte praktisch umzusetzen und in einen höheren Dienst zu stellen. Ihr Federkleid ist wasserabweisend und wärmend; das lehrt dich, Emotionen von anderen an deiner Außenhaut abperlen zu lassen, so daß sie dein Innerstes nicht erschüttern können und du stabil in dir ruhen kannst. Sie lehrt dich, die Kraft des Herzens anzuwenden, Mitgefühl und Verständnis für andere zu entwickeln, und die liebevolle Abgrenzung. Die Ente bringt dir bei, für andere da zu sein und von Herzen zu geben. Die Ente stellt sich nicht in das Rampenlicht und lehrt damit das unauffällige und dennoch reiche Dasein.

Von ihrer dunklen Seite betrachtet, verweist die Ente auf eine düstere Phantasie und düstere Wirklichkeit, auf Illusionen, Verärgerung, Mißachtung, Mißgunst, Vertreibung, vorsätzliches Lügen, Tratsch- und Klatschsucht, Überschätzung der eigenen Kraft; die Neigung, mehr aus den Dingen machen, als

sie sind; das Gefühl, unscheinbar zu sein, nicht richtig wahr- oder ernst genommen zu werden.

Weitere Informationen

Im Feng Shui setzt man z.B. ein aus Holz geschnitztes Entenpärchen in den Bereich Partnerschaft, um eine Beziehung zu stärken oder überhaupt zu ermöglichen. Das Entenamulett steht für die liebende, reine Kraft des Herzens, die gerne gibt und sich verströmt, außerdem für Mitgefühl und Verständnis; es fördert die Innenschau und die hellfühligen Gaben. Wenn dir Teile der Ente im Alltag begegnen, so ist es gut, ihren Tiergeist mit deinem Dank und deiner Achtung zu würdigen.

Stein: Jaspis; **Farben:** Schwarz, Weiß, Grau, Braun, Grün, Rot, Orange; **Elemente:** Wasser, Luft, Erde; **Symbole:** Daunenfeder, Ei; **weitere Assoziationen:** lahme Ente; Entenbürzel; Mond, Neptun; die Ente steht für Feste und neue Lebensabschnitte. **Traumsymbol:** Taucht die Ente auf, so gibt sie Hinweise auf deine Beziehung zu dir und zu anderen Menschen. Enteneier stehen für neue Ideen, Projekte und Taten. **Affirmation:** »Alle Negationen perlen an mir ab, wie am Federkleid einer Ente.« – »Vertrauen und Herzensliebe sind mein Weg.«

Esel
Eigenwilligkeit, Feinfühligkeit, Gnade

I-ah, I-ah, der Esel, er ist da!
Er spiegelt euch eure Dummheit und den Widerstreit.
Was seid ihr aufzulösen bereit?
Wann versteht ihr endlich den göttlichen Willen?
Wie viele müssen noch schlucken die bitteren Pillen?
Stellen wir uns euch in den Weg,
zeigen wir, wie es nicht mehr geht,
bleiben stur und störrisch stehen,
bis ihr lernt, euch selbst zu erkennen.
Im Inneren können wir sehen,
vor der Heiligkeit niederknien,
haben das Göttliche schon längst erkannt,
wirken mit ihm Hand in Hand.

Lebensweise des Esels

Wildesel – Stammform und Vorfahre des Hausesels – leben in verschiedenen Klimazonen vorzugsweise in bergigem, trockenem Gelände. Esel zählen zu den ältesten Haustieren der Menschen, und man findet sie in Europa, Afrika, Amerika, im Nahen Osten und im asiatischen Raum. Mit ihrem Schrei rufen sie ihre Artgenossen, mit denen sie in kleinen losen Verbänden zusammenleben, manchmal wandern sie auch allein umher. Esel sind tag- und nachtaktiv, schlafen nur drei Stunden. Sie haben steil aufgestellte lange Ohren, mit denen sie in unübersichtlichen Gebieten Gefahren wie Steinschlag oder Feinde früh wahrnehmen können. Dann fliehen sie nicht kopflos in alle Richtungen, sondern überprüfen die Lage und schlagen ihre ureigenen Wege ein oder greifen mit ihren Vorderhufen den Feind an. Esel können sehr schnell laufen und bis zu 70 Stundenkilometer schnell werden; damit sind sie nicht eben leicht zu erjagen oder einzufangen. Mit ihren schmalen Hufen sind sie zudem selbst in unwegsamem Gelände sehr trittsicher. Esel haben einen ausgezeichneten Geruchssinn. Nahrung und Wasser können sie leicht aufspüren, wobei sie auf langen Wanderungen durch

Trockengebiete mit kärglicher Nahrung und sogar zwei bis drei Tage ohne Wasser auskommen können. Sie ernähren sich von Heu, Stroh und Haferstroh, Holz und Blättern. Esel sind universell eingesetzte Arbeitstiere: Sie treiben Brunnen und Mühlen an, um die sie stundenlang herumtrotten, werden zum Pflügen eingesetzt sowie als Reit- und Lasttier, insbesondere in unzugänglichen Gebieten. Esel sind einerseits sehr sensibel und vorsichtig, andererseits haben sie ihren ganz eigenen sturen Kopf, den sie immer wieder versuchen durchzusetzen. Auf liebevollen Umgang reagieren Esel mit besserer Leistung, Willigkeit und Freundschaft. Sie werden leider oft schlecht behandelt, mißhandelt, überanstrengt, über ihre Grenzen ausgenutzt und nicht gepflegt. Esel können bis zu 50 Jahre alt werden. Die Trächtigkeitsdauer bei ihnen kann bis zu 370 Tage betragen. Eselsmilch gilt als »Vater der Medizin« und kann bei unterschiedlichen Leiden eingesetzt werden.

Der Esel und seine Kraft in den Kulturen der Welt

In der Mythologie des Mazdaznan ist der Esel ein wohltätiges Ungeheuer, das verbunden ist mit dem Ursprung des Lebens und des Lichtes der Wahrheit. In der Vorstellung des antiken Griechenlands ritt der Vegetationsgott Dionysos (röm. Dionisius) auf einem Esel. Einst stellte Priapos, der altgriechische Gott der Zeugungskraft und üppigen Fruchtbarkeit, der Nymphe Lotis nach. Doch der Esel des wilden Walddämons Silenos weckte die Schlafende rechtzeitig durch sein lautes Geschrei. Darauf wurde er von Priapos im Zorn erschlagen, aber dann von den Göttern als Sternbild an den Himmel versetzt. Der Esel findet sich einerseits als lächerliches Wesen dargestellt, das jedoch auf hintergründige Weise die versteckte Weisheit des Kosmos verkörpert und mit störrischem Einsatz festgefahrene Strukturen oft humorvoll sichtbar macht. Im Christentum reitet Maria auf einem Esel; bei Jesu Geburt weilt ein Esel an der Krippe; Jesus reitet auf einem Esel in Jerusalem ein; in der Bibel (Moses 4,22) findet sich die Geschichte vom weissagenden Esel Bile-

ams, der den Willen Gottes und die Heiligkeit des Lebens eher erkennt als der Mensch; Antonius von Padua trägt die geweihte Hostie, vor welcher ein Esel niederkniet, weil er ihrer Heiligkeit gewahr ist. In Strafzeremonien spielt der Esel eine wichtige Rolle: Kinder, welche in der Schule gegen die Regeln verstießen, bekamen Eselsohren aufgesetzt, so daß ihr Verstoß sichtbar wurde. Die Cephaleonomantie, die Zukunftsdeutung aus der Kopfbewegung von Tieren, war, besonders mit dem Esel, in der Antike weit verbreitet. Narren trugen Eselsohren, wodurch sie die Vorhersagen der Astrologen verspotteten und so den Geist wieder für die unbegrenzten Möglichkeiten öffneten. Aus der Märchenwelt der Gebrüder Grimm kennen wir den Zauberspruch: »Tischlein deck dich, Esel streck dich und Knüppel aus dem Sack.« Der Esel gilt als Maskottchen, das die Weisheit in sich trägt.

Eselsmedizin

Kommt der Esel in dein Leben, so fordert er dich auf, etwas langsamer zu werden. Er zeigt dir deine störrischen, widerspenstigen Seiten, mit denen du dir manchmal selbst im Weg stehst und den Fluß der Energie blockierst. Er macht dir deine niederen Instinkte, deine Triebe und leichtsinnigen Handlungen bewußt, mit denen du dein Glück von einem Augenblick zum anderen beeinträchtigen, ja zerstören kannst. Er lehrt dich, diese Kräfte zu beherrschen. Indem er dir deine unbewußten Energien exakt widerspiegelt, fordert er dich auf, dich selbst zu erkennen, über dich zu lachen, dein Verhalten zu ändern und neue Wege zu gehen. Der Esel kennt den Weg zu Gott, bringt dir die Kraft, Aufgaben, welche jetzt anstehen – wie immer sie auch aussehen mögen –, zu übernehmen, hinzunehmen und zu tragen; so findest du letztlich Erlösung. Der Esel lehrt dich, daß manche Wege anders verlaufen, als du sie geplant hast, und daß dies gemäß höchster göttlicher Fügung geschieht, auch wenn du es im Augenblick nicht verstehen kannst. Vertraue seiner Führung, er bringt dich zur Quelle und zur Meisterschaft in dir. Er schenkt dir Ausdauer, Genügsamkeit, innere Führung, Meisterschaft, und die Fähigkeit, aus deinen eigenen Fehlern zu lernen, über dich hinauszuwachsen und deine Aufgabe zu vollenden. Die Augen der Menschen und das Auge Gottes können sehr unterschiedliche Maßstäbe sein; der Esel sieht mit den Augen Gottes.

Von der lichten Seite betrachtet, verschenkt der Esel seine Kräfte großzü-

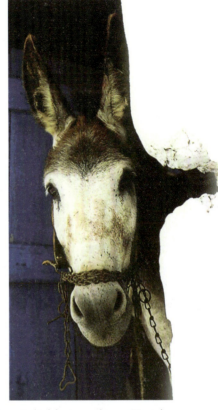

gig. Er ist angeschlossen an seine innere Führung, durch die er ruhig, klug und mit Bedacht handelt, was ihn hin und wieder eigensinnig wirken läßt. Er bringt dir vitale Kraft und läßt dich in unwegsamem Gelände trittsicher deinen Weg finden. Er trägt oft die Meister der Weisheit und führt sie sicher auf der Erde. Er kann dich zum Wasser des Lebens und zur göttlichen Quelle führen. Er warnt dich vor Gefahren und lehrt dich, auf deine innere Stimme zu hören, egal wie das für die Außenwelt aussehen mag. Er trägt große Lasten und nimmt viel auf sich, um dir die göttliche Gnade zu bringen. Er lehrt dich, hinter die sichtbaren Formen der Energie zu schauen und nach ihrer wahren Gestalt zu handeln. Da er tag- und nachtaktiv ist und nur wenig schläft, steht er für Wachsamkeit und Bewußtheit, außerdem für Ausdauer, Fleiß, Disziplin, Genügsamkeit. Er bringt Feinfühligkeit, Hellhörigkeit und die Fähigkeiten der Zukunftsdeutung und zeigt momentane Stimmungen an. Er kennt viele kreative Wege und Ausdrucksmöglichkeiten, kann Kranke heilen und schenkt dir unerschütterliches Vertrauen in die göttliche Führung.

Von seiner dunklen Seite betrachtet, bedeutet der Esel Naivität, Gutgläubigkeit, Dummheit, Ungerechtigkeit, Störrischsein, Unberechenbarkeit und die Neigung zu für die Außenwelt unverständlichen Handlungen. Die Kraft des Esels wird oft mißverstanden, falsch behandelt, überstrapaziert. Menschen mit Eselskraft neigen dazu, sich ausnutzen zu lassen, über ihre Grenzen strapaziert zu werden, keinen Dank und keinen Lohn zu ernten, andere durch ihre Arbeitskraft reich zu machen, aber selbst dabei kaputtzugehen.

Weitere Informationen

Eine Eselshaut nachts umgelegt oder ein Eselsamulett vertreiben den Nachtmahr, welcher als Auslöser von Alpträumen gilt. Der Esel als Symbol

kann unheilvolle Zeichen magisch unschädlich machen und auflösen. Esel haben nach der Geburt abgeknickte Ohren, deshalb nennt man geknickte Buchseiten auch Eselsohren. Seine Ohren zeigen seine Stimmung an: Hängende Ohren bedeuten Entspannung, aufrechte Ohren signalisieren Wachsamkeit und Neugierde, zur Seite gedrehte Ohren zeigen Angst und Gefahr, angelegte Ohren bedeuten Kampfbereitschaft, Drohung und Unzufriedenheit. Er wird in Reittherapien eingesetzt und hilft kranken Kindern. Das Eselsamulett steht für die närrische Weisheit, Anbindung an die Quelle und innere Führung.

Steine: Kieselstein, Druse, Amethyst; **Farben:** Silber, Grau, Rot; **Elemente:** Erde, Luft, Äther; **weitere Assoziationen:** dummer Esel, Eselsbrücke, Weisheit durch Spiegelung der Dummheit; Tarotkarte: Der Narr; **Traumsymbol:** Der Esel steht für die höhere Führung und die eigenwilligen Triebkräfte. Im Traum kann er darauf hindeuten, daß ein Vorhaben anders verläuft, als es gewünscht wird, und daß mit Unvorhergesehenem gerechnet werden muß. Ein lasttragender Esel symbolisiert, daß einem die Bürde abgenommen wird.

Affirmationen: »Ich vertraue fest und sicher in die göttliche Führung.« – »Ich folge der Stimme meines Herzens und bin bereit, zu gehen, wohin immer sie mich ruft.«

Eule
Weisheit, Einweihung, Vision

Die Macht der Eule, wie soll's anders sein,
führt dich in den dunklen Wald hinein.
Der Schrei der Eule wird dich führen,
öffnet dir die verborgenen Türen.
Ihr Ruf in der Dunkelheit geht durch Mark und Bein,
unheimlich kann es sein, dieses Schrei'n.
Der Mond, ein Flattern, berührt dich bei Nacht,
damit dein zweites Gesicht erwacht.
Als Wächterin zweier Welten,
ist sie die Führerin für Lichterhelden.
Die Macht des Unterbewußten, das Reich der Ahnen,
hier wird sie dich lotsen, rühren und mahnen.
Lerne, zu besiegen die Dämonen in dir,
die Schwächen und Löcher, sie führt dich allhier.
Sie leiht dir ihre Ohren, ihren Augenschein,
lehrt die Kräfte vom wahren Sein.
Wach auf in deinem inneren Schrein!
Schau, was in dir schlummert, welch Potential,
und du willst es nicht nutzen, das ist wahrlich fatal!
Lerne dich kennen, die Macht der Nacht,
bis deine eigene Vision hier erwacht.
Am Tag ist Stille und Sein,
sie lädt das göttliche Licht in sich ein.

Lebensweise der Eule

Die Heimat der Eulen liegt in Europa, Asien, Nordafrika und Nordamerika, wo sie in Gebirgen, Ebenen, Steppen und Wüsten, Wäldern und Parks leben. Es gibt viele Eulenarten, u.a. die Waldohreule, Schnee-Eule, Schleiereule; der Uhu ist die größte europäische Eule. Die besonderen Merkmale der Eule sind Augen mit gelblich-orangefarbener Iris, welche mit einem Federkranz umrandet sind, ihre meist aufgestellten mit Federbüscheln besetzten

Ohren und ihr häufig mit braunen Flecken und Streifen gemustertes Federkleid, das sie dick aufplustern können. Ende März, Anfang April suchen sie
die verlassenen Horste anderer Vögel oder Eichhörnchennester auf, die sie
dann zum Brüten benutzen, wobei sie Nest-, Boden- und Felsnischenbrüter
sind und 2–4 Eier legen. Die Jungvögel schlüpfen nach 35 Tagen und wer-

den anschließend 4 bis 8 Wochen versorgt, dann
verlassen sie das Nest ihrer Eltern, bleiben aber in
deren Nähe. Die Nahrung der Eulen sind kleinere
Säugetiere, Vögel, Amphibien und Fische. Zwar
gibt es auch tagaktive Eulenarten, doch die meisten sind nachtaktiv. Sie gehen in der Abenddämmerung und des Nachts auf Jagd, wobei sie
ausgedehnte Streifzüge durch ihr Revier unternehmen. Sie hören ausgesprochen gut und können zudem in der Dunkelheit vorzüglich sehen.
Tagsüber halten sie sich in den dichten Zweigen
von Kiefern und Fichten verborgen, sitzen so regungslos da, daß man sie mit einem Aststumpf ver-
wechseln könnte. Nur erfahrene Beobachter können sie entdecken. Sie haben einen scharfen Blick, dem nichts entgeht. Ihr Ruf und ihre schnarrenden
Laute sind weithin hörbar.

Die Eule und ihre Kraft in den Kulturen der Welt

Die Eule ist der griechischen Göttin Athene zugeordnet und steht für
Weisheit. Für die Kelten war die Eule heilig, den sie überbrachte Botschaften aus der Unterwelt und der Ahnenwelt. Im Hinduismus ist sie die Botin
des Totengottes Yama. Für die Ureinwohner Afrikas und Australiens war sie
Botenträgerin der Medizinmänner und Frauen. Gemeinhin gilt die Eule als
Botentier der Hexen und Zauberer. Sie bringt Wissen und Botschaften aus
anderen Sphären, lehrt ihren Schützling die Gesetze der Anderswelt und
warnt vor Gefahren. Ihr Zeichen ist das heilige Buch der Weisheit. Die Eule
ist der Rune Ingwaz zugeordnet. Sie steht für den Erdgott, für Fruchtbarkeit
und jene potentielle Energie, welche erst durch einen Prozeß von Wachstum
und Reife hindurchgehen muß, um an Kraft zu gewinnen.

Eulenmedizin

Die Eule ruft dich auf, dein ganzes Potential zu entfalten und deiner Intuition zu vertrauen. Als Adler der Nacht kann sie andere gut durch die Dunkelheit der Seele führen, darin liegt ihr Heilauftrag. Sie empfiehlt dir, deinen inneren Wald und die Geheimnisse darin kennenzulernen. Sie trägt dir auf, genau hinzuschauen, die Bewegungen im Dunkel zu beobachten, dich darüber zu erheben, so daß du dir einen Überblick verschaffen kannst. Du sollst die Dunkelheit und die Kraft, die darin schlummert, verstehen lernen. Denn: der größte Teil des Kosmos und der Wirklichkeit ist dunkel und leer. Die Dunkelheit ist weder böse noch schlecht, sie ist einfach; darin liegen die Kraft der Schöpfung und der Selbst-Schöpfung und das Geheimnis, das eigene Leben selbst zu gestalten. In der Geborgenheit und der Stille der Nacht formen sich die Ideen und Visionen, wird der Samen gelegt und gehütet und die Schöpfung geboren. Betrachte den Spiegel der Finsternis, begegne deinen eigenen Schatten, deinem zweiten Gesicht, deinen Gefühlen und Gedanken, und schau dir zu, wie du dein Leben und die Umstände darin selbst erschaffst – dann zeigen sie sich im Licht. Die Eule fordert dich auf zur Innenschau, zur Selbsterziehung, zur Meditation über Licht und Dunkelheit. Sie weiht dich ein in die Weisheit der Schöpfung und lehrt die kosmischen Gesetze. Erschaffe die Ursachen für die Wirkungen in deinem Leben und werde zum Schöpfer deiner Lebensumstände. Als Seelentier ist die Eule eine weise Lehrerin und Führerin, die ihren Schützling prüft, ob er bereit ist, dem Ruf der Dunkelheit zu folgen.

Von ihrer lichten Seite betrachtet, lüftet die Eule nach und nach den Schleier der Seele. Sie sagt dir, daß du mit der Kraft des Unterbewußtseins arbeiten sollst. Achte auf Programme und Muster, die dich behindern, und löse sie auf. Eulen fürchten die dunklen Gefilde nicht. Ganz im Gegenteil, sie wissen um die Kraft der Dunkelheit, in der die Schicksalsfäden und Visionen gesponnen werden. Sie kennen die Schönheit, Weisheit und die Macht der Dunkelheit und wissen, wie man sie in seinem Leben gut und erfolgreich nutzen kann. Sie sind Meister der Stille im Licht der Weisheit und Meister der Tarnung durch Stille. Sie kennen ihr Revier vollständig und arbeiten dort mit exakter Genauigkeit. Ihre Sinne sind ebenso scharf wie ihre Arbeits-

werkzeuge, ihr Schnabel und ihre Krallen. Sie können sich aus dem Stand in die Höhe schwingen, um sich Dinge aus einer anderen Perspektive genau anzuschauen. Von ihrem untrüglichen Instinkt geleitet, schlägt die Eule erst zu, wenn sie weiß, was sie tut. Die Eule führt uns einerseits zur plötzlichen Freisetzung von Energie, andererseits speichert und transformiert sie die Kraft für rituelle Zwecke.

Von ihrer dunklen Seite betrachtet, steht die Eule für Geheimniskrämerei, Wichtigtuerei, Besserwisserei, Überheblichkeit, Verfolgungswahn, Strenge, Unerbittlichkeit, unerlöste Schatten, unbewußten Energieraub, unerlöste Macht der Ahnen und alte Verbindungen, welche im Leben wirken.

Weitere Informationen

Eulen besitzen Heilkräfte und verweisen auf das alte Wissen der Druiden-zauberer (Merlin) und Hexen. Eulenfedern stehen für die Intuition und das Mondlicht, sie schützen und führen den Wanderer in der Nacht. Eulen he-ben den Schamanen auf eine andere Ebene, damit er sich einen Überblick über die Lage verschaffen und dann genau und zielgerichtet arbeiten kann. Die Eule ist ein Zeichen des indianischen Medizinrads, wo sie der Zeit der langen Nächte (23. Nov.-21. Dez) und dem Donnervogel-Klan zugeordnet ist. Ihre Richtung ist Nordwest, ihr Wind bläst aus Westen, ihre Pflanze ist die Mistel. Ihre Funktion ist, die Dinge zu verändern. Sie steht für Unabhängig-keit, Warmherzigkeit, Jovialität, Gewissenhaftigkeit, Abenteuerlust, Aufrich-tigkeit, Wahrheit. Das Eulenamulett steht für Erkenntnis, Botschaft und Weis-heit.

Steine: Labradorit, Amethyst, Citrin, Obsidian, Jaspis; **Farben:** Violett, Dunkelblau, Schwarz, Gold; **Elemente:** Äther, Luft, Feuer; **Symbole:** Buch, Schlüssel, Rune Ingwaz; **weitere Assoziationen:** allsehendes Auge, Sonne – Mond, Intuition, Apfelbaum, Eiche, Äon, Tarotkarte: Der Hierophant; **Amu-lett:** Weisheit; **Traumsymbol:** Wenn die Eule im Traum erscheint, kann sie Botschaften aus dem Unterbewußtsein, von Ahnen und Verstorbenen mitbrin-gen, welche gehört werden wollen. **Affirmationen:** »Alles Wissen, alle Weis-heit ist bereits in mir.« – »Mit der Kraft meines Unterbewußtseins erschaffe ich Frieden, Erfolg und Glück in meinem Leben.«

Falke
Eleganz, Schnelligkeit, Aufbruch

Bin der Herr über den Himmel,
sehe genau in dem Gewimmel.
Trage das goldene Lebenselixier,
ja, das bringe ich dir.
Zeige dir den leichten Flug,
lehre dich unterscheiden zwischen Wahrheit und Trug.
Weihe dich ein in die magische Welt der Anderskraft
und zeige dir, wo die Lücke klafft.
Glaube mir, das ist dein Wegesschild,
das offene Tor in deine Seele, mit allen Kräften, die toben hier wild.
Sie schreien nach Vollendung,
ich bringe dir die Wendung.
Im Sturzflug trag ich dich in diese Kluft
und bringe dir die frische Luft,
die Weite und die Kraft der Welt,
so wie es dir gefällt.
Du wirst sehen,
Raum und Zeit können gehen
dahinter erstreckt sich die unendliche Weite,
hier können wir fliegen Seite an Seite.

Lebensweise des Falken

Falkenarten leben in Europa, Asien, Nordafrika, Amerika, der Wanderfalke sogar auf allen Kontinenten, außer der Antarktis. Unter den 10 Arten in Europa ist der Turmfalke der am häufigsten vorkommende Greifvogel. Lebensraum der Falken sind meist weite Freiflächen mit niedriger und lückenhafter Vegetation. Vereinzelt findet man sie auch im Hochgebirge, nur selten in waldreichen Gebieten. Ihre Nistplätze liegen häufig in Felswänden, auf Bäumen oder an Gebäuden. Falken sind mittelgroße Greifvögel mit einer großen Flügelspannweite und einem langen, schlanken Schwanz. Das Federkleid ist bei Männchen und Weibchen etwas abweichend: Während die Männchen mit einer rotbraunen Flügeldecke, grauen Schwanzfedern und einer cremefarbenen Unterseite ausgestattet sind, tragen die Weibchen eine dunklere, einheitlich rotbraune Flügeldecke mit gebänderten und gefleckten cremefarbenen oder schwarzen Mustern. Oft jagt ein Falkenpaar gemeinsam. Die Greiffüße sind kurz und kräftig gebaut, so daß sich der Falke beim Jagen auf seine Beute stürzen kann. Er erreicht bei einem Sturzflug oder bei Rückenwind Geschwindigkeiten von bis zu 300 Stundenkilometern. Typisch ist der rüttelnde Spähflug mit schräger Körperachse, wobei sie gegen den Wind in der Luft fast stehend leicht mit den Flügeln flattern. Falken zeichnen sich aus durch Nervenstärke, Schnelligkeit, Leichtigkeit und Eleganz im Flug. Sie sind tagsüber und in der Dämmerung aktiv. Ihre Nahrung sind Kleintiere wie Mäuse, Reptilien, Fledermäuse und Insekten. Falken können bis zu 15 Jahre alt werden, leben monogam und legen bis zu 7 Eier, welche ca. 30 Tage lang bebrütet werden. 40 Tage nach dem Schlüpfen verlassen die Jungfalken das Nest. Falken können von Menschen für die Jagd abgerichtet werden.

Der Falke und seine Kraft in den Kulturen der Welt

In Ägypten gilt der Falke als König der Vögel und Herr über die Himmel, da er Horus, den falkenköpfigen Sinnengott von Memphis, verkörpert. Dieser ist das Kind des höchsten Götterpaares, der Geschwister Isis und Osiris. Horus steht für den spirituellen Teil im Menschen, der den Tod überdauert. Das Auge des Horus hat ein vielschichtiges Bedeutungsspektrum und steht für die Sonne, den Mond, für Macht und Stärke; bis heute gilt es als mächtiger Schutz. Auf manchen Abbildungen trägt der altägyptische Mondgott Chons, der Kranke heilen konnte, einen Falkenkopf auf dem Haupt. In der antiken Mythologie war der Falke ein Botentier Apollos und zudem der Zauberin Circe geweiht. Bei den Kelten stand der Falke für Sieg. Der nordische Gott Odin nahm manchmal die Gestalt eines Falken an, und Freyja, Göttin der Fruchtbarkeit, des Glücks, der Liebe und des Frühlings, wird oft im Falkengewand dargestellt, denn der Falke war ihr zugeordnet. Er war auch Feldzeichen des Hunnenkönigs Attila und ein beliebtes Symbol bei den Rittern. Der Falke Gyatri ist das Fortbewegungsmittel des hinduistischen Götterkönigs Indra. Er brachte den Göttertrunk Soma vom Himmel und half, die Dämonen zu jagen und zu töten. In Polynesien gilt der Falke als magischer

Vogel mit prophetischen und heilkräftigen Fähigkeiten. Im Christentum steht ein gezähmter Falke für Menschen, welche sich bekehren ließen, und ein Falke mit Haube kündigte die Hoffnung auf Erleuchtung an. Dem Falken ist die Sonnenrune Sowilo zugeordnet; sie symbolisiert spirituelle Macht, magischen Willen, dynamische Kraft und stärkt unser physisches Zentrum.

Falkenmedizin

Die Medizin des Falken liegt in seiner impulsiven Wendigkeit. Er ist ein Träger des Lichtes und bringt uns augenblicklich vitale Sonnenenergie, Wachheit und einen sicheren Überblick über eine Situation. Aktiv, schnell und elegant geht er die Dinge an. Er beobachtet genau, rüttelt wach und stürzt sich auf das, was nicht mehr in das Feld gehört. In der Anderswelt leiht er dir sein Federgewand, damit du mit seinen Augen sehen und mit seinen Kräften jagen kannst, was gejagt und getötet werden muß, so daß Heilung geschehen kann. Der Falke nimmt Fremdenergien sofort wahr und duldet sie nicht in deinem Revier. Er hilft dir, deine Individualität durch die Erfahrungen und Erkenntnisse, welche er dir bringt, auszubauen. Deine Bemühungen, dein aktives Handeln werden Erfolg bringen, auch wenn du den Umgang mit der schnellen, wachen, vitalen Lebensenergie noch üben mußt und dir dabei auch Fehler unterlaufen können.

Im Falken hast du einen glanzvollen Götterboten und wendigen Lehrer an deiner Seite, der dich die siegbringende Kampfkunst der leeren Hand lehrt. Folge ihm, streife sein Gewand über, und sieh dir dein Leben im Überblick an. Nimm deinen Lebensfaden auf, schau, wie er in dieser und der Anderswelt verläuft und womit er verwoben ist. Übernimm die volle Verantwortung für dein Leben, jetzt. Befreie dich aus Abhängigkeiten. Bringe deine weibliche und deine männliche Seite ins Gleichgewicht, welches aus Empfangen und Handeln besteht. Trinke das goldene Elixier der Götter, denn dieser Geschmack wird dich führen. Brich auf in dein Leben. Jage und besiege das, was dir schadet, und lerne die Fähigkeiten in dir kennen, die dich weit über deine alltäglichen Kräfte hinaustragen. Führe das Schwert der Wahrheit im Licht der Sonne. Du bist auserwählt, lebe deine wahre Bestimmung.

Von der lichten Seite betrachtet, sieht der Falke in dein Energiefeld hinein und stürzt mit todesmutigem Einsatz herab, um die Dämonen, die sich darin aufhalten, zu jagen und zu töten. Er kennt kein Pardon und scheut das Dunkel nicht.

Mutig stellt er sich seinem Gegner und bringt ihn durch seine geschickte, schnelle, intelligente Weise zur Strecke. Er stellt dir die Wahrheit statt der Täuschung vor die Augen und überläßt dir die Entscheidung. Er sendet neue Impulse und Hoffnung, wenn du nicht weiter weißt. Als Begleiter vieler Götter und Göttinnen bringt er dich in Verbindung mit den großen Kräften des Universums. Er lehrt dich den richtigen Umgang mit den Universalkräften. Als Bote flüstert er dir die goldenen Botschaften der oberen Welt ins Ohr und verleiht dir die Gabe einer guten inneren Führung in allen Angelegenheiten. Unauffällig beobachtet er sein Feld. Unerwartet und plötzlich schlägt er zu. Nichts entgeht seiner Sicht. Er bleibt treu an deiner Seite und hört den Ruf deiner Seele. Wer ihn als Krafttier hat, der kann sich seiner inneren Führung zuwenden und unabhängig von der Außenwelt seinen Weg beschreiten.

Von seiner dunklen Seite betrachtet, ist der Falke egozentrisch, ungeduldig, prahlerisch, ungestüm, intolerant, impulsiv und steht für räuberische Beutezüge, Energieraub, Verschleierung, Täuschung, unerwartete Angriffe, plötzliche, abrupte Wendungen, plötzlichen Abbruch, eine seelische Verletzung, die nachwirkt.

Weitere Informationen

Der Falke verkörpert das alte Wissen von Atlantis und die Sonnenkulturen. Das Falkengewand – es ist das alte Schamanengewand der Kelten und Germanen – macht unsichtbar und bringt seinen Träger überallhin; es wird auf der geistigen Ebene überreicht. Der Falke verbindet auch mit dem alten Wissen von Avalon und mit dem Reich der Feen, welche aus der oberen Welt das Treiben der Menschen beobachten und das Schicksal führen. Das Falkenamulett kann ungeahntes Glück bringen und Wünsche erfüllen.

Steine: Opal, Falkenauge, Gold, Diamant; **Farben:** Gold, Gelb, Grün, Weiß; **Elemente:** Feuer, Luft, Äther; **Symbole:** Horusauge, Sonnenscheibe, Rune Sowilo, allsehendes Auge; **weitere Assoziationen:** Sonne, Gleichgewicht/Ausgleich zwischen männlich und weiblich, Innen- und Außenwelt, Wacholder, Mistel, Tarotkarte: Die Sonne; **Traumsymbol:** Der Falke kündigt den Aufbruch zu neuen Ufern an und steht für die Sonnenkraft. Er zeigt sich als Schicksalswender und Glücksbringer, welcher dem Leben eine neue, vitale, unerwartete, erfolgversprechende Wende gibt. **Affirmationen:** »Mit Glanz und Gloria führe ich meine Lebenskraft.« – »Siegreiches Gelingen begleitet meine Handlungen.«

Fisch
Überfluß, Intuition, feinstoffliche Energie

Wir beleben das Gewässer, tanzen in dem Wassersein,
sind schillernder bunter Wiederschein,
folgen der Strömung mit unsrem sechsten Sinn,
sind die besten Wege hier drin,
Wir bringen dir auf fühlenden Wegen
den Überfluß und reichen Segen.
Wir lehren dich, auf die Intuition zu vertrauen
und deine feinen Sinne auszubauen.
Wir fließen, strömen, tanzen im Teich,
machen dein verhärtetes Herz wieder weich.
Wir bringen dir Vielfalt und Farbenpracht,
bis die Sonne in dir lacht.
Höre auf dein Traumerleben,
laß dich in andere Welten heben!
Erfahre ewigen Segen, Heilung und Kraft,
welche im Lebenswasser schafft.
Auferstehung ist der Sinn,
und der ist hier im Wasser drin.

Lebensweise des Fischs

Jede Fischart lebt in ihrem eigenen Milieu: Sauerstoffgehalt, Salz, Licht, Nahrung, Beschaffenheit des Wassers bestimmen das Leben des Fischs und der Fischart. Fließende Gewässer haben einen höheren Sauerstoffgehalt als stehende Gewässer. Die gemeinsamen Merkmale aller Fische sind: Sie sind wechselwarm, haben also keine konstante Körpertemperatur, sondern nehmen die ihrer Umgebung an. So sind Fische bei Kälte weniger aktiv als bei Wärme. Durch die Kiemen, die Lungen der Fische, können sie Sauerstoff (O_2) aus dem Wasser (H_2O) filtern. Viele Fische öffnen und schließen dazu ihr Maul, so daß das Wasser durch die Kiemen strömen kann. Sie haben Seitenflossen, Schwanzflossen, Rückenflossen und tragen ein Schuppenkleid, das

häufig in vielen Farben und bunt gemustert schillert. Ihr Skelett ist aus flexiblen Gräten statt aus starren Knochen gebildet. Viele Fische haben einen sechsten Sinn, und zwar einen löchrigen Kanal an den Seiten, Seitenlinie genannt, mit dem sie Erschütterungen im Wasser feststellen, Strömungen erfassen, Raubfische wahrnehmen und mit dessen Hilfe sie den richtigen Abstand zu anderen Fischen wahren können. Fische riechen die Stoffe, welche im Wasser gelöst sind. Sie können sich an den Geruch und den Geschmack des Gewässers erinnern, aus dem sie geschlüpft sind, so finden sie zu ihrem Ursprung zurück. Fische paaren sich nicht direkt, sondern indirekt, meist indem artgleiche Männchen und Weibchen sich an den Laichplätzen treffen und ihre Fortpflanzungszellen (Ei und Sperma) an das Wasser abgeben. Sie haben unzählige Fortpflanzungsrituale und Möglichkeiten der Befruchtung und Betreuung des Fischlaichs, aus dem sich zunächst Kaulquappen entwickeln, die dann zu neuen Fischen heranwachsen.

Der Fisch und seine Kraft in den Kulturen dieser Welt

In der Mythologie ist der Fisch das Urwesen und ein Symbol des Chaos, des Urgrunds, aus dem die Geschöpfe hervorgingen. Enki, der sumerische Schöpfer- und Wassergott, zeigte sich in Fischgestalt. Er brachte den Menschen verschiedene Handwerkskünste und lehrte sie die Schrift, das Gesetz, die Architektur und die Magie. Zu Ehren dieser Gottheit hüllten sich die babylonischen Priester oft in Gewänder, die sie wie Fische aussehen ließen. In der Hindu-Kosmologie gilt der Fisch als Matsya, eine Inkarnation von Vishnu, dem Schöpfergott. Die griechische Liebesgöttin Aphrodite und der Liebesgott Eros verwandelten sich in Fische, um der Schlange Typhon zu entkommen. In China ist der Fisch ein Symbol für Reichtum, Überfluß, Glück und Wohlstand und war eine beliebte Opfergabe für den Gott des Reichtums. Im Buddhismus wird Buddha als Menschenfischer bezeichnet. Als eine der »sieben Erscheinungen« im Buddhismus findet sich der Fisch in seinen Fußabdrücken als Symbol der Befreiung von den Zwängen des Verlangens und der Abhängigkeit. Im Christentum ist der Fisch das Symbol Christi: Die ersten Jünger waren Fischer. Jesus speiste anläßlich eines Festes Hunderte Menschen mit zwei Fischen und fünf Broten. Der Fisch steht für die Taufe mit Wasser, die spirituelle Geburt und die Auferstehung. Der Amtsring des Papstes heißt Fischerring.

Fischmedizin

Der Fisch verbindet dich mit deiner Intuition, deinem Gefühl und der Weisheit in dir. Er führt dich auf den unterirdischen Wasserströmungen zu den tiefsten und höchsten Punkten in deinem Leben und gibt dir die Möglichkeit, den Strömen in dir zu folgen, dem Leben zu vertrauen, dein Gefühlsleben kennen – und leiten zu lernen, sich ihm zu öffnen, hinzugeben. Er öffnet jene Sinne, mit denen du feinstoffliche Energien, Erschütterungen, neue Strömungen und Gefahren sofort wahrnehmen und ihnen gemäß handeln kannst. Er fordert dich auf, deine Kräfte in den Dienst der Schöpfung zu stellen und den höheren, feineren Kräften in dir zu folgen. Der Fisch führt dich zu unzähligen Ritualen und Formen des Umgangs miteinander, mit denen du Energie austauschen und neue Erfahrungen machen kannst. Er lehrt dich den Sinn für die Feinheit und die feinstoffliche Energie. Er führt dich ein in die heilende, segenspendende Kraft des Wassers, und zurück zum Urvertrauen und damit zu deinem Lebensreichtum, deinen unbegrenzten Möglichkeiten und dem inneren Glück. Er bringt dir bei, dein Herz zu öffnen und Mitgefühl, Einfühlungsvermögen, Hingabe für den Tanz des Lebens zu entwickeln.

Von seiner lichten Seite betrachtet, befreit uns der Fisch von dem Gefühl des Mangels und sendet uns die Heilung für unser Gefühlsleben, die Liebe, die Hingabe und den Überfluß. Er führt uns in unser inneres Gewässer und heißt uns, dieses in Ordnung zu bringen, damit wir im alltäglichen Leben all unsere Sinne dazu nutzen können, den richtigen Weg für uns zu finden. Es gibt unzählige farbenprächtige Fischsorten mit bunten schillernden Schuppen in allen Größen und Formen. So verweist der Fisch auf die Vielfalt und die Buntheit des Lebens. Und je nachdem, welcher Fisch uns erscheint, führt er dich zu der Seite deines Gefühlslebens, welcher du Aufmerksamkeit schenken solltest, um sie zu entfalten oder zu heilen. Folge der Botschaft deines Fisches. Sie hat Bedeutung für dein Leben.

Von seiner dunklen Seite betrachtet, steht der Fisch für Gefühlskälte, Unentschlossenheit, Existenzangst, Mangeldenken, Falschheit, Täuschung, Hin- und Herwinden. Der Fisch kann auf einen verlorenen Seelenteil hinweisen, der in einem Menschen ein Gefühl des Mangels und der Krankheit erzeugt. Diesem Menschen fehlt dann das Gefühl, versorgt zu sein, geliebt zu werden, im Überfluß zu sein, getragen zu werden, und er kann Fülle und Reichtum nicht fühlen.

Weitere Informationen

Im Feng-Shui gehört der Fisch zum Bereich des Reichtums und der Karriere; er bedeutet Wohlstand, Überfluß und erfolgreiche Geschäfte. In keinem Geschäft, das erfolgreich sein will, darf der See mit Goldfischen oder das Aquarium fehlen. Im westlichen Kulturkreis finden wir in der Astrologie das Sternzeichen Fische als zwölftes Zeichen (21. Februar – 21. März), es steht für Weisheit und Intuition. Das Fischamulett steht für spirituelle Entwicklung, emotionale Heilung sowie Reinigung und Segen.

Steine: (Perle), Koralle; **Farben:** Türkis, Grün, Blau, Olive, Orange, Grün, regenbogenfarbig; **Element:** Wasser; in China stehen die Fische aufgrund ihrer schillernden Farbenpracht für das Element Feuer; **Symbole:** Dreizack, Jupiterstab; **weitere Assoziationen:** Auferstehung, Mysterium, Wahrnehmung, Heilung, Segnung, Taufe, Kelch; den Strömungen folgen, gegen sie schwimmen; munter wie ein Fisch im Wasser; Polarität und ihre Auflösung, Tarotkarte: As der Kelche; **Traumdeutung:** Da der Fisch sich im Wasser bewegt, steht er für die Gefühle, das Unterbewußte und den Urgrund, auf dem sich die Dinge neu ordnen. Er kann Neuerung, Eingebung, Visionen bedeuten. Ist das Wasser trüb, tief, verwuchert, so kann er auf Störungen in der emotionalen Kraft und der Lebensenergie hinweisen. Ist er verletzt oder tot, so verweist dies auf Krankheit und Mangel. **Affirmationen:** »Das Leben schenkt mir Überfluß und Fülle, jetzt.« – »Ich erhalte das, was ich brauche, um gut zu leben.«

Fledermaus
Orientierung in der Dunkelheit, Unsterblichkeit, Schattenweisheiten

Sind die Retter in der Nacht,
wenn die Dunkelheit erwacht.
Geheime Töne, unsichtbare Klänge,
gut verborgene Fledermausgesänge ...
Erhellen die Nacht mit unserem Sein,
halten sie von Mücken, Motten und ähnlichem rein.
Hängen uns in Felsspalten und alten Gemäuern auf,
lassen dem Leben seinen Verlauf.
Mit des Tages Tätigkeit haben wir wenig zu tun,
deshalb laßt uns schlafen, laßt uns ruhn.
Doch wenn die Dämmerung eintritt,
ja dann sind wir wieder fit.
Schattenweisen, schamanische Reisen,
für uns kein Problem, damit könn' wir dich speisen,
Führen, begleiten und orten die Wege,
hierbei sind wir wieder rege.

Lebensweise der Fledermaus

In der Grube Messel bei Darmstadt wurde eine bestens erhaltene Versteinerung einer ca. 60 Millionen Jahre alten, voll entwickelten Fledermaus gefunden. Die Fledermäuse sind die einzigen Säuger, welche aktiv fliegen können. Zwar ähneln sie Mäusen – so kamen sie zu ihrem Namen –, gehören jedoch nicht zur Gruppe der Nager. Sie konnten sich über fast alle Gebiete der Erde verbreiten, was für eine hohe Anpassungsgabe spricht. In Europa gibt es ca. 30 verschiedene Arten und etwa 22 davon in Deutschland. Sie leben in strukturreichen Landschaften mit Höhlen, Felsen, alten Gemäuern, Kirchtürmen, Wäldern, Parks, Gewässern und Gärten. Manche Arten wechseln vom Sommer- ins Winterquartier. Tags schlafen sie, wobei sie kopfüber nach unten hängen und ihre Flügel wie einen Mantel um sich schlagen. Sie können ihre Körpertemperatur erwärmen und runterkühlen. Von November bis März halten sie Winterschlaf und können die ganze Zeit ohne Nahrung aus-

kommen. Fledermäuse fliegen mit den Händen: Zwischen den verlängerten Fingerknochen spannt sich eine ledrige Flughaut bis zum Hals und zu den Hinterbeinen und darüber hinaus bis zum Schwanz. Der krallenbewehrte Daumen ist nicht in die Flughaut eingespannt, sondern dient zum Festhalten an unebenen Oberflächen. Fledermäuse haben die Fähigkeit, sich mit Ultraschall zu orientieren, und ein sehr gutes Gehör, das die Schwingungen wahrnimmt – Licht brauchen sie nicht. Ähnlich einem Radar senden sie Wellen aus, anhand deren Echos sie ihre Umgebung wahrnehmen. Sie können bis zu 25 Jahre alt werden, erreichen nach einem Jahr die Geschlechtsreife und bekommen nur einmal im Jahr maximal zwei Junge, an die sie neben ihren Genen ihr gelerntes Wissen an die nächste Generation weitergeben.

Die Fledermaus und ihre Kraft in den Kulturen der Welt

Die Fledermaus hat die unterschiedlichsten Bedeutungen. In manchen afrikanischen Kulturen steht sie für Intelligenz und die Seelen der Toten. In China wird sie hoch verehrt und ist ein Symbol für langes Leben, Wissen, Wohlstand und Glück – die Wörter Glück und Fledermaus werden dort gleich ausgesprochen: fu. In Ägypten galten ihre Köpfe in symbolischer Form als Schutzamulette, weil die Fledermäuse in Höhlen leben und den Weg ins Jenseits kennen. Bei einigen Indianerstämmen symbolisiert die Fledermaus Unsterblichkeit und Wiedergeburt. In den frühen Kulturen Europas waren sie dem weiblichen Mysterium sowie dem Ahnen- und Totenkult zugeordnet, sie standen für das Wissen der Unsterblichkeit, die Führung in der Unterwelt und die alte, wissende, ratgebende, schwarze Göttin. Sie überbrachten Botschaften zwischen Ahnen und Nachkommen. Im mittelalterlichen Europa galten Fledermäuse als dienstbare Geister, Wächter- und Botentiere der Hexen und Zauberer, sie führten und berieten diese auf ihrer Seelenreise in die Anderswelt.

Fledermausmedizin

Flattert die Fledermaus in dein Leben, so kann sie dich auf etwas aufmerksam machen, was deinen Geist in Unruhe versetzt. Du begreifst plötzlich, daß es mehr gibt zwischen Himmel und Erde und daß das Leben noch einen tieferen, verborgenen Sinn hat. Die Fledermaus fordert dich auf, diesen zu ergründen. Sie ist in dein Leben geflattert, um dich in die Wege des Dunklen einzuführen und dich zu lehren, wie du Schwingung und Energie exakt wahrnehmen und einordnen kannst. Sie mahnt dich, dich aus der Sonne zurückzuziehen, dich auf das Wesentliche zu besinnen und dich in deinem Inneren zur Ruhe zu begeben. Sie ruft dich auf, dich in der Zurückgezogenheit der spirituellen Welt und den Übungen zu widmen und dich über dich selbst hinaus zu entwickeln. Sie bringt dir die Gesetze der Unsterblichkeit bei, den Weg in die Jenseitsbereiche und, Dunkelheit von Finsternis zu unterscheiden. Sie lehrt dich die bewußte  Wahrnehmung der unbewußten, unkontrollierten Vorgänge der Welt und lüftet mit dir zusammen den Schleier hinter dem Schleier. Sie zeigt dir, wie du dich schützen und abgrenzen und so langsam den Weg zu dir finden kannst. Sie zeigt dir, wie du dich befreien kannst aus den Fesseln dieser Welt, aus den unausgesprochenen Abhängigkeiten und düsteren Geheimnissen. Wenn du die Lehren empfangen hast, so kannst du dein Leben quasi bei einer Tasse Tee regeln, ohne daß du viel tun mußt, außer mit deinem Radarsystem bestimmte Schwingungen zu empfangen und auszusenden. Schon weißt du, was Sache ist, und kannst – ohne sichtbar etwas zu tun – auf das Geschehen durch die Arbeit mit bestimmten Frequenzen heilerisch und hilfreich einwirken. So kannst du deine Heilkräfte entwickeln, sie einsetzen und zum hilfreichen Engel der Nacht werden.

Von ihrer lichten Seite betrachtet, sagt sie dir: »Ruh dich aus, stell dich auf den Kopf, und such die ungewöhnlichen Wege im Leben, denn darin liegt die Kraft.« Am Tag, bei den alltäglichen Tätigkeiten sei sparsam mit deiner Energie. Schau dir die Dinge in Ruhe auch einmal von der anderen Seite an. Durchbrich die vorgegebenen Muster, damit du zu neuen Erkenntnissen gelangst. Die Fledermaus führt dich ein in die dunkle, unbewußte Seite des Seins. Fledermäuse kommen einander nicht in die Quere und zeigen dir damit, wie du deinem Weg des Erwachens in Frieden folgen kannst. Sie legen schützend ihre Flügel um dich und geben dir Deckung, Kraft und Tarnung in der Auseinandersetzung mit dem Unbekannten. Sie führt dich zu den noch unentdeckten Fähigkeiten, Talenten und Schätzen in deinem Inneren.

Von ihrer dunklen Seite betrachtet, symbolisiert das Nachttier Fledermaus heimlichen Neid, Heuchelei, Melancholie; nichts von der Welt wissen wol-

len; die Weigerung, sich mit der Welt auseinanderzusetzen. Die Fledermaus kann für umherirrende, zerstreute, geisterhafte Gedanken stehen und für erschreckende, plötzliche Einsichten. Sie kann auf festgehaltene oder gebundene Seelenanteile hinweisen, auf unbewußte Tätigkeiten sowie körperliche und seelische Vorgänge, die wir nicht bewußt kontrollieren können. Sie kann auf ein Geheimnis hindeuten, das du mit niemandem teilen willst, weil es keiner verstehen oder nachvollziehen könnte, und auf Energieraub und Fremdeinflüsse in nahen Verbindungen (Ahnen), welche zu innerer Lähmung, Erstarrung und Unbeweglichkeit führen. Den Fledermäusen wurde nachgesagt, sie brächten Alpträume, erschreckten Menschen. Sie waren Symbol für das Unheimliche, das Finstere und Dämonische.

Weitere Informationen

Fledermäuse verbinden uns mit der Magie und dem alten Wissen. Das Fledermausamulett ist ein Glücksbringer; es schützt uns in der Nacht vor Alpträumen und verleiht uns die Gabe des inneren Sehens; es hält Böses fern und führt uns sicher im Reich der Ahnen.

Stein: Obsidian; **Farben:** Schwarz, Violett, Giftgrün; **Elemente:** Luft, Erde, Wasser; **Symbole:** Fledermausflügel; **weitere Assoziationen:** Tarotkarte: Der Gehängte; **Traumsymbol:** Erscheint dir die Fledermaus, kann das auf übersinnliche Fähigkeiten hinweisen und auf die Gabe, mit anderen Reichen zu kommunizieren. Außerdem kann sie ein Zeichen für langes Leben und verborgene Träume sein. **Affirmationen:** »Ich nehme wahr, was wahr ist, sonst würde ich es nicht wahrnehmen.« – »Ich vertraue meiner Wahrnehmung und öffne mich dem Feld der Energie.«

Frosch
Entwicklung, Fruchtbarkeit, Heilung

Quak, Quak, singen wir in lauten Chören,
uns könnt ihr am Wasser hören.
Wir springen frei herum,
sind gar nicht dumm.
Am Wasser und auf Land,
reichen wir euch eine helfende Hand.
Verborgene Pfade dir raten:
Hüpf weiter, kannst auch warten.
Mach dich zum Sprung bereit,
die neue Stufe ist gar nicht weit.
Evolution ist unsere Kraft,
wandeln hier den Lebenssaft.
heilendes Wasser, tiefe Gefühle
führen dich in dein emotionales Gewühle,
lehren dich den rechten Weg, der Glück
verspricht
und erweitert deine Sicht,
der fruchtbar macht dein inneres Feld
und dir verspricht Reichtum und Geld.

Lebensweise des Froschs

Frösche sind vierbeinige, schwanzlose Amphibien, die am Wasser, in Feuchtgebieten und in Wäldern leben. Die weltweit verbreitete Familie der Frösche umfaßt mehrere hundert Arten, welche sich in der Gestalt ähneln, jedoch in Größe, Farbe, Musterung sowie in dem jeweils unverwechselbaren Quaken variieren. Zur Laichzeit kann man in Wassernähe ganze Froschchöre hören. Frösche haben einen spitz zulaufenden Kopf mit an den Seiten weit hervortretenden Augen, einem deutlich sichtbaren Trommelfell und Schallbacken. Ihre langen, kräftigen Hinterbeine machen sie zu hervorragenden Springern, und die Schwimmhäute zwischen den Zehen lassen sie sich auch im Wasser flott fortbewegen. Sie haben eine glitschige, feuchtigkeitsbedürftige

Haut und ernähren sich von kleinen Fischen, Insekten sowie kleineren Verwandten. Das Besondere beim Frosch ist seine Metamorphose vom Laich über die Kaulquappe zum Frosch. In den gemäßigten Zonen zieht er sich zum Überwintern meist an den Grund größerer Gewässer zurück. Im tropischen Regenwald gibt es die bekannten Pfeilgiftfrösche, die auf Bäumen und Büschen leben. Im allgemeinen tarnt sich der Frosch mit seiner Färbung, der Pfeilgiftfrosch hingegen ist grellbunt in allen Farbkombinationen gefärbt. So signalisieren sie eventuellen Jägern ihre bis zur Tödlichkeit reichende Giftigkeit. Ihr Gift wurde einst als Pfeilgift genutzt, daher ihr Name.

Der Frosch und seine Kraft in den Kulturen dieser Welt

In den meisten Kulturen gilt der Frosch im Gegensatz zur Kröte als Glücks-

bringer und ist dem Element Wasser mit all dessen Eigenschaften zugeordnet. Sein üppiger Laich machte ihn auch zu einem Fruchtbarkeitssymbol, und seine drei Entwicklungsstadien zu einem Sinnbild der Erneuerung und Wiedergeburt. Im alten Ägypten war er heiliges Tier der Göttin der Geburt, der froschköpfigen Heket. Der grüne Frosch verkörperte die Überflutung durch den Nil und das fruchtbare Niltal. Bei den Griechen wurde er mit der Göttin Aphrodite (röm. Venus) in Verbindung gebracht. Für die Kelten stand er für die drei Entwicklungsstadien Jugend, Erwachsenenleben und Alter. Er war ein Symbol für das Wasser und die Wesen des Wassers, die Undinen. Durch ihn wurden die Wassergeister geehrt, gerufen und aktiviert. Die keltische Göttin Luxura wurde mit einem Frosch auf jeder ihrer Brüste dargestellt. Er ist das Krafttier von Heilern, Sehern und Zauberkundigen, welche ihn mitunter auch in ihren Kessel werfen, um einen heilsamen Trank zu brauen. In China ist der Frosch ein Geschöpf der Kraft von Yin (weiblich, passiv), und man sagt ihm nach, er bringe Regen. Die hinduistische Mythologie erwähnt den Frosch als Weltenstütze. Er ist der Rune Perthro zugeordnet, welche für Weissagung mit Würfelbecher und Losschachtel steht, gilt als Orakeltier und Wetterfrosch. Perthro symbolisiert das Erkennen des Schicksals und

die Fähigkeit, zutreffende Vorhersagen zu machen. Aus der Märchenwelt kennen wir den Froschkönig.

Froschmedizin

Hüpft der Frosch in dein Leben, so fordert er dich auf, kein Frosch zu sein, sondern etwas zu lernen. Er kann dir alles über die Verbindung der Elemente Wasser und Erde beibringen und führt dich in seine Welt ein, öffnet dich für die verborgene Seite der Natur. Als Seelenführer mit metamorphischer, wandelnder, Kraft wird er dir zeigen, was du wissen mußt, damit du heilen und dich weiterentwickeln kannst. Er ruft dich auf, den Mut für den nächsten Schritt aufzubringen und weiterzugehen. Er lehrt dich, auf deine Intuition zu vertrauen und das zu tun, was du tief in dir spürst, und nichts anderes. Er bringt dir bei, dich als Teil eines Ganzen zu erfahren. Er verbindet dich mit den Menschen und bringt dir den ersehnten erfüllten, tiefen emotionalen Austausch mit ihnen. Er zeigt dir an, wie es um die Stimmung in dir, in deiner Umgebung und in bestimmten Angelegenheiten steht, so daß du entsprechend handeln kannst. Er offenbart dir die Kraft der Emotionen und Gefühle, die Lebenslust und den Humor. Er fordert dich auf, den Sprung in deine Gefühlswelt zu wagen, dich zu reinigen von belastenden Angelegenheiten, dein emotionales Feld rein zu halten und auf dem festen Boden der Realität mit Verstand und Herz zu handeln. Er kann dir helfen, tiefsitzende emotionale Verletzungen zu heilen, Blockaden zu lösen und deinen Gefühlen Ausdruck zu verleihen, ohne daß du darin ertrinkst.

Von seiner lichten Seite betrachtet, zeigt dir der Frosch, wie du deine tiefen Herzenssehnsüchte im Leben verwirklichen kannst, und lehrt dich die feinen Unterschiede der Lebensqualität. Durch seine Sprungkraft fordert er dich auf, Neues zu wagen und Wagnisse einzugehen, auch wenn sie Risiken bergen. Seine Laute sind einzigartig, und gemeinsam mit anderen Fröschen bildet er einen einzigartigen Chor. Damit gibt er Mut, Teamgeist zu entfalten, und ruft auf zur Kommunikation: Nimm Kontakt auf mit deiner Umwelt, tausche dich mit Mitmenschen aus, dann könnt ihr gemeinsam Großes vollbringen. Als Kaltblüter zeigt er dir, daß es sinnvoll ist, in manchen Angelegenheiten weniger hitzig zu sein und der Sachlichkeit den Vorrang einzuräumen. Da er oft an Brunnenlöchern und Teichen lebt, kennt er die Eingänge und Zugänge zum Unterbewußtsein und in andere Welten. Der Pfeilgiftfrosch

erinnert dich daran, dir deiner Kraft bewußt zu bleiben, dein Charisma zu entwickeln, aus deiner Tarnung herauszutreten und dich in voller leuchtender Pracht zu zeigen. Du wirst sehen, daß andere dir dann mit Respekt begegnen.

Von seiner dunklen Seite betrachtet, reagiert der Frosch zu emotional, hat seine Emotionen nicht im Griff, textet andere zu, ohne zuzuhören, oder kann sich überhaupt nicht ausdrücken, ist unausgeglichen, launisch, legt sich nicht fest, ist feige, giftig und hinterhältig, versteckt sich vor der Welt, macht sich zum Opfer, kündigt das Ende einer fruchtbaren Phase an, verweist auf gehemmte Entwicklung, will sich alles offenhalten und sich nicht festlegen.

Weitere Informationen

Im Feng-Shui steht der Frosch für Glück und Reichtum. Bei den Hopi-Indianern gibt es den Frosch-Klan, der das Element Wasser hütet. Im sind Puma, Specht und Schlange zugeordnet. In der westlichen Astrologie entspricht er Fisch, Krebs und Skorpion. Das Froschamulett steht für Reichtum, Segen, Fülle und Fruchtbarkeit.

Steine: Mondstein, Steine mit Wassereinschluß; **Farben:** Grün, Silber, Blau und Türkistöne, Gelb; **Element:** Wasser; **Symbole:** nach unten zeigendes Dreieck, Wassertattwa, magischer Spiegel, Würfelbecher, Rune Perthro; **weitere Assoziationen:** »Sei kein Frosch!«, Froschkonzert, goldene Kugel, Seerose, Venus, Mond, Quelle, Brunnen, Eisenhut, Heilklänge, neue Schicksalsweichen, prophetische und hellseherische Fähigkeiten, Tarotkarte: Rad des Schicksals; **Traumsymbol:** Taucht der Frosch auf, so kann er auf eine tiefgreifende Veränderung in deinem Leben hinweisen. Der hüpfende Frosch zeigt gute Geschäfte an. Ein kranker oder toter Frosch deutet auf Verlust, seelische Verletzung und Krankheit hin. **Affirmationen:** »Ich öffne mich für den nächsten Schritt in meinem Leben.« – »Ich lasse jetzt alle emotionalen Verletzungen los, sie heilen jetzt.« – »Ich übernehme die Verantwortung für meine positiven, erfüllenden emotionalen Erfahrungen, jetzt.«

Rune Perthro

Fuchs
Schlauheit, Tarnung, Vorsicht

Ich führe dich auf verschlungenem Wege,
in deiner Seelenwelt verborgene Gehege,
helfe dir, zu finden deine Kraft,
zurückzuholen den Lebenssaft.
Viele Pfade zeige ich dir,
die heilige Kraft erlösen wir,
holen sie zurück in den Bau.
Im Rückzug heilt alles, wir sind schlau.
Sollen die anderen doch denken, was sie
wollen,
wir verlangen nicht, daß sie uns verstehen.
Laß sie verkennen unser Sein,
so können wir holen das Licht in uns heim.
Tarnung ist alles, das ist's, was ich dir sage,
hast du ein Problem, finde ich die Lösung, keine Frage.
Als stiller Seelenführer kenne ich die Schatten, die Dunkelheit,
hüte dein Seelenlicht, gebe dir Geleit.
Vor den Kräften der Unteren Welt und der Ahnen,
vor geheimen Verbindungen können wir dich warnen,
und jedem noch so kleinen Energievampir
kommen wir auf die Spur, das sage ich dir!

Lebensweise des Fuchses

Der Fuchs ist ein bekanntes Tier der Wälder und Feldflure Europas. Auch findet man ihn in Nordafrika, Mittel- und Nordasien sowie Amerika. Er gehört zur Gattung der Hunde und hat meist einen rotbraunen, oft aber auch einen sehr dunklen oder hellen Pelz mit langer buschiger Lunte. Er führt ein verborgenes Leben, jagt meist in der Nacht und durchstreift im Schutz der Dunkelheit auch starkbesiedelte Gebiete, um dort Beute zu machen. Dank seiner Intelligenz und seiner scharfen Sinne entzieht er sich rasch und geschickt der Verfolgung. Seine Beute sind kleine Nagetiere, Vögel, Gänse,

Hühner, Kitze und Haustiere, er ernährt sich aber auch von Pflanzen, Beeren und Früchten. Stücke seiner Beute schleppt er als Vorrat in seinen Bau, in den er sich tagsüber zurückzieht. Der Bau ist oft an trockenen und geschützten Stellen in Felsen, Höhlen, Gehölzen, zugewucherten Mulden oder unterirdisch im Erdreich angelegt. Im Januar, Februar werden die Füchse rollig, und Ende April wirft die Fähe dann drei bis acht Welpen. Diese werden in unterirdischen, gut gepolsterten Höhlen großgezogen, welche mehrere Ausgänge zur Oberfläche haben. Füchse werden 10 bis 12 Jahre alt. Sie kennen ihr Revier und neigen eher zu kurzen Streifzügen. Sie sind standorttreu und leben einzeln oder in Dauerehen.

Der Fuchs und seine Kraft in den Kulturen der Welt

Inari, der japanische Gott des Reises, wird zwischen zwei Füchsen, seinen Boten, dargestellt. In einigen japanischen Landesteilen gilt der Fuchs selbst als Reisgottheit und ist der Schutzherr von Wohlstand und Landwirtschaft. Aus den Tierfabeln kennen wir Gevatter Fuchs und seine vielgepriesene Schlauheit und Tücke, er ist berühmt für seine listigen Streiche und seine vortreffliche Redekunst. In einigen Geschichten zeigt er auch frommen Respekt, ist ein Seelenführer, der die verschlungenen Pfade kennt, und Bote der Unteren Welt. Er steht mit dem Ahnenreich und dem alten Pfad der großen Göttin in Verbindung; als eines der ihr geweihten Tiere sorgt er auf seine Weise für sich und für den Ausgleich in der Natur. Der Fuchs steht mit der Rune Dagaz in Verbindung, die das vollkommene Erwachen, die Verbindung von Licht und Polarität sowie die Bildung einer Synthese versinnbildlicht. Diese Rune hilft den Menschen beim Empfangen magischer Inspiration und im Verständnis des Paradoxen.

Fuchsmedizin

Folge dem Fuchs auf den verschlungenen Pfaden der Seele in die Tiefen deines Seins, und stelle dich der Dunkelheit und der Schatten deiner Seele. Schau, was in deiner Energie noch an Unerlöstem aus dem Reich der Ahnen schlummert. Wer dem Fuchs begegnet, hat einen schlauen, gerissenen Seelenführer im dunklen Wald der Schatten. Der Fuchs ist ein Einzelgänger und bringt dadurch niemanden außer sich selbst in Gefahr. Instinkt-

sicher kennt er die geheimen und mystischen Pfade der Seele. Hier geht er mutig und entschlossen mit all seinem Wissen auf die Jagd nach der Kraft, um sie sich zurückzuholen. Der Fuchs hilft dir, deine Energie aus den Fängen der Dämonen zu befreien. Er kennt keine Furcht vor den Zerrbildern der Seele. Er läßt sich nicht täuschen, nicht von Form und Aussehen und schon gar nicht von falscher Frömmigkeit. Er weiß, wo er die verlorenen Seelenteile findet und wie er sie zurückerobern kann. Angreifern weicht er mit Geschick aus. Menschen mit der Fuchsmedizin können genau und sicher Schwachstellen und Löcher im Energiefeld ausmachen, Kräfte erlösen, verlorene oder gestohlene Seelenteile zurückholen und so Heilung bringen. Sie brauchen den Rückzug und ihr Zuhause, um sich zu regenerieren; ihre Selbstheilungskräfte sind groß. Sie haben einen guten Riecher für Falschheit aller Art. Der Fuchs verleiht dir den Mut und die Kraft, deinem Weg zu folgen, auf dich zu hören und bei dir zu bleiben. Die Kraft des Fuchses wird oft mißverstanden und fehlgedeutet, doch auch das gehört zu seiner klugen Tarnung.

Von seiner lichten Seite betrachtet, ist der Fuchs ein Meister der Tarnung. Im Schutze der Dunkelheit zieht er aus, um Kraft, Nahrung und Erfahrungen zu sammeln, wobei er seinem persönlichen Seelenpfad folgt. Er bringt dir die Anbindung an deine innere Führung. Er ist sehr schlau und kreativ bei seiner Jagd. Manchmal stellt er sich tot und packt dann zu, wenn die Beute ganz nah ist. Oder er beobachtet sie aus einem Versteck heraus und wartet den richtigen Zeitpunkt ab, um zuzuschlagen. Immer behält er sein Ziel im Auge und erreicht es auch, wenn nicht heute, so morgen, und zu diesem Zwecke kennt er viele kreative Wege. Der Fuchs ist ein treuer Partner mit einzelgängerischen Zügen: Seine Erfahrungen und Erkenntnisse sammelt er lieber allein. Er ist vorausschauend und vorsorgend. Seine Kinder werden wohl gehütet und im Verborgenen sicher großgezogen. Er schützt sich, indem er sich zurückzieht und ausweicht. Er ist ein Grenzgänger zwischen den Welten, weiß, wo die Eingänge ins Unterbewußtsein zu finden sind. Er zeigt dir deine Fähigkeiten, Talente und dein Potential, damit du sie erwecken, leben und in die Welt bringen kannst.

Von seiner dunklen Seite betrachtet, kann der Fuchs auf Hinterhalt, List und Tücke, Täuschung, Eigennutz und Falschheit hinweisen, des weiteren auf Energieraub und verborgene Schatten. Er zeigt versteckte Wut und Rache an, Vergeltungsbedürfnis, die Angst, unrecht getan zu bekommen bzw. nicht so gesehen zu werden, wie man wirklich ist, und das Gefühl, nicht dazuzugehören und nicht anerkannt zu werden in den verschiedenen Bereichen des Lebens. Er kann auch für Arglist und Verwüstung stehen.

Weitere Informationen

Als Meister der leeren Hand verweist der Fuchs auf den Weg des Zen, der Samurais und der Kampfkunst, die mit dem Energiefluß arbeiten (wie Tai Chi). Der Fuchspelz, der auf geistiger Ebene gegeben werden kann, dient dem Schamanen in den Andersreichen als Tarnumhang. Ein Fuchsschädel dient dazu, Rat von den geistigen Kräften zu erhalten; er verleiht Inspiration und läßt uns schlau handeln, wodurch wir unsere Aufgabe erfüllen können. Wenn Teile des Fuchses zu uns gelangen, sollten wir dem Tiergeist Respekt und Dankbarkeit zollen. Das Fuchsamulett verleiht Vertrauen in die innere Führung, Schutz und die Fähigkeit zur gesunden Abgrenzung.

Steine: Citrin, Gold, Chalzedon; **Farben:** Rot, Weiß, Schwarz, Hellblau, Dunkelblau; **Elemente:** Feuer, Luft, Erde, Äther; **Symbole:** Fuchsschwanz, Pentagramm, Rune Dagaz, Mondsichel und Stern; **Assoziation:** Gans, Bau, Fell, Untere Welt, Feuerwelt, »schlau wie ein Fuchs«, fuchsteufelswild, Fichte, Halbmond, Tarotkarte: Die Mäßigkeit; **Fuchsamulett:** Tarnung, Seelenführung; **Traumsymbol:** Erscheint der Fuchs, so steht ein Gang in die innere Welt, Untere Welt, die Welt der Ahnen oder in frühere Leben an. Unerlöstes Potential will erlöst werden. **Affirmation:** »Ich bin geschützt und geborgen in meinem Sein, und alle Kraft kehrt zu mir zurück.«

Rune Dagaz

Gans
Reinheit, Treue, Zuverlässigkeit

Fliegen wir in dein Sein,
bringen wir altes Wissen heim.
Lange Strecken fliegen wir,
haben viel gesehen von hier.
Wir lehren dich, die Weisheit zu
beschreiben,
dir treu zu bleiben und dabei
nicht zu übertreiben.

Altes Wissen auf langen Reisen
tragen wir in Erdenkreisen.
Treu kehren wir zum Ausgang zurück,
denn hier liegt das Lebensglück;
bringen dir die Kraft, zu beginnen,
in deinem Leben über Glück nachzusinnen.
Mit Ausdauer, Fleiß und Selbstdisziplin
lernst du, deine eigenen Kreise zu ziehn.
So holst du die Energie munter
langsam in die Materie herunter.
Lerne, Ideal und Praxis zu vereinen
und den Alltag nicht zu verneinen.
Opfere nicht nur deine Kraft
für des anderen Lebenssaft.
Lerne, dein eigenes Feuer zu hüten,
dann brauchst du nicht mehr hier zu wüten.
Du kannst im Dienst der Menschheit stehen
und dein Licht hier leuchten sehen.
Für alles gibt es eine Zeit –
sei bereit für die Ewigkeit!

Lebensweise der Gans

Gänse sind weltweit verbreitet und gehören zur Familie der Entenvögel. Von ihrer Form her liegen sie zwischen Ente und Schwan. Ihre auffälligen Merkmale sind – im Vergleich zu den Enten – ihre Größe und Schwere, ihr dicker Schnabel, ihre längeren Beine und ihr längerer Hals. Sie sind Grasweider, die sich von Wasser, Gras, Wiese, Saat ernähren und deshalb weniger ans Wasser gebunden sind. Gänse leben in mehr oder weniger großen Gruppen und haben ein gut ausgeprägtes soziales Verhalten und Familiengefühl. Innerhalb ihrer Schar leben Gänse meist in lebenslanger Einehe, wobei auch die Familien so lange zusammenbleiben, bis die Nachkommen einen eigenen Lebenspartner gefunden haben. Im Herbst und im Frühling bilden sie große Zugverbände und fliegen über weite Distanzen in V-Form, wobei manche Gänse die Flughöhe von Passagierflugzeugen (8800 Meter) erreichen. Eine Besonderheit dieser Zugvögel ist ihre Fähigkeit, auf ihrer alljährlichen Suche nach warmen, nahrungsreichen Gefilden die Kontinente zu überfliegen und immer wieder zu ihrem Ausgangspunkt zurückzufinden. Gänse brüten meist zweimal im Jahr in abgelegenen und teilweise kalten Gebieten. Sie wachen noch sorgsamer über ihr Revier als Hunde, weshalb sie sich auch als Wachtiere eignen.

Die Gans und ihre Kraft in den Kulturen der Welt

Gemäß alten Überlieferungen ist die Gans die Begleiterin vieler Gottheiten. So ist sie ein Tier der großen dreifaltigen Göttin: Mit weißem Gefieder symbolisiert sie den Aspekt der Jungfräulichkeit, mit buntem den der Mutterschaft und mit schwarzem den des Alters. Sie verbindet uns mit alter Weisheit und altem Wissen. Weiterhin ist sie der Göttin Travia geweiht, der Göttin des Herdfeuers, des Lagerfeuers, der Gastfreundschaft, der Treue und der ehelichen Liebe. Der ägyptische Gott des Windes und der Feuchtigkeit, Geb, Sohn von Schu (= ägypt. für »Luft«; Gott der Luft und der aufgehenden Sonne) und Tefnut (= ägypt. für »Wasser«; löwengestaltige Göttin der Feuchtigkeit), wird mit einer Gans auf dem Kopf abgebildet. Gänse waren auch heilige Tiere der griechischen Göttin der Ehe, Hera (röm. Juno), sowie von Aphrodite. Einst wachten sie über den heiligen Tempelbezirk und warnten vor dem herannahenden Feind. Das Kennzeichen der griechische Göttin der Jagd, Artemis (röm. Diana), ist u.a. die Gans. Der heilige Gallus und der hei-

lige Martin von Tours sind Schutzpatrone der Gänse. Der Gans ist die Rune Kenaz zugeordnet, sie steht für das Feuer der Schöpfung. Sie ist ein Symbol der Regeneration, der Heilung, der Liebe, der kreativen Inspiration und des Willens, etwas zu schaffen. Die Gans ist weiterhin ein Orakel- und Wettertier: Als Bauernregel finden wir: »Ziehen die wilden Gänse weg, fällt der Altweibersommer in den Dreck«. Also wenn die Gänse schon im zeitigen September abziehen, ist für den Spätsommer Regen und Kühle zu erwarten. Aus der Welt der Märchen kennen wir die Gänsemagd und die Gans, die goldene Eier legt.

Gansmedizin

Watschelt die Gans in dein Leben, so fordert sie dich auf, dir selbst ganz und gar treu zu bleiben, was immer auch geschehen mag. Sie lehrt dich den Blick in den inneren Spiegel. Hier kannst du herausfinden, was für dich wichtig ist, und beginnen, es in deinem Leben zu leben. Sie mahnt dich, dein inneres Feuer, dein Herdfeuer und das Lagerfeuer zu hüten und heilig zu halten, denn daraus erwachsen die Kraft und Wärme, mit deren Hilfe du auch in kalten Zeiten gut durchkommst. Sie ruft dich auf, dich an die Quelle anzuschließen und hier die Führung und Antwort zu suchen, welche du jetzt brauchst. Sie zeigt dir, wie du die Verantwortung für dein Leben und deinen Bereich übernehmen kannst, und schenkt dir Fleiß, Disziplin, Ausdauer und die nötige Kraft für die praktische Umsetzung dieses Ziels. Sie bringt dir bei, Dinge durchzuziehen und zu Ende zu bringen. Von der Gans kannst du lernen, daß du alles auf friedliche Weise vereinen kannst: Du mußt dich nicht entscheiden zwischen Familie und Erleuchtung, beides kann im richtigen Rhythmus zur richtigen Zeit miteinander geschehen. Außerdem überbringt die Gans dir Botschaften aus anderen Reichen und gewährt dir Schutz, indem sie über dein Revier wacht. Sie steht weiterhin für Wahrheit, Gerechtigkeit, Austausch und Seelenführung. In ihr hast du eine treue Begleiterin ins Glück auf allen Ebenen.

Die Gans lebt in sozial hochentwickelten Gemeinschaften. So fordert sie dich auf, deinen Blick zu erheben und Sorge zu tragen für dich, deine Partnerschaft, deine Familie, deine Sippe und auch dazu, anderen, welche nicht zur Sippe gehören, Gastfreundschaft und Liebe zu gewähren. Jeder trägt als Teil des Ganzen seinen Beitrag zur Erhaltung der Gemeinschaft bei. Die Gans fordert dich auf, die übergeordneten Zusammenhänge wahrzunehmen und

deinen Beitrag zur Gemeinschaft zu leisten, statt immer nur etwas zu erwarten. Als ein Tier, das lange Strecken fliegt und trotzdem immer wieder zu seinem Ausgangspunkt zurückkehrt, steht sie für die Treue zu dir selbst, deinem Partner, deiner Familie und deiner Gemeinschaft.

Von ihrer lichten Seite betrachtet, bringt die Gans Ausdauer, Kraft und Stabilität, mit deren Hilfe es dir gelingt, dich selbst und Gruppen zu erhalten, dich bzw. euch sicher auch über lange Durststrecken und kalte Gefilde zu tragen. Sie lehrt uns, im Alltag ganz und gar wach zu sein. In der täglichen Aufgabe liegt alles, was gerade ansteht. Da sie unter den Entenvögeln der Vogel ist, welcher am besten auf der Erde leben kann, findet sie ihre Antworten und Eingebungen in der Luft und auf dem Wasser. In Verbindung mit den inneren Traumpfaden lehrt sie dich die praktische Umsetzung der hohen Ideale und Wünsche in deinem Leben. Sie bringt dir bei, die Ansprüche, welche du an die Außenwelt hast, erst einmal in dir und in deinem Leben zu verwirklichen. Wer Frieden will, der soll ihn zuerst in sich selbst leben. Das wird möglich in einem Umfeld von Ruhe und Stabilität, begleitet von einer integren Ausrichtung.

Von ihrer dunklen Seite betrachtet, ist die Gans rigide, fordernd, pessimistisch, egoistisch, herrschsüchtig und neigt dazu, sich zum Wohle der Gemeinschaft zu opfern, ohne zu fragen, ob die Gemeinschaft das überhaupt wünscht und will. So steht sie für Opferhaltung und weiterhin für Bevormundung, Überforderung, Überverantwortlichkeit, harte Urteile, Tratsch und Klatsch (Gänsegeschnatter), Sich-Gehenlassen, mangelnde Selbstdisziplin, Schuldzuweisungen, Erschöpfung, Ausgelaugtsein.

Weitere Informationen

Menschen mit der Gansmedizin haben viele Möglichkeiten, anderen auf vielfältige Weise beizustehen – so, wie die Gans dem Menschen in vielerlei Hinsicht dient: Ihre Federn werden in Deckbetten und Kissen verwendet – so geleitet sie uns sicher durch die Traumwelt. Desweiteren werden aus ihren Federn Staubwedel gebunden – so können wir uns von Altem reinigen, unser Heim sauberhalten und anderen helfen, mit sich ins Reine zu kommen. Früher dienten Gänsefedern zudem als Schreibgeräte – so schenkt uns die

Gans die Möglichkeit der Kommunikation und des Übermittelns von Botschaften. Ihr Fleisch gibt Nahrung – so versorgt sie uns in unserer Basis und lehrt uns, unsere Energie einer höheren Energie zu opfern. Die Sehnen aus den Beinen werden getrocknet und zum Binden von Flachs oder zum Nähen von Leder benutzt – so ermöglicht sie uns Halt und Verbindung, Um- und Neugestaltung. Immer, wenn uns ein Teil der Gans im Alltag begegnet, können wir den Tiergeist würdigen und ihm durch unsere Dankbarkeit etwas von unserer geistigen Kraft zurückgeben.

Im indianischen Medizinrad ist die Gans der Zeit der Erneuerung (22. Dez. bis 19. Jan.) und dem Schildkröten-Klan zugeordnet. Ihre Richtung ist Norden, ihr Wind bläst aus Nordwesten, ihre Pflanze ist der Brombeerstrauch. Sie bereitet den Boden für das Kommende. Ihr werden Zuverlässigkeit, Besonnenheit, Ernsthaftigkeit, Ausdauer, Konzentriertheit, Strenge und hohe Erwartungen an sich selbst zugeschrieben. Das Gansamulett verleiht Weisheit, Wachsamkeit und schützt Heim, Hof und Familie.

Steine: Peridot, Bergkristall, Schneeflockenobsidian; **Farben:** Weiß, Orange, Braun, Schwarz, Rot; **Elemente:** Erde, Luft, Äther; **Symbole:** Gänsefedern, Schreibfeder und Tintenfaß, Rune Kenaz; **weitere Assoziationen:** Schnee, Frau Holle, Saturn, praktischer Nutzen, Feuerstelle, Brennpunkte, Zugehörigkeit, Zuständigkeit, Tarotkarte: Der Wagen. »Die Gans gibt Federn, Fleisch und Fett, zwei für den Magen, eins fürs Bett.« **Traumsymbol:** Erscheint sie, kündet das von Hilfe aus dem geistigen Reich. Sie steht für deine Kraft und dafür wie du sie nutzt. **Affirmationen:** »Mein inneres Feuer brennt und verleiht mir in jeder Angelegenheit Kraft und Stärke.« – »Die Weisheit des Kosmos führt mich zu dem richtigen Ort, zu den richtigen Umständen und zu dem, was in meinem Leben gerade von Bedeutung ist.«

Rune Kenaz

Geier
Magisches Wissen, Schutz, Reinigung

Wir erblicken mit unseren Sinnen
das alte tote Fleisch in dir drinnen,
Energien, die in dir sind gebunden,
auf deinen weiteren Erdenrunden.
Mit uns wirst du Gnade und Vergebung finden.
Bist du bereit, dein Licht zu entzünden
und dich mit uns zu verbünden,
so bringen wir dich zurück zu alten Taten
und ihren unvermeidlich aufgegangenen Saaten,
welche dir nehmen die Kraft
und schwächen deinen Lebenssaft.
Schau sie dir an, hol deine Kraft zurück!
Wir lösen sie auf Stück für Stück,
so daß du kannst ergreifen den Stab deiner Macht
und leben als Sternenkind in all deiner Pracht.
Wir weihen dich ein
in dein mystisches Sein.

Lebensweise des Geiers

Geier sind große, tagaktive Raubvögel, welche zu den Greifvögeln gehören, und werden in zwei Hauptgruppen unterteilt: Die Neuweltgeier, welche sich ausschließlich in Amerika finden, und die Altweltgeier, welche fast weltweit anzutreffen sind. In diesen Hauptgruppen findet man viele Unterarten, z.B. Kondor, Bartgeier, Palmgeier, Kappengeier, Ohrengeier, Gänsegeier, Schmutzgeier, Königsgeier, Rabengeier, Mönchs- und Kuttengeier. Sie haben gemeinsame Merkmale, welche allerdings unterschiedlich ausgeprägt sind. Dazu zählen der völlig nackte Kopf und der lange Hals,

eine Zunge, welche zum Fressen von Weichteilen und zum Aufsaugen von Knochenmark geeignet ist, scharfe Augen, eine gute Beobachtungsgabe, ein gut entwickelter Geruchssinn, mit dem sie Kadaver aufspüren können. Ihre Greiffüße sind weniger stark ausgeprägt, da sie ihre Beute nicht selbst töten: Bis auf einige wenige Ausnahmen ernähren sich Geier von toten Tieren, faulen Früchten und Abfall. Sie leben einzeln, in kleinen Gruppen oder in großen Scharen. Geier können ausgesprochen aggressiv sein und vertreiben Tiere aller Arten von ihrer Beute, wobei in Scharen lebende Geier sich untereinander auch streiten.

Der Geier und seine Kraft in den Kulturen der Welt

Der ibisköpfige Thot, der auch manchmal mit einem Geierkopf dargestellt wurde, war im alten Ägypten der Gott der Weisheit, der Magie und des Wissens. Man glaubte, er habe den Menschen die Hieroglyphen gebracht. Er symbolisiert im Land der Toten die Reinigung und bot auch Schutz. Isis, weibliche Hauptgottheit und die Schwester von Osiris, nahm zeitweise Thots Gestalt an. Hathor, die Liebesgöttin, wurde manchmal mit einem Geierkopf abgebildet. Thot galt als »Huhn des Pharaos« und war auch das heilige Tier von Mut, der Göttin der Mutterschaft. Die Ägypter glaubten, mit Geierkrallen Gift aufspüren zu können. Bei den Azteken, Tolteken und Mayas stand der Geier für die Zersetzung der Überreste der Vergangenheit und für die Bereinigung von altem Karma. Diese Völker legten großen Wert auf das Bekennen von Fehlern, Sünden und Verfehlungen, denn wenn man sich dazu bekannte, konnten die Sünden von Tlazolteotl, der Göttin der Magie und Sexualität, weggebrannt und aufgefressen werden. In Tibet ist eine Möglichkeit der Bestattung (man bedenke, daß es dort kaum Feuerholz und wenig fruchtbaren Boden gibt), den Leichnam zu zerteilen und den Geiern zu überlassen – um die Materie auf schnellstmöglichem Wege wieder in den Kreislauf des Lebens einzugliedern. Der Geier wird ferner mit der Unteren Welt, der Welt der Ahnen, und dem Tod assoziiert. Er steht außerdem mit der Rune Dagaz in Verbindung, die das Licht des Tages und das Erwachen symbolisiert. Sie hilft, magische Inspirationen zu empfangen und größere Zusammenhänge zu erfassen.

Geiermedizin

Der Geier bringt dir die göttliche Gnade und Vergebung, wenn du bereit bist, in deine Vergangenheit zu schauen – in die nahe und die ferne, entlang deiner Ahnenlinien –, dich zu dem zu bekennen, was du siehst, und Altes loszulassen. Die Reinigung von altem Karma steht an. Überlebte blockierende Muster hindern uns daran, unsere volle Kraft zu leben oder gar auf sie zu bauen. Wir können den Stab unserer Macht nicht wirklich ergreifen. Bekenne dich zu deinem Fehlverhalten, sag ja zu deinem Weg, nimm die Lektionen an, lerne daraus und übergib den Rest der violetten Flamme der Reinigung. Der Geier heilt dein mangelndes Vertrauen in deine Fähigkeiten, dein inneres Wissen und deine innere Führung und öffnet dich wieder dafür. Er gibt dir die Kraft, deine Ellenbogen zu gebrauchen, deine Interessen zu verteidigen und dich endlich für sie einzusetzen, statt immer allen anderen den Vorrang zu lassen. Als Krafttier führt er dich in schamanischer Arbeit mit untrüglichem Instinkt zu den toten Mustern, unbereinigten Angelegenheiten, karmisch wirksamen Verbindungen und störenden Feldern, welche an der Energie zehren und sie schwächen. Er hilft dir, diese anzuschauen, die Energie von dort zurückzuziehen und das, was übrigbleibt, aufzulösen, damit die Kraft frei wird für deinen eigenen Weg.

Von seiner lichten Seite betrachtet, schenkt dir der Geier als Krafttier die Fähigkeit, Dinge genau zu beobachten, ihrem Lauf zu folgen und alles, was keine vitale Lebenskraft mehr besitzt, augenblicklich aufzulösen, zu bereinigen und die Essenz der Lektion daraus aufzunehmen. Er schützt das Energiefeld, befreit es von Ballast und fordert dich auf, es rein zu halten. Als scharfer Beobachter bringt er dir Intellekt, Weisheit und Wissen. Er meidet das größte Lebensmysterium nicht, und seine Auseinandersetzung mit dem Tod im Leben verleiht dir magische Kräfte. Als Grenzgänger weiht er dich ein in die Gesetze der Seele. Er trägt tote Teile zurück in das Licht, damit sie gewandelt werden können.

Von seiner dunklen Seite betrachtet, steht der Geier für Gier, Neid, Schadenfreude, alten Zorn, Rücksichtslosigkeit, Raub, Aggressionen, fleischliche Verfehlungen, Untreue, Schwarze Magie, Festhalten an alten Dingen, Pessimismus, Gefühlsarmut, Ellenbogenmentalität, Angst vor dem Tod und das Meiden dieses Themas sowie für die Beschäftigung mit Überholtem, welches schon lange keine Kraft mehr hat, wodurch die Lebenskraft für das Hier und Jetzt gebunden wird.

Weitere Informationen

Der Geier taucht oft in Zeiten des Übergangs auf, damit wir wissen, daß wir Altes jetzt auflösen und die Energie für Neues freisetzen sollten. Im Maya-kalender verkörpert der Geier die Tagesenergie »Cib«, was wörtlich für »Wachs« steht, womit jenes gemeint ist, aus dem die erste Kerze erschaffen wurde. Unter seinem Zeichen Geborenen schreibt man ein hohes Maß an Sinnlich-keit zu, eine starke innere Verbindung zur Erde und zur vitalen Lebenskraft, welche aus der Unterwelt aufsteigt. So können sie der materiellen Welt und ihren Vergnügungen verfallen, stehen aber auch für spirituelle Führerschaft. Das Geieramulett steht für Führung und Auflösung von Karma.

Steine: Collvellin, Amethyst; **Farben:** Rot, Violett, Blau, Gold; **Elemente:** Feuer, Luft, Äther; **Symbole:** Violette Flamme, Stab, Rute; **weitere Assoziationen:** innere Stimme, Tarotkarte: Der Tod; **Traumdeutung:** Der Geier steht für die Kraft der Wandlung und Auflösung. Er verweist auf überholte Verhaltensmuster, alte Gefühle und abgelebte Verbindungen. Er kann vor Ausbeutung warnen, vor Ausnutzung, vor Täuschung, vor dem Intellekt, welcher sich Beziehungen schönreden möchte, die aus und vorbei sind. **Affirmationen:** »Ich bin bereit, den Stab meiner Kraft zu ergreifen und mich innerlich aufzurichten und zu erheben.« – »Ich verzeihe anderen und mir selbst, jetzt. Ich bin bereit, Altes aufzulösen und für das neue Glück die volle Verantwortung zu übernehmen.«

Habicht
Steigerung der Lebenskraft, Wachstum, kreatives Potential

Mit unsrem scharfen Feuerblick
sehn wir selbst im Dickicht Licht,
auf dem Lande und im Wald,
was sich hier aufhält, widerhallt.
Schnell und wendig sind wir da,
zu bringen die Teile des Lichtes, hurra!
Gehütete feinstoffliche Sonnenenergie,
wir bringen dich. Schau hin und sieh,
was in deinem inneren Walde wohnt
und sich zu erblicken lohnt!
Wir bringen die Botschaft vom Licht
und die weitaus höhere Sicht.
In Prüfungen und schweren Zeiten
wir deine Kraft von hier begleiten.
Keine Sorge, alles wird gut,
wir schenken dir den frohen Mut.

Lebensweise des Habichts

Der Habicht ist einer der größeren Vertreter aus der Familie der Greifvögel und nahezu weltweit verbreitet. Die Übersetzung seines wissenschaftlichen Namens lautet »edler Greif«, des weiteren wird er auch Stößer, Stoßvogel, Doppelsperber oder Hühnerhabicht genannt. Er bevorzugt einen abwechslungsreichen Lebensraum und paßt sich sehr schnell an neue Gegebenheiten an. Er kann bis zu 20 Jahre alt werden und bleibt sein Leben lang in seinem Revier, wechselt jedoch jährlich den Standort seines Horstes. Er sieht dem Sperber ähnlich, ist allerdings wesentlich größer. Im Flug wiederum gleicht der Habicht stark dem Bussard, der Habicht hat allerdings, im Gegensatz zum Bussard, einen längeren Schwanz und abgerundete Flügel. Diese gestatten ihm einen wendigen und raschen Flug, wobei sein langer Schwanz als Steuer dient. Sein Gefieder hat bräunliche Längsstreifen und Querstreifen auf dem Rücken. Die Nahrung der Habichte richtet sich nach dem An-

gebot und besteht hauptsächlich aus anderen Vögeln sowie Insekten und kleinen Säugern. Sie führen eine lebenslange, monogame Ehe mit guter Arbeitsteilung: Sie teilen die Beutetiere nach Art untereinander auf, so daß sie nicht in Konkurrenz geraten. Ein Habicht kann bei der Jagd ein hohes Flugtempo entwickeln, dieses aber nicht lange durchhalten. Er ist deshalb auf Überraschungsangriffe und kreative Jagdtechniken angewiesen. Dabei umfliegt er hohe, schmale Hindernisse gewandt, lauert, die verschiedensten Deckungen beim niedrigen Flug über den Boden nutzend, seiner Beute auf, und stürzt sich dann in einen Vogelschwarm, um seine Beute zu schlagen. Säugetiere werden im langsamen und geruhsamen Suchflug geortet und im Überraschungsangriff ergriffen. Was der Habicht gepackt hat, läßt er nicht mehr los. Er ist ein beliebter Beizvogel und relativ häufig, meist paarweise, in menschlicher Obhut anzutreffen.

Der Habicht und seine Kraft in den Kulturen der Welt

»Der Habicht hat Federn wie Seide, Krallen wie Stahl, Augen wie Feuer.« (nach Hans Edmund Wolters)

Der Habicht ist dem germanischen Lichtgott Baldr und dem römischen Kriegs- und Wettergott Mars zugeordnet. Mars war ursprünglich ein römischer Haupt- und Sonnengott, sein Name bedeutet »der Glänzende«, »der Strahlende«; erst später bekam er die überwiegend kriegerische Bedeutung und wurde dem griechischen Ares gleichgesetzt. Der Monat März war ihm geweiht, und man erflehte seinen Segen für die in Blüte stehende Saat. Er segnete oder strafte durch reiche Ernte oder Mißernte. Baldr ist der sanftmütige Gott des Lichtes und der Wahrheit. Er ist der zweite Sohn von Odin und Frigg und lebt mit seinem Zwillingsbruder Hödr im Himmel. Sein Tod bedeutete Ende und Anfang der Welt. Er leitete einen neuen Zyklus ein, in dessen neuer Welt Baldr wiedergeboren wird. Der nordische Gott Vedrfölnir, auch Wedrfölnier, der Wettermacher, nimmt oft die Gestalt des Habichts an, welcher auf dem Weltenbaum Yggdrasil wacht. Der Habicht gilt als Botentier der Lichtwelten und der Mittleren Welten. Ihm ist die Rune Laguz zugeordnet, sie bedeutet Lebensenergie und Wachstum. Sie verkörpert die Einweihung in das Mysterium des Lebens, die Frucht-

barkeit im spirituellen und physischen Bereich sowie die Grundenergie des Lebens, dessen Gesetze sie hütet. Sie bringt Führung in schwierigen Situationen, steigert die Vitalität, verhilft zur Stärkung und Entfaltung hellseherischer Fähigkeiten und weiht ein in die Kräutermagie.

Habichtmedizin

Der Habicht bringt die Intuition aus dem eigenen Bewußtsein und die direkte Verbindung mit der Sonne, dem Licht und dem Feuer. Er hilft dir, Dinge richtig zu deuten, Träume wahr werden zu lassen sowie neue Projekte ins Leben zu rufen, zu verwirklichen und zu tragen. In verworrenen Situationen schenkt er Furchtlosigkeit, Klarheit, Überblick, Entschlußkraft, Aufrichtigkeit und eine klare, lichtvolle, starke Führung. Er bringt das feingeistige immer wieder aufblitzende Feuer und steigert die vitalen Kräfte der Selbsterneuerung und der Selbstmeisterung. In schweren Zeiten hilft er dir, dich auf deine Kraft und vitale Energie zu besinnen, sie immer wieder zu aktivieren, wachsam zu sein, neue Impulse zu setzen und Richtungen einzuschlagen, kreativen Eingebungen zu folgen und mit Mut und Vertrauen weiterzugehen. Er fordert dich auf, schwierige Situationen nicht zu meiden, sondern sie zu betrachten und dabei deine Kräfte zu schulen und zu schärfen. Er ist da, wenn deine Energie gefordert und strapaziert wird, und bringt dir Eingebungen, einen wachen Verstand und den rechten Umgang und Einsatz deiner naturgegebenen Waffen Sprache und Handlung. Er sendet dir das Licht der Hoffnung und ist ein guter Seelenführer in deine eigene Kraft. Menschen mit dem Habicht als Totem können Energiefelder bereinigen, neue Impulse setzen, anderen Menschen ihre Sonnenanteile zurückbringen, sie öffnen für den Glauben an sich und ihre eigene innere Kraft.

Von seiner lichten Seite betrachtet: Da der Habicht einen abwechslungsreichen Lebensraum bevorzugt, bringt er Abwechslung und Anpassung an neue Situationen. Als Vogel, welcher auch in Wäldern und im Dickicht jagt, schenkt er uns Überblick und Klarheit in verworrenen Situationen. Er verbindet die Kräfte von Luft, Feuer und Erde. Er verleiht uns Wendigkeit und Beweglichkeit im Geiste und wirkt wie ein Katalysator für Energien und Eingebungen, die er uns sogleich mit Beharrlichkeit erfolgreich umsetzen läßt. Er bringt uns die Gabe, Kräfte schnell aufzubauen, sowie die Fähigkeit, auf Situationen überraschend und unerwartet zu reagieren. Mit ihm gewinnen

wir Treue, Wahrheit und Führungsqualitäten. Er lehrt uns, Arbeit sinnvoll aufzuteilen und so gemeinsam ein größeres Potential abzudecken. Er kann mit rasanter Geschwindigkeit von einer Sache zur anderen überwechseln und schnell das innere Gleichgewicht wiederfinden. Er bringt das Gleichgewicht in dein Energiefeld und schützt deine Projekte, so daß sie wachsen, gedeihen und reiche Ernte bringen können.

Von seiner dunklen Seite betrachtet, ist der Habicht nervös, unruhig, schwer zu halten, kopflastig, ungeduldig, unausgeglichen, hastig. Man kann ihm nicht folgen; er neigt dazu, Angelegenheiten, welche ihm selbst schaden können, zu übernehmen, sich in etwas zu verbeißen und es nicht mehr loszulassen, selbst wenn es ihn Kopf und Kragen kostet. Er steht für eine Schwächung der Lebenskraft, den Abbruch eines Vorgangs, eine überraschende negative Wendung, eine intensive, hitzige Gefühlswelt und Kampfbereitschaft, wo sie nicht unbedingt notwendig wäre. Seine Energie kann außer Kontrolle geraten und ungezügelt wirken, was für andere dann nicht nachvollziehbar ist.

Weitere Informationen

Der rote Habicht ist im indianischen Medizinrad der Zeit des Erwachens während des Mondes der knospenden Bäume (21. März – 19. April.) und dem Donnervogel-Klan zugeordnet. Seine Richtung ist Nordost, sein Wind bläst aus dem Osten und seine Pflanze ist der Löwenzahn, seine Funktion die Initiation. Ihm werden Pioniergeist, Abenteuerlust, Leidenschaft und Schnelligkeit zugeschrieben. Das Habichtamulett steht für Kraft, Energie, Inspiration und kreative Lösung.

Steine: Chrysolith, Opal, Harlekin; **Farben:** Goldgelb, Sonnengelb, Orange, Rot; **Elemente:** Feuer, Luft, Äther; **Symbole:** Schnabel, Federn, Krallen, Stab der Kraft; **weitere Assoziationen:** Weide, Mond, Sonne, Mars, Löwenzahn, Wahrheit, Gerechtigkeit, Ausgleich; Tarotkarte: Der Stern; man sät, was man erntet. **Traumsymbol:** Der Habicht wacht über die feinstofflich vitalen Lebenskräfte und zeigt an, wie es um sie steht. Er kündet von der Wahrheit und kann Botschaften aus dem Unterbewußtsein überbringen, auf die man achten sollte. Er kann vor Untreue und Gefahr warnen. **Affirmation:** »Die Sonne in mir erstrahlt jetzt in ihrer vollen Pracht.« – »Ich vertraue meiner inneren Führung, jetzt, das Göttliche wirkt durch mich. So soll es sein.«

Huhn
Wachsamkeit, Fruchtbarkeit, Vitalität

*Kikeriki, Kikeriki – die Sonne geht auf, der
Tag fängt an.
Leute, wacht auf, und geht euer Tagwerk an!
Die Nacht ist vorüber, das sage ich euch,
fort ist das nächtliche Dämonen-Gefleuch.
An der Schwelle wachen wir,
in Übergängen sind wir hier,
bringen euch Kampfeskraft und Mut.
Macht eure Arbeit heute gut!
Wir zeigen euch, woher der Wind grad weht
und wie es um euch jetzt eben steht.
Laßt euch nicht aus eurem Revier vertreiben,
die anderen sollen gehen, ihr könnt bleiben!
Das Ei des Lebens lehren wir euch zu behüten
und eure eigene Energie auszubrüten.*

Lebensweise von Hahn und Henne

Vor 4000–5000 Jahren wurde das Bankdivahuhn in Hinterindien zum
Haustier. Mittlerweile gibt es auf der ganzen Welt Haushühner, und sie stehen dem Menschen besonders nah, denn sie geben Eier, Fleisch und Federn.
Wildlebende Verwandte sind Fasan, Rebhuhn, Haselhuhn, Wachtel, Birk-
huhn, Auerhuhn. Hühner leben in Völkern, die meist von einem Hahn angeführt werden, und haben eine strenge Rangordnung, »Hackordnung« genannt. Im Unterschied zu den unauffälligen Hennen hat der Hahn einen
größeren roten Hautkamm auf dem Scheitel und einen gleichfarbigen Kehl-
lappen, zudem ist der Hahn größer und sein Hals länger, und er kann krähen – Hennen nur gackern oder glucken –, sein Schwanz ist mit langen
Schmuckfedern bestückt, und über den Hinterzehen sitzen scharfe Sporen.
Das Gefieder, mit dem sie einmal im Jahr in die Mauser gehen, schützt die
Hühner vor Wettereinflüssen und Verletzungen. Mit ihren Flügeln können
sie zwar kurze Strecken fliegen, doch eigentlich sind sie erdgebundene Lauf-

vögel, welche durch hastiges Flügelschlagen lediglich ihre Laufgeschwindigkeit steigern. Sie haben kräftige Zehen an ihren Scharrfüßen, die Krallen genannt werden. Bei den Hennen münden Eileiter, Darm und Harnröhre in einer einzigen Körperöffnung, der Kloake. Sie haben ein eigenes Empfangsorgan für Licht und Temperatur, welches das Eierlegen beeinflußt, und sie können mit ihren Augen nur nah sehen. Ein Huhn legt fast täglich ein Ei, bis das Gelege voll ist. Nur wenn der Hahn ein Ei in der Henne befruchtet hat, kann ein Küken daraus werden. Die Eier werden ca. 21 Tage bebrütet, bevor die Hühnchen schlüpfen. Hennen verteidigen ihre Küken auch gegen größere Feinde. Die Nahrung der Hühner besteht aus Würmern, Insekten, Spinnen und aus pflanzlicher Kost wie Getreide, Gras, Salat und Sämereien und wird unter anderem durch Scharren im Boden gefunden.

Das Huhn und seine Kraft in den Kulturen der Welt

Da der Hahn bei Sonnenaufgang mit seinem Krähen den neuen Morgen begrüßt, war er der Sonne und Sonnen- und Lichtgöttern wie dem griechischen Apollo oder dem keltischen Lugh geweiht. Er war auch ein Tier des Mars, da Hähne untereinander gerne Kämpfe austragen, und so findet man ihn oft auf kriegerischen Gegenständen abgebildet. Mit seinem Krähen vertreibt der Hahn die finsteren Dämonen der Nacht und verkörpert den Sieg des Lichtes über die Dunkelheit. Er gilt als Wächter am Sonnentor und Herold der Botschaften aus den Anderswelten, weshalb heilige Haine mit seinem Zeichen geschmückt wurden. Sein roter Kamm, der das Feuer symbolisiert, machte ihn für die Kelten und Wikinger zu einem Vogel der Unterwelt. Sein Krähen galt als Aufruf zur Schlacht, und man sagte, es erwecke die Toten und kündige Ragnarök (den Weltuntergang) an. Im Fernen Osten verkörpert der Hahn Kampf und Mut; im Buddhismus steht er für Wollust; nach japanischem Shinto-Glauben steht er auf der Trommel und ruft die Gläubigen zum Gebet. Im Christentum steht er für das Gewissen: Er krähte dreimal, als Jesus von Petrus verleugnet wurde. Allgemein symbolisiert er Wachsamkeit, Wahrheit, Auferstehung, Pünktlichkeit, Bewußtsein, aktives Handeln und Fruchtbarkeit. Als Wetterhahn dreht er sich auf den Dächern alter Kirchen und Rathäuser und zeigt, woher der Wind weht. Der gallische Hahn ist das Nationalemblem Frankreichs. Die Henne gilt als sensitives Tier, welches Erdstrahlen wahrnimmt und Reizzonen meidet. Sie steht für Liebe, Fülle,

Überfluß und Fruchtbarkeit. In vielen Kulturen ist das Huhn ein beliebtes und heiliges Opfertier, welches als Hausopfer dazu verwendet wird, die Hausgeister und -dämonen milde und wohlwollend zu stimmen. So stellt es sich dem Höheren zur Verfügung. Viele dämonische Wesen zeigen sich mit Hahnenteilen, tragen seine Federn, seinen Kamm, seine Füße. Das Huhn kann diese herbeilocken, so daß diese dunklen Wesen gestellt und ausgetrieben werden können. Sein Ei wird oft bei Orakeltechniken als Medium zur Übermittlung von Botschaften und in Heilungszeremonien verwendet, wobei mit ihm Krankheitsdämonen, angelockt, ausgetrieben und gebannt werden. Eine Methode, von Hahn oder Henne die Zukunft zu erfahren, ist die Alectryomantie; dazu werden Körner über Schriftzeichen verstreut und die Buchstaben in der Reihenfolge, in der sie angepickt werden, als Botschaft gelesen.

Hühnermedizin

Sowohl Hahn wie auch Henne stehen für Wahrheit und Wahrhaftigkeit. Sie helfen, die Dämonen auszutreiben, welche dich daran hindern, deine Kraft zu leben, dein Energiefeld zu heilen und so Überfluß, Reichtum, Lebensfreude in deinem Leben zu manifestieren. Darüber hinaus haben Hahn und Henne unterschiedliche Botschaften:

Der Hahn fordert den männlichen, aktiven Part. So bringt er dir die Kraft des Feuers, den Stab deiner Macht und die Kraft zur praktischen Umsetzung deiner Wünsche und Ideen. Er zeigt dir, wie du deine Kraft auf der Erde verankern kannst. Kräht der Hahn, so kündigt er dir einen neuen Morgen an und weckt dich aus deinem Schlaf. Er ruft dich auf, aufzuwachen – dir deiner selbst bewußt zu werden und dich aktiv einzusetzen für dich und das, was dir wichtig ist. Du bist der Chef in deinem Leben. Hör auf, dein Licht unter den Scheffel zu stellen, zeig dich der Welt! Der Hahn bringt dir Botschaften aus der Sonnenstadt und den Anderswelten.

Von der lichten Seite betrachtet, wacht er über deine Energie und führt dich in den Angelegenheiten des Lebens. Er fordert dich auf, Dinge nach deinem besten Wissen und Gewissen zu erledigen, Auseinandersetzungen nicht zu scheuen und dich mutig für deine Interessen einzusetzen.

Die Henne wiederum verweist dich auf deine Schöpferkraft und bringt dich mit deiner Lebensenergie in Verbindung. Das Ei steht für die Fruchtbarkeit, für neue Ideen, für das Energiefeld des Menschen, die Aura. Es lehrt dich, deine Aura aus dir selbst heraus zu heilen, indem du alle dämonischen Kräfte austreibst und alle destruktiven Muster auflöst, bis dein eiförmiges Energiefeld um dich herum in allen Regenbogenfarben strahlt, funkelt und leuchtet und du deine Gestaltungskraft entfalten und leben kannst. Die Henne legt jeden Tag ein Ei, das zeigt, daß unendlich viel Schöpfungspotential vorhanden ist, das du für dich und andere nutzen kannst.

Die Henne lehrt dich, deine eigenen Ideen aus dir heraus zu gebären, sie zu hegen und zu pflegen und schließlich auszubrüten. Mit ihrem besonderen Sinn für Licht und Temperatur bringt sie dir das Gespür für den richtigen Zeitpunkt, den richtigen Ort und die richtigen Worte im richtigen Moment bei. Durch ihre Nahsichtigkeit fordert sie dich auf, dich in deiner Nähe umzuschauen, statt in die Ferne zu schweifen.

Von ihrer dunklen Seite betrachtet, stehen Hühner für Stolz, Eitelkeit, Rechthaberei, Unverblümtheit, Eingebildetsein, Tratsch und Klatsch, Mobbing, überflüssige und verwirrende Informationen, ständige Zänkereien, unnötige Streitereien und fruchtlose Diskussionen; dafür, das Aufgehen des Samens zu verhindern, für geschwächte angeschlagene Lebensenergie sowie für die Neigung, sich zur Schau zu stellen, sein Revier mit viel Kleinkram zu beschmutzen, sich überall einzumischen und seinen Senf dazuzugeben, sich unnötig aufzublasen und hektisch in der Luft herumzuwedeln, sich gegenseitig der Energie zu berauben, anstatt sich zusammenzutun und etwas Neues damit zu bewirken. Der schwarze Hahn galt als Diener des Teufels und wurde für diverse okkulte Praktiken benutzt. Der Basilisk wird von einer Kröte aus einem Hahnenei ausgebrütet. »Jemandem einen roten Hahn aufs Dach setzen« bedeutet, ein Gebäude anzuzünden.

Weitere Informationen

In vielen Traditionen und Kulturen gelten das Ei und seine Medizin als heilig, es wird hoch geschätzt und in Heilbehandlungen eingesetzt. Hahn und Henne zeigen augenblicklich Störungen an, auch im feinstofflichen Be-

reich, und der Hahn hat den Mut, sich diesen dunklen Wesen der Anderswelt zu stellen. Er gilt zudem als Lichtbringer. In der chinesischen Astrologie ist der Hahn das zehnte von insgesamt zwölf Zeichen; Jahre des Hahns sind ... 1921, 1933, 1945, 1957, 1969, 1981, 1993, 2005 ... Das Jahr des Hahns gilt als Zeit des Vorwärts- und Aufwärtsstrebens. Der Hahn entspricht in der westlichen Astrologie der Jungfrau und steht für Ehrlichkeit, Moral, Mut, Pünktlichkeit, Fleiß, Heimatverbundenheit, Unverwüstlichkeit. Das Hahnenamulett steht für göttliche Wahrheit, Mut und Kraft. Das Hennenamulett, meist ein Ei, steht für Gesundheit und den Erhalt der Lebensenergie.

Steine: Diamant, Rubin, Granat, Goldtopas; **Farben:** Rot, Orange, Gelb, Gold; **Elemente:** Erde, Feuer, Luft, Äther; **Symbole:** Ei, Federn, Kamm, Fußkralle; **weitere Assoziationen:** Sonne, Mars, stolzer Gockel, dumme Hühner; **Traumsymbol:** Wenn der Hahn kräht, kann er auf eine wichtige Botschaft verweisen und etwas ankündigen. Legt er Eier, so kann man mit finanziellen Gewinnen und Erfolg rechnen, bei kämpfenden Hähnen mit Streitigkeiten. Das Huhn als Hüterin der Lebensenergie und der Beziehung zeigt, wie es um deine Energie steht: ob Mangel und Krankheit vorhanden sind, ob sie geopfert oder angezapft wird, ob sie neue Projekte und Eingebungen ankündigt. **Affirmationen:** »Ich bin zur richtigen Zeit am richtigen Ort und tue genau das Richtige.« – »Mein Energiefeld wird von Tag zu Tag schöner, strahlender, kraftvoller und leuchtender. Ich lasse mein Licht jetzt in der Welt leuchten.«

Hase/Kaninchen
Fruchtbarkeit, Hingabe, bedingungslose Liebe

Schnell lauf ich aus dem Bau hinaus,
hierhin, dorthin, geradeaus,
schlage Haken, bleibe stehn,
noch ist weiter nichts zu sehn.
Ich genieße die Welt,
von der Sonne erhellt,
bin Nahrung und Kraft für viele hier,
erneure mich schnell in meinem
Revier.
Das Geheimnis der Fruchtbarkeit
schenkt mir heiteres Geleit,
so kann ich dienen, in Frieden leben,
halt' nichts fest, bleib' nirgendwo
kleben.
Ich warne dich vor Gefahr,
das ist ja wohl klar!
Bei Mondschein kann ich dich führen

und dir zeigen geheime Türen.
Kreativ sind meine Weisen
auf dem Weg der langen Reisen –
oberirdisch, untendrunter,
im Leben geht's mal rauf, mal runter,
bleib in der Liebe und stets munter.
Gib dich ruhig der Liebe hin,
darin liegt der Glücksgewinn!

Lebensweise des Hasen/des Kaninchens

Es gibt unzählige Arten von Hasen und Kaninchen in Amerika, Europa, Asien und Afrika, wo sie heimisch sind. In Australien, Neuseeland und weiteren Ländern wurden sie hingegen von Seeleuten eingeführt (und haben dort das ökologische Gleichgewicht erheblich gestört). Ihre Lebensräume sind

sehr unterschiedlich. Sie leben von der Meeresküste bis zu den höchsten Gebirgsküsten, in Tundra, Steppe und Wald, aber auch in den Städten.

Wildkaninchen findet man auf der ganzen Welt. Sie leben gesellig in Kolonien, graben Erdbauten, leben unterirdisch und auf überschaubaren Flächen. Sie können sich so schnell vermehren, daß sie zur Plage werden: Pro Jahr bringt jedes Weibchen 6 bis 7 Würfe mit je acht Jungen zur Welt, die ab der 10. Lebenswoche geschlechtsreif sind. Die Jungen sind Nesthocker.

Der Hase lebt ausschließlich in freier Feldflur, wo er ein großes, unübersichtliches Revier bestreift. Sein Ruhelager ist die Sasse, eine flache Erdmulde. Er ist größer und stärker als das Kaninchen, hat längere Ohren, Löffel genannt, und ist eher ein Einzelgänger, der Angreifern und Rivalen mit seinen kräftigen Hinterläufen zusetzen kann. Pro Jahr kommen 4 Würfe mit einem oder mehreren Jungen zur Welt, welche mit 7 Monaten geschlechtsreif sind. Diese Jungen sind Nestflüchter.

Gemeinsam ist Hase und Kaninchen das dicke, weiche Fell; die bernsteinfarbenen bis braunen Augen sitzen seitlich am Kopf, so daß die Tiere nach hinten sehen können, ohne den Kopf zu drehen. Die meisten Arten sind dämmerungs- und nachtaktiv. Sie fressen ausschließlich Pflanzen und dienen vielen Tieren als Nahrung. Sie haben ein feines Gehör, können Haken schlagen, erstarren, mit den Hinterläufen trommeln und sind sehr empfindsam, jedoch auch wiederstandsfähig. Sie sind Lebenskünstler in Zeiten der Entbehrung und in schwierigen Situationen.

Des Hasen und des Kaninchens Kraft in den Kulturen der Welt

In der Symbolik von Hase und Kaninchen gibt es keinen Unterschied, deshalb gilt das nachfolgende für beide, auch wenn nur der Hase genannt wird. Bei den Azteken, den Kelten, den alten Ägyptern, in Asien und in vielen anderen Kulturen gilt der Hase als Mondtier. In den Mythen ist er Begleiter der aztekischen Herrscherin Mayahuel, der Göttin des Rauschtranks, und entsprechend ein lustiger Zecher. Im alten China gibt es Darstellungen des Ha-

sen, der Zimtzweige in einem Mörser zerstampft, als Symbol der Gesundheit und des langen Lebens. Der Hase gilt als flinker Bote von Hermes (röm. Merkur), ist das Lieblingstier der Aphrodite (röm. Venus) und steht für Wärme, bedingungslose Liebe und Hingabe. In der nordischen Mythologie ist der Hase das Emblem von Freyja und der Mondgöttin Holda. In einer buddhistischen Legende opfert er sich dem hungernden Buddha. So ist er ein Sinnbild der Selbstaufgabe im Vertrauen auf die göttliche Quelle. Bei den Kelten war er der Göttin Ostara und der Osterzeit zugeordnet als Zeichen der Fruchtbarkeit und des wieder aufkeimenden Lebens im Frühjahr. Als Osterhase erinnert er uns noch heute an die vorchristlichen Riten und den Weg der großen Göttin. Weil er seine Fellfarbe je nach Jahreszeit verändern kann, gilt der Hase im Christentum als Symbol der Verwandlung und Auferstehung. Angeblich schlafen Hasen mit offenen Augen, deshalb sind sie ein Symbol für den »Auferstandenen«, der nie mehr »entschläft.« Der bergauf laufende Hase soll schneller als ein Hund sein und ist so Sinnbild für die Mühe des Guten, dem Teufel zu entkommen. Da er weitgehend wehrlos ist, ist er ein Sinnbild für Frieden und das Vertrauen in Gott. Aus Märchen wie »Alice im Wunderland« kennen wir den Hasen als (Seelen-)Führer. In der schamanischen Welt kann er für Seelenteile der Liebe, der Hingabe, der Sanftheit und Zärtlichkeit, der Intuition und Empfänglichkeit stehen, die man durch traumatische Umstände verloren hat und die geheilt werden wollen.

Hasen- und Kaninchenmedizin

Auch in diesem Fall besteht kein Unterschied zwischen Hase und Kaninchen, so daß ich auch hier anhand des Hasen für beide sprechen möchte. Die Hasenmedizin weiht dich ein in die schnelle Erneuerung deiner vitalen Lebensenergie, schließlich stellen Hasen ihre Energie vielen Wesen bedingungslos als Nahrung zur Verfügung. Durch ihre hohe Fruchtbarkeit können sie diesen Verlust jedoch schnell wieder ausgleichen. So geht die Hasenkraft niemals zur Neige, und viele werden von ihr versorgt. Der Hase fordert dich also auf, dich hinzugeben, dich an die göttliche Quelle anzuschließen und so deine Kraft zu erneuern. Wenn

du dich verausgabt hast, so kannst du dich im Inneren der Erdmulde schnell wieder regenerieren. Der Hase lehrt dich die Harmonisierung deiner Kräfte und den Weg der umfassenden Liebe. Als Mondtier kennt er die verschlungenen, krummen Wege des Lebens, außerdem die Tore und Eingänge in die verborgenen Welten der Seele. Die Nacht und die Anderswelt sind des Hasen sicheres Revier. Er führt dich zum Mondsee, dem Gewässer in dir; in ihm kannst du dein wahres Selbst erkennen. Er zeigt dir die Samen, welche in deinem Inneren auf ihr Erwachen warten, und lehrt dich, wie du mit Liebe und Hingabe alle Disharmonien bereinigst. Er bringt dir bei, wie du richtig säst, deine Kraft fruchtbar werden läßt und so reichlich Ernte und Fülle in dein Leben bringen kannst. Er fordert dich auf, deine Liebesfähigkeit wieder ganz zu entwickeln, die alten Wunden zu heilen, die Ängste gehen zu lassen und dein Herz vollkommen zu öffnen. Gib dich den Wiederständen vollständig hin, nur so kannst du sie auflösen, und nicht, wenn du gegen sie kämpfst. Zu lieben bedeutet, die Angst zu verlieren.

Von seiner lichten Seite betrachtet, weiht der Hase in die alten Wege der Göttin ein. Er zeigt, daß männlich und weiblich zusammengehören und ins Gleichgewicht gebracht werden müssen, willst du empfangen, aus dir heraus schöpfen und neue Kraft erzeugen. Er lehrt dich die Harmonie der Kräfte und deren Gesetze, außerdem die Liebe, die Hingabe, die Zärtlichkeit und Sanftheit. Bei ihm lernst du, wie sich das Kleinere dem Größeren öffnen und sich opfern kann, wodurch es ein Teil des Größeren wird. Er schenkt dir Heilung im Herzen und hilft dir, deinen Herzenskelch zu öffnen und süßen Duft zu verströmen. Er hilft dir, die Angst vor Nähe und vor möglichen Gefahren zu überwinden. Er führt dich zu alten Erinnerungen, kreativen Heilwegen und Seelenschätzen, welche in dir verborgen liegen. Er bringt dich zu deinem inneren Kind, das einst bedingungslos vertraute. Er zeigt dir den Weg zur Intelligenz des Herzens, zur Heilung, und zum Frieden in dir und dem mit der Welt.

Von seiner dunklen Seite betrachtet, stehen Hase und Kaninchen in erster Linie für Ängstlichkeit, ungelöste Ängste, Selbstzweifel, mangelndes Selbstvertrauen, Vereinnahmung, Besessenheit, Sprunghaftigkeit, Mißtrauen, Kleinlichkeit, Empfindlichkeit, verschlossene Herzenskraft, Verlust und Verlustangst, Süchte und Suchtverhalten, Verwundung des inneren Kindes, Opferhaltung und das Gefühl, nichts tun zu können. Sie gelten weiterhin als listig, versnobt, verrückt und besitzergreifend.

Weitere Informationen

Ein Hasenpaar sitzt in seinem Bau und wird von einem Wolf bedroht. Die Häsin fragt: »Was sollen wir jetzt machen?« Der Hase antwortet: »Ist doch kein Problem: Wir warten, bis wir in der Überzahl sind.« – Der Hase verbindet mit den alten Wegen der Göttin und der weiblichen Magie. Er steht für den Frieden und den friedlichen, sanften Weg. In der chinesischen Astrologie ist der Hase das vierte von zwölf Zeichen, seine Jahre sind ... 1915, 1927, 1939, 1951,1963, 1975, 1987, 1999 ... Dieses Zeichen entspricht in der westlichen Astrologie den Fischen; ihm werden Wachsamkeit, Hellsichtigkeit, Sanftmut, Rücksicht, Liebe und Klugheit zugesprochen. Das Jahr des Hasen gilt als eine Zeit des Friedens, der Gesundheit, des Ausgleichs, der Harmonie und der Belohnung für vergangene Mühen. Im Mayakalender finden wir die Energie Hase; sie verkörpert Fülle, Reife, Wiedergeburt und Regeneration. Das Hasenamulett steht für Zärtlichkeit, Liebe, Vertrauen und Heilung der Gefühle.

Steine: Perle, Smaragd, Rodochrosit; **Farben:** zarte Töne, z.B. Rosa, Blaßgrün, Hellblau; **Elemente:** Erde, Äther, Luft; **Symbole:** Herz, Mond, Kelch; **weitere Assoziationen:** Zeichen des Friedens, Herz, Angsthase, Osterhase, Frühling; Hasenpfoten schützen vor dem Bösen und bringen Glück. **Planeten:** Venus, Mond; **Traumsymbol:** Der Hase bringt Fruchtbarkeit und Heilung des Herzens. Er kann ein Hinweis darauf sein, daß unsere Seele uns ruft. **Affirmationen:** »Ich öffne mein Herz und gebe mich vertrauensvoll der Liebe hin.« – »Mein Herz verströmt seine heilende Kraft in die Welt.«

Hirsch
Vitale Lebensenergie, geistiges Bewußtsein, Öffnung

Erscheine ich auf einer Waldlichtung,
wirst du Teil deiner Heldendichtung.
Ich trage dich hinfort
an einen anderen Ort,
den du nur kannst berühren,
gehst du durch die inneren Türen.
Nur wenige Augenblicke ist frei die Sicht
durch das Fenster der Seele auf dein inneres Licht.
Nimm dir Zeit, und folge mir
in die Weite im inneren Revier.
Ich lehre dich, das Licht zu empfangen
und recht umzugehen mit deinem Bangen,
das Wechselspiel zwischen Tun und Sein;
in die Welt deiner Seele führe ich dich ein
Mit dem Herzen sieht man gut,
– nur Mut!

Lebensweise des Hirschs

Es sind 32 Hirscharten bekannt, die in fast allen Ländern anzutreffen sind. Zu ihnen zählen z.B. die vier großen Arten Elch, Wapiti, Maralhirsch und Rothirsch sowie der indische Axishirsch, das Rentier und das Karibu. Der Rothirsch ist in unseren Breiten vertreten und wird als geheimer »König des Waldes« betrachtet. Seine Nahrung besteht hauptsächlich aus Gras, Blättern, Nüssen, Baumrinden und Früchten. Hirschkühe und -kälber leben unter der Führung eines Bocks in kleinen und großen Herden, die jungen Böcke tun sich zu kleineren Gruppen zusammen, wenn sie die Geschlechtsreife erlangen, aber noch nicht stark genug sind, einem alten Bock seine Herde abzutrotzen. Hirschböcke haben Geweihe, die sie jedes Jahr abwerfen und die wieder neu wachsen, jedesmal ein wenig größer. Die Geweihe werden nur in der Brunft (Paarungszeit) zur Verteidigung eingesetzt, ansonsten flüchten Hirsche vor ihren Feinden oder verteidigen sich, indem sie Angreifern mit ihren Hufen zusetzen – sie sind außer für den Menschen

auch Jagdbeute sämtlicher größerer Wildtiere wie Wolf, Luchs, Bär. Die Brunft beginnt im September und dauert bis Oktober. Während dieser Zeit führen die sonst friedlich lebenden Böcke Kämpfe mit ihren Geweihen aus, um die Rangordnung in der Gruppe neu zu bestimmen. Sie sind schnellfüßig, wendig und führen hohe Sprünge aus. Sie haben ein reiches Ausdrucksspektrum: So schnaubt ein beunruhigter Hirsch und gibt manchmal pfeifende Töne von sich. Das Gehör ist gut entwickelt, doch die Augen sind auf Bewegung eingestellt, so daß er lauernde Feinde nicht erkennen kann. Hirsche sind meist gern gesehen, denn ihre Anmut und Grazie sowie ihre wachen schönen Augen berühren die Seele des Menschen.

Der Hirsch und seine Kraft in den Kulturen der Welt

In der keltischen Mythologie führt der Hirsch die Seelen durch die Dunkelheit und ist das Zeichen für den Naturgott Cernunnos, dessen Geweih seine Regenerations- und Wachstumskräfte widerspiegelt. In Skandinavien verkörpern die vier Hirsche von Yggdrasil, dem Weltenbaum, die vier Winde. In anderen Kulturen ist der Hirsch das Emblem vieler Kriegs- und Jagdgötter. So war er der griechischen Jagdgöttin Artemis (röm. Diana) als Zeichen des Lebens geweiht. Für die Chinesen ist er das Symbol der Manneskraft. Im Buddhismus verkörpert der goldene Hirsch Wissen. In der Bibel steht der Hirsch für den Menschen, der Gott sucht, und als Schlangenbezwinger ist er ein Symbol für Christus und die Taufe. Bei den Indianerstämmen ist der Hirsch das wichtigste Tier, da er das Sinnbild für das Herz und die feinstofflichen Kräfte ist sowie als Hüter am Tor der Geisterwelt wacht: Bei den Huichol ist der Hirschtanz der heiligste Tanz, in dessen Verlauf der Schleier zwischen den Welten zerrissen wird. Black Elk, Schwarzer Hirsch, ist ein wichtiger Führer der Lakota. Da er seine Gestalt wandeln kann, ist der Hirsch ein Schamanentier. In den Legenden ist es oft ein Hirsch, welcher den Helden von seinem Weg abbringt und in die Anderswelt lockt. Es gibt weiße Hirsche mit goldenen, leuchtenden Geweihen oder mit heiligen Symbolen aus Licht, z.B. den weißen Hubertushirsch mit einem Lichtkreuz, das zwischen den Gabeln seines Geweihs schwebt; er symbolisiert die Christuskraft und ruft den, der seiner ansichtig wird, zur Umkehr, zur Rückkehr auf den goldenen Pfad auf. Meist wird der Hirsch von Dämonen aufgespürt und verfolgt, deswegen ist er wachsam und bewegt sich vorsichtig. Seine Medizin wird im Liebeszauber verwendet.

Hirschmedizin

Die Hirschmedizin bringt dir vitale Lebensenergie und Dynamik und bewahrt sie dir. So findest du die Kraft und den Mut in dir, deinen Weg zu suchen und ihm mit Leichtigkeit zu folgen. Der Hirsch lenkt deinen Blick auf die Schönheit der Welt in ihrem geistigen Wiederschein. Er erinnert dich daran, den aufs Weltliche gerichteten Blick zu öffnen für die geistigen Dimensionen. Er lehrt dich, die Dinge mit dem Herzen zu sehen.

Er steht am Tor an deinem Seelenpfad und fordert dich auf, ihm zu folgen in deine innere Welt, das Reich des Zaubers, der Wunder und der Träume. Der Hirsch gemahnt dich an deine Traumfähigkeit, an deinen geistigen Reichtum und deine magische Fähigkeit, die Welt in Licht zu wandeln. Er fordert dich auf, dich zu öffnen und deine ganz speziellen Talente zu entdecken, zu entwickeln und sie in die Welt zu geben. Er ruft dich auf, auf deinen Schutz und deine Schutzbedürftigkeit zu achten und das Geschehen um dich herum umsichtig in Augenschein zu nehmen. Er zeigt dir, wie du über dein Herz mit deiner Seelenebene in Kontakt trittst. Er mahnt dich, in der Kommunikation still zu sein und die wahre Botschaft zu empfangen, so daß du klug und angemessen reagieren kannst. Er lehrt dich die Energie hinter dem Wort, der Tat, der Erscheinung, das unsichtbare Wirken der Energie hinter der sichtbaren Erscheinung. Er schult deine Anpassungsfähigkeit und dein Gefühl für den rechten Zeitpunkt. Der Hirsch lebt friedlich in der Gemeinschaft, damit erinnert er dich daran, sanft und friedlich mit anderen umzugehen und nur zu kämpfen – und das fair – wenn eine neue Ordnung im Leben eingerichtet werden muß.

Der Hirsch stellt seine Kraft vielen Tieren als Nahrung zur Verfügung, kann sie aber immer wieder erneuern – ebenso sollten auch wir mit der Kraft unseres Herzens vielen Menschen geistig Nahrung geben, uns aber auch immer wieder einmal zurückziehen, um die Kräfte in uns zu erneuern. Doch betritt jemand unbedacht dein Feld, so wird der Hirsch als Hüter deiner vitalen Lebensenergie ihn auf seine Hörner nehmen und aus deinem Feld befördern oder ihn in die Irre führen, so daß der Eindringling mit seiner eigenen Energie konfrontiert wird und allein in seiner eigenen Welt steht.

Von seiner lichten Seite betrachtet, lehrt dich der Hirsch, wie du wachen Blickes die Weisheit des Kosmos und den Ruf anderer Welten empfangen

kannst. Er ist ein Schamanen- und Seelentier, das dich in die Formenvielfalt der Energie einführt und dich lehrt, andere Gestalten und Formen anzunehmen sowie dich in Energien einzufühlen. Als Bote des Göttlichen ruft er dich auf, dich zu erinnern und den Plan zu vollenden, nach dem du angetreten bist. Er schärft deine Sinne und macht dich aufmerksam und empfänglich, und zwar ebenso für die kreativen Energien deines Herzens wie für gefahrvolle Dinge am Wegesrand.

Von seiner dunklen Seite betrachtet, ist der Hirsch oberflächlich, unbeständig, ruhelos, mutlos, sprunghaft, ängstlich, er verweist auf Opferhaltung, Zerstreutheit, Ablenkung, Hängenbleiben in Illusionen, Ängstlichkeit, Wegrennen, statt stehenzubleiben und hinzuschauen, geschwächte Lebensenergie, kein Zugang zu anderen Welten, Täuschungen, verschlossene Pforten.

Weitere Informationen

Im Feng-Shui steht der Hirsch für die Bagua-Bereiche »Reichtum« und »Familie«. In diesem Rahmen wird er oft mit dem Gott des langen Lebens abgebildet und gilt als Symbol für Langlebigkeit, Wohlstand und Reichtum. Der Hirsch ist ein Zeichen des indianischen Medizinrads, wo er der Zeit des Blühens (21. Mai – 20. Juni) und dem Schmetterlings-Klan zugeordnet ist. Seine Winde blasen in Richtung Südost und Ost, seine Pflanze ist die Königskerze. Seine Funktion ist, anzuregen, ihm werden Gesprächigkeit, Entgegenkommen, Opferbereitschaft, Sensibilität, Freundlichkeit, Witz, Liebe und Mitgefühl sowie Intellekt zugeschrieben. Im Mayakalender gibt es die Energie Hirsch, genannt Manik, sie symbolisiert den heiligen erdverbundenen Rhythmus des Lebens. Das Hirschamulett steht für Wachheit und Öffnung.

Steine: Mondstein, Saphir, Achat, Rosenquarz; **Farben:** Orange, Grün, Rosa, Lavendelblau; **Elemente:** Luft, Erde, Äther; **Symbol:** Geweih; **weitere Assoziationen:** Feenreich, Magie; **Traumsymbol:** Der Hirsch wacht über deine feinstofflichen vitalen Lebenskräfte – je nachdem, wie er sich offenbart, zeigt er dir, wie es um sie steht. Das Geweih kann in Liebesbeziehungen auf Eifersucht und Mißtrauen hinweisen, aber auch auf Wachstum und Erfolg. **Affirmationen**: »Ich bin jetzt für immer glücklich, nichts kann mich daran hindern.« – »Ich gehe, und Schönheit ist vor mir; ich gehe, und Schönheit ist hinter mir; ich gehe, und Schönheit ist neben mir. Schönheit umgibt mich und durchdringt mein ganzes Sein.«

Hund
Spürsinn, bedingungslose Liebe und Treue, Führung

An der Schwelle wachen wir,
kommt jemand an, so sind wir hier,
kündigen an den Besuch, egal aus welchen Reichen,
wir sehen alles und stellen die Weichen.
Jenem, welchem wir unterstehn, sind wir zugetan,
an dessen Energie lassen wir gar nichts ran,
verteidigen ihn sogar mit unserem eigenen Leben –
ja, wir Hunde können sehr viel geben!
Schlagen wir an und bellen wir,
so bewegt sich was in deinem Revier.
Wir spüren sofort, wie es um dich steht,
instinktsicher tun wir das, was hier noch geht.
Wir schauen auf dein Seelenlicht
und nicht auf das, was gerade das Leben spricht,
sind treu da, verlaß dich drauf,
folgen dir bergab, bergauf.
Mit unserer Kraft verleihen wir dir
empfindliche Antennen im Jetzt und Hier.
So kannst du zu dir kommen
und handeln aus der Mitte, ganz besonnen.
Wir können dich begleiten
in unbegrenzte Weiten,
führen dich zu dir,
dafür sind wir hier.

Lebensweise des Hundes

In der jüngeren Altsteinzeit, vor ca. 12000 Jahren, soll der Mensch den Wolf domestiziert haben, aus dem sich alle Hunde entwickelten. Der Hund wiederum domestizierte den Menschen: Durch ihn konnte er vom Jäger und Sammler zum Bauern und Hirten werden. Im Laufe der Zeit entstanden unzählige Hunderassen, die alle Gemeinsamkeiten aufweisen, jedoch in der

Gestalt stark variieren: von der Größe eines Kanin-
chens bis zu der eines Fohlens, von kurzhaarig bis
langhaarig, von kurzbeinig bis hochbeinig, von
schlank bis massig ... Die vom Menschen gezüch-
teten Arten weisen bestimmte Eigenschaften auf
und waren ursprünglich für spezielle Aufgaben vorge-
sehen. Bei einem Hund als Krafttier ist es wichtig, die besonderen Eigenheiten der jeweiligen Rasse zu studieren, mit der man es zu tun hat.

Der Hund ist eins der beliebtesten Haustiere und pflegt eine sehr enge
Bindung zu seinem Herrn. Dieses Verhalten ist auf die ursprüngliche Lebensweise als Rudeltier abzuleiten. Der Mensch ist an die Stelle des Leithundes
getreten. Der Unterschied zum Wolf ist, daß der Hund immer wieder den
Menschen ansieht, um von ihm Anweisungen zu bekommen und sein eigenes
Verhalten abzusichern. Der Hund ist treu, anhänglich, gehorsam, gelehrig,
klug und hat besonders stark ausgeprägte Sinne. Er läßt sich zu den verschiedensten Aufgaben abrichten. So gibt es Wachhunde, Jagdhunde, Spürhunde,
Suchhunde, Führhunde, Zughunde, Hunde für Herden ... Hunde wollen und
brauchen eine Aufgabe. In der Regel bekommt die Hündin zweimal im Jahr
nach einer Tragzeit von ca. 50 Tagen zwischen 2 uns 10 Junge, welche im Alter von 9 Tagen ihre Augen öffnen und 8 Wochen lang gesäugt werden. Hunde können zwischen 10 und 15 Jahre alt werden. Sie sind des Menschen treue
Begleiter.

Der Hund und seine Kraft in den Kulturen der Welt

In der Mythologie des alten Griechenlands ist er Begleiter der Göttin der
Entscheidung, Hekate, und des Götterboten Hermes; mit dem Kriegsgott Ares
zieht er in den Kampf. Am Sternenhimmel finden wir den Himmelsjäger Orion mit dem kleinen und dem großen Hund, und der dreiköpfige Zerberus
wacht darüber, daß kein Toter wieder ins Reich der Lebenden entflieht. Der
Stern Sirius verkörpert den schakalköpfigen ägyptischen Totengott Anubis,
der oft als schwarzer wilder Hund dargestellt wird; er ist der Wächter der
unsterblichen und sterblichen Energie des Menschen. Er geleitet die Verstorbenen in die Hallen des letzten Gerichts. Weiterhin war er mit der Einbal-
samierung verbunden, welche bei den Ägyptern für das Leben nach dem Tod
eine besondere Bedeutung hatte. Khenti-Amentiu und der Bestattungsgott

Wepwawet sind dort weitere hundgestaltige Gottheiten, welche mit Ahnen, Totenreich und Gräbern in Verbindung stehen. Im Orient stellte man vor Tempel-, Palast- und Grabeingängen Hundestatuen auf, um böse Geister zu verscheuchen. In Süd- und Westchina ist der Hund ein Nahrungsbringer. Bei den Germanen wachte ein Hund am Tor zu Hels Totenreich. Bei den Kelten traf man ihn im Geleit der keltischen Jagdgöttin Epona, und den Druiden galt der Hund Cu als treuer Gefährte und Freund auf dem Lebensweg in beiden Reichen. In den Legenden dieser Zeit wurden Helden oft von einem Hund begleitet (König Arthur und sein Hund Caball, der irische Held Ulster und sein Jagdhund Cu-Chulainn). Häufig wurden Hunde mit ihrem Herrn begraben, damit sie ihn im Jenseits sicher führten. In Japan hat der Hund einen hohen Stellenwert, er ist ein Symbol für Macht, Status, Gesundheit und Wohlergehen, schützt vor bösen Kräften und Träumen. Im Christentum ist der Hund ein treuer Begleiter der Heiligen, und einst zierte er häufig das Wappen französischer Edelleute. Die Dominikaner bezeichnen sich als Hunde des Herrn. Nach einer russischen Legende bewachen Hund und Katze das Paradies, Höllenhunde begleiten den Seelenverführer Satan, schwarze Hunde gelten als Begleiter der Hexen und Magier. Der Hund gilt als Schwellenwächter, Richter und Hüter. Sein Spürsinn, seine feine Witterung und seine untrügliche Empfänglichkeit machen ihn zum Grenzgänger zwischen den Welten und zum Orakeltier, das über das Wetter oder den Ausgang bestimmter Angelegenheiten Auskunft geben kann. Der Hund ist Sinnbild absoluter Treue, bedingungsloser Liebe, ewiger Wachsamkeit, Tugendhaftigkeit, Wahrhaftigkeit.

Hundemedizin

Der Hund wird oft dem Element Wasser zugeordnet und bringt die Medizin, welche man braucht, um sich selbst zu finden und seinem Weg zu folgen. Er geht mit uns durch tiefe menschliche Emotionen wie Trauer, Leid, Schmerz und tiefsitzende Ängste. Er ist immer für uns da und erfüllt seine Aufgabe: uns zu schützen, bedingungslos zu lieben, zu wärmen, zu begleiten, zu retten, unser Revier zu bewachen. Wenn keiner mehr für uns da ist, so steht er uns treu zur Seite und ermutigt uns. Er kann einiges aushalten, auch uns, wenn wir uns nicht von der besten Seite zeigen. Schwanzwedelnd und freudig kommt er uns immer wieder entgegen und fordert Kontakt. Er appelliert an uns, egal was ist und egal wie es uns geht, uns nicht zu vergraben, sondern vor die Tür zu gehen, die Natur wahrzunehmen und zu akzeptieren, wie immer sie gerade ist. Er gibt uns Kraft, weiterzumachen, an uns und unseren Weg zu glauben und uns zu akzeptieren, wie wir gerade sind. Er zeigt uns mit bedingungsloser Liebe, daß jeder Tag ein neuer Anfang ist und wir jeden Tag wieder die Chance haben, zu wachsen und mit der Welt in Beziehung zu treten. Er lehrt die Kunst, im Hier und Jetzt zu sein, jeden Tag seinen Aufgaben und Pflichten nachzugehen und seinem gewohnten Rhythmus zu folgen, was immer auch im Inneren arbeiten mag. Dank seiner Ausdauer, seines Rhythmus' und seines Schutzes kann er große Heilung bringen, indem er uns beim Durchleben und Durchleiden der Emotionen hilft, bis wir uns schließlich von ihnen lösen können. So zeigt er uns den Weg zu unserer Lebensqualität.

Von seiner lichten Seite betrachtet, ist der Hund ein großartiger Begleiter und Lehrmeister. Wer die Hundemedizin besitzt, kann Menschen treu und aufrichtig in sehr schweren Lebenssituationen zur Seite stehen, ihnen auf dem Weg der Heilung beistehen und sie wieder zur Lebensfreude zurückführen. Er kann sich selbst zurücknehmen, sich ganz der Energie des anderen öffnen und ihm seine Kraft zur Verfügung stellen, um durch sein Dasein zu heilen. Mit seiner Wachsamkeit, seiner Empfänglichkeit, seinem Spürsinn und seiner Instinktsicherheit findet er die Ursache allen Leides und die Medizin zur Heilung. Weiterhin ist der Hund ein wunderbarer Spurenleser und Weggefährte. Er bewacht dein Seelenfeld, so daß du in Ruhe zu dir kommen und aus dir heraus handeln kannst. Er gilt als geistsichtig und warnt frühzeitig vor Gefahren, welche er, wenn sie zur Bedrohung werden, zur Not mit Einsatz seines Lebens abwehrt. Er verleiht dir die Gabe des Wahrnehmens von Wesen, bevor sie dein Revier, deine Grenzen erreichen. Als Jäger sorgt er für die Nahrung und die Kraft, welche du brauchst, um dich zu entwickeln und weiterzugehen. Oft trägt er unbemerkt einen Teil deiner Last; treu nimmt er die Bürde auf sich, damit du heilen kannst. Er hütet deine Energie vor den Kräften, welche versuchen,

an dir zu zerren, und bewahrt und beschützt dich in der Dunkelheit. Er hält deine Energie sauber, zeigt dir wie du dich von der Welt auf gesunde Weise abgrenzen und so zu dem finden kannst, was im Leben für dich wichtig ist, egal was andere dazu sagen und meinen mögen. Er hilft dir, dich frei zu machen.

Von seiner dunklen Seite betrachtet, verweist der Hund auf gedankenlose Befehlstreue, Verschlossenheit, Neugierde, Pessimismus, Mürrischkeit, Starrheit, Angst vor Strafe, starke Abgrenzung, versteckte Aggressionen, hemmungslosen Zorn, Tollwutgefahr sowie auf die Neigungen, sich vorschnell in Angelegenheiten einzumischen, welche einen nichts angehen, und mehr auf andere als auf sich selbst ausgerichtet zu sein. Er kann auf Energieraub und dämonische Kräfte hinweisen, auf Besetzungen, welche aus der Sippe, der Ahnenwelt und der Unterwelt bis ins Leben hineinwirken.

Weitere Informationen

In der chinesischen Astrologie ist der Hund das elfte von zwölf Zeichen, das in der westlichen Astrologie der Waage entspricht. Jahre des Hundes sind … 1910, 1922, 1934, 1946, 1958, 1970, 1982, 1994, 2006 …; in ihnen werden Umwelt, Idealismus, Kontaktpflege und Freiheitsrechte gestärkt. Hundemenschen gelten als zuverlässig, standhaft, treu, gewissenhaft, loyal und ehrlich. In den Kalendern der Mayas und Azteken verkörpert der Hund die Führerschaft. Das Hundeamulett steht für Wachsamkeit und Schutz.

Steine: Mondstein, Jaspis, Türkis; **Farben:** Blaßgelb, Braun, Rosa, Schwarz, Dunkelblau; **Elemente:** Erde, Wasser; **weitere Assoziationen:** hundeelend, hundemüde, pudelwohl, des Pudels Kern, auf den Hund gekommen, da liegt der Hund begraben; **Traumsymbol:** Der Hund symbolisiert das Bewußtsein des Menschen. Je nachdem, wie er sich zeigt, kann er auf stabile, auf das Ende einer Beziehung oder auf treue und feste Beziehungen hinweisen, weiterhin auf Energieräuber, auf verdrängte Aspekte im Unterbewußtsein, tiefsitzende Ängste, Tod und das Ahnenreich; **Affirmationen:** »Ich nehme bedingungslos die Umstände, das Hier und Jetzt in meinem Leben an.« – »Ich sage ja zu dem, was ist, und vertraue meinem Weg.«

Jaguar
Magie, Einweihung, Führung

Mit Geistersegeln im Traumgewand
Führ' ich dich ins Andersland.
Das Licht der großen fernen Weiten
möge deinen Weg ab jetzt begleiten.
Der Weg im Dschungel des Lebens
zu den Einweihungsstätten ist nicht vergebens.
Hier findest du die Essenz, deines Seins Grund,
hier wirst du heil und ganz gesund.
Des göttlichen Willens, bin ich der Bote,
gekommen, auf daß ich dein Herz auslote.
Mein Erscheinen sagt: Jetzt ist deine Zeit,
du wirst nun in weitere Kreise eingeweiht.
Die Fackel der Wahrheit wirst du jetzt tragen –
folge mir, und stell nicht zu viele Fragen!
Der Sumpf und die Lebensgewässer,
hier führe ich dich, denn ich weiß es besser.
Als Himmelsgänger im Sternenland
zeige ich dir dein anderes Gewand,
als Führer des alten Wissens komm' ich zu dir
und öffne deine Herzenstür.
Bin kaum gesehen, doch tauche ich auf,
nimmt alles in Schnelligkeit seinen Verlauf.

Lebensweise des Jaguars

Der Jaguar ist nach dem Tiger und dem Löwen die drittgrößte Raubkatze der Welt. Seine Lebensweise ist, verglichen mit der anderer Großkatzen, die am wenigsten bekannte, was ihm eine geheimnisvolle Aura verleiht. Auf den ersten Blick unterscheidet sich der im tropischen Süd- und Mittelamerika heimische Jaguar kaum vom in Asien und Afrika lebenden Leoparden, der allerdings etwas kleiner ist. Der Jaguar ist kräftig gebaut, und sein Rückenfell hat ein Muster aus großen Ringflecken, welche einen dunklen »Hof«

mit meist noch einigen schwarzen Tupfen umschließen. In der Wildnis bekommt man einen Jaguar kaum zu Gesicht, denn er ist ein Meister der Tarnung, man kann ihn nur sehr schwer fangen. Als Einzelgänger lebt er in geringer Population in der dichten, undurchdringlichen, wasserreichen Vegetation des Regenwaldes, in Überschwemmungs- und Sumpfgebieten sowie Dickichten entlang von Seen und Flüssen. Menschlichen Siedlungen hält er sich fern. Er kann bis zu 22 Jahre alt werden und ernährt sich von Wirbeltieren aller Größen. Das Jaguarweibchen wirft ein bis vier Jungtiere, die zwischen 93 und 105 Tage getragen werden. Jaguare haben – außer dem Menschen – keine Feinde.

Der Jaguar und seine Kraft in den Kulturen der Welt

Der Jaguar war ein wichtiges Tier bei den Indianerstämmen Mittelamerikas, den Mayas, Azteken, Tolteken. Er ist der Hüter des alten Wissens dieser Kulturen, bewahrt die Energien des Mayakalenders und wacht über die vier Pfade der Welt. Im Glauben der Maya war er der Herrscher der Tiere, ein Wesen der Unterwelt, welches die Seelen der Verstorbenen begleitete und die Geheimnisse dieser Erde kannte. Die reflektierenden Augen des Jaguars galten als Spiegel der Zeit: Wer in sie hineinblickte, sah darin seine Gegenwart und Zukunft enthüllt. Die aztekische Erdgöttin wurde als Schwangere in den Klauen eines Jaguars dargestellt. Der aztekische Kriegsgott Tezcatlipoca nahm die Gestalt eines Jaguars an, als er auf die Erde stürzte. Für die Tolteken verkörperte der Jaguar die Abenddämmerung, weshalb sie ihn darstellten, wie er die Sonne verschlang. Er steht auch für den Mond, den Donner und den Regen. Sein geflecktes Fell ähnelt dem Sternenhimmel, weshalb er auch die Geheimnisse des Alls hütete. Der Jaguar brachte den Menschen das Feuer und die Jagd. Er ist der Hauptratgeber der Schamanen Mittelamerikas, welche in seiner Gestalt in der Anderswelt wandeln können. In der westlichen Welt finden wir den Jaguar als Symbol für Luxus, Reichtum, Schnelligkeit und Status.

Jaguarmedizin

Der Jaguar fordert dich auf, den Sprung in die Traumwelt zu wagen und ihm durch den Dschungel des Lebens in den alten Tempel und die Ein-

weihungsstätten des Herzens zu folgen. Er weiht dich ein in das Wissen alter Kulturen. Er fordert dich auf, dich an die alte Priesterschaft des Lichtes zu erinnern und den Stab der Macht und der Schamanen-Priesterschaft wieder anzunehmen. Erlaube einfach der Magie, dem Herzenswissen, durch dich hindurchzufließen, anstatt zu meinen, du müßtest sie hervorbringen. Als Grenzgänger und Tier der Priester und Schamanen führt er dich zu deinem Meister im Inneren, zu deiner inneren Stimme, zu dem, was du schon immer ahntest und in dir fühltest. An seiner Seite betrittst du das Land der grenzenlosen Möglichkeit. Er sagt dir, es ist Zeit, den Schleier zu lüften, auf den geheimen Traumpfaden zu wandeln und deiner Bestimmung zu folgen. Vertraue der Führung des Jaguars; verbunden mit dem Kosmos, dem Sternenwissen, kennt er den richtigen Zeitpunkt, und der ist jetzt. Im Schein der Fackel der Wahrheit wirst du nun eingeweiht. Folge dem Ruf deiner Seele. Wenn du deine Einweihung erhalten hast, so beginne im Dienst der Menschheit, andere zu erwecken, und führe sie auf den Traumpfaden sicher zu der Weisheit der Herzen.

Von der lichten Seite betrachtet: Wenn dir der Jaguar erscheint, so ist dies ein besonderes Zeichen, da er sich den Menschen so gut wie gar nicht zeigt. Er ist gekommen, um dich durch die Welt des Wassers, des Gefühlsdickichts und der Unklarheit zu führen, zu dem, was hinter allem steht. Er läßt sich nicht täuschen, denn in der Welt des Wassers, des Sumpfes und des Regenwaldes ist er der Meister, welcher die Spur kennt. Er lehrt dich die Unterscheidung zwischen Gefühl und Emotion und die Meisterung der sumpfigen und undurchdringlichen Gewässer des Unbewußten. Er führt dich zu den Ahnen und dem Ursprung, kennt die Geheimnisse von Leben und Tod. Er verbindet dich mit dem Wissen der Sterne, dem Wissen vom richtigen Zeitpunkt, dem alten Wissen vergangener Kulturen. Er führt dich zu innerem Reichtum, dem Gold der Seele und den Schätzen im Inneren, welche nicht von dieser Welt sind.

Von seiner dunklen Seite betrachtet, steht der Jaguar für den Kampf zwischen Geist und Herz, Machtmißbrauch, Kontrolle, Eigenwille, Schwarze Magie, Herumirren, Verleitung, Irreleitung, Manipulation, Täuschung, Verirrung, Verschlüsselung und dafür, keinen Zugang zu finden.

Weitere Informationen

Das Jaguarfell ist der Umhang des mittelamerikanischen Schamanen, welches ihn schützt und sicher auf dem Traumpfad führt, so daß er die Medizin für seine Schützlinge holen kann. Das Jaguaramulett schenkt Führung, Schutz, Stärke und kosmische Weisheit.

Steine: Opal, grüner Turmalin, Moldavid, Kristallstab/-zepter; **Farben:** opalisierende Nuancen; **Elemente:** Wasser, Luft, Feuer, Äther; **Symbole:** Weisheitsstab, allsehende Augen, Fackel; **weitere Assoziationen:** Norden, Herz, Magier, göttlicher Wille, Sternenkunde; **Traumsymbol:** Er steht für Einweihung, neue Ufer, Erweiterung; **Affirmationen:** »Der göttliche Wille führt mich jetzt.« – »Ich öffne mich für das, was sich durch mich offenbaren möchte.« – »Ich verwirkliche jetzt meinen wahren göttlichen Auftrag.«

Kamel/Dromedar
Ausdauer, Mäßigkeit, Durchhaltevermögen

Im gleichmäßigen Takt
sind lange Strecken für uns kein Akt;
uns plagt kein Hunger und kein Durst,
die große Hitze, sie ist uns Wurst.
Wir knien nieder vor dem Licht
dieser Welt,
tragen die Last über Sand, Stein und
Feld.
Wir beruhigen die aufgewühlten Sinne,
ruhen ganz tief und fest in uns drinnen.
Extreme können uns nicht berühren;
komm setz dich, laß uns dich durch extreme
Zeiten führen.
Wir führen zu Ende, was wir einst begonnen;
die langen Strecken nehmen wir besonnen,
wir erreichen stets unser Ziel,
wir sind genügsam, brauchen nicht viel.
In Würde
tragen wir des Lebens Bürde.
Unser ruhiger Schritt wiegt dich ins Vertrauen,
auf uns kannst du zu jeder Zeit bauen.

Lebensweise des Kamels

Das einhöckerige Dromedar und das doppelhöckerige Trampeltier werden oft als Wüstenschiffe bezeichnet. Sie sind vorwiegend in den Wüstenregionen von Afrika, Indien und den arabischen Ländern anzutreffen. Zur Familie der Kamele zählen außerdem noch das Lama, das Guanko, das Vikunya und das Alpaka, die in Südamerika heimisch sind. Das Kamel hat sich den Bedingungen der Wüste angepaßt. Es ist ein nützliches Reit- und Lasttier und ein vertrauter Begleiter der Menschheit. Nach Berichten erfahrener Karawanenführer sollen Kamele ungewöhnlich tüchtig und klug sein. Einige Kamelarten

können 100 Liter Wasser auf einmal trinken, das es in einem Organ in der Nähe des Magens speichert. Danach kann es ein bis zwei Wochen lang, ohne zu trinken, Ware durch Trockengebiete transportieren. Wenn es Gräser, Blätter und Kräuter zur Verfügung hat, kann es selbst bei großer Hitze sogar bis zu drei Monate ohne Wasser leben. Der Höcker des Kamels besteht nur aus Fett, das sich allerdings in Sauerstoff verwandelt, der zu Wasser wird. So werden aus 40 Kilogramm Fett 40 Liter Wasser, wobei das Kamel mit seinen Vorräten sparsam umgeht. Die Weibchen leben in kleinen Herden mit einem Männchen, andere Männchen leben als Einzelgänger.

Das Kamel und seine Kraft in den Kulturen der Welt

In der römisch-christlichen Kultur verkörperte das Kamel die arabische Welt. Es gilt als Symbol der Würde und der Ausdauer. In unseren Breiten mehrten sich die Kunde und die Kenntnisse von diesem Tier erst im 16. Jahrhundert, allerdings wird es des öfteren in der Bibel erwähnt. So bekommt Abraham ein Kamel vom Pharao geschenkt, und Joseph zog mit einer Kamelkarawane nach Ägypten. Es war das Reittier der drei Weisen aus dem Morgenland. Johannes der Täufer soll einen Umhang aus Kamelhaar getragen haben. Da das Kamel in die Knie geht und ihm Lasten aufgeladen werden, gilt es als Symbol der Demut, Gehorsamkeit und der Führung durch den höheren Willen Gottes. In Tierfabeln wird das Kamel oft als gutgläubig und gutmütig beschrieben. Der persische Zend-Avesta spricht von einem fliegenden Kamel. Mohammed soll auf dem Kamel Al Kaswa von Mekka nach Koba geflogen sein, auch wurde er von ihm mit vier großen Sätzen nach Jerusalem gebracht.

Kamelmedizin

Menschen, welchen sich das Kamel als Krafttier zeigt, sind gesegnet: Sie können Dinge, welche sie begonnen haben, mit innerer Ruhe und Gelassenheit durch lange Durststrecken führen und zu Ende bringen. Sie haben die Fähigkeit, mit wenigen Mitteln Großes zu erschaffen. Sie können andere sicher führen, wie auch immer es gerade links und rechts aussehen mag. Das Kamel fordert dich auf, dich auf die Einfachheit und das Wesentliche im Leben zu konzentrieren und auf deinem Weg zu bleiben. Schönheit, Anmut,

Friedfertigkeit und Stabilität bringen ruhige Gelassenheit. Zudem lehrt das Kamel Mäßigkeit – weniger ist manchmal mehr. Es zeigt uns, daß wir in allem immer nur uns selbst begegnen – unseren Ängsten, Zweifeln, Freuden – und daß Dinge kommen und gehen. Es trägt die Last des Lebens mit Würde. Wenn wir in unserem Takt bleiben, finden wir den Weg. Auch lehrt es uns, mit unseren Kräften hauszuhalten, vorzusorgen und in unserem Inneren für lange Zeiten des Mangels Reserven anzulegen. Das Kamel schenkt Selbstvertrauen, Mut und Ausdauer.

Von der lichten Seiten betrachtet: Ohne sich beirren zu lassen, kann das Kamel große Extreme gelassen und in gleichmäßigem Takt hinter sich lassen. Illusionen, die Fata Morgana, die Trugbilder dieser Welt können es nicht täuschen. Angeleitet aus den Sonnenwelten, weiß es seinen Weg instinktsicher durch unwegsame und für andere oft tödliche Gefilde zu finden. In sich ruhend, bringt es uns die Botschaft, daß wir mit der sicheren Gewißheit, unser Ziel zu erreichen und unsere Aufgabe zu erfüllen, ausdauernd und gleichmäßig auf unserem Weg bleiben und uns nicht aus der Ruhe bringen lassen sollen, egal was uns unsere Umgebung auch vorspiegeln mag. Durch sein Wesen ist das Kamel in der Lage, andere zu tragen und mitzuversorgen, ihnen Mut und Kraft zum Weitergehen zu schenken, so daß sie den Glauben nicht verlieren, wie immer auch die Welt gerade aussehen mag. Das Kamel offenbart, daß alles bereits in uns liegt – wir brauchen nicht viel, um Großes zu vollbringen. Das Kamel kniet nieder vor dem Licht dieser Welt. Die große Einfachheit und Demut des Kamels kann einen Teil in uns berühren, den wir schon lange vergessen haben. Er erinnert uns an unsere Essenz, an unseren tiefen Wesenskern, welcher einfach ist. Wir brauchen nicht viel, um tiefes Glück zu empfinden. In dieser Einfachheit kann sich das uralte, in den Knochen gespeicherte Wissen ausbreiten und ausdehnen und uns Entspannung, Heilung, einfaches Geschehenlassen und Vertrauen auf dem Weg und die Führung geben. So erfahren wir eine neue Kraft in unserem Leben.

Von seiner dunklen Seite betrachtet, steht das Kamel für Starrsinn, Eigen-

sinn, Arroganz, schlechte Laune und Faulheit. Außerdem kann es auf mangelndes Vertrauen in sich selbst und seine Fähigkeiten hinweisen, auf Unzufriedenheit und darauf, daß man Leben als Last und Bürde empfindet.

Weitere Informationen

Als Hüter und Träger des alten Wissens verweist das Kamel auf alttestamentarische Priester- und Prophetentraditionen, z.B. Moses, Zarathustra, Melchizedec und die Weiße Bruderschaft. Es hat die Kraft, uraltes Wissen über lange Zeitalter und Durststrecken zu tragen, es zu erhalten und an der richtigen Stelle zu offenbaren. Das Kamel ist ein Tier des alten und neuen Jerusalems, kennt den sicheren Weg in die neue Zeit und zur goldenen Stadt. Kamelfell soll heilsame Wirkungen haben, so etwa bei Arthritis, Arthrose, Rheuma, Gicht, Osteochondritis und Muskelkrankheiten. Das Kamelamulett fördert die Ausdauer, verhilft zu einer guten inneren Führung und Unbeirrbarkeit.

Stein: Goldtopas; **Farben:** Ocker, Creme, Gold; **Elemente:** Äther, Luft, Erde, Wasser; **Symbole:** Davidstern, Blume des Lebens; **weitere Assoziationen:** Höcker, Speicher, Kamelrennen, Reichtum; **Traumsymbol:** Erscheint das Kamel, so kann es auf Hilfe in schwierigen Angelegenheiten hinweisen sowie darauf, daß man sich wieder auf die göttliche Führung in sich besinnen soll. **Affirmationen:** »Positiv und sicher weiß ich, daß ich mein Ziel jetzt erreiche.« – »Ich folge meiner Bestimmung und bringe zu Ende, was ich begonnen habe.«

Katze
Selbstbestimmtheit, Freiheitsliebe, siebter Sinn

Ich lade dich ein,
komm in dein Sein!
Es ist gar nicht so schwer,
nur ein Sofa muß her.
Kein Streß, das Leben läuft auch ohne dich,
das lernst du hier und jetzt durch mich;
relaxe, relaxe, relaxe –
das sag ich dir, die Katze.
Ich schnurre voller Wohlbehagen,
niemand geht mir an den Kragen;
nehme das Leben spielerisch,
tanz' auch manchmal auf dem Tisch;
verfolge meine Interessen
und suche mir was Gutes zu essen;
entspannt kann ich mich geben
und geh doch wach durchs Leben;
beobachte genau,
denn ich bin ganz schön schlau,
bringe dir die Botschaft aus anderen Reichen,
welche für dich stellen die Weichen.
Mäuse hab ich zum Fressen gern,
Hunde bleiben mir besser fern;
weiß ganz genau, was ich will,
das Leben wird mir nie zuviel;
schnurre, brumme voll Genuß,
fauche und schlage, wenn ich muß;
vereinige den Gegensatz,
hier liegt die Kraft der wahren Katz'!
Immer neugierig zum Sprung bereit,
zeige ich dir die Ewigkeit;
bringe Freiheit in dein Sein,
mache dein Feld stets wieder rein.

Lebensweise der Katze

Vor ca. 5000 Jahren wurden in Ägypten die ersten nubischen Falbkatzen gezähmt. Sie wurden gut behandelt, da sie als Mäuse-, Ratten- und Schlangenjäger willkommen waren. So verbündeten sie sich mit den Menschen und sind noch heute neben Hund und Vogel eines der beliebtesten Haustiere. Da ihre ursprüngliche Heimat Afrika ist, liebt die Katze warme und sonnige Plätze. Über die Jahrhunderte hinweg ist es dem Menschen gelungen, verschiedene Katzenrassen zu züchten – allerdings sind die Unterschiede weit weniger augenfällig wie bei Hunden. Ihr Fell variiert von Weiß über Orange, Braun und Grau bis Schwarz, wobei die Besonderheiten in Zeichnung und Haarlänge auftreten, und die Augenfarbe reicht von Gelb über Grün bis Braun. Katzen sind Säugetiere; das Weibchen kann jährlich bis zu drei Würfe mit ca. 3 bis 5 Jungen haben. Katzen verfügen über einen ausgeprägten Jagd- und Spieltrieb: Tagsüber spielen sie oder liegen faul auf ihren Lieblingsplätzen, doch mit der Abenddämmerung verwandeln sie sich in aktive Jäger, welche ihre Streifzüge durch die Nacht unternehmen. Sie sind neugierig und stets offen für neue Erfahrungen. Ihrer Umgebung und ihren Mitbewohnern passen sie sich an, wobei sie die unterschiedlichsten Eigenheiten und Angewohnheiten entwickeln können. Sie lieben ihre Freiheit und Unabhängigkeit und sind meist Einzelgänger, scheuen jedoch Auseinandersetzungen mit Artgenossen und anderen Tieren nicht. Eine Katze ist ein guter Lehrer für das Spiel des Lebens.

Die Katze und ihre Kraft in den Kulturen der Welt

Die katzenköpfige ägyptische Göttin Bastet ist Sinnbild für Freude und Liebe; ihr waren Salben zugeordnet, denn sie verkörperte auch überirdische, heilende Kräfte. In Ägypten war es auch, wo Katzen zur Bewachung der Tempel eingesetzt wurden, da sie Geister und Kräfte, welche ungebeten eindringen, augenblicklich wahrnehmen. Der Wagen der nordischen Fruchtbarkeitsgöttin Freyja wird von einer Katze gezogen, und als Symbol für Unabhängigkeit und Freiheit, aber auch Häuslichkeit, ist sie der griechischen Mond- und Jagdgöttin Artemis (röm. Diana) geweiht. Katzen sagt man nach, sie hätten neun Leben. Die Muslime verehren Katzen, weil eine von ihnen Mohammed vor einer Schlange rettete; die M-förmige Zeichnung, welche viele Katzen auf der Stirn tragen, gilt als Abdruck des Fingers des Propheten. Nach einer russi-

schen Legende bewachen Katze und Hund das Paradies. In vielen Kulturen gilt die Katze als Orakeltier: So bringen beispielsweise schwarze Katzen von links kommend Glück und von rechts Unglück. Da die Katze eine Grenzgängerin ist und sich mühelos in zwei Welten bewegen kann, galt sie im Mittelalter als Famulus der Zauberer und Hexen. Die Buddhisten betrachteten die Katze als verfluchtes Tier, weil sie bei Buddhas Tod nicht geweint hatte.

Katzenmedizin

Die Katze ist ein Meister der Meditation. Menschen mit einer Katze als Krafttier sind aufgerufen, dem Weg ihrer Seele zu folgen. Die Katze ist eine ausgezeichnete Seelenführerin, welche sich unauffällig und geschmeidig zwischen den Welten und jenseits der Zeit bewegen kann. Sie verleiht ihrem Schützling den

siebten Sinn und Antennen in übersinnlichen Bereichen. Wen die Katze begleitet, dem überträgt sie die Fähigkeit der scharfen, wachen Beobachtung, der bissigen, intelligenten Schlagfertigkeit, der völligen Entspannung sowie das Selbstvertrauen, seinem eigenen Weg zu folgen und der instinkthaften Führung im Inneren bedingungslos zu vertrauen. Die Katze rät dir, es dir gut gehen zu lassen, dich um dich selbst zu kümmern und deine Freiheit und Unabhängigkeit zu leben. Sie bringt dir die Kraft der Sonne, das Selbstbewußtsein. Nicht alles, was da draußen passiert und dir begegnet, hat unbedingt etwas mit dir zu tun. Es kann tausend Gründe geben, warum eine Sache so ist, wie sie ist. Entspann dich, und hör auf dich selbst – du weißt, wann du aktiv werden mußt und wann du einfach sein kannst. Die Katze verleiht dir die Kraft, schnell und instinktsicher zu handeln, Energieräuber augenblicklich zu erkennen und unschädlich zu machen, das Leben als Spiel und kleinere Auseinandersetzungen als Lektionen der Lebensschule zu betrachten. Sie fordert dich auf, dir Zeit zu nehmen, dich im Licht der ewigen Quelle aufzuladen, deinen Gedanken nachzuhängen, deine Möglichkeiten und Ideen zu entwickeln. Die Katze holt dich in den Augenblick; sie fordert dich auf, wach zu sein, aktiv und selbstbestimmt zu handeln, dir deine Freiheit zu bewahren. Niemand kann deine Interessen besser vertreten als du selbst, über-

nimm also die Verantwortung für dein Leben, und finde deinen Ausdruck in dem, was gerade ist. In der schamanischen Arbeit verleiht die Katze ihrem Schützling Weisheit, Intuition, innere Führung, Hellsichtigkeit, die Fähigkeit zu blitzartigem Handeln und ein höheres Verständnis der Dinge. Sie hilft, das eigene Feld immer wieder zu reinigen, dunkle Kräfte hinauszuwerfen und eine vitale Lebensenergie aufzubauen.

Von der lichten Seite betrachtet: Die Katze kann tag- und nachtaktiv sein. Sie reagiert unvermittelt und kann unberechenbar sein, so behält sie ihre Eigenständigkeit und Freiheit. Sie steht für den wilden, unabhängigen Menschen, welcher männliche und weibliche Eigenschaften in sich vereint, sich selbst versorgt, sein Leben genießt – ob allein oder in Gesellschaft – und sich beschafft, was er braucht. So kann die Katze schmusen und kuscheln, aber genauso fauchen und kämpfen, sie kann sanft und anschmiegsam sein oder wild und unbändig gegen Regeln und Normen verstoßen, wenn ihr gerade danach ist. Sie folgt anderen Gesetzen, die nicht von dieser Welt sind, und hat ihre eigene Art, Treue, Freundschaft und Loyalität zum Ausdruck zu bringen. Katzen haben einen siebten Sinn, mit dem sie alles wahrnehmen, was zwischen Himmel und Erde existiert. So sind sie hellsichtig, können Dämonen und Geister sehen, haben Vorahnungen und agieren im Einklang mit der gerade wirkenden Energie. Sie wachen aus der Ewigkeit von Zeit und Raum über Heim und Energiehaushalt der Menschen, welche sie gut behandeln. Sie halten deren Feld sauber, so wie sie sich putzen und sich selbst sauberhalten. Ihr Revier markieren sie und verteidigen es gegen Eindringlinge und Räuber; nach einem Kampf erholen sie sich schnell.

Von ihrer dunklen Seite betrachtet, sagt man Katzen nach, sie seien kratzbürstig, eigensinnig, desinteressiert, unberechenbar, egozentrisch, extravagant, rücksichtslos, ungeduldig, manchmal grausam, streitsüchtig und räuberisch. Sie können unglückliche Wendungen anzeigen sowie Einschränkungen der Freiheit durch Zwänge und Normen. Sie stehen auch für Manipulation, schwarzmagische Angriffe, Energieraub, Hinterhältigkeit und Täuschung.

Weitere Informationen

Die Katze verweist auf das Wissen der alten ägyptischen Kultur sowie das Wissen von Tod und Leben. Sie hütet das Lebensrätsel, und als Meister der Widersprüchlichkeit ist sie ein Ausdruck des Tao. Katzen sind Wächter und

Hüter unsichtbarer Tempel und Tore. Sie sind Botschafter der Anderswelt, die uns lehren, uns in der Mittleren Welt zu bewegen. Das Katzenamulett verleiht Selbstvertrauen, Freiheit und Unabhängigkeit.

Steine: Kristallkugel, Katzenauge, Labradorit; **Farben:** Violett, Schwarz, Weiß; **Elemente:** Äther, Feuer, Luft; **Symbole:** Katzenpfote, Yin und Yang, Ankh**,** Besen, Rute; **weitere Assoziationen:** Katzenjammer, Kater, alles für die Katz, Besen, Lust, Sahne, Maus, Wollknäuel, Tarotkarte: Die Welt; **Traumsymbol:** Die Katze steht für die unabhängige weibliche Seite im Menschen, außerdem für Lebenslust, Zärtlichkeit und die Kraft der Intuition. Sie kann aber auch auf magische Operationen, Verführung und Hinterhalt aufmerksam machen. Sie bringt uns aus der Welt der Seele Botschaften, die wir beachten sollten; je nachdem, wie sie sich uns zeigt, lautet die Mitteilung. **Affirmationen**: »Frei und unabhängig folge ich dem Weg meiner Seele.« – »Ich bin frei, frei, ewig frei!«

Kobra
Heilendes Regenbogenlicht, Schutzschild, aufsteigende Energie

Fauche und zische ich sehr laut,
bin ich zum Kampf bereit aufgebaut
schlage zu mit meinen Giftzähnen,
meinen Gegner hilflos zu lähmen.
Bist du ohne Furcht und rein,
führ' ich dich in die zweite Welt ein;
rufe dich auf zur Priesterschaft
und zu deiner wahren Kraft.
Erinnere dich, du kennst mich schon,
aus vergangenen Zeiten bring ich deinen Lohn.
Aus mir spricht
mit all seinen Farben das Regenbogenlicht,
sie leuchten und strahlen von hier,
bringen dir, was du brauchst in meinem Revier.
Folge mir, deine Einweihung beginnt,
nur mir nach, in die Höhle geschwind!
Gift oder Heilung, das entscheidest du,
Leiten und Lenken bringt innere Ruh.
Lerne, deine Kraft weise zu gebrauchen,
dann brauche ich nicht mehr zu fauchen.
Meinen Schutzschild ich
übertrage auf dich,
so daß du allzeit geschützt
dich auf den Stab deiner Kraft stützt.
Ich führe dich ein und wecke dich auf
in einen größeren Zeitenlauf.

Lebensweise der Kobra

Die Kobra ist eine besonders faszinierende Giftnatternart, die ursprünglich aus dem östlichen Himalaya stammt und sich von dort über den ganzen asiatischen Raum bis nach Afrika verbreitete. Dort ist sie mit 8 Arten vertreten,

im asiatischen Raum leben 11 Arten. Zu den Kobras zählen z.B. Brillenschlange, Monokelkobra, Schwarzhalskobra und Königskobra; letztere ist mit einer Länge von bis zu 5 Metern die größte Giftschlange überhaupt. Die Kobra bevorzugt Lebensräume in Wassernähe und lebt in Reis- und Tapiokafeldern, verwilderten Gärten, Bambuswäldern, Baumstämmen, Felsen, Laub- und Reisighaufen. Nicht selten dringt sie in der Regenzeit, besonders bei Überschwemmungen, in Häuser ein. Die Kobra trägt einen Nackenschild, der manchmal mit interessanten Zeichnungen geschmückt ist. Mit ihren verlängerten Nackenrippen kann sie diesen Schild spreizen, so daß sie größer wirkt – eine Veränderung, die ihren Angreifer in die Flucht treiben kann. Sie besitzt zudem zwei Giftzähne, die ziemlich weit vorn im Kiefer sitzen, deren Gift tödlich sein kann. Es verursacht Lähmungserscheinungen, die zum Atemstillstand führen können. Hinsichtlich der Körperfärbung ist die Kobra variabel. Es gibt olivfarbene, graugrüne, rotbraune, bräunliche, beigefarbene, gelbe, helle bis weiße Exemplare mit verschiedenen Musterungen, die sich mitunter über den ganzen Rücken ziehen. Aufgrund dieser vielen Farben und weil sie, wenn sie frisch gehäutet ist, regenbogenfarben schillert, wird sie oft auch Regenbogenschlange genannt. Die Kobra ist dämmerungs- und nachtaktiv, worauf auch ihre Augen eingestellt sind, so daß sie bei Tag schlecht sieht. Sie kann ein sehr aggressives bis scheues Verhalten zeigen. Im Angriffsfalle faucht und zischt sie sehr laut, richtet sich auf, spreizt ihren Nackenschild und stößt dann erst zu; Menschen attackiert sie nur, wenn sie sich von ihnen in irgendeiner Weise bedroht fühlt. Kobras legen im Januar und März ihre Eier, meist 10 bis 30 Stück, in leicht feuchtes Erdreich, in Höhlen, unter Steine, in Baumstämme, hohle Bäume und ähnliche Orte; nach 50 bis 60 Tagen schlüpfen die Jungen. Kobras häuten sich zweimal im Jahr, wobei sie vor der Häutung tagelang im Wasser liegen. Sie ernähren sich von Kleintieren aller Art, allerdings können sie auch ohne Nahrung drei Monate aktiv bleiben, denn ihr Energiebedarf ist extrem niedrig.

Die Kobra und ihre Kraft in den Kulturen der Welt

Unter allen Schlangenarten hebt sich die Kobra hervor und steht im mystischen Mittelpunkt vieler Kulturen. Im alten Ägypten zierten Kobras die Kronen der Pharaonen und Götter, entsprechend steht sie für die göttliche Macht und Herrlichkeit. Man nannte sie das »Auge des Sonnengottes«, welches sich feuerspeiend an der Stirn emporwand und Feinde mit seinem glühenden Atem verzehrte. Als heiliges Tier wurde sie in Ägypten zudem in der Schlangengöttin und Schutzpatronin Uto verehrt. Der Totengott Emeuet trug einen Kobrastab, wobei die Schlange Wiedergeburt, aufsteigende Energie, Erleuchtung und Sonnenkraft symbolisiert. In der Grabkunst Ägyptens finden sich entsprechend viele Schlangendarstellungen, auf denen die Kobra häufig mit der Sonnenscheibe zu sehen ist. Dies ist die Uräuskobra, Naja haye, sie gilt als Symbol für Gottgleichheit. Auch der Buddha hat eine besondere Beziehung zu Kobras: Einst legte er sich zum Schlafen nieder, und als er erwachte, fand er sich im Schatten eines Kobraschildes, welcher ihn vor der sengenden Hitze schützte. Der hinduistische Elefantengott Ganesha wird oft mit einer Kobra dargestellt, die um seinen Bauch gewickelt ist, eine Anspielung auf Shiva. Die indische Schlangengöttin Kadru gebar alle Nagas, welche sie mit ihrem heiligen Mondblut nährte, so daß sie unsterblich wurden. Nagas sind hinduistisch-buddhistische Zwittergestalten, halb Mensch, halb Kobra, welche als Schutzgeister von Wasserstellen, Seen, Bächen, Flüssen gelten, wo sie die Schätze in den Wassertiefen hüten. Sie stehen für Fruchtbarkeit und Erleuchtung durch Erkenntnis, ihre Attribute sind Lotos und Pflugschar. In der alten indischen Yogatradition steht die Kobra für die Kraft der Kundalini (Sexualkraft), deren Beherrschung Unsterblichkeit schenkt. Im Christentum ist die Kobra ein Zeichen des Bösen und wird gefürchtet. Meist ist die Kobra die typische Schlange der Schlangenbeschwörer.

Kobramedizin

Die Kobra birgt ein Gift, das heilsam sein kann. Sie stählt deine Nerven, hilft dir, deine Kraft anzunehmen und neu auszurichten. Sie fordert dich auf, Altes zu verdauen, hinter dir zu lassen und zu Ende zu bringen, so daß du dich in weitere Spiralen der Kraft entwickeln kannst, und bringt dir die notwendige Selbstkontrolle. Durch ihre schlängelnden Wellenbewegungen, ihre Kunst, sich einzurollen und aufzurichten, zeigt sie dir die verschiedenen Arten, wie du Kräfte leiten,

ausrichten und auf- und abbauen kannst. Sie lehrt dich den Zeitpunkt, wann es gut ist, sich zurückzuziehen, und wann es gut ist, nach außen zu gehen. Sie bringt dir bei, wie du mit deinen Energien haushalten sowie Kraft schöpfen und aufbauen kannst. Mit ihrer Hilfe kannst du verlorene Seelenteile zurückholen. Sie führt dich ein in deine Herrschaft, Macht und Herrlichkeit. Sie lehrt dich, die sexuelle Energie zu leiten, männlich und weiblich vollendet miteinander zu vereinen, den Tanz der vitalen Lebensenergie zu tanzen, mit Energien zu heilen, deine verborgenen Schätze zu heben, dein inneres Feld fruchtbar werden zu lassen und vieles mehr. In ihr hast du eine mächtige alte Verbündete und Seelenführerin.

Von ihrer lichten Seite betrachtet: Begegnest du der Kobra, so steht ein Kraftwechsel in deinem Leben an. Ein alter Teil von dir muß sterben, damit ein neuer Teil in dir wachsen kann. Bist du bereit, deine alte Haut abzustreifen und die Regenbogenhaut anzulegen? Da die Kobra feuchte Erde bevorzugt, steht sie für die Einweihung in die Erd- und Wasserkraft. Ihre Besonderheit ist ihr Schutzschild, dessen Kraft sie auf denjenigen überträgt, der von ihr eingeweiht wird. Sie lehrt dich, aufrecht und ruhig in deiner vollen Größe dazustehen, so daß andere dich nicht angreifen, dir Respekt und Achtung entgegenbringen oder sogar, wenn sie nicht lauterer Absicht sind, die Flucht ergreifen. Unter ihrem Schutz kann das Dämonische in deinem Feld nicht wirken, außer du rufst es hervor. Sie erweckt die feinstoffliche Energie in deinen Energiezentren und bringt dir bei, diese Energie langsam und aufsteigend durch deinen Körper zu leiten und so ein großes Kraftfeld aufzubauen. Sie lehrt dich, deine faszinierende, charismatische Kraft zu entwickeln, so daß du die Botschaft, welche du schon in dir trägst, in die Welt bringen und hier deine Aufgabe erfüllen kannst. Sie weiht dich ein in das alte Wissen der Göttin, in die Buddhaschaft und in deine höhere Natur, in die Kraft, Macht und Herrlichkeit der Quelle. Sie läßt dich das Gift, das dich einst quälte, in tätige Heilkraft verwandeln, so daß du nun selbst Altes erneuern kannst.

Von ihrer dunklen Seite betrachtet, verweist die Kobra auf Machtmißbrauch, Mißbrauch von Magie, Vergiftung, Täuschung, Gefahr, einen hinterhältigen Angriff, tiefsitzende Aggressionen, Vergeltungsgelüste, innere Lähmung. Sie zeigt, daß man kein eigenes Kraftfeld aufbauen kann, nicht eins ist mit sich selbst, zu sehr nach anderen schaut, hypnotisiert ist von den Kräften anderer und eher deren Bewegungen nachahmt, als eigene zu finden. Die Kobra

ist äußerst nachtragend und verfolgt Menschen, welche ihren Lieben etwas angetan haben, bis in alle Ewigkeit und rächt deren Tod »Zahn um Zahn«.

Weitere Informationen

Die Kobra verbindet mit dem Wissen der alten Gemeinschaften von Priesterinnen, dem Weg der Göttin, der alten eingeweihten Könige und Königinnen. Das Kobraamulett steht für Priesterschaft, Öffnung, Einweihung.

Stein: Regenbogenobsidian: **Farben:** Regenbogenfarben; **Elemente:** Erde, Wasser, Luft, Feuer, Äther; **Symbole:** Sonnenscheibe, Königskrone, Regenbogenlicht; **weitere Assoziationen:** magische Kräfte; Yogaübung: Die Kobra; **Traumsymbol:** Taucht die Kobra in deinem Traum auf, so zeigt sie dir den Königsweg und deine verborgenen Schätze. Sie kann auf das Erwachen deiner feinstofflichen Sexualkraft (Kundalini) oder auf eine bedrohliche bis tödliche Gefahr hinweisen, wenn du den rechten Sicherheitsabstand zu bestimmten Dingen nicht wahrst und bestimmte Regeln nicht befolgst. **Affirmationen:** »Meine Kraft tanzt durch mich und führt mich jetzt.« – »Ich bin eins mit der Quelle.«

Kojote
Närrische Weisheit, Wachstum, Erkenntnis

Heule ich den Mond hier an,
weißt du, neue Lektionen sind dran.
Unberechenbar sind die Wege zwischen Himmel und Erde;
Mensch vergehe, stirb und werde!
Grenzen sind fließend, du glaubst, es sei ein Fluch,
sie zu ordnen ist dein Versuch,
doch vergiß nicht die Macht,
welche über Ordnung lacht.
Das Leben ist Wachstum in all seinem Sein,
warum ordnest du es ein?
Laß es fließen, vertrau deinem Gespür,
öffne in dir die geistige Tür!
Lektionen sind da, um sich zu erkennen
und das Doppeldeutige zu benennen;
sie spiegeln die Kräfte, die am Wirken sind –
lache darüber, du himmlisches Kind!
Doch bilde dir bloß nicht soviel ein,
denn du wanderst im Erdenschein.
Lerne und wachse, dafür bist du da,
das Leben ist vielfältig und wunderbar.
Nimm an, nimm hin, folge deinen ungeraden Wegen,
hier allein liegt der verborgene Segen.

Lebensweise des Kojoten

Der Kojote ist eine wilde Wolfshundart und gehört zu den Raubtieren. Er ist in Nordamerika, Kanada, Alaska, Mexiko und Costa Rica weit verbreitet, wo er in den ausgedehnten Prärien, aber auch in dichten Wäldern lebt. Er weist Parallelen zu dem afrikanischen Schakal und dem australischen Dingo auf. Er wird etwa einen Meter lang (ohne Schwanz), hat eine schmale Schnauze, große Ohren und kurze Beine, sein Fell zeigt eine uneinheitliche Farbe, welche zwischen verschiedenen Brauntönen variiert. Er paßt sich sei-

nem Lebensraum an und ist überaus nützlich, denn mit seinen Jagd- und Freßgewohnheiten unterstützt er das biologische Gleichgewicht. Einen großen Teil seiner Beute erjagt er selbst, ist aber auch ein Aasfresser und verzehrt ebenso Früchte und Beeren. Menschliche Siedlungen scheut er nicht, dort leert er Abfalltonnen und stibitzt ab und zu unbedacht stehengelassene Mahlzeiten, zudem sind Kojoten und Haushunde untereinander fruchtbar. Kojoten finden sich zu Paaren und losen Familien- oder Gruppenverbänden zusammen. Sie sind schnellfüßige, scharfsinnige und listige Überlebenskünstler mit unverwechselbaren Lauten. Pumas, Adler und Wölfe sind ihre Feinde, denn die Kojoten gehören zu ihren Beutetieren.

Der Kojote und seine Kraft in den Kulturen der Welt

Der Kojote ist der Schelmengott der Indianerstämme in den westlichen und südwestlichen Gebieten Nordamerikas. Ihm wird Respekt und gleichzeitig Mißtrauen entgegengebracht. Er gilt als Unruhestifter, der aber auch als Freund der Menschen und als Mitschöpfer der Weltordnung in Erscheinung tritt. Er kann Weisheitslehrer, Geschichtenerzähler, Gaukler sein, doch wirkt er ebenso als unglückbringende und gerissene Gottheit, welche zahlreiche Unglücksfälle verursacht. Die Sioux schreiben dem Kojoten zu, dem Menschen das Pferd gebracht zu haben. Als Mondwesen kann er Überschwemmungen, harte Winter und Tod anzeigen, desgleichen Führung, Eingebung, Intuition und den Mut, ungewöhnliche Wege zu gehen. Bei den Azteken wird Quetzalcoatl, der Schöpfergott, bei seinem Sieg über den Herrscher der Unterwelt, Mictlantecuhtli, durch zwei Kojoten dargestellt. Bei vielen Indianerstämmen gibt es unzählige Geschichten vom alten Mann Kojote; hier eine kleine von den Navajo: Der Schwarzgott plazierte einige wenige Kristalle sorgsam und gleichmäßig am Himmel. Zufrieden betrachtete er sein Werk und sagte: »Diese Sternbilder sollen die Menschen mit den kosmischen Regeln vertraut machen.« Da erschien der Kojote, der Schelm. Die Götter mochten ihn nicht sehr, weil er mit seinen Streichen oft ihre sorgfältigen, wohldurchdachten Pläne durchkreuzte. Der Schwarzgott wollte schnell seinen Beutel verstecken, doch der Kojote war schneller. Bevor der Schwarzgott ihn daran hindern konnte, schüttelte er alle Edelsteine aus dem Beutel und warf sie quer über den ganzen Himmel. Der Schwarzgott war wütend und ärgerte sich über die Unordnung am Himmel, doch der Kojote lachte und fand den Himmel erst jetzt richtig schön und bunt.

Kojotenmedizin

Taucht der Kojote in deinem Energiefeld auf, so ermutigt er dich, deine eigene Kraft zu entwickeln und Fehler nicht zu scheuen. Er lehrt dich, zwischen den Welten zu wandeln und dich frei zu machen von Verstrikkungen. Er führt dich auf dem verschlungenen Weg zwischen oben und unten. Er bringt dir bei, wie du auf unvorhergesehene Situationen angemessen reagieren und locker bleiben kannst, was immer auch auf dich zukommen mag, so daß du munter deinem Weg weiterzufolgen vermagst. Er bringt die tanzenden Kräfte in dir ins Gleichgewicht. Er führt dich in die Gunst der Stunde und das Sein im Hier und Jetzt – nicht gestern, nicht morgen, heute ist das einzige, was zählt. Jetzt gilt es, voll dazusein, kreativ und angemessen zu agieren und zu reagieren. Er zeigt dir, wie du anderen mit Humor einen Spiegel ihrer eigenen Energie vorsetzen kannst, auf diese Weise erteilt er heilsame Lektionen in Weisheit. Gelegentlich jedoch verpaßt der Kojote dir auch härtere Unterweisungen, die deiner Selbsterkenntnis und deinem Wachstum dienen. Verstehe die Essenz der Lektion, lerne daraus, laß sie hinter dir, und geh deines Weges. Der Kojote hilft dir, Gegensätze zu überwinden, dich höheren Kräften zuzuwenden, der göttlichen Führung zu vertrauen und dich von innen heraus leiten zu lassen. In ihm hast du einen schnell reagierenden, guten Seelenführer und Lehrer in der Mittleren Welt, der Welt des Menschen.

Von der lichten Seite betrachtet: Abends heult der Kojote den Mond an und erinnert uns daran, daß wir nicht allein auf diesem Planeten sind. Er zeigt uns, daß wir Teile der Sonne und des Lichts ebenso wie des Mondes und der Dunkelheit in uns tragen und daß die Grenzen dazwischen fließend sind. Was dunkel ist, kann hell sein, Licht kann auch dunkel sein. Es gibt die eigenen Wege, aber auch höhere Führungen und Fügungen. Der Kojote nimmt mit, was auf seinem Weg liegt. So lernt er mit dem zufrieden zu sein, was er vorfindet, und daraus das Beste zu machen. Als scharfsinniger Beobachter und Kenner vieler Welten verleiht er die Gabe des Verstehens, des Wiedererkennens und außerdem die Weisheit des Narren. Man kann ihn nicht einordnen und auch nicht bändigen. Damit bringt er die Kraft des Chaos ins Spiel, welche bestehende Ordnungen durcheinanderbringt und dadurch eine

Neuordnung und Wachstum ermöglicht. Er kennt viele Aktions- und Reaktionsmöglichkeiten, läßt sich von der jeweiligen Situation leiten und ist daher nicht berechenbar. So trägt er die Unberechenbarkeit in unser Leben, wodurch wir lernen, damit umzugehen. Der Kojote verleiht unserem Dasein Leichtigkeit und Humor: Vergiß nie, über dich und deine eigene Dummheit zu lachen, nimm die Dinge und dich selbst nicht allzu wichtig, mach dich locker, das Leben geht weiter.

Von seiner dunklen Seite betrachtet, bedeutet der Kojote Chaos, Dummheit, Verstoß gegen die göttliche Ordnung, Hartnäckigkeit, Unbeliebtheit, Verunsicherung, Kaltschnäuzigkeit, Berechnung, Egoismus, Frechheit, Mißtrauen, Einmischung, Raub. Oft weiß man einfach nicht, wie man ihm gegenübertreten oder wo man ihn einordnen soll.

Weitere Informationen

Wenn wir auf der geistigen Ebene ein Kojotenfell überreicht bekommen, so macht es uns geistersichtig, verleiht uns Schnelligkeit und Schlauheit. Im indianischen Medizinrad gehört der Kojote zu den Hütern von Shawnodese, dem Geist des Südens. Dort steht der Kojote für Humor, Wildheit, Ausdauer, Vertrauen, Anpassungsfähigkeit, Kreativität, Leben und Überleben, große Geheimnisse, Einweihung. Das Kojotenamuellt steht für Neuordnung, Hellsichtigkeit, Humor und die Geschichten, welche das Leben schreibt.

Stein: Serpentin; **Farben:** Grün, Gelb; **Elemente:** Wasser, Feuer; **Symbole:** Stab, inneres Licht, Schwanz; **weitere Assoziationen:** Salbei, Sommer, Mittag, Heranwachsender; ausprobieren und Fehler machen, weitergehen, seine eigene Kraft entwickeln, Tarotkarte: Der Narr; **Traumsymbol:** Taucht der Kojote auf, so hast du mit etwas Unvorhergesehenem zu rechnen. Je nachdem, wie er sich dir zeigt, bringt er dir Botschaften aus der Mittleren Welt: Stiehlt er dir ein Tier, so kann das auf Energieraub durch entferntere Personen stehen, welche du nicht im Auge hast; heult er den Mond an, so fordert er dich auf, dich auf dein Gefühl zu verlassen und nach innen zu hören; **Affirmationen:** »Ich nehme jetzt den Ausdruck meiner schöpferischen Möglichkeiten an, welche mir erlauben, frei zu sein.« – »Ich bin ich.« – »Ich bin, der ich bin.«

Kolibri
Freude, Freie Energie, Herzensfrequenz

Klein, schillernd bunt und fein,
so ist mein Sein,
doch trete ich in deinen Herzensschrein,
lehre ich dich, zu halten deine Herzenskräfte rein,
zu baden in der ewigen Quelle,
zu überschreiten die Schwelle,
zu vollenden deine Pracht,
deine Herrlichkeit und Macht.
Lerne, deine Schwingungszahl
schnell zu erhöhen
und deine Welt zu harmonisieren und zu
versöhnen.
Das Licht der Himmelsjuwelen nimm in dich auf,
sie tragen dich nach oben, folgen kannst du dem
Sternenlauf.
Du trägst das Wissen der neuen Zeit,
mach dich jetzt dafür bereit;
bringe es in die Welt,
die sich langsam im Licht erhellt.
Wir die Boten von morgen,
raten dir: Mach dir keine Sorgen,
schau auf die Freude, die bunte Vielfalt und die Pracht,
welche in dieser Schöpfung das Licht gemacht.

Lebensweise des Kolibri

Kolibris gibt es auf dem gesamten amerikanischen Kontinent, und zwar von Alaska bis Feuerland. Gegenwärtig sind 330 Arten bekannt mit mehreren hundert Unterarten. Der Name lautet auf englisch »Hummingbird« (Summender Vogel), auf spanisch »Pica flor« (Blumenstecher), auf französisch »Oiseau mouche« (Fliegenvogel), auf portugiesisch »Beija flor« (Blütenküsser), unter lateinischem Namen »Trochilidae« und in indianischer Sprache

»Guainumbi« (Blumenspecht). Ihre Artennamen sind z.B. Stellula calliope (Sternelfe), Heliodoxa (Brillant), Heliangelus (Sonnenengel), Metallura (Metallschwanz) u.ä. Die winzigen Überflieger zählen zu den bemerkenswertesten Vögeln überhaupt. Manche sind kaum größer als eine Libelle, und doch vollbringen sie Höchstleistungen. Ihr Gewicht liegt zwischen 3 und 15 Gramm. Ihre auffälligsten Merkmale sind ihr farbenfrohes, metallisch funkelndes und schimmerndes Gefieder, das je nach Lichteinfall und -intensität bei der schwirrenden Bewegung des Vogels mehrere Farbtöne und verschiedene Farbeffekte erscheinen läßt. Die weiblichen Kolibris haben wegen der Tarnung und Brutpflege ein nicht ganz so farbenfrohes Gefieder. Die Kolibris haben eine erstaunliche Flugtechnik und verfügen als einzige Vogelart über die Fähigkeit zum Seitwärts-, Aufwärts-, Rückwärts- und Kopfüberfliegen. Ihr Schwirrflug, welcher die Nektaraufnahme aus freihängenden Blüten ermöglicht, ist einmalig: Der Vogel scheint vor der Blüte zu ruhen, wobei seine Flügel eine liegende Acht beschreiben. Ihre Flügelschlagfrequenz beläuft sich auf ca. 80 Schläge pro Sekunde im Vorwärtsflug, was das Maximum an Flügelschlägen im Vogelreich darstellt. Im Normalflug haben sie eine Fluggeschwindigkeit von 50 bis 65 Stundenkilometer, im Sturzflug erreichen sie 95 Stundenkilometer. Beim Balzflug sind eine Frequenz von 200 Flügelschlägen pro Sekunde und eine Geschwindigkeit von 150 Stundenkilometern möglich. Des weiteren können sie auf ihren langen Wanderungen bis zu 800 Kilometer am Stück zurücklegen. Ihr Treibstoff besteht hauptsächlich aus Blütennektar und kleinen Insekten, daneben aus Pollen, Fruchtfleisch und Wasser. Ein weiteres Merkmal des Kolibris ist die geschwungene Schnabelform und die einmalige Schnabel-Zungen-Einheit, welche auf spezielle Blüten ausgelegt ist. So werden durch unterschiedliche Schnabelformen und -längen Konkurrenzkämpfe unter den Arten vermieden. Diese kleinen Juwelen der Lüfte legen viel Wert auf Gefiederpflege, sie putzen und baden sich recht häufig. Ihre Nester bestehen immer aus sehr feinem Material wie Blütenwolle, Pflanzenfasern, Farnschuppen, Spinnweben und weichem Moos. Manche Nester liegen frei, andere sind überdacht oder hängen an Zweigen. Wenn die Kolibris aus

einem Gebiet verschwinden, ist dies ein Zeichen für Disharmonie und Ungleichgewicht in der Natur.

Der Kolibri und seine Kraft in den Kulturen dieser Welt

Der Kolibri findet sich in der Mythologie der Mayas und Azteken. Dort gilt er als Symbol der Sonne, des Herzens, der Liebe, der Magie, aber auch des Krieges zwischen den Welten. Aus der Nazca-Zeit (2. Jh. v. Chr. bis etwa 1000 n. Chr.) stammen Gefäße mit Kolibrimotiven, und auch eine der berühmten, nur aus der Luft erkennbaren, Nazca-Zeichnungen stellt einen Kolibri da. Er ist der Bote der Zukunft, der neuen Errungenschaften und hochentwickelten, spezialisierten Techniken. Der Name des Kriegs- und Hauptgottes der Azteken Huitzilopochtili, auch Uitzilopochtli, des »Herrn der Seelen«, den man in blauer Körperbemalung in voller Rüstung und mit Kolibrifedern geschmückt abgebildet findet, bedeutet soviel wie »Kolibri des Südens«. Kolibrifedern wurden für Liebeszauber und in Heilbehandlungen verwendet, um die Seele des Menschen wieder in Harmonie zu bringen und eine neue Kraft zu verankern. Nach einer alten Legende der Mayas gehören Kolibris bereits zu der zukünftigen Kulturepoche, der fünften Welt (wir leben noch in der vierten Welt). Sie sind Boten dieser neuen Welt und Lichtbringer.

Kolibrimedizin

Schwirrt der Kolibri in dein Leben, so bringt er dir die Medizin der Freude und des Ausgleichs. Er öffnet dir die Augen für die Juwelen im Herzen, für die Schönheit, die Fülle und die Pracht der Schöpfung. Er hilft dir, dein Inneres zu einem Ort der Harmonie zu wandeln, und führt dich zur Geborgenheit in dir. Er hebt die Frequenz deines Herzens, und damit kannst du sehen, was ist und worauf es in der einen oder anderen Situation ankommt, damit sie einen heilsamen, guten Ausgang nimmt. Er lehrt dich, deine eigene Schwingung kennenzulernen und Dinge nicht persönlich zu nehmen, die von außen an dich herangetragen werden, sondern sie als Ausdruck der Seelenlage des anderen zu sehen. Damit bleibt dein Herzenskelch offen, und Mitgefühl kann fließen, du bleibst fähig, anderen die Hand zu reichen. Der Kolibri lehrt dich, das Bestmögliche zu geben, was du in einer Situation geben kannst. Auch zeigt er dir deine Herzensvisionen und bringt dir bei, deinen Traum vom schönen Plane-

ten aufrechtzuerhalten und deinen Beitrag dazu zu leisten, damit das goldene Zeitalter anbrechen kann. Als Bote des neuen Morgens lehrt er dich den
rechten Umgang mit Worten, Taten und weiteren Ausdrucksmöglichkeiten. Er
bringt dir bei, daß alles auch im Kleinsten enthalten ist, daß das Kleine manchmal das Größte sein kann und daß viele gute Dinge aus den kleinen, einfachen, alltäglichen, liebevollen Handlungen erwachsen.

Von der lichten Seite betrachtet: Der Kolibri ist ein Botschafter des Herzens.
Er verbreitet die Botschaft, daß Leben Freude, Harmonie, Schönheit und
Vielfalt ist. Wenn du in dir den Frieden, die Schönheit und die Freude des
Lebens empfinden kannst, so strahlst du dies aus, und andere Menschen können auch wieder ihren Blick dafür öffnen. Auf unharmonische und gestörte
Schwingungen reagiert er sehr empfindsam und verschwindet, ein Zeichen
dafür, daß du die Frequenz deines Herzens verloren hast. Im Licht funkeln
Kolibris wie Edelsteine in den verschiedensten Farben; damit rufen sie uns auf,
das Licht unserer Seelenfarbe in die Welt strahlen zu lassen und so zu Hoff-
nungsträgern zu werden. Durch die verschiedenen Schnabelformen zeigt er,
daß jeder für bestimmte Aufgaben vorgesehen ist und alles seinen Platz und
seine höhere Ordnung hat. Durch seinen schnellen Flügelschlag wirkt es, als
ob keine Flügel vorhanden wären und er in der Luft stünde. So führt er uns
durch die Erhöhung unserer Schwingung ein in die Feinstofflichkeit und in
die unsichtbare, universelle, freie Energie. Er lehrt uns, diese wahrzunehmen,
sie perfekt zu lenken und sie zu unserer Vollendung zu nutzen. Die liegende Acht, welche er im Schwirrflug mit seinen Flügeln schlägt, steht für die
Reflexion der spirituellen Welt auf der Erde und verweist auf die Vervoll-
kommnung des Menschen.

Von seiner dunklen Seite betrachtet, steht der Kolibri für Eitelkeit, hohlen
Schein, Unruhe, Ruhelosigkeit, ständige Bewegung, Lästigfallen, Disharmonie, Unausgeglichenheit, Launenhaftigkeit, Perfektionismus, hohe Erwartungen an sich, Dauerstreß, Rückzug bei Unannehmlichkeiten und die Unfähigkeit, damit umzugehen. Dann folgt der Kolibri lieber dem Verstand als dem
Herzen, empfindet die Rufe des Herzens als störend und ignoriert sie.

Weitere Informationen

Der Kolibri bringt das Wissen zukünftiger Kulturen in die Welt. Er stellt
die Verbindung her zu den Naturreichen, besonders zu der Welt der Engel,

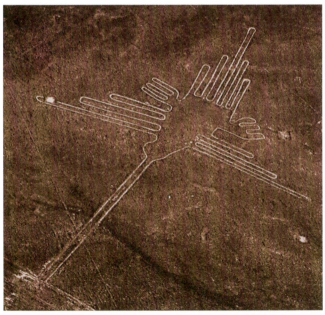

der Sylphen (Luftwesen) und der Elfen, wobei gerade letztere oft als Volk der Zukunft betrachtet werden. Der Kolibri verbindet auch mit anderen Welten und dem Sternenwissen. Im indianischen Medizinrad ist der Kolibri dem Seelenpfad des äußeren Ostens zugeordnet; er steht dort für Schnelligkeit, Beweglichkeit, Präzision, Perfektion, Heiligkeit, Energie, Ausstrahlung, Wagemut, Heilung, Klarheit und gilt zudem als Glücksbringer. Das Kolibriamulett öffnet für die göttliche Liebe und die Energie der neuen Zeit.

Steine: Glimmer, Turmalin, Saphir, Rubin, Smaragd, Diamant (Juwelen allgemein); **Farben:** durchsichtige Nuancen, Regenbogenfarben, neue schillernde Farbtöne; **Element:** Äther; **Symbole:** liegende Acht, Federn, Spiegel; **weitere Assoziationen:** Brillanz, Energie, Rosmarin, Vollendung, die Zahl 8, der achtfache Pfad, acht Lotusblüten; **Traumsymbol:** Erscheint der Kolibri, so erinnert er dich an das einzigartige Leuchten deiner Seele und an die innere Harmonie. **Affirmationen:** »Ich lasse meine Herzensjuwelen in der Welt leuchten.« – »Ich stimme mich ein auf die höchste Schwingung meines Herzens.«

Kolibri-Zeichnung der Nazca (Luftaufnahme)

Krähe
Vorsicht, Achtsamkeit, verborgene Seiten

Arrrk, Arrrk, so krächzen wir –
vernimmst du den Ruf, der geht aus zu dir?
Such dir ein Heim,
und bau das Nest dein
hoch oben im geschützten Wipfel,
wo erschallen die Rufe der Welt über die Gipfel.
Doch nun steht an der Gang hinter die Schleier
zu dunklen Seen und an graue Weiher.
Wir wollen dir zeigen, was dich abhält vom Glück,
führen dich in dir ein Stück zurück,
helfen dir, aufzuräumen, zu erkennen den Schicksalsfaden,
der ins Jetzt hineinwirkt aus vergangenen Saaten.
Lerne, deine Kräfte zu verstehen,
so kannst du mit ihnen statt gegen sie gehen.
Im Verborgenen können sie wachsen und gedeihen,
so können wir dich in das Sein einweihen.

Lebensweise der Krähe

Die Krähe gehört zu den Rabenvögeln (siehe auch Rabe). Die graue Ne-
belkrähe und die schwarze Rabenkrähe sind in ganz Europa heimisch. Sie sind
Jahresvögel und überwiegend ortstreu, wobei einige im Winter in Schwärmen
nach Mittel- und Westeuropa fliegen. Krähen bevorzugen offene und halb-
offene Landschaften mit Bäumen und Feldgehölzen, Grün- und Ackerland,
Viehweiden und Wiesen, Alleen, Parkanlagen, Waldränder und menschliche
Siedlungsbereiche. Es gibt Brüter und Nichtbrüter; die Nichtbrüter sorgen für
eine Begrenzung der Populationsdichte; die Brüter bauen ihr Nest im März
in der Regel auf hohen Bäumen. Das Nest wird in 8 bis 10 Tagen aus Zweigen, Lehm und Grasbüscheln zusammengefügt und mit Moos, Gras, Haaren
und kleinen Stoffresten ausgepolstert. Oft benutzen Krähen ihr altes Nest,
welches sie ausbessern und ausbauen. Krähen weisen ein hohes soziales Verhalten auf; sie leben als Einzelgänger, als Paare und in Gemeinschaften; ins-

besondere in der kalten Jahreszeit bilden sie große Schlafplatzgemeinschaften. Dann informieren sie sich auch gegenseitig über gefundene Nahrung und teilen sie sich. Sie verständigen sich über große Entfernungen miteinander, so daß sie mitunter scheinbar aus dem Nichts auftauchen und sich zu einer großen Schar zusammenfügen. Krähen sind Allesfresser und fressen auch Aas; auf diese Weise dienen sie als Gesundheitspolizei. Sie sind scheu, zurückhaltend und vorsichtig. Sie beobachten ihre Umgebung genau und informieren sich gegenseitig über die aktuelle Lage.

Die Krähe und ihre Kraft in den Kulturen der Welt

Die Bedeutung der Krähe ist ähnlich der des Raben, allerdings ist die Krähe viel scheuer, zurückhaltender und vorsichtiger, zudem waltet sie eher still und heimlich im Verborgenen. Sie gilt wie der Rabe als Orakeltier und Famulus der Zauberer und Hexen; aus ihren Flügeln wurde geweissagt. Bei den Ägyptern war ein Krähenpaar ein Sinnbild für Monogamie. Der griechische Lichtgott Apollo nahm die Gestalt einer Krähe an, als er vor dem Ungeheuer Typhon floh; der Vogel war ihm und der Weisheitsgöttin Athene geweiht. Die keltische Heldin Branwen wurde als weiße Krähe dargestellt; die keltische Kriegsgöttin Badb stiftet als Krähe Verwirrung und Unruhe, um in einer  Schlacht die Kräfte gemäß des kosmischen Gesetzes neu zu verteilen. Gemäß dem Volksglauben verwandelt sich das Feenvolk oft in Krähen. Man sagt ihnen nach, sie brächten Unglück oder auch Glück sowie Botschaften aus der Anderswelt, verliehen magische Fähigkeiten wie Hellsichtigkeit, Gestaltwandel und Täuschung der Sinne. In Geschichten finden wir Krähen an der Wegkreuzung sitzen, wo sie die Kräfte des Helden prüfen. Sie weben die Schicksalsfäden und kündigen von bevorstehenden Ereignissen. Verstorbene Seelen, die sich noch nicht von der Erdenebene gelöst haben, können sich ebenfalls als Krähe zeigen. Für die Indianer ist die Krähe ein Totemtier, das die heiligen Gesetze und alten Rituale bewahrt und hütet. Sie taucht auf, wenn Veränderungen bevorstehen. Sie kann ein hinterlistiger Gauner und Blender sein, aber ebenso ein Bote der geistigen Welt, der Nebelwelt und der Welt der Seelen.

Krähenmedizin

Die Krähe fordert dich auf, mit ihr durch die Nebelwand zu gehen und zu schauen, was dahinter wirkt und deine Sicht manchmal so trüb macht. Sie mahnt dich, nach innen zu gehen und dich mit dir selbst auseinanderzusetzen. Blicke in Spiegel der Schatten in deinem Inneren und schaue, was hier noch wirkt. Was hindert dich daran, dein Leben reich und fruchtbar sein zu lassen? Folge der Krähe in die dunklen Bereiche, zu den alten Verstrickungen deiner Seele, welche in dein jetziges Leben hineinwirken. Lüfte den Schleier, wo es notwendig ist, und laß ihn sich senken, wo er dir und anderen als Schutz dient. Mit untrüglichem Instinkt lehrt dich die Krähe, genau hinzuschauen und auch vor den dunklen Kräften nicht zurückzuschrecken. Sie zeigt dir, wie du mit den Schatten fertig wirst, nämlich indem du sie annimmst und durch sie hindurchgehst und nicht mehr gegen sie kämpfst. Hinter jedem Schatten steht ein Licht, das diesen Schatten wirft. Die Krähe lehrt dich, deine Gestalt zu wandeln und das Gewebe von Vergangenheit, Gegenwart und Zukunft zu erkennen. Sie läßt dich eine höhere Sichtweise gewinnen und führt dich klug und geschickt zu den Stellen, an denen es hängt. Sie fordert dich auf, in dir klar Schiff zu machen und für dich zu sorgen. Sie lenkt deinen Weg zu neuen Erkenntnissen, bringt dir alte Weisheiten und hilft dir bei deiner Wandlung. Hast du die Krähenmedizin verinnerlicht, so ruft die Krähe dich auf, das, was du zu sagen hast, in die Welt zu geben und mit ihr zu teilen. So kannst du anderen die Hand reichen und mit deiner Krähenkraft Botschaften vermitteln, Schattenbereiche genau erkennen, sie wandeln und auflösen, heilen und das innere Feld fruchtbar machen.

Von ihrer lichten Seite betrachtet, ist die Krähe umsichtig; sie hüpft behutsam und bedächtig umher und beobachtet alles ganz genau. Sie ruft dich auf, Achtsamkeit walten zu lassen und deine Handlung innen und außen zu beobachten, bevor du dich in deinem Umfeld bewegst. Sie lehrt dich außerdem, deine Handlung auf das Wesentliche zu beschränken. In harten Zeiten teilt sie alle Nahrung mit ihren Angehörigen, so lehrt sie uns, das, was wir entdeckt oder gefunden haben, mit Freunden zu teilen. Als Gesundheitspolizistin entdeckt sie das Aas, das in ihrem Revier vor sich hin modert, und räumt es fort; so lehrt sie dich, dein Energiefeld zu beobachten und es von Zeit zu Zeit aufzuräumen, Altes zu beseitigen und dich von überflüssigem Ballast aus der

Vergangenheit zu befreien. So bringst du dich und deine Umgebung in Ordnung und bleibst gesund und stabil. Mit großer Geschicklichkeit baut die Krähe ein warmes Nest, um darin ihre Brut zu hüten; das lehrt uns, unser Heim gemütlich einzurichten, damit wir unsere tatsächlichen und geistigen Kinder in Ruhe ausbrüten und für die Welt bereit machen können. Geschickt und klug waltet die Krähe in ihrer Umgebung; entsprechend sollten auch wir lernen, unser Umfeld so zu gestalten, daß wir das, was wir um uns herum finden, praktisch mit dem Alltag und unserer Vorstellung verweben können und den Weg der Mitte in allem finden.

Von ihrer dunklen Seite betrachtet, sagt man der Krähe nach, sie sei listig, ein Pechvogel, ein Beispiel für die Haltung »warum immer ich und nicht die anderen«. Dann verweist sie auf Verwirrung, innere Unruhe, verborgene Wut, unterdrückten Zorn, blockierte Gefühle, Ängstlichkeit, übergroße Vorsicht, Mißtrauen, Schwere im Herzen; Energiemangel, der aus der Vergangenheit herrührt; Gerümpel im Energiefeld, das gesichtet und aufgeräumt werden will; vernebelte unklare Felder, bei denen man nicht weiß, was sich dahinter verbirgt. Sie galt vielerorts als Todes- und Galgenvogel sowie als Unglücksbotin, da man ihre Kraft nicht verstand.

Weitere Informationen

Die Krähe steht mit dem kosmischen Gesetz (Karma) und der höheren Ordnung in Verbindung. Die Krähe verbindet mit dem Wissen der alten Kulturen der Kelten und Nordgermanen sowie den Jenseitsbereichen. Das Krähenamulett schützt vor dunklen Kräften, stärkt die eigene Abwehrkraft und schenkt Hellsichtigkeit.

Steine: Rauchquarz, Rutilquarz; **Farben:** Schwarz, Grau, Weiß, Rot, Orange; **Elemente:** Luft, Feuer, Äther; **Symbole:** magischer Schattenspiegel, Krähenflügel, Räucherwerk; **weitere Assoziationen:** Eine Krähe hackt der anderen kein Auge aus, Herbst, Kargheit, Nebel, Anderswelten; **Traumsymbol:** Taucht die Krähe auf, so bringt sie dir eine Botschaft aus den Anderswelten, und zwar eine wichtige Nachricht. Sie bringt Wandel, kann aber auch für trübe Gedanken und Sorgen stehen. **Affirmationen:** »Ich vertraue meiner inneren Führung.« – »Ich lasse jetzt all meine Unannehmlichkeiten und Probleme los und übernehme die volle Verantwortung für die positive Veränderung auf allen Ebenen in meinem Leben – jetzt.«

Kranich
Wachsamkeit, Erneuerung, Unsterblichkeit

Wir fliegen über weite Strecken,
können das Lebenslicht erwecken;
bringen dir die Herrlichkeit dieser Welt,
zeigen dir Schönheit und was dir gefällt.
Zwinkern wir dir zu,
findest du Gelassenheit im Sein und Ruh'.
Wir sind die Boten des Glücks und der Unsterblichkeit,
überwinden alle Ewigkeit;
verbinden den Osten
mit dem Westen,
vereinen die Welt in unserem Sein,
so führen wir dich zu dir heim,
können still im Wasser stehen
und in den inneren Spiegel sehen.
Daraus erwächst die Kraft für all unsere Tätigkeiten,
wir können mit den Wolken reiten
in die unendlichen Weiten

Lebensweise des Kranichs

Kraniche findet man fast auf der ganzen Welt, mit Ausnahme von Süd-amerika, Neuseeland, Indonesien und Madagaskar. Es gibt 15 Kranicharten, wovon einige vom Aussterben bedroht sind, denn Kraniche leben vorwiegend in offenen Landschaften mit großen Gewässern oder den immer seltener wer-denden Feucht-, Moor- und Sumpfgebieten. Der Kranich kann eine Höhe von bis zu 120 cm erreichen. Besondere Merkmale sind seine gefiederten Au-genwimpern, die langen, schlanken Beine, der lange biegsame Hals, die lange Zunge und die Schwimmhäute zwischen den Zehen. Einige Arten tragen Schmuckfedern am Kopf. Das Gefieder ist meist grau, braun oder weiß, die Flügel schwarz und der Schnabel lang und gerade. Ihr Schrei ist tief und kehlig. Ihre Nahrung besteht aus Samen, Wurzeln, Pflanzenteilen, Früchten und ab und zu verschiedenen Kleintieren. Sie leben in großen Verbänden,

sind gesellig und ziehen auch in großen Schwärmen. Mitte Oktober beginnt der Abzug der Kraniche zu ihren Winterquartieren. Auf ihren jährlichen Wanderflügen können sie Tag und Nacht fliegen, ohne Pausen einzulegen, und erreichen eine Flughöhe von bis zu 4000 Metern. Dabei bevorzugen sie die Keilformation, bei der nur der Vogel an der Spitze den vollen Gegenwind abbekommt. Je nach Wetterlage kommen sie im Februar oder März zurück. Kurz danach beginnen sie mit der Balz. Der Tanz und der schmetternde Trompetengesang sind dabei die auffälligsten Verhaltensweisen. Ab Ende März beginnt die Brutzeit, in der sich die Kraniche paarweise vom Schwarm absondern. Sie bauen ihr Nest, in das pro Brut zwei Eier gelegt werden, auf der Erde oder im seichten Wasser. Die Brutdauer beträgt einen Monat, und als Nestflüchter verlassen die Jungvögel, bereits 2 Tage nachdem sie geschlüpft sind, das Nest. Anschließend werden sie in Nestnähe von den Altkranichen geführt und gefüttert. Mit 9 bis 10 Wochen sind die Jungkraniche flugfähig und verlassen ab Mitte August die Brutplätze, um sich anderen Gruppen anzuschließen.

Der Kranich und seine Kraft in den Kulturen der Welt

Der Kranich ist ein Glückssymbol und steht für Wachsamkeit, Gerechtigkeit und langes Leben. Legt er eine Flugpause ein, so hält er angeblich Wache. Um nicht einzuschlafen, soll er einen Stein in der Kralle halten, welcher herunterfällt und ihn weckt, wenn er einschläft. Rituelle Kranichtänze, welche weltweit getanzt wurden, stehen symbolisch für die Reise der Seele. Im chinesischen Daoismus ist der Kranich ein Symbol für Weisheit und Unsterblichkeit. Nach einer Legende bringt er diejenigen, welche die Unsterblichkeit erlangt haben, in den Himmel. So ist er ein Bote des Übergangs. In einer alten keltischen Sage entführte der britische Barde Athirne drei Kraniche vom Hofe des Anderweltkönigs Midir. Sobald jemand sich dem Haus von Athirne näherte, riefen die Kraniche: »Geh weg! Komm nicht näher! Bleib weg vom Haus!« Jeder, der die Kraniche aus der Ferne sah, wurde sofort so kraftlos, daß er an diesem Tag selbst schwächeren Gegnern unterlag. Ein gottesfürchtiger Mann konnte Athirne schließlich von den Kranichen erlösen. So stehen Kraniche auch für Distanz, Unfreundlichkeit, Zurückweisung. Der Kranich war zudem ein heiliges Tier der Kelten: Zauberkundige konnten seine Gestalt annehmen und Botschaften überbringen, so war es streng verboten, ihn zu jagen oder zu verspeisen. Die irische Feengöttin Aeife, welche für altes Wissen, Schutz, Transformation und die Überwindung von Hindernissen steht, hat den Kranich als Tiertotem. In Irland kennt man die Legende vom einsamen Kranich. Er bewohnt die Insel Iniskea, wo er seit Anbeginn der Zeit lebt und bis zum Ende aller Zeit sein wird. Ihm ist das keltische Fest Beltaine am 1. Mai zugeordnet. Er steht für Geduld, Durchhaltevermögen und die tiefgründige geheime Wissenschaft der Druiden. Der Kranich ist in vielen Kulturen ein Urbild für die Kampfkunst und siegreiche Kampfstrategie. Die Kelten sahen ihn als kämpferisches, erfolgbringendes Glückssymbol und gravierten ihn auf Schwerter, Schilde und Helme. Nach dem Weltbild der Kelten konnte das Abbild des Kranichs dem Feind die Kraft nehmen und dem Kämpfer, der es trug, Glück, Erfolg, Sieg und Leben schenken. In China gibt es den Kampfstil des Weißen Kranichs, womit eine Technik beschrieben wird, die Konzentration, einen gleitenden Stellungswechsel, den Sieg über Distanzen, das Finden des inneren Gleichgewichts zum Inhalt hat. Der Kranich findet sich vielerorts als Wappentier.

Kranichmedizin

Kommt der Kranich, Symbol des Frühlings, in dein Leben, so bringt er die Kraft des glücklichen Abschlusses und des Neubeginns. Er schenkt dir Konzentration, Ruhe, Durchhaltevermögen, den Frieden durch Vereinigung der Dinge und führt dich ein in eine umfassendere Sichtweise. Der Kranich fordert dich auf, die Dinge zu verbinden, statt sie zu trennen, zu teilen und zu bewerten. Die Verbindung ist der Quell der Lebensenergie und des Friedens mit allem. Der Kranich lehrt dich, deinen inneren Rhythmus zu finden, dich anzupassen und trotzdem deinem Weg zu folgen. Er vermittelt das Gefühl für

den richtigen Zeitpunkt, da er für alle seine Tätigkeiten – Reisen, Balz, Brut, Aufzucht – seine Zeit hat. Er zeigt dir die Richtung zwischen Pflichterfüllung, Verantwortung, Ausdauer, Durchhaltevermögen, eigener Lebenserfüllung und Erneuerung der Lebensenergie. Als Vogel des Wassers verbindet er die Elemente Luft und Wasser, und damit verleiht er dir Intuition, Mitgefühl, die Fähigkeit, Dinge intuitiv auszudrücken, sich einzufühlen in andere und das, was wirkt, in Worten auszudrücken, das zu sehen, was möglich wäre, und damit die Tür zu öffnen zu einer höheren Ebene. Er bringt Gerechtigkeit und Ausgleich. Er lehrt dich, die Sprache des Geistes als Werkzeug zu gebrauchen und die unbegrenzten Wahlmöglichkeiten zu erkennen, so daß du die Harmonie und das Gleichgewicht in einem Spannungsfeld wiederherstellen kannst.

Von der lichten Seite betrachtet: Da der Kranich oft stundenlang, ohne sich ablenken zu lassen, auf einem Bein im Wasser steht, bringt er dir die Kraft der entspannten, ruhigen, meditativen, konzentrierten Geisteshaltung in allen Lebenslagen. Der Schrei des Kranichs klingt, als käme er von einem uralten Wesen, so bringt er Wissen und Weisheit aus dem Dunkel der Zeit. Seine Tänze stehen für die Einweihung in die Lebensmysterien. Er fordert uns auf, das Leben als Tanz der Energie zu sehen. Laß dich vom Kranich einführen in die Kunst des Lebenskampfes, Lebenstanzes und der Selbstmeisterung. Durch ihn kannst du lernen, dein Leben erfolgreich und glücklich zu bestehen. Er verbindet den Osten mit dem Westen und lehrt, die östlichen Techniken auf die westlichen Lebensweisen anzuwenden. Durch seine jährlichen Reisen bringt er das Wissen der oberen Welt, die innere Führung und den untrüglichen Instinkt für den richtigen Weg. Seine Aktivität vermittelt Realitätssinn – nicht nur denken, sondern auch handeln. Er bringt Konsequenz, Ausdauer und die Fähigkeit, die geistigen Tätigkeiten in die Praxis umzusetzen. Das lange Stehen auf einem Bein schenkt uns das Wissen um das Gleichgewicht der Dinge in Aktion und in der Ruhe.

Von seiner dunklen Seite betrachtet, steht der Kranich für die Unfähigkeit, wirkliche Nähe zuzulassen, sowie für Einsamkeit, Suche, Eitelkeit, Unfreundlichkeit, hochfliegende Ideale, Abweisung, Zurückweisung, Vergänglichkeit, zuviel Information, Suchttendenzen, Überheblichkeit, fehlende Substanz, Anspruchsdenken, Oberflächlichkeit, Trauer und Weltschmerz, mangelndes Selbstwertgefühl.

Weitere Informationen

Im Feng-Shui steht der Kranich für die Bereiche »Inneres Wissen« und »Familie«. Er erneuert die Lebenskraft, wirkt gegen Abgespanntheit und Müdigkeit. Ein Kranich auf einem Felsen, der Sonne entgegenblickend, steht für eine umfassende Sichtweise und das allsehende Auge, ein Kranichpaar für großes Glück und ein Kranich, welcher der Sonne entgegenfliegt, für gesellschaftlichen Aufstieg und Erfolg. Eine Kranichfigur steht für Schutz durch Wachsamkeit. Das Kranichamulett steht für Schutz, Weisheit und innere Führung.

Steine: weißer Opal, Botswanaachat, Silber, (Perle); **Farben:** Grau, Schwarz, Weiß, Gold, Silber, Dunkelblau, Rot; **Elemente:** Luft, Wasser; **Symbole:** Spiegel, liegende Acht, Krone; **weitere Assoziationen:** Mond, Sonne, Saturn, Tanz/Lebenstanz, das Alter, Yogastellung: Der Kranich; **Traumdeutung:** Unerwartete Botschaft von Menschen auf Reisen oder aus der Anderswelt. Wenn der Kranich steigt, bedeutet dies Abschied, landet er, ist dies ein Zeichen für eine wichtige Botschaft. Er kündet von Abschluß und Neubeginn, auch einer Reise; **Affirmationen:** »Ich finde jetzt die richtige Spannung in meinem Leben, alles kommt ins Gleichgewicht.« – »Ich bin eins mit der Welt und tanze mit den Kräften des Universums.«

Krebs
Vision, Weiblichkeit, verborgenes Gleichgewicht

Du leuchtender Silbermond, der du im Nachtlicht der Sonne thronst,
uns das Licht der silbernen Flammen bringst,
die schäumenden Wogen der großen Meere,
verleihst dem Krebs hier große Ehre.
Der hütet dein Licht in den unergründlichen Tiefen.
Taucht er auf, so bringt er die Macht,
die vielen Schattierungen der Farbenpracht
der Träume, Visionen und der Bilderwelten,
sie sind der Weg der Lichterhelden.
Der Krebs beschützt und hütet die verborgenen Seiten,
welche unser Sein begleiten,
steht an der Grenze zwischen Schatten und Licht,
hält das verborgene Gleichgewicht,
das uns seit Urzeiten
in unendlichen Weiten
läßt ausdehnen und zusammenziehen,
mit dem Rhythmus des Herzens gehen.

Lebensweise des Krebses

Krebse gibt es seit Urzeiten in den meisten Gewässern dieser Erde, und das in den unterschiedlichsten, unglaublich vielfältigen Arten aller Größen. Krebse gehören zu den Krustentieren, und ihr eigentlicher Lebensraum ist das Wasser; einigen Arten ist es allerdings gelungen, das Land als Lebensraum zu erobern, wie z.B. der Kellerassel – ja, auch sie ist ein Krebs. Die meisten Arten leben jedoch am Grund eines Gewässers und an der Sand- oder Schlammoberfläche der Gezeitengewässer und in den Überschwemmungszonen von Flüssen. Ihre gemeinsamen Merkmale sind die Kiemenatmung und der dreiteilige Körper mit beweglichem, meist mit einer weicheren Haut bedecktem Hinterteil, auf dem die Weibchen auch die Eier tragen. Weiterhin gemeinsam sind ihnen ein Scheitelauge und Augen auf ungegliederten Stielen, Panzer, Greifzangen oder Scheren, Fühler oder Antennen, sechs Glieder

zum Laufen, Schwimmen und Graben, ein Oberkiefer und zwei nebenein-anderliegende, unabhängig voneinander zu bewegende Unterkiefer. Ihre Far-ben variieren von Beige über Rot, Orange, Lachsfarben bis durchsichtig. Kreb-se können rückwärts laufen und schwimmen, allerdings sich nur seitlich vorwärts bewegen. Die meisten Krebsarten häuten sich, wenn ihr Panzer zu eng wird. Einige Krebse haben Greifhaken am Schwanzteil, so zum Beispiel der Einsiedlerkrebs, der sich mit diesen Haken so stark in einer Muschel oder Schnecke verankern kann, daß es unmöglich ist, ihn dort herauszuziehen. Sobald Gefahr droht, zieht er sich gänzlich in das geliehene Gehäuse zurück. Manche verschaffen sich einen zusätzlichen Schutz, indem sie bestimmte Was-serpflanzen auf ihre Gehäuse setzen, deren Nesselapparate alle Feinde abweh-ren. Sie ernähren sich von allerlei Kleintieren und organischem Material, wo-durch sie die Gewässer, in denen sie leben, sauberhalten, und dienen selbst vielen Wesen als Nahrung.

Der Krebs und seine Kraft in den Kulturen der Welt

Der Krebs war ein Beschützer der griechischen Wasserschlange Hydra, eines sieben- oder neunköpfigen Ungeheuers, das mit seinem Giftatem alles vernichtete. Eine der Aufgaben des griechischen Helden Herakles war, die Hydra zu vernichten. Dies war nicht leicht, denn immer, wenn er einen Kopf abschlug, wuchsen an dessen Stelle zwei neue nach. Doch bevor er der Hy-dra zu Leibe rücken konnte, mußte Herakles zuerst ihrem gewaltigen Be-schützer, dem Krebs, ein Ende bereiten. Schließlich brannte er die Hals-stümpfe der Hydra mit einem brennenden Holzscheit aus, damit keine weiteren nachwuchsen. Einer der Köpfe der Hydra war unsterblich. Herakles vergrub diesen tief in der Erde und sicherte das Versteck mit schwerem Ge-röll. So lebt die Kraft der Hydra verborgen in der Tiefe der Erde weiter. Seither jedoch leuchten die Hydra und der Krebs als Sternbilder vom Himmel. Der Krebs steht auch mit der Göttin Hera, der Schutzgöttin der Erde, der Ehe und der Geburt, in Verbindung und ist Zeichen ihrer fortbestehenden Macht. Aus Heras Brust soll die Milchstraße geflossen sein. Sie war es auch, die den Krebs der Hydra zu Hilfe schickte. Außerdem sollte der Krebs am Himmel für Zeus eine Nymphe festhalten, damit der Gott ihrer habhaft werden konnte.

Die Rune Isa ist dem Krebs und dem Mond zugeordnet. Sie steht für Eis, Stille, das Fehlen jeglicher Schwingung. Sie verleiht Konzentrationskraft und

Willensstärke. Das der irischen Göttin Aine geweihte keltische Jahresfest Mittsommer, der längste Tag des Jahres, liegt im Zeichen des Krebses. Sie steht für die Liebe, nicht allerdings die leidenschaftliche Verliebtheit, sondern die tiefe Liebe, und sie beschützt die Ehe, die Kinder, die jungen und die schwachen Menschen. Es ist das Fest der roten Göttin, einer Frau in ihrer Blütezeit. Die Mondgöttinnen, die Herrscherinnen der Nacht, und der Mond stehen ebenfalls mit dem Krebs in Verbindung. Sie stehen für die dunkle, weibliche, empfangende Seite, die Rhythmen der Gezeiten, für die meditative, magische und kosmische Lebensweise, für die Kraft der Visionen und Träume, für das Unfaßbare, Unergründliche, die verborgenen Tiefen des Meeres. In der Kabbala ist der Krebs Jesod, der neunten Sephira, und damit wiederum dem Mond und außerdem dem Erzengel Gabriel zugeordnet. In diesem Bereich des Lebensbaums liegen die reine Intelligenz, die Bestätigung und Berichtigung der Pläne, die Schatzkammer der Vorstellungen, die Welt des astralen Lichtes, die lunare Flamme, der Äther der Weisen.

Krebsmedizin

Der Krebs fordert dich auf, dich dem Wasser, deinen Gefühlen, und dem kollektiven Unbewußten zuzuwenden. Er ruft dich auf, dich in den Tempel deiner Seele zurückzuziehen, dich deinem Inneren zuzuwenden, Rückschau zu halten, Altes zu verstehen, zu verdauen und zu reinigen. Beschäftige dich mit deinen Emotionen, deinen emotionalen Mustern, Verletzungen und Kränkungen, mit dem Urgrund deines Seins. Der Krebs führt dich zur Sinnfrage, zu den verborgenen Seiten in dir, welche er hütet und beschützt, zu den Untiefen, aber auch zu den heilenden, wissenden, intuitiv erfassenden, magischen Schätzen und Kräften und der uralten Weisheit der Erde. Er lehrt dich, deinen Kelch im Inneren zu öffnen und zu empfangen. Er hilft dir, deine feinstofflichen Fähigkeiten zu entwickeln. Er bringt dich in Verbindung mit der weiblichen Seite in dir, mit der großen Mutter und mit Mutterthemen – Versorgung, Ernährung, dem Hegen und Hüten – sowie der weiblichen Schöp-

ferkraft. Er führt dich nach Hause in dein Seelenheim. Im Krebs hast du einen guten, weisen Führer, welcher die tiefen Zusammenhänge und geheimen Verbindungen zwischen den Gegensätzen kennt, der weiß, daß zwischen Schwarz und Weiß unzählige Farben und Schattierungen liegen. Er kann dir die heilende Medizin verabreichen, welche du für deine Entwicklung brauchst, und bringt auf seine unergründliche vielschichtige Weise die Kräfte, welche in dir wirken, ins Gleichgewicht.

Von der lichten Seite betrachtet: Der Krebs ist wie alle Krustentiere von Natur aus zurückhaltend. So lehrt er dich, nicht gleich zu handeln, sondern erst zu beobachten und dann nach innen zu schauen, auf dein Gefühl zu hören, gründlich darüber nachzudenken, was du anschließend tun willst, und dann einen Entschluß zu fassen. Wenn der Krebs weiß, was er will, legt er los. Bei Gefahr zieht er sich zurück; damit bringt er dir Vorsicht und Voraussicht bei – Rückzug ist die bessere Verteidigung, da man sich so nicht erneut in Angelegenheiten verwickelt. Als Tier mit Fühlern, Augen und Stirnauge öffnet er dich für Magie, Mystik und Religion, den Weg des Unfaßbaren und der feinen Energie. Er bringt dir den tiefen Glauben, Demut und Hingabe an die höchsten Kräfte. Mit der Eigenart, sich fest in einer Muschel, einem Gefäß oder einer Schnecke verankern zu können, bringt er dir die Gabe der Häuslichkeit. Seine Scheren ermöglichen es dir, dich von alten Fesseln zu befreien. Da er seit Urzeiten existiert und sich zwar stetig weiterentwickelt, doch stets derselbe bleibt, bringt er dir die Verbindung von Vergangenheit, Gegenwart und Zukunft, Entwicklung und Wachstum, aber auch die ewige zeitlose Gegenwärtigkeit. Der Panzer gewährt dir Schutz und schenkt dir die Geborgenheit in dir selbst.

Von seiner dunklen Seite betrachtet, bedeutet der Krebs Lebenskampf, Gier und Begierde – da er alles um sich herum aufsaugt und -frißt –, Empfindlichkeit, Selbstsüchtigkeit, Festhalten statt Loslassen, Ängste wie Verlustangst und Lebensangst, Untätigkeit, Hilflosigkeit, Täuschung, Einbildung, verzehrendes inneres Feuer, blockierte Lebensenergie, Verdrängung, Abwehr, Verleugnung, Selbstsabotage, übertriebene Einseitigkeit, krank machender Zwiespalt, Launenhaftigkeit, Bewertung, Nach-außen-gerichtet-Sein.

Weitere Informationen

Der Krebs ist das vierte Zeichen in der westlichen Astrologie (22. Juni bis 22. Juli). Menschen, die unter diesem Zeichen geboren sind, sind feinfühlig, häuslich, kinderlieb, intuitiv, meditativ, künstlerisch, spirituell. In der schamanischen Arbeit ist der Krebs oft das Tier, welches den innerlich Reisenden in die weit zurückliegende Vergangenheit führt zu den Punkten, an denen das Gleichgewicht der Seele gestört wurde, damit es geheilt und aufgelöst werden kann. Das Krebsamulett steht für Visionen, Intuition, Hellsichtigkeit und innere Führung.

Steine: Mondstein, Bergkristall, Perle, Quarz; **Farben:** Silber, Weiß, Indigo, Violett, dunkles Purpur, Lachs, Zartorange; **Elemente:** Wasser, Erde, Äther; **Symbole:** Panzer, Schere, Spiegel, Drittes Auge, Antenne; **weitere Assoziationen:** Reinigung, Reinheit, Drüsen, Hormone, Blut, Wasserorgane im Körper, schöpferische Kraft und Bilderwelt, Tarotkarten: Der Mond, Der Eremit; die Zahlen 3, 7, 9; **Traumdeutung:** Taucht der Krebs auf, so bringt er Botschaften aus dem persönlichen und kollektiven Unbewußten, welche beachtet werden sollten. Er fordert auf, innezuhalten und nach innen zu schauen. **Affirmationen:** »Ich fühle.« – »Ich vertraue meinen Eingebungen und meinem Gefühl bedingungslos – jetzt.« – »Ich höre auf die Stimme in meinem Inneren und folge ihr – jetzt.« – »Meine Fähigkeiten offenbaren sich mir, ich sage danke und verneige mich vor dem Leben.«

Krokodil
Transformation, Kollektivkräfte, Heilung

Wir lauern im Dickicht deiner Seele,
wissen, was in deinem Revier dich quäle.
Das verborgene Sein ist für dich nicht zu fassen,
es macht dir angst, dann willst du es hassen;
du weißt nicht mehr genau, was damals war –
eben dafür sind wir Krokodile da.
Wir erweitern deinen Blick,
auf das verborg'ne Lebensgeschick,
zeigen dir alte Fäden im vagen Schein,
die kollektiven Kräfte und unterbewußtes Sein,
schenken dir ein den reinen Wein.
Untrüglich sehen wir in der Stille
die Schicksalsfäden und der Götter Wille,
kennen den Kreislauf von Schöpfung, Werden, Zerstörung und Vergehen,
sehen im Rad des Schicksals die Fäden sich drehen.
Willst du es anhalten, verlassen und gehen,
liegen wir auf dem Weg, du wirst schon sehen.
Gelöst werden müssen die Angst, der Schmerz in dir,
fruchtbar muß werden dein Revier.
Wir Krokodile, wir
helfen von hier.

Lebensweise des Krokodils

Das Krokodil – es wird auch Panzerechse genannt – ist eine der ältesten Reptilienarten dieser Welt. Erste Funde lassen sich dem Zeitalter des Trias, das war vor ca. 250 bis 210 Millionen Jahren, zuordnen. Heute findet man Krokodile in Süd-, Nord-

und Mittelamerika, in Afrika, Indien, Asien und Australien. Es gibt Süßwasser- und Salzwasserkrokodile sowie Brackwasserkrokodile, welche in beiden Gewässerarten leben können. Die verschiedenen Arten unterscheiden sich hauptsächlich in der Größe, einige können bis zu 10 Meter lang werden, wobei Männchen oft größer sind als Weibchen. Krokodile, denen eine starke Sexualkraft nachgesagt wird, leben meist als Einzelgänger. Die Krokodilweibchen legen nach der Begattung 30 bis 90 hartschalige Eier, die durch die Sonne ausgebrütet werden. Nach dem Schlüpfen beschützen die Weibchen ihre Jungen, weshalb sie in dieser Zeit besonders gefährlich sind. Krokodile können sowohl im Wasser als auch an Land sehr schnell sein; gerade noch liegen oder treiben sie ruhig herum, so daß man schon glaubt, es wären nur Baumstämme, da schlagen sie auch schon plötzlich und unerwartet zu – jedoch nur, wenn sie Hunger haben. Daneben hat das Krokodil noch weitere Tricks auf Lager, um seiner Beute habhaft zu werden; so taucht es z.B. gerne tief unter die Wasseroberfläche und schnellt dann unvermutet aus der Tiefe hervor.

Das Krokodil und seine Kraft in den Kulturen der Welt

In Ägypten stand das Krokodil für das gesamte Land. Es gibt einen Einweihungstempel, der dem Krokodil geweiht ist, in dem der Initiand lernen sollte, seine Angst zu überwinden und seine Vergangenheit hinter sich zu lassen. Das aus dem Wasser hervorgegangene Krokodil verkörperte den solaren ägyptischen Fruchtbarkeits-, Krokodil- und Wassergott Sobek, auch Suchos genannt. Er ließ das Wasser über die Ufer treten, was den Schwemmschlamm brachte, der die Ufergebiete entlang des Nils einst fruchtbar machte. Als Zeichen der Wildheit und des Chaos ist das Krokodil auch dem dunklen ägyptischen Gott Seth zugeordnet, welcher durch Trennung Bewußtsein schafft. Das Krokodil Ammit, welches manchmal mit Serapis gleichgesetzt wurde, verzehrte von jenen Verstorbenen die Herzen, die nach dem Gericht des obersten Gottes Osiris im Vergleich zur Feder der Wahrheit für zu leicht befunden worden waren. Verstorbene selbst wurden auch als Krokodil dargestellt. Bei den Mayas schwimmt das Krokodil Imix im Urmeer unter dem Weltenbaum und trägt die Welt auf seinem Rücken. Es ist der Urgeist, das

Erdungeheuer des Uranfangs, das die Heiligkeit der Welt, den Urgrund allen Seins, Reichtum, Wachstum und die Fülle dieser Erde verkörpert. Der Sarkophag Pacals des Großen, der in Palenque, Mexiko, steht, zeigt, wie der Herrscher vom Erdungeheuer verschlungen wird und seine Reise in das Land der Toten antritt. Im Christentum steht das Krokodil für die bedrohliche Macht Ägyptens und wird später zum Sinnbild für Gefährlichkeit, Laster, aber auch für Reue. Im Hinduismus verkörpert es die Flußgöttin, aus deren Maul alles Leben auf dem Land hervorkommt. Das Krokodil steht damit für das Kollektiv, die Unterwelt, das Ahnenreich, Tod und Zerstörung ebenso wie für Wiedergeburt und Erneuerung.

Krokodilmedizin

Das Krokodil kann auf schwere Verletzungen, heftigen Energieraub und Mißbrauch in der Ahnenreihe, in der Kindheit oder in früheren Leben aufmerksam machen und zeigen, wie diese geheilt und überwunden werden können. Es fordert uns auf, hinzuschauen und diese Kräfte zu wandeln. Es führt uns durch tiefe Transformationsprozesse, in denen die Wunden der Vergangenheit geheilt werden können. So können wir unser Potential neu nutzen, um Fülle, neue Träume und Visionen von einem glücklichen Leben zu erschaffen und anderen in schwierigen Zeiten des Durchgangs zu helfen. Das Krokodil ist ein starkes Schutztier gegen weitere seelische Verletzung, verschafft Ruhe und aktiviert die Selbstheilungskräfte. Ihm zu folgen bedeutet, seine Ängste zu überwinden, sich sein häßliches Selbstbild endlich anzuschauen, es zu verändern und abzustreifen, um für sein Leben frei zu werden. Das Krokodil lehrt dich, durch deine Ängste hindurchzugehen und in den Spiegel deiner Seele zu schauen, bis du die Göttlichkeit in dir wiedererkennen und spüren kannst und so dein Vertrauen in das Sein zurückgewinnst. Es erweitert den Blick und hilft, Unverdauliches zu transformieren und aufzulösen.

Von der lichten Seite betrachtet: Das Krokodil als äonenaltes Wassertier kennt die Geheimnisse dieser Welt vom Anbeginn der Zeit. Es bringt die Bot-

schaft des kollektiven Unbewußten, welches alle Wesen dieser Erde verbindet. Alle Visionen, Träume und spirituellen Erfahrungen haben hier ihren Ursprung, aber auch die Alpträume, die tiefsitzenden Ängste und Verletzungen des Urvertrauens. Alles ist eins, doch um vollständig zu werden, müssen die zerrissenen Kräfte der Seele wieder zusammengefügt werden. Will man zur Quelle gelangen, so ist es wichtig, die Einheit, die Verbindung zwischen allen Lebensformen zu sehen. Das Krokodil führt dich zu tiefsitzenden Wunden und zeigt dir, wann du dich nicht vom Göttlichen genährt, geschützt und aufgehoben fühltest oder wo du dich unwürdig und unrein fühlst aufgrund von alten Erfahrungen, Mustern und Programmen in dir, in deiner Sippe, in deinem Land. Wenn du dem Krokodil folgst und bereit bist, diese alten Hürden zu überwinden, führt es dich zurück zur göttlichen Quelle und zum Ursprung deiner Gefühle. Es lehrt dich die Ausdehnung deines Seelenlichtes und die Selbstbejahung.

Von seiner dunklen Seite betrachtet, steht das Krokodil für die Kollektivkräfte, die überraschend und unerwartet zuschlagen können. Weiter steht es für Besessenheit, Wahnsinn, kollektive Schuld, Rache, Zerstörung, tiefsitzende Ängste und Urängste, mangelndes Vertrauen, falsch zur Schau getragene Emotionen (Krokodilstränen weinen), mächtigen Energieraub, nicht verheilte, tiefsitzende Wunden.

Weitere Informationen

Das Krokodil verbindet mit der Erdgöttin und dem Urwissen. Im Mayakalender gibt es die Energie »Krokodil«, sie steht für Empfänglichkeit, Wurzeln, Urnahrung, Fruchtbarkeit. Das Kokodilamulett steht für die Überwindung von Ängsten und die Heilung des Urvertrauens.

Steine: Amethyst, Granat, Hämatit, Rubin; **Farben:** Grün, Türkis, Oliv, Violett; **Elemente:** Wasser, Feuer; **Symbole:** Lingam (hinduistisches männliches Fruchtbarkeitssymbol), Mais, Seerose; **weitere Assoziationen:** Ahnentier, Selbsterhaltung, Urinstinkt, Treffsicherheit, intuitves Wissen; **Traumdeutung**: Erscheint es im Traum, so kann es auf schwere Verletzungen im Urvertrauen hinweisen, die geheilt werden wollen. Es kann eine Botschaft aus dem Ahnenreich bringen und große Transformationsprozesse ankündigen. **Affirmationen:** »Ich bin, der ich bin.« – »Ich werde versorgt und gespeist aus der Quelle.« – »Ich öffne mich und empfange.« – »Mein Sein ist göttlich.«

Kuh
Aus einer anderen Quelle gespeist werden, Segen, Mütterlichkeit

Muh, muh, muh,
so betret' ich dein Feld, die Kuh.
Ich sende den Segen dir,
er ist für dich gedacht von mir.
Als Ernährerin der Menschenwelt
führe dich, du Lichterheld.
Lerne, nicht in die Ferne zu schweifen,
das Wesentliche kannst du auch zu Hause
begreifen.
Denn es liegt in dir der Segen,
in deinem Blut kannst du Böse oder Gut abwägen,
in deinem Sein kannst du wählen und handeln,
das Böse in Gutes verwandeln.
Du mußt nicht folgen den düsteren Strömen,
mußt nicht leiden, dich quälen und stöhnen,
kannst dich entscheiden
und auf den göttlichen Wiesen weiden.
Die Quelle speist dich täglich im Sein,
drum höre des öfteren in dich hinein.

Lebensweise der Kuh

In der Jungsteinzeit begannen unsere Vorfahren mit der Domestikation des Auerochsen, des Urs, und damit der Rinder und Kühe. Hunde, Schafe und Ziegen begleiteten sie schon seit einiger Zeit. Es gibt mehr als 100 Rinderrassen, wobei sich die einzelnen Rassen in Gestalt, Größe, Gewicht, Fellfarbe und Funktion unterscheiden. So gibt es Zug-, Trage-, Reit- oder Kampftiere bzw. Milch-, Fleisch- und Arbeitsrassen. »Kuh« ist eigentlich die Bezeichnung für das weibliche Hausrind nach dem ersten Kalb, davor heißt es Starke, Kalbin, Queen, und danach erst beginnt die Kuh, Milch zu geben. Kühe leben in Herden oder Gruppen auf großen Wiesen und Weiden. Sie fressen Heu und Gras. Manche Kühe haben ein geschecktes Fell, das aussehen kann wie

eine Weltkarte auf dem Körper, was symbolisch für die Nahrung der Menschen dieser Erde steht. Die Kuh versorgt den Menschen auf vielerlei Weise: Sie schenkt Fleisch, Milch und viele Milchprodukte wie Butter, Joghurt, Buttermilch oder Molke, und aus ihrer Haut wird viel Schönes hergestellt. Früher wurde sie hochverehrt, da sie viele Menschen versorgt, stärkt, begleitet und trägt. Es ist gut, die Würdigung dessen, was sie uns gibt, wieder in unseren Alltag aufzunehmen.

Die Kuh und ihre Kraft in den Kulturen der Welt

Die Kuh wurde aufgrund ihrer Bedeutung im täglichen Leben des Menschen sehr verehrt und war Teil vieler mythologischer Vorstellungen: Nach dem Mithra-Kult des alten Persien gingen aus dem Leib des Urrindes Geush Urvan alle Tiere und Pflanzen hervor, und sein Blut segnete die Menschheit. In Indien sind die Kühe heute noch heilig und dürfen nicht getötet werden. Diesen Status haben sie dem Gott Krishna zu verdanken, er wurde nach seiner Geburt in die Hände einer Hirtenfamilie gegeben und wuchs als Hirtenjunge auf, hütete Kühe und wurde von ihnen ernährt. Außerdem wird die indische Göttin Aditi, Mutter von Vishnu und Personifikation des grenzenlosen Himmels, in der Kuh verehrt. Die ägyptische Himmelsgöttin Nut wurde als Himmelskuh verehrt, ihrem Euter entsprang die Milchstraße. Hathor, die ägyptische Göttin der Liebe, der Musik, des Tanzes, der Fruchtbarkeit, der Kreativität und der Frauen, wurde meist mit Kuhhörnern dargestellt; manchmal trat sie auch als vollständige Kuh in Erscheinung. Später findet man auch Isis mit Kuhhörnern abgebildet. Bei der Geburt des Pharaos spielte die Hesat-Kuh eine besondere Rolle, welche den zukünftigen König nährte; sie steht für die Hoffnung auf Weiterleben und das »Gespeistwerden« aus einer anderen Quelle. In Griechenland finden wir die Fruchtbarkeits- und Heilungsgöttin Damona als »große Kuh« oder »göttliche ewig nährende Kuh« beschrieben. Priesterinnen von Hera und Io wurden von Zeus in Kühe verwandelt, damit er sich mit ihnen in Gestalt eines Stieres paaren konnte, und Hera verwandelte sich auf der Flucht vor dem Ungeheuer Typhon in eine Kuh. Um Demeter, die Erntegöttin, zu ehren, opferte man eine Kuh. Bei den Germanen nährte die Urkuh Audhumbla den Urriesen Yimir; sie galt als die nährende Mutter der Welt. Göttinnen, deren Name die Silbe »gal« führt, so z.B. Galatea, stehen mit der Milch in Zusammenhang. Die Kuh steht für die

Milch der Göttin, die nährenden Milchbrüste der Frau, für Versorgung und Mütterlichkeit, für Schutz, Mitgefühl, Güte und Sanftmut. Das Paradies wird beschrieben als ein Land, in dem Milch und Honig fließen. Die Kuh galt auch als Orakel- und Wettertier. So sagte man, daß, wenn die Kühe wenig grasten, mit einem Wetterwechsel zu rechnen sei.

Rune Fehu

Kuhmedizin

Die Kuh führt dich zurück zur Quelle, die dich versorgt und speist, so kann sie all deinen Mangel heilen. Mangel und Unter- oder auch Über-versorgung verursachen Krankheiten. Jede Krankheit bringt dir die Botschaft der Fülle, denn sie erinnert dich daran, daß du keine großen Reisen, keine besonderen Luxusgüter, keinen Schnickschnack brauchst, um glücklich zu sein. Dein Glück liegt in dir, hier und jetzt. Die Kuh führt dich auf deine in-neren Weiden, wo du das, was du bis dahin erlebt hast, gründlich verdauen und verwerten, Heilung finden, dich nähren und aufladen kannst. Die Kuh bringt die Gnade und das Mitgefühl: Egal was du getan hast, wie du dich verhalten hast, es ist kein Grund, dich von der Quelle abzuschneiden. Die Quelle ist immer da, und ihr Gnadenstrom ist unendlich. Schließe dich wie-der an sie an, verzeihe dir, tue das, was zu tun ist, und folge deinem Auftrag. In dir steckt jede Menge schöpferisches Potential, mit dem du die Ursubstanz, welche durch dich fließt, formen kannst. Bringe deine Kreativität zum Aus-druck, bring deine Ideen auf die Welt. Die Kuh schenkt dir Ruhe, Geduld und Ausdauer, Innenschau und Auseinandersetzung mit deinem Inneren. Von ihr bekommst du die Kraft, die du dafür brauchst, deinen Auftrag zu erfül-len, das erfolgreich weiterzuführen, was du begonnen hast, hineinzuwachsen in einen weiteren Kreis der Lebensspirale. Sie gibt dir Zeit, dich selbst zu näh-ren und dich auf die Kräfte deines Herzens zu besinnen, damit du in deiner Ruhe, deinem Frieden dein Lebensglück und den Segen und die Fülle in dir finden kannst.

Von der lichten Seite betrachtet: Da die Kuh erst durch ihr Muttersein zur Kuh wird, bringt sie uns die Qualitäten der Mütterlichkeit, der großen Mutter, der Mutter dieser Welt. Sie bringt uns die Kräfte des Herzens. Sie nährt je-den, der von ihr genährt werden will, ohne Wertung und Beurteilung, und nimmt die Dinge so hin, wie sie kommen. Obwohl sie um die polaren Kräfte weiß, wie ihre Hörner zeigen, läßt sie sich davon nicht beeindrucken, son-

dern folgt ihrem Weg und ihrem Auftrag. Sie ernährt und versorgt uns von Anbeginn mit ihrem Leib und mit ihrer Milch. Damit zeigt sie uns das Vertrauen in das Rad der Zeit – unsere Ahnen, wir selbst und unsere Nachkommenschaft sind an die Quelle angekoppelt. Die Kuh führt dich auch zur Süße des Lebens und rät dir, auch dessen Schokoladenseiten anzunehmen und sie dafür zu nutzen, aufzutanken.

Von ihrer dunklen Seite betrachtet, steht die Kuh für Dummheit, Blindheit (blinde Kuh), Verführung, Bequemlichkeit, Opferhaltung, Stillstand, dafür, ausgenutzt zu werden und es zuzulassen. Die Kuh kann darauf hinweisen, daß man sein Potential nicht dazu nutzt, daraus etwas Erfüllendes zu erschaffen, sondern seine Energie anderen zur Verfügung stellt und »sich melken« läßt, daß man zwar für andere sät, aber selbst nicht erntet. Weiterhin verweist sie auf ein unerfülltes, ewig gleich laufendes Leben, die Unfähigkeit, seine Kraft dafür zu nutzen, sein Leben zu ändern, über dessen Umstände man sich beschwert.

Weitere Informationen

Ihr Fell – auf geistiger Ebene übergeben – steht für die Landkarte unserer Seele und die innere Führung. Wir werden aus der göttlichen Quelle gespeist und versorgt, die irdische ist vergänglich. Da die Kuh uns sehr viele Produkte liefert, steht sie für Kreativität und die Fähigkeit, Dinge in Schönheit, Harmonie, Vielfalt und Kraft zu wandeln. Das Kuhamulett steht für Versorgung und Fülle, für Mütterlichkeit und göttliche Liebe.

Steine: Milchquarz, milchiger Opal (Girasol), milchiger Mondstein; **Farben:** Creme, Weiß, Erdtöne; **Elemente:** Erde, Wasser, Äther; **Symbole:** Milch, Milchstraße, Euter, Kuhfell; **weitere Assoziationen:** Quelle, Versorgtsein, Tarotkarte: Die Herrscherin; **Traumdeutung:** Die Kuh symbolisiert Mütterlichkeit, das Vertrauen in das Genährtwerden und Versorgtsein. Eine wohlgenährte Kuh steht für Glück und Versorgung, magere Kühe können schlechte Zeiten ankündigen. Eine Kuh, die darauf wartet, gemolken zu werden, zeigt an, daß ein Wunsch in Erfüllung geht. Die Kuh steht aber auch für Ausnutzung der Energie; wer also von einer Kuh träumt, die gemolken wird, erhält damit einen Hinweis darauf, daß er ausgenutzt wird. Ein Kuhstall kann das Zuhause verkörpern. **Affirmationen:** »Ich bin versorgt und werde genährt in jeder Minute meines Lebens.« – »Ich vertraue auf die Kraft in mir.«

Lachs
Verjüngung, Weisheit, emotionale Kraft, Stärke und Stabilität

Geboren, getragen und dem Strom gefolgt
im großen Meer in die Tiefe gesaugt,
verbunden mit der Quelle
werden wir geführt zu jener
Nahtstelle
zwischen den Welten und jenseits der
Zeit,
dort machen wir dich für die Ernte bereit.
Drehe um nun deine Energie,
schwimme gegen den Strom wie nie,
zurück zu den Wurzeln aus anderer Sicht,
zu scheuen Mühe und Hindernis nicht,
zu geben, zu lenken und Wege zu finden
und dich wieder mit der Kraft des Ursprungs zu verbinden.
Denn hier kann ganz viel Neues entstehen,
vielerlei Wunder haben wir gesehen.
Wir bringen alt und weise
die Kraft der Seele auf ihrer Reise.

Lebensweise des Lachses

Lachsfische sind eine Familie von Fischen, welche nur auf der nördlichen Erdhalbkugel vorkommt. Es gibt unterschiedliche Arten, wobei die bekanntesten der atlantische oder der europäische Lachs sind. Ein ausgewachsener Lachs ist ein langgestreckter und sehr kräftiger Fisch mit weichstrahligen Flossen. Die Schwanzflosse ist wenig gebuchtet, und am Schwanzstiel befindet sich eine kleine Fettflosse. Seine Grundfärbung ist silbergrau, von dunkel bis hell abgestuft, mit feinen schwarzen Flecken, und zur Laichzeit haben die Männchen einen leichten rötlichen Schimmer. Lachse unternehmen weite Reisen von ihren Laichplätzen bis in die Weltmeere, und einige Arten kehren wiederholt dorthin zurück, andere sterben bei oder nach dem Ablaichen. Zwischen den Laichzeiten bleiben sie ein bis zwei Jahre im Meer, um sich zu

erholen. Sie treten die Laichwanderung, die sie oftmals stromaufwärts führt, in bester Kondition an und sind glänzende Springer, welche Hindernisse auf ihrem Weg leicht nehmen können. Während dieser Wanderung nehmen die Lachse keine Nahrung zu sich. Sie erkennen ihre Geburtsgewässer an deren Geruch und Geschmack sowie mit Hilfe einer Art eingebauter Sonnenuhr, mit der sie sich in Raum und Zeit orientieren können. Sie laichen zumeist in den Oberläufen der Flüsse, wo sie sich in schmale Rinnsale drängen. Dort schaffen die Weibchen mit kräftigen Schwanzschlägen eine Art Nestmulde zwischen den Steinen, während die Männchen heftige Konkurrenzkämpfe ausfechten. Ist das Nest fertig, beginnt das Weibchen mit dem Ablegen der Eier, die dann sofort vom Männchen mit seiner Milch (Samenflüssigkeit der Fische) befruchtet und mit Kies bedeckt werden. Das Fleisch des Lachses ist orangerosa, lachsfarben eben. Der Lachs ist ein beliebter Speisefisch für Mensch und Tier. Bären z.B. kennen die Sprungstellen der Lachse an den Flußläufen und lassen sich die Fische ins Maul fliegen, wenn diese völlig auf ihr Ziel konzentriert, die Schwellen überwinden wollen.

Der Lachs und seine Kraft in den Kulturen der Welt

Der Lachs übernahm bereits sehr früh eine wichtige Rolle im Leben der Menschen: Schon auf eiszeitlichen Höhlengemälden, wie in den Pyrenäen gefunden, wurden Abbildungen von ihm ausgemacht. Der Lachszauber der Eskimos soll für reiche Beute, Überfluß, magisches Wissen, Führung und Kraft in der Jagd sorgen. Der germanische zwielichtige Gott des Nordens, Loki, der die Götter begleitete und ihnen oft durch seine Verwandlungskünste half, verwandelte sich in einen Lachs, wenn er fliehen mußte. Finta, ein berühmter Zauberer und Schamane, hatte den Lachs als Zaubertier, und konnte durch ihn die Gestalt wechseln, Wunder geschehen lassen, Dinge verwandeln und sich mit dem alten Wissen verbinden.

Tua mac Cairill (Scel Tuain meic Chairill), der Urdruide aus der irischen Sagenwelt, hat durch die Kraft der Verwandlung die Epoche der Christianisierung überlebt, so daß er die irische Geschichte weitervermitteln kann. Dazu nahm er die Gestalt eines Hirsches, eines Ebers, eines Adlers und schließlich die eines Lachses an. Dann wurde er als Sohn der Königin wiedergeboren, welche den Lachs gegessen hatte. Demnach gilt der Lachs als Hüter des alten Wissens und ist ein magisches Tier. Man sagt auch, er habe die Nüsse des Wissens verschluckt, die vom Baum der Weisheit fielen. Er Kall, der irische Gott des Wassers, hat den Lachs als Symboltier. Mobon, Sohn von Mordon, der Schutzherrin der Anderswelt, verschwand in der Zeit des spätsommerlichen Erntemonds, als er drei Nächte alt war, und wurde am Ende von den fünf am längsten auf der Erde lebenden Tieren befreit – Amsel, Hirsch, Eule, Adler und Lachs –, die ihn in der Bauchhöhle von Mutter Erde in der Anderswelt fanden. Dies bedeutet: Um Weisheit zu erlangen, müssen wir diese Welt mit der Anderswelt vereinen. Im allgemeinen ist der Lachs ein heiliges Tier und steht für die Kraft der Verwandlung, der Dicht- und Sprachkunst, der Erhaltung der vitalen Lebensenergie und der Verjüngung.

Lachsmedizin

Springt der Lachs in dein Leben, so ruft er dich auf, in Verbindung mit der Lebensquelle zu bleiben und deinem inneren Weg treu und beständig zu folgen. Er erweckt die spirituellen Kräfte und schenkt dir Erfahrungen, die über deine physische Erfahrung hinausgehen und dich mit einer größeren Kraft verbinden. Er lehrt dich, zu deinen Wurzeln zurückzukehren, doch nicht um geschaffen und getragen zu werden und nehmen zu können, sondern um selbst zu tragen, zu geben und zu erschaffen. So zeigt er dir den Weg von der Unbewußtheit in die Bewußtheit und den bewußten Einsatz deiner Kraft. Er verleiht dir emotionale Kraft, Schutz und Stärke und verbindet dich mit den edlen, feinen, reinen Lichtkräften in dir. Er hilft dir, deinen sechsten und siebten Sinn zu entwickeln.

Als Wesen des Wassers bringt er dir die Reinigung und Heilung deiner Emotionen, die Entfaltung deiner Herzenskraft und die Kraft, deiner Intuition zu folgen. Als Schamanen- und Krafttier verleiht er dir die Gabe der Verwandlung, die Fähigkeit, deine magische und spirituelle Macht in der nichtalltäglichen Wirklichkeit und der physischen Welt bewußt anzuwenden und einzusetzen, deine Energie stabil aufrechtzuerhalten, dich in die Energie hinter den sichtbaren Formen einzufühlen und Energiefelder zu heilen. Sein außerordentlicher Geruchssinn führt dich genau auf die richtige Spur, Hindernisse können ihn weder aufhalten noch täuschen. Er spürt, wann er jemanden mit seiner Energie nähren muß, damit die Herzenskräfte erwachen

und neue Energie einströmt. Als eines der ältesten Tiere weiß der Lachs um die Unzerstörbarkeit der Energie.

Von der lichten Seite betrachtet: Das silbrige Schuppenkleid des Lachses verweist auf den Schutz und die Führung durch das Licht von Sonne und Mond. Er versieht uns mit Intuition und der Kraft, unseren Eingebungen zu folgen und sie in die Tat umzusetzen. Seine Wanderung vom Fluß ins Meer und wieder zurück zu seinem Geburtsort verbindet uns mit unseren Wurzeln und dem Urmeer, in dem wir uns mit der universellen spirituellen Kraft vereinen können. Er führt uns, gegen den Strom schwimmend und alle Hindernisse überwindend, zurück zu unseren Wurzeln. Hier können wir neue Energie schöpfen, um unseren Auftrag zu erfüllen. Im Spiegel des sich von der Mündung zur Quelle verjüngenden Flusses schenkt uns der Lachs vitale Lebenskraft, Leistungsfähigkeit und die Fähigkeit, uns zu verjüngen. Trotz aller Freßfeinde und Hindernisse auf dem Weg zu seinen Wurzeln gibt er nicht auf und vermehrt sich. Dies ist die Kraft des Gebens: Alles, was wir geben, kehrt doppelt und dreifach zu uns zurück. Sein lachsfarbenes Fleisch steht für die sich selbst reinigenden Kräfte, den Neuanfang und die Weisheit aus dem Herzen des Göttlichen.

Von seiner dunklen Seite betrachtet, sagt man dem Lachs nach, er sei intolerant, arrogant, dogmatisch, starr, stolz, er bausche Situationen auf, wolle emotionale Verletzlichkeit nicht wahrhaben und neige dazu, sich selbst zu stark zu fordern, seine Kräfte nicht zu schonen, sich keine Pause und Ruhe zu gönnen. Weiterhin steht er hier für Streben, Streß, Überforderung, sehr hohe Ansprüche an sich selbst, hohen Einsatz, die Angst, zu versagen.

Weitere Informationen

Der Lachs ist ein Zeichen im indianischen Medizinrad und der Zeit der Reife (22. Juli – 21. Aug.) sowie dem Habicht-Clan zugeordnet. Seine Richtung ist der Süden, sein Wind bläst aus Süden, seine Pflanze ist die Himbeere. Ihm werden Großzügigkeit, Großherzigkeit, Kreativität, Treue, Loyalität, Willenskraft, Opferbereitschaft und emotionale Stabilität zugeschrieben. Man sagt dort, der Lachs könne eine andere Gestalt annehmen, zum Beispiel die eines Bären oder die des Wesens, das ihn auffrißt. Er kann alte Weisheiten, Erinnerungen und das Wissen der Seele bringen und verbindet mit dem Rad der Zeit und dem Wissen von der Wiedergeburt. Das Lachsamulett steht für die Erneuerung und die Unzerstörbarkeit der Lebensenergie.

Stein: Karneol; **Farben:** Lachsfarben, Orange, Silber; **Elemente:** Wasser mit Feuer, Äther, Luft; **Symbole:** Fisch, Schutzschild, liegende Acht; **weitere Assoziationen:** feine Kräfte, Mond, Sonne, Gespür, gegen den Strom schwimmen, feinstoffliche Macht, Sportlichkeit und Wendigkeit, Inspiration, Leichtigkeit; **Traumdeutung:** Der Lachs steht für die Kraft der Gefühle und zeigt, wie es darum steht. Er bringt die Kraft der Verwandlung und kann negative Gefühle und Mangel positiv wandeln, z.B. in emotionale Stabilität und Energie. **Affirmationen:** »Ich folge der Weisheit aus dem Herzen des Göttlichen.« – »Ich überwinde alle Hindernisse und Schwierigkeiten auf meinem Weg leicht und mühelos.«

»Lachsstrom«

Löwe
Autorität, Selbstvertrauen, Kraft

Faul liege ich in der Steppe herum,
tu' nicht viel, doch bin nicht dumm.
Lass' mir die Sonne auf den Pelz scheinen
und das Licht sich in mir vereinen.
Ich weiß um meine Kraft und Stärke,
gehe gar nicht lang zu Werke:
Einmal gebrüllt, dann kurz zugeschlagen,
und schon löst er sich, der Haken.
Ich hadere nicht mit meinem Sein,
hol' das goldene Licht der Sonne in mich herein;
glaube an mich zu allen Zeiten,
mein Rudel wird mich stets begleiten.
Der Kosmos versorgt uns mit allem,
in diesem Vertrauen kann das Leben gefallen.
In meiner Mitte liegt die Kraft,
von hier sende ich meinen Saft.
Das Löwenherz kennt weder Furcht noch Tadel,
darin liegt die Kraft von Macht und Adel.

Lebensweise des Löwen

Löwen sind in Afrika in den Savannen südlich der Sahara zu Hause; einst kamen sie auch im südlichen Asien vor, von der Türkei bis nach Indien, und selbst im südöstlichen Europa war er früher auf der Balkanhalbinsel heimisch. Doch in diesen Gebieten wurden sie schwer bejagt und nahezu ausgerottet. Der Löwe wird oft als »König der Tiere« bezeichnet; schon mit seiner üppigen Mähne, seinen ruhigen, großen Bernsteinaugen und seinem mächtigen Gebiß strahlt er Würde aus und flößt Respekt ein. Die Löwin hingegen hat nur ein einfaches gelbbraunes kurzhaariges Fell. Löwen haben nach vorn gerichtete Augen und können durch die sich daraus ergebende Überschneidung der Sehfelder Entfernungen sehr gut einschätzen; auch nachts sehen sie hervorragend. Die Ohren dienen der Orientierung und ermöglichen ein hervorragendes räumliches Hören. Der Geruchssinn ist des Löwen bestausgebildetes Sinnesorgan; es spielt bei der Reviermarkierung, der Paarung, der Jagd, dem Spurenlesen und der Orientierung eine wichtige Rolle. Anders als andere Raubkatzenarten leben Löwen in Rudeln mit einem Männchen und 20 bis 25 Weibchen sowie den vom Männchen gezeugten Jungtieren; Leittier ist eine Löwin. Jedes Löwenrudel hat sein Territorium, in dem die Weibchen jagen, doch 20 Stunden am Tag verbringen Löwen mit Dösen oder Schlafen. Wird der Pascha eines Löwenrudels besiegt, so verliert er seine Heimat im Rudel; außerdem tötet der Sieger häufig die Jungen des Besiegten, um die Weibchen für die eigenen Nachkommen frei zu machen. Die Weibchen versorgen das Rudel und bestimmen den Zeitpunkt der Paarung. Nach ca. 120 Tagen Tragezeit bringen sie 2 bis 4 Junge zur Welt, die von allen Löwinnen gesäugt werden, welche zur selben Zeit Junge aufziehen. Nach 2 bis 3 Jahren müssen die jungen Männchen das Rudel verlassen; danach ziehen sie zusammen mit anderen Junggesellen durch das Land, bis sie stark genug sind, um ihr eigenes Rudel zu erobern.

Der Löwe und seine Kraft in den Kulturen der Welt

Aufgrund seines goldfarbenen Fells, seiner Mähne und seiner stolzen und ausdrucksvollen Erscheinung gilt der Löwe als Sonnensymbol. Die Löwin hingegen verkörpert den Mond, die Weiblichkeit und die Mutterschaft. Pharaonen und mächtige Anführer wurden oft löwengestaltig dargestellt. Die löwenköpfige ägyptische Kriegsgöttin Sekhmet steht für die Vernichtung der Feinde der Götter. Zwei Löwen, welche Rücken an Rücken sitzen, symbolisieren in der Kunst Ägyptens Vergangenheit und Zukunft, Sonnenauf- und -untergang. In orientalischen Kulturen gilt der Löwe auch als Schutztier vor Dämonen. Im antiken Griechenland zieht der Löwe den Wagen von Cybele und Hera (röm. Juno) und war Aphrodite (röm. Venus) und Dionysos (röm. Bacchus) geweiht. Buddha wird oft auf einem Löwenthron sitzend dargestellt; der Löwe gilt im Buddhismus als Hüter und Verteidiger der kosmischen Gesetze. In der Alchemie stehen der rote Löwe für Schwefel und der grüne für Materie. Im Christentum verkörpert der Löwe Macht und ist ein Symbol für Königtum und die Menschwerdung Gottes. Er ist das Zeichen für den Evangelisten Markus und Attribut des heiligen Hieronymus. Jesus wird »Löwe aus dem Stamm Juda« genannt. Weil er mit offenen Augen schläft und seine Jungen mit dem Lebensatem erweckt, ist der Löwe zudem ein Sinnbild für Gott und die Auf-

erstehung sowie für das Erwachen und die Wachsamkeit. Zusammen mit einem Kreuz zeigt er sich als starker Beschützer der Christenheit. Er gehört zu den bekanntesten Motiven der Heraldik und steht für Herrlichkeit, Herrschaft, Macht, Führung, Männlichkeit, Tapferkeit, Stärke, Schutz und Grimmigkeit; auch auf dem Wappen des englischen Königshauses erscheint ein Löwe. In Sagen und Legenden werden Adler und Löwe oft als Gegensätze oder Feinde dargestellt.

Löwenmedizin

Kommt der Löwe in dein Leben gerauscht, ruft er dich auf, in deine Mitte zu kommen und aus deinem Wesenskern zu handeln. Oft verzetteln wir uns, diskutieren über unten, oben, links oder rechts und verlieren den Überblick, geraten aus unserer Mitte. Doch dort, im Zentrum des Wirbelsturms, liegen die Kraft, die Ruhe, die Meisterschaft, die Selbstbeherrschung, die Konzentration, die Stärke und die Weisheit. Der Löwe mahnt dich, nicht immer sofort zu handeln, sondern die Dinge erst einmal in Ruhe zu beobachten, sie wirken zu lassen, ohne sogleich Schlußfolgerungen zu ziehen. Manches regelt sich ganz von allein, wenn man gelassen in seiner Mitte bleibt und alles genau betrachtet, statt sich hineinzuverwickeln. Handlungen, welche wir aus unserer Mitte heraus vollziehen, haben Kraft und brauchen wenig Aufwand, um wirkungsvoll zu sein. Wenn wir in uns zentriert sind, so schaffen wir ein Feld, das in einer bestimmten Frequenz schwingt und mit anderem mit gleicher Schwingung in Resonanz geht.

Von der lichten Seite betrachtet: Der Löwe macht nicht, er läßt machen und tut nur das, was kein anderer außer ihm tun kann. Lerne von ihm. Er führt dich zum Selbstvertrauen, dem Vertrauen in dein Selbst. Laß deine innere Sonne erstrahlen, ihre Kraft und Wärme segnet alles, was von ihr berührt wird. Die Macht und die Herrlichkeit des Göttlichen sind bereits in dir, entwickle die Stärke und die Kraft aus der Mitte deines Löwenherzens. Lerne dich kennen und verstehen, indem du in die Welt ziehst und deine Kräfte erprobst. Richte dich dabei stets nach dem Höchsten aus, der Kraft und der

Herrlichkeit der Sonne. Sie steht für die göttliche Quelle, für Bewußtheit und für den göttlichen Atem, welcher mit seinem Licht und seiner Wärme alles durchdringt. Der Löwe lehrt dich, das Feuer der Wahrheit zu entfachen, zu hüten und, wenn es nötig ist, damit ordentlich einzuheizen, so daß alles verbrennt, was nicht dem Licht entspricht. Er steht für Kraft, Siegeswillen, Tapferkeit, Weisheit, Autorität und Mut. Der Löwe verleiht dir die Kraft, dein Werk zu vollenden und die Kreise zu schließen. Er lehrt dich, an dich selbst zu glauben und die Welt und ihre Entwicklung optimistisch zu betrachten. Auch erinnert er an die Stärke und den Schutz der Gemeinschaft und daran, daß alles seinen Platz und seine Aufgabe hat. Als Schutztier verscheucht er die Schatten der Finsternis.

Von seiner dunklen Seite betrachtet, steht der Löwe für Stolz, Ausschweifung, Selbstherrlichkeit, Selbstgefälligkeit, Autoritäts- und Machtprobleme, fehlendes Vertrauen in die eigene Kraft. Verletzt oder tot verkörpert er Schwäche und das Ende einer Sache. Man hüte sich vor der übermäßigen Hitze, der Wut, dem Zorn und den allzu aggressiven Handlungen eines Löwen, sie können großen Schaden anrichten.

Weitere Informationen

Der Löwe führt uns zum großen Lebensrätsel, sieht er doch der Sphinx ähnlich. Er hütet das Geheimnis der Einweihung von Herrschern und Monarchen, verbindet uns mit dem Königsweg. Im westlichen Tierkreis ist er das fünfte Zeichen (21. Juni – 21. August), ein festes, kardinales und maskulines Feuerzeichen, das von der Sonne regiert wird. Löwegeborene sind tapfer, großzügig, kreativ, energisch und willensstark. Im Feng-Shui steht der Löwe für Mut und Stärke; er gilt als Haus- und Türwächter und wird in den Ba-Gua-Bereichen Karriere, hilfreiche Freunde, Familie und Ruhm verwendet. Das Löwenamulett steht für Selbstvertrauen, Macht und Stärke.

Steine: Diamant, Gold, Topas; **Farben:** Gold, Gelb, Rot; **Elemente:** Feuer, Erde; **Symbole:** Löwenherz, roter Löwe, liegende Acht; **weitere Assoziationen:** Sonne, Tarotkarte: Die Kraft; **Traumdeutung:** Taucht der Löwe auf, so sind wir aufgefordert, unsere Kraft anzunehmen und einzusetzen; es kann aber auch auf Autorität und Autoritätsprobleme hinweisen. **Affirmationen:** »Ich handele aus meiner Mitte heraus.« – »In meiner Mitte liegt die Kraft.«

Luchs
Geistkräfte, Vitalität, Unabhängigkeit

Komme ich in dein Revier,
lernst du es zu pflegen mit mir.
Ich zeige dir, wo die Beute sitzt
und wie du sie kriegst.
Ich bin der gute Jäger im Land,
arbeite mit dir Hand in Hand,
beobachte scharf, hör' genau, schleich'
mich an –
ich weiß genau, was wo ist dran!
Schöpferisch sind meine Wege
in meinem eigenen Gehege;
zeige mich nur selten, bleibe lieber unentdeckt.
Komme ich zu dir, sind die vitalen Lebensgeister geweckt.

Lebensweise des Luchses

Der Luchs, eine kurzschwänzige Raubkatze, ist in Europa und Asien beheimatet. Zu den Luchsarten gehören Nordluchs, Parderluchs, Rotluchs, Karakal, Polarluchs, der Kanadische Luchs und der Gewöhnliche Luchs. Die auffälligen Merkmale des Luchses sind ein runder Kopf mit hochangesetzten spitzen Ohren, deren Spitzen mit Haarpinseln besetzt sind, ein von der Kopfseite bis zur Kehle reichender kräftiger Backenbart, kräftige, breite Pfoten mit dicken Haarpolstern zwischen den Ballen. Sein Fell, das meist ein typisches Flecken- und Streifenmuster aufweist, ist, je nach Art, langwollig und gelbgrau bis kurzhaarig und rötlich oder gelblichbraun, am Bauch leicht aufgehellt und mit einer schwarzen Schwanzspitze geziert; im Winterfell verblaßt das Muster. Der Luchs ist ein bodenbewohnender, tag- und dämmerungsaktiver Einzelgänger mit festen Revieren im felsigen Wald- und Buschwaldgebiet. Er verfügt über ein sehr gutes Sehvermögen und eine überaus feine Witterung. Aufgrund der Haarpolster zwischen den Ballen kann er fast lautlos gehen, und seine Ohrpinsel gestatten ihm eine exakte Orientierung über das Gehör. Seine Nahrung sind Laufvögel und Säugetiere bis zur Größe von Rehen. Luchse, die bis zu 18 Jahre alt werden, pflanzen sich einmal im Jahr fort

und werfen nach einer Tragezeit von 70 Tagen bis zu 4 Jungtiere, welche nach 4 Monaten entwöhnt werden und mit einem Jahr geschlechtsreif sind.

Der Luchs und seine Kraft in den Kulturen der Welt

In der griechischen Mythologie wird Dionysos (röm. Bacchus), dem Gott der Fruchtbarkeit, der Vegetation, des Rausches und der Wildheit, unter anderem der Luchs zugeordnet. Der keltische Lichtgott Lugh, bei dessen Fest Lugnasad (1. August) der Beginn der Ernte gefeiert wird, wird mit dem Luchs und dem Raben in Verbindung gebracht. Der Luchs ist ein Tier von Netzach, der siebten Sephira in der Kabbala; sie steht für verborgene Intelligenz, den strahlenden Glanz der kreativen Vorstellung, die Inspiration und den schöpferisch tätigen Menschen. Der Luchs ist der Rune Naudhiz, der Notwende, zugeordnet; sie steht für die vom Schicksal auferlegte Not und die Erlösung aus dieser. Sie hilft bei der Erkenntnis der Ursachen und der Überwindung von Leid, unterstützt die Steigerung der eigenen Energie und der Widerstandskraft.

Luchsmedizin

Zeigt sich der Luchs, so bringt er die Fackel der Erkenntnis. Er fordert dich auf, nach innen zu gehen und dich mit der feurigen kreativen Flamme, welche in dir lodert, zu beschäftigen. Schau, was sie in dir beleuchtet. Der Luchs zeigt dir, wie du dich aus Abhängigkeiten, Konditionierungen, behindernden Glaubenssätzen, Verhaltensweisen und seelischen Nöten befreien kannst. In dir liegt der Schlüssel zur Freiheit, zu deinem inneren Licht und deiner Führung. Als bärtige Geisterkatze bringt dir der Luchs die Fähigkeiten des geistigen Sehens, der kreativen Vorstellung, des Hellhörens und Empfangens von Botschaften aus der geistigen Welt und deiner Umgebung, des Aufspürens von Wegen und Projekten, welche für dich wichtig sind. Das sind die geistig-seelischen Fähigkeiten, die du brauchst, um dein Leben in die Hand zu nehmen und von nun an selbst zu gestalten. Der Luchs fordert dich auf, der wahren Quelle einer Sache nachzuspüren, damit du Selbsterkenntnis und Bewußtsein erlangst. Er bringt dir dein schöpferisches Potential, das du nutzen kannst, um dich aus einer mißlichen Lage zu befreien und dich selbst zu versorgen.

Der Luchs ist ein intelligenter, kreativer, schützender Seelenführer. Nach einer Phase der Not und des Leidens kommt auch wieder eine Phase der Freude und des Glücks. Folge dem natürlichen Auf und Ab im Leben ganz unverkrampft. Nimm das an, was da ist, aktiviere und schule deine geistig-seelischen Kräfte und folge deinem Weg, auf dem noch so viele Gestaltungsmöglichkeiten liegen, wenn du vom Hier und Jetzt nach vorn schaust.

Von seiner lichten Seite betrachtet, ist der Luchs ein Einzelgänger; damit fordert er dich auf, dich auf dich selbst und deine Sinne zu verlassen. Er ist ein ausdauernder Läufer und schenkt dir dadurch die Ausdauer und das gute Gespür für die Verfolgung deiner Ziele. Er vertraut seinem ausgezeichneten Geruchs- und Gehörsinn und lehrt dich auf diese Weise innere Wachsamkeit und verleiht dir die Fähigkeit, Signale und Wegweiser aufzuspüren und augenblicklich zu erkennen. Er kann ausgezeichnet klettern, schwimmen und im tiefen Schnee laufen; so zeigt er dir verschiedene Möglichkeiten, deinen Weg zu verfolgen. Er macht ausgiebig von seinen kräftigen Krallen und Zähnen Gebrauch und erlegt seine Beute auf unterschiedliche Art und Weise, z.B. indem er von einem Baum auf ein Tier springt; dies offenbart dir dein kreatives Potential und die Waffen, die du nutzen kannst, um deine Ziele durchzusetzen und zu erreichen. Da er nur schwer zu entdecken ist, bringt er auch Schutz und Tarnung.

Von seiner dunklen Seite betrachtet, bedeutet der Luchs Energieraub, Aggression, mangelnde Zusammenarbeit, keine Kommunikationsbereitschaft, Unruhe, Not, Mißverstandenwerden, Schuldgefühle, innere Not, Einsamkeit, Scheu, Hinterhältigkeit, Grenzen, Egozentrik, kein Gleichgewicht zwischen Geben und Nehmen, sich in Gesellschaft unwohl fühlen.

Weitere Informationen

Das Luchsamulett verleiht Schutz und Anbindung an die innere Führung; in Notzeiten hilft es, den richtigen Weg zu finden.

Steine: Bernstein, Harz; **Farben:** Gold, Signalrot; **Elemente:** reinigendes Feuer, kosmisches Feuer, Licht, Erde und Luft; **Symbol:** Fackel, liegende Acht, Rune: Naudhiz; **weitere Assoziationen:** Buche, jemand etwas abluchsen, Tarotkarten: Der Teufel, Die Kraft; **Traumdeutung:** Der Luchs steht für die feingeistigen Fähigkeiten, aber auch für die unbewußten Triebkräfte und Ängste. So kann er, je nachdem, wie er sich im Traum zeigt, für eine neue innere Entwicklung, erfolgreiche Projekte oder für Hinterlist und Energieraub stehen. **Affirmationen:** »Ich ruhe in meiner Mitte und folge meinem Weg.« – »Ich bin bereit, über meine Grenzen hinauszuwachsen, neue Wege eröffnen sich mir – jetzt.«

Maus
Verbindung, Komplexität, Gleichgewicht

Hier husch ich hin, dort husch ich hin,
husch, husch, verschwinde im Bau drin.
Verborgene Wege, geheime Pfade,
Windungen in Verbindungen,
kenne die Gänge, die Wege und Zweige,
die unbewußten Kräfte ich dir zeige.
Nichts bringt der Zufall, nichts das Außen,
alles liegt drinnen und nichts im Draußen.
Dort kannst du sehen
der Mächte Wirken.
In den Spiegel des Sein,
führe ich dich ein,
zeige dir das empfindliche Gleichgewicht,
geschaffen in lang verborgener Sicht.
Altes Wissen auf intelligente Weise
bringe ich dir auf unserer Reise.
Hab keine Angst, und folge mir
zu den Kräften, die wirken in dir.
So verstehst du und kannst verwandeln
und dein Sein im Licht neu aushandeln;
so verschwindet die graue Maus in dir
und verwandelt sich in ein Glücksgetier.

Lebensweise der Maus

Mäuse entstanden vor etwa 10 bis 15 Millionen Jahren, befinden sich aber immer noch im Evolutionsprozeß und haben den Höhepunkt ihrer Entwicklung vermutlich noch nicht erreicht. Da ihr Körperbau wenig spezialisiert ist, ermöglicht ihnen das, weltweit die verschiedensten Lebensräume zu besiedeln. Es gibt ca. 90 Mäusegattungen mit über 400 Arten. Die Hausmaus ist die bekannteste Maus und überall zu finden. Sie ist grau bis braungrau, in seltenen Fällen weiß. Sie kann sehr gut klettern, laufen, springen, schwim-

men, nagen, graben und wühlen. Ihr Geruchssinn, die Augen und die Ohren sind sehr gut entwickelt. Sie legt ihre Nester unmittelbar in der Nähe von Nahrungsmittelvorräten des Menschen an. In der Regel leben Hausmäuse in einem Rudel, das aus mehreren Großfamilien besteht. Jede dieser Familien kennzeichnet ihr Territorium mit Duftmarken, andere Mäuse werden hier nicht geduldet. Die Feldmaus lebt hingegen überwiegend im Freien und sucht nur in Ausnahmesituationen Zuflucht bei Menschen; sie bevorzugt als Nahrung Getreide und Getreideprodukte. Mäuse pflanzen sich das ganze Jahr über fort, allerdings vermehren sie sich bei zu hoher Populationsdichte nicht weiter. Sie ist Beute für viele Tiere, wie Raubvögel, Katzen, Eulen, Füchse oder Igel.

Die Maus und ihre Kraft in den Kulturen der Welt

In Ägypten galt die Spitzmaus als heilig; sie war ein Botentier der Götter und stand für das Wirken der hilfreichen Geister. In Rom symbolisierten weisse Mäuse Glück und waren Jupiter und Apoll zugeordnet. Mäuseplagen galten als gerechte Strafe Gottes. Allgemein können sich Menschenseelen in Mäusen verstecken. So können weiße Mäuse auch die Seelen ungeborener Kinder symbolisieren, welche sich ankündigen. In Märchen und Erzählungen tauchen Mäuse einerseits oft als Personifikation von Hexen und Zauberern auf. Diese verwandeln sich in Mäuse, um Dinge unbemerkt auszuspionieren, sie hinein- und hinauszuschmuggeln sowie Angreifern entfliehen zu können. Sie treten in Geschichten auch als gute Hilfsgeister in Erscheinung, die dem guten Menschenkind beistehen, seine Aufgabe zu lösen, so daß ihm Gerechtigkeit widerfährt. Der Hausgeist, Feen oder Naturgeister wie Zwerge und Erdgeister zeigen sich häufig in Mausgestalt. Mäuse gelten als intelligent und verhelfen guten Menschen zum Glück, indem sie die Aufgaben, welche der Mensch nicht zu lösen vermag, für ihn lösen. Weiterhin sagt man, die Maus sei ein hübsches, flinkes, kluges, hilfsbereites und sorgliches Tier. In einigen Märchen, wie z.B. in Aschenputtel, helfen die Mäuse dem guten Menschen.

Mausmedizin

Taucht die Maus in deinem Leben auf, so bringt sie Gleichgewicht und Ausgleich sowie die Erdmedizin. Sie führt dich ein in das Gleichgewicht der Kräfte und das Gesetz von Ursache und Wirkung, das Gesetz von Karma. Sie zeigt dir die Bilder und dein Wirken, alte Erinnerungen, welche dich geprägt haben, Erfahrungen, welche in dir gespeichert sind, ungelöste Beziehungen und Situationen aus der Vergangenheit ebenso wie aus der Gegenwart und der Zukunft. Sie bringt dich mit den Situationen in Berührung, die noch nicht in dir gelöst sind, an dir nagen und dich krank machen können. Mit Hilfe der Maus kannst du sie jetzt auflösen, damit du sie hinter dir lassen und weitergehen kannst. Die Maus zeigt dir die Blockaden und alten Muster, Details, an die du noch nicht gedacht hast, Löcher in deinem Energiefeld und unbewußte Zugriffe auf dieses, damit du verstehen, verändern und dein Potential entwickeln kannst. Sie fordert dich auf, dich mit dir zu beschäftigen, dich zurückzuziehen und den Botschaften aus deinem Unterbewußtsein zu lauschen. Sie mahnt dich, nicht mehr von der einen Ecke in die andere zu huschen, sondern in die Tiefe, in deine Tiefe vorzudringen. Hier hört die Opferhaltung auf und wird die Stärke gefunden. Hier erklären sich die Dinge und können verändert werden. In der Maus hast du eine gute, intelligente, hilfreiche und weise Seelenführerin gefunden. Sie überträgt dir die Fähigkeit, deine Energie immer wieder schnell zu erneuern, und die Zuversicht in deine Wahrnehmung.

Von ihrer lichten Seite betrachtet, ist die Maus dem Menschen nicht fern, da sie oft mit ihm in einem Haus oder in seinem Umfeld lebt. Sie kennt die komplexen Wege, geheimen Zugänge, größeren Zusammenhänge und verborgenen Verbindungen zu allem, was mit dem Menschen in Zusammenhang steht. Sie kann sich an der Schwelle vom Bewußten zum Unbewußten aufhalten und eins ins andere transportieren, doch als Ausdruck des mentalen Aspekts verleiht sie Bewußtheit und Bewußtwerdung. Sie sammelt und hütet Informationen, bis sie benötigt werden. Sie verleiht dem Menschen die Gabe, sich zu tarnen, sich unsichtbar zu machen, damit er dunklen Kräften entkommen kann. Sie zeigt ihm intelligente Auswege und Fluchtmöglichkeiten. Da sie vielen Tieren als Nahrung dient, gilt sie oft als verlorener verborgener Seelenteil und als Kraft, welche sich anderen zur Verfügung stellt, jedoch ihre Energie schnell wieder erneuern kann.

Von ihrer dunklen Seite betrachtet, bedeutet die Maus Neugierde, mangelndes Selbstvertrauen, kein Selbstbewußtsein, Stillhalten, Unruhe im Geist, Unkonzentriertheit, Unauffälligkeit, Verirrung im Detail, Überblicksverlust, Gefahren im Unbewußten und Krankheit, die Neigung, das eigene Licht unter den Scheffel stellen, sich vergraben zu wollen, das Gefühl, nicht gesehen zu

werden. Sie verweist auf existentielle Ängste, wie das Gefühl, nicht versorgt zu sein, ungeschützt zu sein, Zugriffen auf sein Energiefeld und seine -reserven sowie Angriffen ausgesetzt zu sein, Löcher im Energiefeld zu haben. Die Maus kann auf störende Fremdenergien, auf nagende Kräfte, Spionage, dämonisches Wirken und subtilen Energieraub in beide Richtungen hinweisen. Mäuseplagen können für Angriff, Schuld, Strafe, schlechtes Gewissen stehen. Mäuse gehören zu den Nahrungsschädlingen und können Krankheiten übertragen. Im Christentum wurde die Maus so auch zum Sinnbild des Teufels, der Irrlehre und der Zerstörung.

Weitere Informationen

Mäuse weisen auf eine Verbindung zum Naturreich hin und zu den alten Wegen der Erdgöttin. Sie zeigen die zyklischen Wege der Energie, der Wandlung und des Gleichgewichts. Die Maus steht für mentale Kraft und die intelligente Kraftquelle des Unterbewusstseins. Sie gilt mehr als Helfertier denn als Krafttier. Doch alles ist möglich. Frage sie selbst, sie weiß, warum sie in deinem Leben aufgetaucht ist. Sie kann auch auf Menschen, welche sich mit dir in Kontakt setzen wollen, hinweisen. Im indianischen Medizinrad steht die Maus für den mittleren Westen und die Einsicht. Sie bringt Wahrnehmung, Gleichgewicht, Unschuld, Beobachtung, Ruhe, Vertrauen, Akzeptanz, Zufriedenheit und Befriedigung. Die Hausmaus steht eher für eigene Belange, die Feldmaus für Belange in der Natur. Das Mäuseamulett steht für den Ausgleich, das Gleichgewicht und des Erwachen in die eigene Kraft.

Stein: Milchquarz; **Elemente:** Erde, Luft, Wasser; **Farben:** Grau, Gold, Rot, Orange, Braun; **Symbole:** Getreidekorn, Apfel; **weitere Assoziationen:** graue Maus, mucksmäuschenstill, weiße Mäuse sehen (Halluzinationen), Katz und Maus, nagende Zähne, Wurzeln, sich ins Mauseloch verkriechen, Mausefalle, Karma, Tarot: Rad des Schicksals; **Traumdeutung:** Erscheint die Maus im Traum, so kommt sie als Botschafterin aus dem Unterbewußtsein und macht aufmerksam auf geheime Verbindungen und Vernetzungen sowie gesammeltes Wissen. **Affirmationen**: »Die Quelle führt mich, damit ich mein wahres Potential in die Welt bringe.« – »Ich vertraue auf die Macht meines Unterbewußtseins, das mich zu Glück und Wohlstand führt.«

Ochse
Ausdauer, Grundlage, tragende Kraft

Am Anfang und am Ende sind wir da,
tragen die Kraft über die Zeit – wie wahr!
halten die Energie im ewigen Licht,
so daß sie bleibt und vergehet hier nicht;
künden von der lang anhaltenden Kraft,
welche ihr Joch trägt und ihren Auftrag schafft.
Die Verantwortung übernehmen wir,
stehen stets zur Seite dir;
mit unseren magischen Fähigkeiten
können wir die Zeit begleiten,
können sie besiegen,
mit Wille und Gleichmut kriegen;
bereiten daraus ein neues Feld,
das bekannt wird in der Welt.
Wir Ochsen, wir können gar viel tragen,
darum kannst du Großes wagen.

Lebensweise des Ochsen

In der Jungsteinzeit begannen unsere Vorfahren mit der Domestikation des Auerochsen – »Auerochse« bedeutet wörtlich übersetzt »urzeitlicher Ochse« –, welcher in weiten Teilen Europas, Asiens und Nordafrikas verbreitet war. In der Höhlenmalerei findet man häufig Auerochsen abgebildet, und die meisten Rinderrassen sind direkte Nachkommen des Auerochsen. Mit der Einbindung der Rinder in die Lebensweise des Menschen entwickelten sich Viehzucht und Ackerbau verstärkt, was zu einer Weiterentwicklung der Lebensweise und zu einer deutlich verbesserten Lebensqualität unserer Vorfahren führte: Durch die geregelte Versorgung konnten sie sich intensiver der Entfaltung kultureller und religiöser Bedürfnisse widmen. Weltweit gibt es über 100 Rinderrassen, die sich in Gestalt, Größe, Gewicht, Fellfarbe und Funktion unterscheiden. Der Ochse ist ein kastrierter Bulle, der durch den Verlust des Geschlechtstriebs zu einem friedlichen, folgsamen und belastba-

ren Arbeitstier wird. Er wurde vorwiegend für die Feldarbeit eingesetzt, sowie um Lasten zu ziehen und die ersten Maschinen, wie z.B. Wasserpumpen oder Mühlen, anzutreiben und Felder zu bestellen.

Der Ochse und seine Kraft in den Kulturen der Welt

Die Verehrung des Rindes hat eine uralte Tradition: Der Name der Stadt Ur (Uruk) im Zweistromland (Mesopotamien) stammte von Ur, dem Auerochsen. Der Gott Thor bzw. Donar steht mit ihm in seiner Funktion als Überbringer der Urkraft in Verbindung. In der antiken Kultur war der Ochse sowohl das Zugtier, das den Wagen mit den Kultgeräten zog, als auch das Opfertier. Der Wagen der griechischen Mondgöttin Artemis wurde u.a. von Ochsen gezogen. In dem Stall zu Bethlehem findet man den Ochsen zusammen mit dem Esel bei der Geburt Christi. Genauso wie die Ochsen neue Epochen ankündigen und bei der Geburt von Heiligen anwesend sind, so sind sie es auch, welche deren Begräbnisse begleiten. Blieb solch ein Ochse an einer bestimmten Stelle unvermittelt stehen und wollte partout nicht weitergehen, wurde dies symbolisch als Wunsch des Toten gedeutet, an dieser Stelle beigesetzt zu werden. So werden Ochsen auch mit der Gründung von Wallfahrtsstätten in Zusammenhang gebracht. Das Wort Ur bezeichnet einen grundlegenden, tragenden Baustein. Die Rune Ur bezieht sich auf den Auerochsen; sie steht für das Urteil, die Ursache, den Urgrund und ist eine Glücksrune. Sie verspricht Stabilität, Rückverbindung zu Urgrund, Kraft, Wachstum und Wandel, Gesundheit und Versorgung. Der Ochse steht für die Wiederkehr, den Kreislauf, das zyklische Wachstum, die Stabilität, die gebändigte und gelenkte Urkraft, das geduldige Dienen und die friedliche Stärke. Sein Blut war heilig; mit ihm malte und zeichnete man kultische Symbole an Höhlenwände, segnete rituelle Gegenstände und beschwor Kraft, Stabilität und den Erfolg einer Sache herauf. Der Ochse steht für die tragende ausdauernde, ewig haltende Kraft im Universum.

Ochsenmedizin

Der Ochse bringt dir die gebändigte, gemäßigte und dennoch vitale Lebenskraft. Kommt er in dein Leben, so kündigt er einen neuen Zyklus und eine grundlegende Veränderung in deinem Leben an. Du hast jetzt die Möglichkeit, dich aus eingeengten Lebenssituationen zu befreien, alte Verhaltensmuster aufzugeben und dich neu, in deiner eigenen Kraft zu erleben. Der Ochse ist da, um dich aufzurichten, dich zu stärken, dich in dir selbst zu verwurzeln sowie um deine Energie zu lenken, zu formen und ihr materiellen Ausdruck zu geben. Es geht jetzt darum, deine Grundlagen zu prüfen, aufzubauen, zu erneuern und zu erhalten, dich mit dem Urgrund in dir zu verbinden. Der Ochse schenkt dir heilende Energie und zeigt dir, wie du die Selbstheilungskräfte in dir aktivieren kannst. Er bringt dir die Ausdauer, Beharrlichkeit und das Vertrauen in deine Gefühle hinsichtlich der Angelegenheiten des Lebens. Er führt dich ein in die Selbständigkeit, bringt dir den Gleichmut und die Beharrlichkeit, die du brauchst, um dein tägliches Pensum an Arbeit zu erledigen. Er führt dich ein in die Gesetze der Magie – Schweigen, Wollen, Wagen –, bringt dir bei, mit deiner Kraft umzugehen und sie einzusetzen, zeigt dir, wie du dein Leben methodisch genau aufbauen kannst und es mit kluger Entschlossenheit erfolgreich gestaltest. Das goldene Herz des Ochsen ermöglicht dir einen sanften, fairen Weg im Umgang mit anderen, wobei du trotz Güte und Großmut dein Ziel nicht aus den Augen verlierst. Er zeigt dir, was gesunde Abwehr ist, wie du dein Selbstbewußtsein aufbaust, dich erdest, und verleiht dir Rückgrat.

Von der lichten Seite betrachtet: Mit dem Gleichmut, mit dem der Ochse sein Joch trägt, lehrt er uns, die Verantwortung zu übernehmen und geduldig zu tragen, damit das, was begonnen wurde, auch zu Ende geführt werden kann. So wie er, wenn er einmal etwas will, keinen Zentimeter von seinem Entschluß abweicht, komme, was wolle, so bringt er uns bei, zu unserem Gefühl, zu unserem Wort, zu unserer Absicht zu stehen. Wirst du ruhig und beständig wie der Ochse, kannst du eine Sache systematisch und methodisch angehen, sie mit Ausdauer auf den Weg bringen und umsetzen. Er zeigt uns, wie wir eine solide Grundlage im Einklang mit allen Kräften schaffen, auf die wir bauen können, und führt uns ein in die Magie des Ankommens.

Von seiner dunklen Seite betrachtet, verweist der Ochse auf eine engstirnige Sicht und Arbeitswut. Er gilt als phlegmatisch, dickköpfig, stur, unflexibel, ungeduldig und muß immer angetrieben werden.

Weitere Informationen

Der Ochse ist im chinesischen Tierkreis das zweite von zwölf Zeichen und steht für Fleiß; in der westlichen Astrologie entspricht es dem Steinbock. Jahre des Ochsen sind ... 1901, 1913, 1925, 1937, 1949, 1961, 1973, 1985, 1997 ... Menschen, welche in diesen Jahren geboren sind, gelten als pflichtbewußt, tüchtig, loyal, beharrlich, aufrichtig, beliebt, verläßlich, unbestechlich. Im Jahr des Ochsen geht es um Standfestigkeit, sorgfältige Arbeit und ausgewogenes Wachstum; es begünstigt traditionelle Tendenzen. Verträge, die in dieser Zeit abgeschlossen werden, sind erfolgversprechend und beständig. Das Ochsenamulett steht für Fülle, Versorgung und Verbindung mit der Quelle.

Steine: Jade, Moosachat, Smaragd, Lapislazuli; **Farben:** Grün- und Erdtöne; **Elemente:** Erde, Wasser, gebändigtes Feuer, Äther; **Symbole:** Hörner, die Rune Ur; **weitere Assoziationen:** Die Zahl 2, sie steht für die Polarität, aus der Neues erschaffen wird. Tarotkarte: Die Mäßigkeit; langsam, aber sicher. »Von zwei Übeln wählt man besser das, was man schon kennt.« – »Das ist, wie wenn man einen Ochsen ins Horn petzt.« **Traumdeutung:** Der Ochse zeigt uns, wie es um unsere Arbeitsenergie steht, wie wir sie einsetzen und worauf wir dabei achten sollten. **Affirmationen:** »Mit Ausdauer und Beharrlichkeit erreiche ich mein Ziel.« – »Ich werde denken, ich werde wagen, ich werde wollen, DU aber lenke mein Denken, mein Wagen und mein Wollen.«

Rune Ur

Otter
Originalität, Vision, Lebensfreude

Tauche auf und tauche ein,
schön ist es, im Wasser und an Land zu sein.
Sich vergnügen und lachen,
Faxen machen,
sich von der Schöpfung tragen lassen,
lieben und spielen, anstatt zu hassen.
Bin frei, zu toben, in der Sonne zu sein,
zu genießen den warmen Sonnenschein,
zu fressen, zusammenzusein,
zu feiern – hmmm, das ist fein!
Jupp! – die Rolle vorwärts im Wasser ist gut gelungen,
und du, hast heut' schon ein freudiges Liedchen gesungen?
Komm und reihe dich mit ein,
glaub mir: Das Leben kann richtig lustig sein!

Lebensweise des Otters

Der Otter gehört zur Familie der Wiesel und Marder. Man findet ihn in Flüssen, großen Seen, Sümpfen, Teichen – und den Seeotter sogar vor manchen Küsten im Meer. Er ist ein Landtier, welches sich jedoch sehr stark an das Leben im Wasser angepaßt hat. Er hat ein wasserdichtes Fell aus dickem, kurzem Unterhaar mit langem Deckhaar, dessen Farbe zwischen Hellgrau und Dunkelbraun variiert, runde, kleine Ohren und lange Schnurrbarthaare. Sein Körper ist geschmeidig, muskulös und langgestreckt. An jeder Pfote befinden sich fünf durch Schwimmhäute miteinander verbundene Zehen mit nicht einziehbaren Krallen; die Vorderbeine sind etwas kürzer als die Hinterbeine. Der behaarte Schwanz ist an der Basis dick und läuft spitz aus. Mit den Haarbüscheln an seinen Ellenbogen kann der Otter auch in dunklem, trübem Wasser jede Berührung registrieren. Unter Wasser sind Ohren und Nasenlöcher verschlossen, ihm bleiben die Augen und die Tasthaare. Seine Nahrung sind Fische, kleine Nagetiere, Wasservögel, Eier, Obst und allerlei Pflanzen. Otter verfügen über ein breites Stimmrepertoire und können Körperhaltungen

einnehmen, welche im Tierreich eher ungewöhnlich sind. Er ist scheu, dämmerungs- und nachtaktiv und lebt oft einzeln oder in kleinen Familienverbänden in einem festen Territorium. Seine aktive Zeit verbringt er mit Schlafen, Jagen, Fressen, Spielen, Sichsonnen und der liebevollen Aufzucht seiner Jungen.

Der Otter und seine Kraft in den Kulturen der Welt

Der Otter als fürsorgliches Familientier ist in manchen indianischen Stämmen der Clan- und Sippenhüter. Er hütet die alten Geheimnisse und dient als Helfer, z.B. Visionssuchenden, ihre Vision zu finden: Während einer Initiation trennt sich der Initiand nach seiner Vorbereitungs- und Fastenübung von seiner Sippe, seinem Stamm oder seinen Clan und wartet auf die visionäre Erscheinung seines Totems, mit dem ihm von da an eine enge Schicksalsgemeinschaft verbindet. Diese Vision wird symbolisch in einem Beutel aus Otterfell aufbewahrt. In der germanischen Mythologie finden wir Otter, Sohn des Riesen Hreidmar, des Zauberers und Bauern. Otters Brüder sind Fafnir und Regin, seine Schwestern Lyngheid und Lofnheid. Der Riese Otter konnte sich in einen Otter verwandeln, und als solcher saß er einst am Wasserfall Andwarafors, als die Asen Odin, Hönier und Loki dort hinkamen. Loki tötete Otter mit einem Stein, dafür mußten die Götter nun Wehrgeld zahlen. Der Balg des Otters wurde von Hreidmar mit rotem Gold ausgestopft und ganz damit eingehüllt. In verschiedenen Erzählungen verwandeln sich Gottheiten in einen Otter, um Fliehende zu verfolgen oder Visionen zu beschwören, so z.B. die keltische Mondgöttin Cerridwen, welche den jungen Gwion verfolgte: Er verwandelte sich in einen Fisch, um ihr zu entfliehen, sie sich in einen Fischotter, um ihn zu fangen. Im Christentum gilt der Otter als Wesen, welches in die Hölle hinabsteigt, aber auch wieder aufersteht. So steht er symbolisch für den Gang in die Unterwelt und für die Zeit von Herbst bis Frühling.

Ottermedizin

Taucht der Otter auf, so bist du gleich gut drauf. Er bringt dir die Freude, den Mut, zu dir selbst zu stehen, so wie du bist, die Lust am Leben und am Lebensspiel. Er fordert dich auf, zu spielen, Dinge auszuprobieren und dich in den verschiedenen Rollen deines Lebens zu erfahren. Durch Lebenslust und Lebensbejahung wirst du ins Hier und Jetzt katapultiert, damit wird dein schöpferisches Potential freigesetzt. Der Otter lehrt dich die Hingabe und die Bejahung. Dadurch gewinnst du neue Kraft, mit der du beschränkende Verhaltensweisen, alte Ängste und Konditionierungen überwinden kannst. Als Tier des Wassers und des Landes bringt er dir neue Visionen und Inspirationen und die praktische Umsetzung deiner Ideen. Er schenkt dir Heilwissen und neue Kräfte. Er verwebt Altes mit Neuem und verbindet so Vergangenheit, Gegenwart und Zukunft. Er lehrt dich, wie du Altes neu gestalten, zeitgemäß leben und deine ureigenen Vorstellungen, Ausdrucksweisen und Visionen mit darin einbauen kannst.

Von der lichten Seite betrachtet: Da der Otter zwischen Land und Wasser lebt, bringt er die Verbindung zwischen Erde und Wasser. Er lehrt uns, wie wir unsere Gefühle ausdrücken, ihnen folgen und auf der Erde vertrauen können. Selbst in Zeiten, in denen wir trübe, dunkle Gedanken haben, bringt uns der Otter Sicherheit, Vertrauen und neue Wege, da er sich durch trübe, schmutzige Gewässer durchtasten kann und sich davon nicht beeindrucken läßt. Er fordert uns auf, das Unergründliche zu erforschen, zu unserem Ursprung zurückzugehen und uns aus der Quelle zu nähren. Er führt uns ein in die Geheimnisse der Wasserwelten, der Reinigung, der Erneuerung, der Rast und der Ruhe. Er ist eines der wenigen Tiere, welche Werkzeuge benutzen, um an Nahrung heranzukommen: Er knackt z.B. mit einem Stein Schalentiere auf. So ruft er uns auf, neue, unkonventionelle Wege zu gehen und erfinderisch zu sein.

Von seiner dunklen Seite betrachtet, ist der Otter unberechenbar, widerspenstig, taktlos, exzentrisch, faul, laut, neugierig. Er steht dann für lang anhaltende Trauer, dafür, sich in den Vordergrund zu drängen, für die Gier nach Nahrung jeder Art, Täuschung, List und Tücke.

Weitere Informationen

Der Otter ist ein Zeichen des indianischen Medizinrads und der Zeit der Reinigung (20. Jan. – 18. Feb.) sowie dem Schmetterlings-Clan zugeordnet.

Seine Richtung ist der Norden, der Nordwind, seine Pflanze der Farn, seine Funktion ist, Neues zu planen. Ihm werden Freundlichkeit, Unkonventionalität, Unabhängigkeit, Dynamik, Imaginations- und Vorstellungsgabe, Erfindungsgeist, Weisheit und erhöhte Wahrnehmungskraft zugeschrieben. In Fischotterbeuteln wurde Medizin und Kräuter aufbewahrt. Das Otteramulett verleiht Männern Unsichtbarkeit und Schnelligkeit und Frauen hilft es bei Schöpfungsprozessen und beim Gebären; es steht für tieferes Verständnis, Verbindung, Intuition und Heilung.

Stein: Türkis; **Farben:** Silber, Hellgrün, Türkis; **Elemente:** Luft, geistiges Feuer, Wasser; **Symbole:** Fell, Medizinbeutel; **weitere Assoziationen:** Mond, Weiblichkeit, Heilung, neugeistige und unkonventionelle Wege, inneres Kind, dem inneren Ruf folgen, Tarotkarten: Der Narr, Der Mond; **Traumdeutung:** Taucht der Otter auf, so tragen neue sanfte Winde Neuerungen, Flexibilität und Eingebungen in dein Leben. Er kann außerdem auf Botschaften zum Familienleben hinweisen und auf Veränderungen im Berufsleben. **Affirmationen:** »Mein schöpferisches Potential fließt jetzt frei durch mich hindurch.« – »Ich finde jetzt meine Vision und setze sie in meinem Leben um.«

Panther/Leopard
Perfektion, Konzentration, Schutz

Wir hängen oft faul auf Steinen herum,
doch das täuscht, wir sind alles andere als dumm.
Meister der Tarnung, Meister der Jagd,
Meister der Nacht, hier verbirgt sich unsere Pracht.
Die Kunst der Handlung, das ist Magie;
oh, und wie gut beherrschen wir die!
Wir kennen unser Gebiet genau, warten oft versteckt in Büschen,
der Reichtum, die Fülle, sie werden uns nicht entwischen.
Das Leben bringt das, was wir brauchen werden,
darin liegt das Geheimnis auf Erden.
        Wir verlangen nicht viel,
                und darin liegt alles;
                        die leere Hand hat die Zauberkraft,
                        welche aus dem Nichts erschafft.
                        Konzentration in der ruhigen Stunde
                        bringt uns die göttliche Kunde.
                        Frei bewegen wir uns zwischen den
                        Welten,
                fühl'n uns zu Haus unter Sternenzelten;
        denn die Dunkelheit ist unsere Zeit,
        da erhalten wir göttliches Geleit,
                hier werden die Kapitel der Schöpfung geschrieben,
                und das ist wirklich nicht übertrieben!

Lebensweise des Panthers/des Leoparden

Es gibt insgesamt ca. 30 verschiedene Panther- bzw. Leopardenarten. Sie sind von sämtlichen Katzenarten am weitesten verbreitet. Man findet sie in ganz Afrika, Indien, Mitteleuropa, Korea, der Mandschurei, der Osttürkei und auf der arabischen Halbinsel. Dort leben sie in den Halbwüsten, Steppen, Bergen, in nebeldurchzogenen Bergwäldern, im tropischen Regenwald ebenso wie in heißen felsigen Gebieten. Den Panther, durch dessen schwar-

zes Fell die Leopardenzeichnung schimmert, findet man vor allem in den Regenwäldern Südostasiens; er gilt als besonders gefährlich, wild und blutrünstig, verhält sich aber nicht anders als andere Leopardenarten. Die Färbung des Leoparden ist goldgelb mit schwarzen rosettenförmigen Flecken, die innen dunkelbraun gefärbt sind, was der perfekten Tarnung im Dickicht dient. Der Leopard ist anspruchslos: Er benötigt Beutetiere, Deckungs- und Tarnmöglichkeiten, das reicht ihm, um in sämtlichen Klimazonen, Höhenlagen und Vegetationsbereichen leben zu können. Er ist ein Einzelgänger, bei genügend Nahrung standorttreu und kann offensichtlich ohne viel Flüssigkeit auskommen. Er führt ein verborgenes Leben: Tagsüber ruht er sich auf einer Erhöhung, von der aus er alles überblicken kann, aus, erst in der Dämmerung wird er dann aktiv, ist fast ausschließlich nachts rege. Er kann laut brüllen und mit seinen sehr scharfen Augen, deren Pupillen kreisförmig sind (keine Schlitze wie bei vielen anderen Katzen), äußerst exakt beobachten. Der Leopard zeichnet sich durch seine energiesparende, effiziente und flexible Schleichjagdtechnik aus; er verfolgt seine Beute nur selten. Entweder schleicht er sich bis auf etwa 5 Meter heran und fällt sie mit einem gewaltigen Satz an, oder er legt sich bewegungslos verharrend auf die Lauer und wartet, bis das Opfer vorbeikommt. Er tötet elegant, kurz und schmerzlos und bringt dann seine Beute in Sicherheit.

Der Panther/Leopard und seine Kräfte in den Kulturen der Welt

Der schwarze Panther wird als »Mythos auf vier Pfoten« bezeichnet, dem man phantastische Fähigkeiten nachsagt wie Heilkunst, Sternenkunde, Kontakt mit dem Jenseits. Er gilt als Magier und Mystiker unter den Tieren, als Bote der Unterwelt und Führer in der Nacht. Die Schönheit des Leopardenfells beeindruckte die Menschen schon immer: In Afrika, wo der Panther/Leopard zudem als Schamanentier gilt, verleiht es seinem Träger besondere Würde; Häuptlinge afrikanischer Stämme thronen oft auf Sesseln mit Leopardenfellen und/oder tragen diese als Umhang; Präsident Mobutu aus Zaire trägt deshalb heute noch eine Leopardenfellmütze als Zeichen seiner Macht. In der chinesischen Mythologie wird die königliche Mutter und furchterregende Göttin des westlichen Paradieses Hsi Wany Mu teils als Tiger, teils als Leopard dargestellt. Er ist ein beliebtes Wappentier, so z.B. im Siegel der Steiermark, Österreich. Da der Panther/Leopard, nachdem er gesät-

tigt ist, drei Tage schläft, um dann aufzustehen und seine Stimme zu erheben, ist er auch ein Symbol für den auferstandenen Christus. Es wird erzählt, daß der Wohlgeruch aus seinem Mund andere Tiere anlocke, die sich um ihn versammelten, und daß er ein gerechter Führer sei, nur der Drache verstecke sich vor ihm.

Panther-/Leopardenmedizin

Der Panther ist ein großes Schutztier, welches dich in die Mysterien der Nacht einweiht. Er weiß um den doppelten Boden des Seins. Bei allen Schattenarbeiten ist er ein großartiger Führer, welcher seinen Schützling

unauffällig im Hintergrund begleitet und ihn genau im Auge behält, ihn aber selbst seinen Weg und seine Erfahrungen machen läßt. Er taucht nur auf und greift ein, wenn es notwendig ist. Er verleiht die Fähigkeit, die Führung des Geistes zu fühlen, der Kraft, die mit ihm ist, zu folgen und nach ihren Geboten zu handeln. Er lehrt uns, bedingungslos auf die kristallklare innere Stimme zu hören. Er zeigt uns, was für das Leben vonnöten ist – und das ist gar nicht soviel. Er bringt uns bei, wie wir mit unserer Energie haushalten können, um mit wenig Kraftaufwand konzentriert und zielgerichtet das Höchste zu erreichen. Er zeigt uns die Kraft, welche in der Entspannung, in der Ruhe, im Abwarten und in der Geduld liegt, und ist ein Meister der Meditation. Still und doch wach, rührt er sich nicht, nimmt jedoch alles um sich herum wahr. Er vermittelt altes Wissen an diejenigen, welche bereit dafür sind. Er verleiht uns die Fähigkeit, alles mitzubekommen, uns jedoch aus dem herauszuhalten, was uns nichts angeht. Er lehrt uns die Konzentration auf den eigenen Weg. Unauffällig und still ist er bei uns, um uns zu beschützen und über uns zu wachen. Er ruft uns auf, den verborgenen Pfaden unserer Seele zu folgen, damit wir unsere wahre Bestimmung finden und Großes für die Welt leisten können.

Von der lichten Seite betrachtet: Panther/Leoparden sind die Geheimagenten der Tierwelt: Sie sind perfekt in ihrer Tarnung, genügsam, auf den Punkt konzentriert, und wenn sie zuschlagen, geschieht das kurz, elegant und ohne viel Aufsehen. Sie haben ein Gefühl für den rechten Zeitpunkt, wissen, wann sie handeln und wann sie nichts tun müssen. Sie können warten und unge-

sehen regungslos verharren, bis ihre Zeit gekommen ist. Sie kennen ihr Ziel. Sie haben stets den Überblick über die Lage und bewegen sich unauffällig im Schatten der Nacht. Sie wissen viel mehr, als sie zeigen, und bleiben unauffällig im Hintergrund. Doch wenn sie hervortreten, wird ihnen Achtung und Respekt entgegengebracht. Sie kennen sich aus mit den kosmischen Gesetzen und dem mystischen Wissen. Sie wissen, Schweigen ist Gold. Sie schützen ihr Wissen. Allein, frei und unabhängig erfüllen sie ihre Mission, den Auftrag, für den sie auserkoren sind.

Von seiner dunklen Seite betrachtet, steht der Panther für Kontrolle, Macht (Panzer und Kriegswerkzeuge werden oft Leopard genannt), Hinterhalt, Faulheit, Egoismus, unlautere Absichten, Raubzüge und plötzlichen, unerwarteten Energieabfall, ohne daß man weiß, woher. Ein Panther macht kurzen Prozeß, kann grausam und zielsicher zuschlagen, trifft gekonnt die wunde Stelle und den Nerv und kann tödlich verletzen. In Indien trieb der berüchtigte Leopard von Rudraprayag sein Unwesen auf einer Pilgerstrecke im Himalaja und forderte 125 Menschenleben.

Weitere Informationen

Der Panther verweist auf altes Schamanenwissen und die Wissenschaft der Magie, außerdem auf den von den Samurais praktizierten »Weg der Leeren Hand« und die Kampfkunst. Sein Fell ist der Reise- und Tarnumhang der Schamanen, wenn sie sich in die Anderswelt begeben; außerdem verleiht es Achtung, Respekt und Würde. Seine Augen schenken ein erweitertes Sichtfeld und die exakte und genaue Beobachtungsgabe. Seine Zähne und Krallen werden für Operationen in der geistigen Welt genutzt; sie sind exakte und präzise Arbeitswerkzeuge. Das Pantheramulett steht für Tarnung und Schutz vor Dämonen und dunklen Kräften.

Steine: Leopardenjaspis, Onyx; **Farben:** Gold, Weiß, Schwarz, Violett, Dunkelblau; **Elemente:** Erde, Feuer, Luft, Äther; **Symbol:** Siegesfackel; **weitere Assoziationen:** Priesterschaft, Tarotkarte: Der Eremit; **Traumdeutung:** Erscheint dir der Panther im Traum, warnt er vor lauernder Gefahr aus dem Unterbewußtsein. Es ist ein Aufruf, dich in die Schatten zu begeben, wo der Panther ein ausgezeichneter Führer ist. **Affirmationen:** »Ich folge der Stimme meines Herzens.« – »Ich vertraue dem Weg. Alles, was für mein Wachstum wichtig ist, kommt in mein Leben. Ich bin versorgt.«

Pegasus
Inspiration, Weisheit, Führung und Sieg

Lande ich in deinem Sein,
bring' ich dich in die Welt des Lichtes heim,
führe dich zur Quelle der Inspiration,

wo ich in der Nähe der Musen wohn'.
Schwing dich auf, vertrau deiner Kraft,
verbinde dich mit dem göttlichen Saft,
der Phantasie, die in dir schwelgt,
und dem glücklichen Gefühl – nicht daß es
welkt!
Hier liegen die unbegrenzten Möglichkeiten,
die dich in deinem Sein anleiten.
Doch, Reiter auf der gewaltigen Macht,
sei vorsichtig und gib gut acht,
lern die Grenzen trotz allem kennen,
versuche nicht das herrlich Unnennbare zu
benennen!
Denn viel größer ist die göttliche Kraft,
die nicht vom Menschen ist erschafft.
Sei demütig zu allen Zeiten,
laß dich vom Licht weise begleiten,
dann kannst du Pegasus sicher reiten.

Was es über Pegasus zu sagen gibt

Legenden vom geflügelten Pferd finden sich in einigen Kulturen. Der Germanengott Odin beispielsweise ritt das geflügelte Pferd Sleipnir. Pegasus jedoch, dessen Name Quellroß bedeutet, ist aus den Geschichten und Legenden der griechischen Mythologie bekannt. Er ist ein wunderbares, schneeweißes geflügeltes Pferd, das als Symbol der Unsterblichkeit gilt. Der Held Perseus hackte der todbringenden, schlangenköpfigen Gorgonin Medusa, deren Anblick alle Wesen augenblicklich versteinerte, den Kopf ab, und befestigte ihn anschließend an seinem Schild. Aus ihrem Blut entstand Pegasus,

Vater ist der griechische Meeresgott Poseidon. Der Legende nach wurde Pegasus, nach einigen vergeblichen Versuchen durch andere, von dem korinthischen Helden Bellerophon mit Hilfe der Göttin Athene gezähmt. Anschließend half ihm Pegasus, das feuerspeiende Ungeheuer Typhon zu bezwingen und weitere Abenteuer zu meistern. Durch den Besitz von Pegasus übermütig geworden, wollte sich Bellerophon ins Reich der Götter aufschwingen, doch da widersetzte sich Pegasus und schleuderte seinen Reiter zu Boden. Bei den Göttern in Ungnade gefallen, mußte er fortan erblindet und verkrüppelt sein Dasein als Bettler fristen, und Pegasus wurde zum Dank von Zeus als Sternbild an den Himmel versetzt.

Pegasus ist ein Pferd der oberen Welt und der Welt der Götter. Durch Aufstampfen mit seinen Hufen kann es überall Quellen entspringen lassen. Die bekannteste dieser Quellen ist die der Musen, die Hippokrenquelle auf dem Berg Helikon. Pegasus hält sich gerne in der Nähe der Musen auf, deswegen werden die Musen auch Pegasin genannt. So gilt er auch als Musen- und Dichterroß und schenkt augenblicklich Inspirationen und neue Eingebungen. Er steht für Weisheit, gute Führung im Kampf, Ruhm und kühne Taten.

Pegasusmedizin

Landet Pegasus in deinem Leben, so bringt er dich zu der ewig sprudelnden Quelle in deinem Inneren. Er fordert dich auf, deiner Intuition, deiner Eingebung, zu folgen und dich mit den höheren Kräften der oberen Welt zu verbinden. Er befreit dich aus der lähmenden Gleichförmigkeit deines Lebens, fordert dich auf, dich zu befreien und dein Leben selbst zu gestalten. Er bringt neue Perspektiven, den Überblick und das richtige Gefühl, das dir hilft, die aktuelle Lage erfolgreich zu meistern. Er schenkt das Feuer der Inspiration, der Schaffenskraft und der Begeisterung für eine Sache. Er bringt dir Botschaften und Eingebungen der oberen Himmelswelten und hilft dir, über dich selbst hinauszuwachsen. Pegasus ist frei und untersteht anderen Gesetzen, laß ihn kommen und gehen, wie es ihm beliebt. Sei dankbar, wenn er da ist und dich in bestimmten Situationen anleitet. Versuche nicht, seine Kraft nach deinem Willen zu lenken und zu formen, sondern laß sie dich lenken und formen, und wirke mit ihr zusammen. Da Lichtweiß alle Farben enthält, offenbart dir Pegasus die unzähligen Möglichkeiten und Wege im Ursprung der Quelle.

Von der lichten Seite betrachtet: Als geflügeltes weißes Pferd verbindet uns

Pegasus mit den aufschwingenden feinen Kräften unserer Seele. Er schenkt uns im wahrsten Sinne des Wortes Flügel. Als Pferd der Götterwelt und besonders der Musen, trägt er das Licht der oberen Welt und verleiht künstlerische Inspiration beim Malen, Dichten, Schreiben, Schauspielern ... Er verbindet uns mit dem Künstler, dem Schöpfer, in uns und fordert uns auf, ihm Raum zu geben. Als Erschaffer von Quellen verbindet er uns mit dem reinen, klaren Ursprung und mit dem Element Wasser. Medusa ist ein Symbol für die lähmende dichte Schwingung der Erde, und Poseidon steht für die Kraft des Wassers. Da Pegasus aus dem Sieg über Medusa hervorgegangen ist, verkörpert er die Überwindung der lähmenden, langsamen, todbringenden Kraft der Erde, indem man durch den Anschluß an die Quelle und das Wahrnehmen der geistig-seelischen Kraft über sich hinauswächst in sein wahres Sein. Er fordert uns auf, uns dem Lebenskampf zu stellen und siegreich hervorzugehen. Er schenkt Weisheit, Bewußtsein, Stärke, Mut, Schnelligkeit, die Fähigkeit, eine höhere spirituelle Ebene zu erreichen und Böses in Gutes zu verwandeln, sowie die Kraft, sich über seine Körperlichkeit und Erdgebundenheit zu erheben.

Von seiner dunklen Seite betrachtet, verweist Pegasus auf Arroganz, Hochmut, Größenwahn, Überheblichkeit, Grenzenlosigkeit. Er kann den Sturz, den tiefen Fall durch fehlende Demut und fehlende Achtung vor den höheren Kräften, welche nicht von dieser Welt sind, bringen und uns aus der Gnade in Ungnade fallen lassen, wenn wir gegen die göttlichen Gesetze verstoßen.

Weitere Informationen

Das Pegasusamulett steht für die Verbindung mit der Quelle und die göttliche Führung.

Steine: Bergkristall; **Farben:** Weiß, kosmisches Regenbogenlicht, Silber und Gold; **Elemente:** Wasser, kosmisches Feuer, Luft, Äther; **Symbole:** Regenbogen, Flügel, Quelle; **weitere Assoziationen:** Kontakt zu den Göttern, Schwelle, Aufschwung; **Traumdeutung:** Taucht der Pegasus auf, so bringt er dir Botschaften aus den Lichtwelten und fordert dich auf, deiner inneren Führung und deinem Gefühl zu vertrauen. Er kann auch für siegreiches Gelingen stehen. **Affirmationen:** »Ich will denken, ich will handeln, ich will fühlen, du aber lenke mich in allem auf den richtigen Pfad.« – »Die göttlichen Kräfte wirken durch mich, ich sage danke und vertraue meiner Führung.«

Pferd

Einweihung, Begeisterung, Freiheit, Neubeginn, Aufbruch

Wir bringen die Botschaft der geistigen Welt
und tragen dich, du Menschenheld.
Willst du dich über dich selbst erheben,
so halten wir dich, lassen die Erde erbeben.
Im schnellen Galopp
geht alles hopp, hopp, hopp!
Auf und ab, hoch und runter,
Schnelligkeit, sie macht uns munter.
Mal auf den Berg, mal durch die dunkle Schlucht,
mal im Schritt, mal auf der Flucht,
so führen wir dich auf Erdenwegen
sicher und treu und zu deinem Segen,
lüften den Schleier der verborgenen Sicht,
führen dich ein in Dunkelheit und Licht,
in die kosmischen Gesetze, die hier wohnen,
die Verbindung mit uns, sie wird sich lohnen.

Lebensweise des Pferdes

Das Pferd findet sich als Motiv schon in altsteinzeitlichen Höhlenmalereien. Es scheint, als ob es den Menschen bereits seit frühester Zeit begleitet, domestiziert wurde es allerdings erst ca. 4000 v. Chr. Die Vorfahren unseres heutigen Pferdes lebten in Herden in offenen Tälern und weiten Steppen. Mittlerweile sind Pferde weltweit verbreitet, ursprünglich jedoch lebten sie nur in Europa, Asien und Afrika. Das Pferd ist ein Herden- und Weidetier. In den Herden gibt es eine Rangordnung: Der Leithengst oder die Leitstute führt die Herde an, die anderen Pferde folgen. Eine gute Voraussetzung für die Domestikation, denn damit sind sie in der Lage, sich dem Menschen unterzuordnen, der beim »Hauspferd« die Funktion des Leittiers übernimmt. Das Pferd dient dem Menschen als Nahrungsquelle, Lastenträger, Fortbewegungsmittel, Bote und heute auch als Sportpferd und Prestigeobjekt. Pferde nehmen ihre Umwelt mit sämtlichen Sinnen wahr: Sie neh-

men Witterung auf, beobachten und horchen. Sie haben ein natürliches Bedürfnis nach Luft, Licht, Bewegung und Ruhe. Ihre Fähigkeit, sich schnell zu bewegen, war besonders dazu geeignet, sich vor jagenden Raubtieren zu schützen. Das bis heute erhaltene Fluchtverhalten der Pferde ist das Relikt eines Lebens in freier Wildbahn. Was ein Pferd als bedrohlich ansieht, ist manchmal schwer zu ahnen, daher scheinen uns ihre Reaktionen manchmal überraschend und unberechenbar. Es gibt die unterschiedlichsten Pferderassen, welche sich durch besondere Qualitäten und Merkmale voneinander unterscheiden, von den schweren Kaltblütern wie den stoischen Haflingern, die besonders als Zugpferde geeignet sind, bis zu den grazilen Warmblütern wie den feurigen Arabern, die als Dressur-, Reit- und Rennpferde beliebt sind. Deshalb: Wenn ein Pferd sich als Krafttier zeigt, genau hinschauen, in welcher Form es erscheint, denn das gibt dann genauere Hinweise auf seine spezielle Botschaft!

Das Pferd und seine Kraft in den Kulturen der Welt

In alten Mythen zogen weiße und goldene Pferde den Sonnenwagen über den Himmel, um den Menschen das Licht zu bringen, wodurch sie ihre Bedeutung als Götterboten erhielten. Der nordische Göttervater Odin besaß eine achtbeinige Stute: Sleipnir. Die keltische Pferde- und Fruchtbarkeitsgöttin Epona wurde in Gallien verehrt; ihr Name bedeutet soviel wie »große Stute«, und ein ihr geweihter Altar fand sich in vielen Reitställen. Im keltischen Britannien huldigte man der Pferdegöttin Rhiannon. Alle Pferdegöttinnen stehen mit dem Lauf der Sonne und der Bewegung der Erde in Verbindung; sie sind ein Symbol der Wiedergeburt, der Fruchtbarkeit, der keimenden Lichtsaat, des aufsteigenden und untergehenden Lichtes. Die Druiden feierten das Pferd, das

die Macht der Weissagung und der Magie verkörperte, zu Beltaine (1. Mai) und zu Samhain (1. Nov.): Zu Beltaine bringt das weiße Pferd Fruchtbarkeit über das Land und kündigt den Sommer und die Kraft der Sonne an; zu Samhain begleitet das schwarze Pferd den Menschen in die dunkle Zeit des Mondes und der Sterne sowie beim Gang in die Unterwelt.

Indra, oberster der Hindu-Götter, fährt einen goldenen, von zwei herrlichen Stuten gezogenen Wagen. Des Hindu-Gottes Vishnu (des Schöpfergottes) letzte Inkarnation soll das weiße Pferd Kalki sein, wobei das Pferd in diesem Fall mit Varuna, dem Kosmos, gleichgesetzt ist. Im chinesischen Buddhismus trägt das geflügelte Pferd das Buch der Gesetze. Die Japaner glaubten, daß die Göttin der Gnade, Bato Kwannon, Pferdegestalt annehmen kann. Im Islam steht das Pferd für Glück; Mohammed wurde von seinem Roß Borak in den Himmel getragen. Zu den Indianern kam das Pferd erst im 16. Jh., als die Europäer es importierten. Binnen kurzer Zeit wurde es zu einem wichtigen Tier in ihrem Leben, das sie verehrten; die Comanchen bezeichneten es z.B. ehrfürchtig als »Gotteshund«. Die vier Reiter der Apokalypse kommen auf vier Pferden – die Pest auf einem weißen, der Krieg auf einem roten, die Hungersnot auf einem schwarzen und der Tod auf einem bleich-grauen –, und der Teufel erscheint in Darstellungen oft mit einem Pferdefuß. Doch eigentlich steht das Pferd im Christentum für die Auferstehung, die aufsteigende Seele und die Himmelfahrt, so soll der wiederkommende Christus auf einem »weißen Pferd« reiten. Am 26. Dezember (Stephanstag) finden vielerorts Pferdesegnungen statt. In Märchen wie »Die Gänsemagd« finden wir das Pferd als Orakeltier und Führer. Ihm sind die Runen Ehwaz und Raidho zugeordnet. Ehwaz steht für harmonische Dualität, Vertrauen und Loyalität, sie verleiht die Kraft der Seelenwanderung und ist eine Quelle der prophetischen Weisheit; auf dem schamanischen Pferd, das die Rune verkörpert, können alle neun Welten der Germanen bereist werden. Raidho steht für Hoffnung auf Wiedergeburt, Gerechtigkeit und das Verschmelzen des persönlichen Rhythmus mit dem der Welt. Berühmte Pferde mit besonderen Fähigkeiten sind außerdem Pegasus, das Einhorn, die Zentauren, Chiron, Grani – das Pferd des Helden Sigrun aus dem nordischen Sagenzyklus der Edda –, Bayard, das Wunderroß der Haimonskinder, Mohameds Wunderstuten Abayyah, Saqlawiyah, Kuhaylah, Hamdaniyah und Hadbah, deren Erben man daran erkennt, daß an der Stelle, wo der Prophet sie berührt hat, ein kleiner Wirbel im Fell zu sehen ist.

Pferdemedizin

Wenn das Pferd dein Leben betritt, kann es schnelle, plötzliche ungeahnte Entwicklungen ankündigen und eine Erweiterung des Bewußtseins. Das Pferd flößt dir den Mut ein, deiner Aufgabe zu folgen, wie immer sie auch aussehen mag. Es fordert dich auf, dich mit Begeisterung und Optimismus für deine Visionen, Ideen und Vorstellungen einzusetzen. Es ruft dich auf zum Sprung ins Unbekannte und gibt dir die Kraft, das Wagnis des Lebens einzugehen, zu neuen Ufern aufzubrechen und Neues zu beginnen. Es trägt und führt dich in jenen Zeiten, in denen du nicht mehr kannst oder nicht weiter weißt, und zeigt dir, wie du deine Lebensenergie zurückgewinnen kannst. Es spiegelt dir das, was wahr ist, lehrt dich, hinzuschauen, in die Tiefe der Dinge zu blicken und die wirkende Kraft zu erkennen. Sein untrüglicher Spürsinn und seine Verbundenheit mit der Umwelt lassen dich den richtigen Weg finden. Es mahnt dich, ab und zu innezuhalten, zur Ruhe zu kommen und nach innen zu lauschen, deiner inneren Stimme zuzuhören und ihre Signale wahrzunehmen. Das Pferd ist Lehrer, Meister der Einweihung, Seelenführer und magisches Orakeltier; du kannst ihm vertrauen.

Das Pferd besitzt viele magische Eigenschaften: Mit seinen Augen sieht es alles zehnmal größer, und als Tier der Wahrheit kann es tief in Vergangenheit, Gegenwart und Zukunft blicken. Es verfügt über große seelische Kräfte wie Treue, Mut, Klugheit, Liebe, Freude und Trauer, die es auszudrücken vermag. Es ist der Sprache mächtig und kann seinen Führer beraten. Es weiht uns ein in die übernatürlichen Kräfte und kann Tote mit seiner Kraft wiedererwecken. Sein erster Sprung läßt es von der Erde abheben, sein zweiter führt an die Pforte der Hölle und des Todes und sein dritter zum Tor des Himmels. Das rote Pferd führt uns auf der Erde, das schwarze in den Schattenbereich und das weiße in den Himmel.

Von der lichten Seite betrachtet: Das Pferd ist ein Helfertier der geistigen Welt; es soll aus dem Wind erschaffen worden sein und steht entsprechend mit dem Wind, den Wolken und dem Himmel in Verbindung. Es führt uns zu unserer persönlichen Meisterschaft, unseren Visionen, Ideen, Eingebungen und verleiht uns die Fähigkeit, Botschaften aus der Anderswelt zu empfangen und in die Welt zu geben. Genauso aber lenkt es unseren Schritt zu verborgenen Schatten, dämonischen Kräften, schlummernden Vermächtnissen unserer Ahnen, vergangenen Taten, dem Unfrieden in uns und den Triebkräften unseres Unterbewußtseins. Es geleitet uns durch Einweihungen zur

Offenbarung der Mysterien und des ganzen Spektrums des Lebens. Es kann Botschaften aus allen Ebenen des Seins bringen und uns in der Welt der Seele tragen und dort führen.

Von seiner dunklen Seite betrachtet: Das Pferd kann oft überraschend und plötzlich reagieren. Es gilt deshalb als sprunghaft, leichtsinnig und impulsiv. Es hat eine eigene Persönlichkeit und kann stur, egoistisch, ungeduldig, unbeständig, sprunghaft, eitel, arrogant und sehr stolz sein. Es kann auf Machtkampf, Herrschsüchtigkeit und Überheblichkeit hinweisen oder darauf, daß man einer falschen Führung folgt.

Weitere Informationen

Das Pferd ist in den indianischen Traditionen Donner, Blitz und dem Westen zugeordnet. Es zu reiten steht für den mystischen Tod, den Kampf zwischen Licht und Schatten, die Seelenreise und die Macht der Seele. Das Pferd ist im chinesischen Tierkreis das siebte von zwölf Zeichen und entspricht in der westlichen Astrologie dem Sternzeichen Zwillinge. Jahre des Pferdes sind ... 1906, 1918, 1930, 1942, 1954, 1966, 1978, 1990, 2002 ... Menschen, welche in diesen Jahren geboren sind, gelten als schlau, schnell, praxisbezogen, leidenschaftlich, begeisterungsfähig, optimistisch, vital, geistreich, fröhlich, freundlich, unabhängig. Das Jahr des Pferdes verheißt Neuerungen, Abenteuer, Dynamik, Reisen und Spannung. Im I-Ging ist das Pferd eines der vier wichtigsten Tiersymbole und steht für Aufbruch und Erneuerung. Das Pferdeamulett steht für geistige Führung und Meisterschaft.

Steine: Amethyst, Citrin, Topas, Türkis; **Farben:** Gold, Weiß, Gelborange; **Elemente:** Luft, Feuer, Erde, Äther; **Symbole:** Hufeisen, weiße Lilie, Kreuz, die Runen Ehwaz und Raidho; **weitere Assoziationen:** Ritterstand, Fortbewegung, Beweglichkeit, Botschaft, Espe, Wachruf, Aufbruch, Tugend, »Ich glaub', mich tritt ein Pferd«, Tarotkarten: Der Wagen, Die Liebenden; **Traumsymbole:** Erscheint das Pferd, so kündigt es den Aufbruch in etwas Neues an. Lausche seiner Botschaft. Ist das Pferd verletzt, so ist dies ein Hinweis auf eine Störung und Einschränkung der vitalen Lebenskraft. **Affirmationen:** »In allen Zeiten meines Lebens vertraue ich der göttlichen Führung.« – »Ich bin frei, frei, ewig frei.« – »Wahrhaftigkeit wohnt in meinem Sein.«

Phönix
Erneuerung, Auferstehung, Wandlung

Große Zyklen, kleine Verläufe,
alles dreht sich in der Schlaufe,
die Energie windet sich in spiraligen Kreisen
auf ihre wiederkehrenden Weisen.
So wie wir die Kräfte stets erneuern
in den reinigenden Feuern
und aus der Asche wiederauferstehen,
so solltet ihr den Weg der Seele sehen.
Ein Sonnenvogel bin ich, funkle in den Sonnenfarben,
helfe dir, dich mit neuer Energie aufzuladen.
Die Kraft der segensreichen Handlung
und der reinigenden Wandlung,
die bringe ich von hier,
aus der Sonnenstadt, zu dir.

Was es über den Phönix zu sagen gibt

Bei uns wird er Phönix genannt, in Ägypten ist er **Benu,** und in China heißt er **Feng.** Im antiken Griechenland, wo er in Heliopolis (Sonnenstadt) verehrt wurde, war der Phönix ein göttlicher Vogel, der bei der Entstehung der Welt auf dem Urhügel erschien und auf heiligen Weidenbäumen wohnt. Er wurde zunächst als Bachstelze und später als Reiher dargestellt oder auch als – manchmal feuerrotes – Mischwesen aus Adler und Fasan mit Schlangenhals und Fischschwanz. Nach römischem Mythos verbrennt er sich in gewissen Abständen selbst, wofür er sich einen Scheiterhaufen errichtet und sich dann mit den Strahlen der Sonne selbst in Brand steckt, nach einiger Zeit – je nach Mythos 500 oder 1461 Jahre danach – steigt er dann wieder neu und verjüngt aus seiner eigenen Asche empor. Damit ist er das Sinnbild des sich durch den Tod erneuernden Lebens. Im 2. Jh. n. Chr. haben die Christen diesen Mythos auf Christi Hingabe bis in den Tod und seine Auferstehung sinnbildlich übertragen. Im alten Ägypten galt der Benu als Ba (Vogel) des Re (Sonne, Sonnengott), und jeder Sterbende hatte dort den Wunsch,

wie der Phönix das Jenseits zu durchlaufen. Der chinesische Feng ist ein Mischwesen mit dem Kopf und dem Kamm eines Fasans und den Federn eines Pfaus, das sich allerdings nicht verbrennt und wiederaufersteht. Auch hier ist er ein Sonnensymbol und zudem der König der Vögel, der die zeugende Urkraft des Himmels im Reich der Vögel verkörpert. Als Zauber- und Mischwesen gehört er neben Drache, Einhorn und Schildkröte zu den vier chinesischen Zauberwesen. Er bringt Frieden und Wohlstand und symbolisiert die Einheit zwischen Yin und Yang. Jeder Teil seines Körpers steht für eine positive Eigenschaft: Seine Flügel verkörpern den Wind, sein Schweif die Pflanzenwelt und seine Füße die Erde. Sein Kopf steht für Tugendhaftigkeit, sein Rücken für richtiges Verhalten, sein Bauch für Verläßlichkeit und Wahrhaftigkeit und seine Flügel für Pflichtbewußtsein. Man nannte ihn auch Scharlachvogel, und sein Auftauchen verkündete Glück.

In der Alchemie steht der Phönix für den Stein der Weisen, welcher den Urstoff aller Dinge enthält, aber auch die Kraft hat, alles in seine Bestandteile aufzulösen, den Menschen zu verjüngen, sämtliche Krankheiten zu entfernen, unedle Metalle in Gold zu verwandeln usw.

Phönixmedizin

Flattert der leuchtende Phönix in dein Leben, so bringt er dir das Licht der Sonne und der Erde, das alte Wissen und viele magische Kräfte, mit deren Hilfe du lichtvoll umfassend handeln kannst, außerdem den Ausgleich der Kräfte in dir, so daß du dein inneres Gleichgewicht finden kannst, und die ruhige, wissende Handlung in Liebe, Wahrheit und Frieden. Er prüft dich mit einem Blick und fordert dich auf, von dir das Höchste zu verlangen, was du leben kannst, und das Beste zu geben, was du zu geben vermagst. Er bringt dich sowohl mit dem Augenblick wie auch mit der Ewigkeit in Kontakt und zeigt dir, daß jedes Handeln – egal auf welcher Ebene – Folgen hat. Er lehrt dich die weißmagische Handlung, welche dich nicht bindet oder neu verstrickt, sondern deine Seele frei werden läßt. Er verleiht dir die Kraft der Wandlung, die deine Erdenwunden heilen läßt. Er bringt dir die Weisheit der Kindheit, des Erwachsenseins und des Alters, den Rückzug und die Erneuerung im Feuer der Erde. Er verbindet dich mit den Zyklen des Tages, des Jahres, des Lebens, der Zeitalter und mit dem Rad des Lebens sowie der Wanderung der Seele durch ihre Verkörperungen. In ihm hast du einen sehr

alten, weisen Seelenvogel, der zwar unzerstörbar ist, sich jedoch von Zeit zu Zeit in der Flamme erneuert. Lebst du nicht in Wahrheit, so verschwindet er aus deinem Blickfeld und mit ihm all seine Fähigkeiten.

Von der lichten Seite betrachtet: Die Sonne ist ein Feuerball, und auch im Inneren der Erde befindet sich ein Feuerball – so bringt dir der Phönix sowohl die Lebensenergie der Erde als auch die Sonnenkraft des Himmels. Seine leuchtenden Farben laden dein Seelenkleid auf, bringen Hoffnung, die höheren Werte und Tugenden. Als Zaubervogel verfügt er über viele lichtvolle magische Eigenschaften: Seine Tränen können selbst tiefe Wunden blitzartig heilen; sein Blick bringt postwendend die Wahrheit ans Tageslicht, und nur dieser wird er folgen; dunkle Kräfte kann er augenblicklich sichtbar machen und schwächen; der Wind, den er erzeugen kann, reinigt die Luft und damit die Gedankenkräfte und bringt neue Einsichten, Ideen und Inspiration; sein Feuer kann die festen Strukturen der Erdgegebenheiten lockern und neu gestalten. Da er sehr, sehr alt und unzerstörbar ist, kennt er alle Wege auf der Erde und ist ein Hüter der alten Weisheit. Er steht für die Einheit, für die Verbindung von Himmel und Erde, Tag und Nacht, männlich und weiblich und wird diese Kräfte durch sein Erscheinen auch in uns ins Gleichgewicht bringen. Sein Weg ist der Weg der Wandlung und der ewigen Erneuerung der vitalen unzerstörbaren Energie unserer Seele. Er fordert dich auf, dich ab und zu – deinem eigenen Rhythmus gemäß – zurückzuziehen und deine Energie durch das Feuer der Erde, der Vergebung, der Gnade und des Mitgefühls zu reinigen, um deine Lebensenergie von dem alten Ballast zu reinigen und zu erneuern.

Von seiner dunklen Seite betrachtet: Der Phönix steht nur an deiner Seite, wenn du im Einklang mit den kosmischen Gesetzen und in Wahrheit handelst, deshalb kann er schnell wieder aus deinem Sichtfeld verschwinden.

Weitere Informationen

Das Phönixamulett steht für Wandlung. **Steine:** Diamant, Zauberstein; **Farben:** Scharlachrot, Sonnengelb, Orange, Blau; **Element:** Feuer und Äther; **Symbol:** Phönixvogel, Aschehaufen mit einem Ei darin; **weitere Assoziationen:** Sonne, Licht, Wandlung, Reinigung, Gnade, Tugendhaftigkeit, Heilung; **Traumdeutung:** Erscheint dir der Phönix, so kann dies darauf hindeuten, daß eine grundlegende Wandlung in deinem Leben bevorsteht, welche

aber glücklich und gut ausgeht. Sie dient deinem Wachstum und der Erneuerung der vitalen Lebenskräfte. **Affirmationen:** »Wie ein Phönix aus der Asche erstrahle ich neu im Lichte der Sonne.« – »Die Kraft der Wandlung heilt jetzt alles in mir.«

Puma/Berglöwe
Ausdauer, Gesundheit, Geschwindigkeit

Leise, sanft und unbemerkt bin ich da,
im Hintergrund verharr',
bin nur für dich zu sehen;
so rat' ich dir,
komm allein zu mir,
mit anderen werde ich nicht mitgehen.
Das Revier, das kenn' ich ganz genau,
hab' viel gelernt, bin ganz schön schlau;
verschaffe dir den Überblick,
zeige dir so manchen Trick.
Hindernisse sind für mich kein Ding,
ich fordere dich auf: Nimm Anlauf und spring!
Ein Fels, er ist zum Ausruh'n da,
auch das hat Zeit, o ja!
Ich zeige dir, wie du deine Kraft erhältst,
wie du dich erholst, wenn du mal fällst.
Ich halte sauber die Lebenskraft
und bring zum Fließen deinen Saft.
Gesundheit, die lerne zu erhalten,
dann kannst du auch bei andern walten.
Ich führe dich zu dem, was gehen will,
folge mir, sei dabei still!

Lebensweise des Pumas

Der Puma ist der Riese unter den Kleinkatzen und ist in ganz Nord-, Mittel- und Südamerika verbreitet. Er wird außerdem Silberlöwe, Berglöwe, Kugura, Geistkatze oder afrikanische Goldkatze genannt. Man findet ihn in Wäldern ebenso wie in Gebieten mit weiten Grasflächen, in der Wüste ebenso wie im Hochgebirge. Der Puma ist ein Einzelgänger und Bodenjäger, der, hat er genug Deckung und Beute, seinem Jagdrevier meist ein Leben lang – Pumas können über 15 Jahre alt werden – treu bleibt. Sein Gebiet, das sich

über 50 Quadratkilometer erstrecken kann, markiert er mit seinem Urin. Er kann hervorragend klettern, schwimmen und aus dem Stand springen. Sein Fell ist braun, manchmal auch rötlichgrau bis silbergrau. Er wird bis zu 1,80 Meter lang (ohne Schwanz), wiegt bis zu 100 Kilogramm und legt täglich bis zu 30 km zurück. Seine Ohren und sein Schwanz, deren Fell an der Spitze schwarz ist, scheinen niemals stillzustehen. Er ist scheu, nachtaktiv, sehr leise und kann sich besonders gut verstecken und tarnen. Seine Nahrung reicht von Heuschrecken bis zu Elchen, Hauptbeutetier ist allerdings der Hirsch, und Menschen fällt er so gut wie nicht an. Dem Puma fallen oft Tiere zum Opfer, welche krank, verletzt oder gebrechlich sind, dadurch leistet er seinen Beitrag zur Gesunderhaltung der Tierwelt. Der Puma kennt keine Vaterpflichten: Zur Paarungszeit kommen Männchen und Weibchen vorübergehend zusammen; sie wandern und schlafen dann Seite an Seite, jagen gemeinsam und sind sehr zärtlich miteinander, trennen sich allerdings vor der Geburt der Jungen wieder. Die Aufzucht der 2 bis 3 Jungen ist alleinige Sache des Weibchens. Sie bleiben 20 Monate bei der Mutter; sie erfüllt ihre Aufgabe mit Liebe und Hingabe, dazu gehört auch die Einweihung der Kleinen in die Kunst der Pirschjagd.

Der Puma und seine Kraft in den Kulturen der Welt

Es gibt viele indianische Legenden und Erzählungen über den Puma, Berglöwen oder Silberlöwen, den Löwen des nordamerikanischen Kontinents. Den Namen Silberlöwe verdankt er übrigens seinem hellen Fell und seiner unauffälligen Lebensweise. Er steht für das Mondlicht, die Intuition sowie die Transformation und wird oft als recht eigenwilliger Geselle geschildert, der dann auftaucht, wenn er den Ruf einer Seele hört. In den alten Geschichten kann der Silberlöwe zaubern, er kennt alte Rituale und kann seine Gestalt wandeln. Er wird als guter Seelenführer und Begleiter in der Anderswelt geschildert und gilt als ideenreich in ausweglos scheinenden Situationen, wo er aus

dem Stand einen überraschenden Sprung tun kann. In der indianischen Kultur steht er als Totemtier für den großen Wind. Der Puma gilt als Symbol für Ausdauer, Sportlichkeit und Geschicklichkeit.

Pumamedizin

Begegnet dir der Puma, so hast du einen guten Führer in unwegsamen Gebieten gefunden. Er kennt die Eingänge und Tore in die verschiedenen

Welten und ist dir ein guter und liebevoller Begleiter. Ausdauernd mit gleichbleibender Geschwindigkeit erhält er dir in Zeiten, welche dies erfordern, die Kraft für deine Arbeit. Indem er dich in Felsnischen und Höhenlagen führt, zeigt er dir, wie du dir einen Überblick über die Lage verschaffen kannst, um neue Impulse zu empfangen. Ohne großes Aufsehen unterweist er dich in der Kunst, Grenzen zu stecken, dich deutlich abzugrenzen und dein Revier zu kennzeichnen. Da der Berglöwe mit der Menschenwelt nicht viel zu tun hat und am liebsten allein umherstreift, zeigt er dir die Kraft, welche im Rückzug, Alleinsein und Mit-sich-selbst-Sein liegt. In dieser Zeit kannst du üben, deine Kräfte zu perfektionieren, zu verfeinern und neue zu trainieren. Der Puma rät dir, dir Zeit zu nehmen für deine täglichen, persönlichen Übungen, damit du mit deiner Kraft in Verbindung bleibst. Was du tust – ob du meditierst oder Sport treibst, liest oder kreativen Impulsen folgst –, ist und bleibt deine Sache.

Von der lichten Seite betrachtet: Der Puma zeigt dir, wie du über deine Grenzen hinauswachsen und Hindernisse mühelos überwinden kannst. Auch hilft er dir, Kräfte und Energien, welche dir nicht mehr dienen, sondern dich behindern, aufzuspüren und aus dem Weg zu räumen. Wenn du mit ihm arbeitest, zeigt er dir die Stellen, wo etwas aufgelöst werden kann und will, wie z.B. überholte Muster. So hält er dein Energiefeld sauber und sorgt für deine Gesundheit – auch indem er dir zeigt, was du für dich selbst tun kannst. In der Arbeit mit anderen kann er dir auf dieselbe Weise dienen: Während du belanglose Gespräche führst, zieht er los, um dir die gewünschten Informationen zu bringen und deine Grenzen zu wahren.

Der Puma lehrt den Weg der Kraft, die darin liegt, die Dinge zu kennen,

sie zu beobachten, darüber zu schweigen, sie an sich herankommen zu lassen und im richtigen Augenblick zu handeln. Er ist ein gutes Schutztier, das dich im Land der Seele führt und dir Übungen beibringt, welche deine Spannkraft und deine Jagdkunst verfeinern. Als Geistkatze zeigt er dir die Anderswelt, die Magie und die Geheimnisse des Lebens und wie du sie nutzen kannst, um dich über deine inneren Grenzen hinaus auszudehnen und beweglich zu bleiben.

Von seiner dunklen Seite betrachtet, kann der Puma bedeuten, daß man durch zu langes Einzelgängertum, zu langen Rückzug den Anschluß an die Welt verloren hat. Dann bedeutet er Spinnerei, für andere unverständliches Gerede, Gleichgültigkeit, Verlorenheit, zu starke Abgrenzung, man ist nicht mehr erreichbar, nicht sichtbar für andere, versteckt sich und stellt sein Licht unter den Scheffel.

Weitere Informationen

Sein Fell von der geistigen Ebene gegeben wird als Traumumhang als Schutz vor schwarzmagischen Angriffen genutzt. Seine Krallen verleihen dem Besitzer magische Fähigkeiten. Das Pumaamulett schützt ebenfalls vor schwarzmagischen Angriffen und verleiht die Fähigkeit, Grenzen zu wahren. Der Puma verweist auf die Heilwege einiger nordamerikanischer Indianertraditionen und ist ein Tier im indianischen Medizinrad, wo er dem Mond der großen Winde (19. Februar bis 20. März) und dem Froschklan zugeordnet wird. Seine Richtung ist Nordost, die Ostwinde, seine Pflanze der Wegerich und seine Funktion Heilen und Lindern. Ihm werden Schnelligkeit, Initiative, Grazie, Abgrenzung, Sensibilität, Kommunikation ohne Worte und Einweihung zugeschrieben.

Steine: Türkis, Gold, Bergkristall; **Farben:** Gold, Braun, Weiß; **Elemente:** Luft, Feuer, Äther; **Symbole:** Fels, Schlüssel; **weitere Assoziationen:** Mondlicht, Innenschau, Intuition, geheime Wege, Spuren verwischen, Training, Loslassen, Aufräumen, Sortieren, Ausmisten, Bereinigen, Ausdauer, Kraft und Mut zum Weitergehen, Stärke entwickeln, sich mit der Quelle und seiner eigenen Kraft verbinden; **Affirmationen:** »Alles, was mir nicht mehr dient, entlasse ich aus meinem Leben.« – »Ich verfeinere alle Fähigkeiten in mir, jetzt!« – »Ich kenne meine Grenzen und achte die anderer; ich finde jetzt zur rechten Spannkraft in meinem Leben.«

Rabe
Einweihung, Intelligenz, Magie

Krah, Krah,
schon bin ich da,
bringe dir die Botschaft der verschiedenen Welten.
Ja fürchtet euch nicht, ihr Lichterhelden!
Ihr wollt immer nur im Lichte sehen,
nicht das Sterben noch das Vergehen.
Doch die Dunkelheit, ihr gehört die Nacht,
sie bringt die wahre herrliche Macht.
Magie webt sich in verborgenen Räumen,
an Schattensäumen in deinen Träumen.
Deine Welt, sie formt sich hier –
komme mit und folge mir!
Laß dich nicht schrecken, geh hinein,
was tanzt da in deinem Widerschein?
Brich auf zu den mystischen Ufern und Weiten,
zu den Nebeln und den Schattenseiten.
Ich führe dich durchs dunkle Tal,
zeige dir so manche Qual,
doch erscheint in deiner Sicht,
erlöst des Tages Schattengesicht.
Rätsel über Rätsel gebe ich euch auf
und lenke mit den Schicksalsverlauf;
ich bringe den Reichtum dieser Welt,
der durch den Schatten das Licht erhellt.

Lebensweise des Raben

Zur Familie der Rabenvögel gehören ca. 117 Arten – u.a. Krähen, Elstern, Eichelhäher und Dohlen –, welche nahezu alle Lebensraumtypen unseres Planeten besiedeln. Raben findet man von Nordnorwegen bis Zentralafrika, in Nordamerika, Rußland und Europa, in dessen Fauna sie seit etwa 12 Millionen Jahren zu finden sind. Sie leben auf Feld und Flur, wo sie hohe Bäume

und Felsnischen als Nistplatz bevorzugen. Paare bleiben ein Leben lang zusammen und sind – entgegen der landläufigen Meinung – alles andere als Rabeneltern. Sie beginnen mit der Brut Mitte Februar und brüten 20 bis 21 Tage. Nach dem Schlüpfen bleiben die Jungen ca. 40 Tage im Nest, wo sie liebevoll umsorgt werden. Ein Rabe kann eine Länge von 65 Zentimetern und eine Flügelspannweite von ca. 120 Zentimetern erreichen. Er trägt ein schwarzes Gefieder mit stahlblauem Glanz und hat einen abgeflachten Kopf. Von anderen Rabenvögeln unterscheidet er sich – abgesehen von der Größe – durch das schwarze Federbüschel am Schnabelansatz. Kolkraben können etwa so alt wie der Mensch werden. Das Faszinierende an den Rabenvögeln ist ihre Lebensweise, ihre Intelligenz, ihre schnelle Lernfähigkeit und ihr ausgeprägtes Sozialverhalten. Manchmal finden sie sich in Schwärmen zusammen und schaffen es dann, nach viel mehr Tieren auszusehen, als tatsächlich da sind. Sie gönnen sich gerne einen Spaß und schlittern im Schnee, nehmen ein Bad in der Luft oder vollführen Luftrollen. Sie werden oft verkannt als Bedrohung für die Saat und andere Tiere, gelten als mordende Wilderer, doch der Rabe ist ein Aasfresser und sorgt so für eine gesunde Umwelt. Er konnte sich schnell an die Lebensweise des Menschen anpassen und lebt oft in der Nähe menschlicher Siedlungen. Sie können in Menschenobhut gehalten werden und unter Umständen sehr treu und anhänglich sein, dann suchen sie häufig den Blickkontakt und erwärmen das Herz des Menschen, den sie lieben.

Der Rabe und seine Kraft in den Kulturen der Welt

Um keinen anderen Vogel ranken sich so viele Fabeln, Geschichten und Mythen wie um den Raben. Er ist ein Träger der ambivalenten Kräfte, deswegen gilt er als Hexen- und Zaubertier. Er ist einerseits der Sonne zugeordnet, wegen seiner schwarzen Federn symbolisiert er jedoch andererseits die dunklen Kräfte. Er ist sehr intelligent und kann sprechen, weshalb man ihm übersinnliche Fähigkeiten, prophetische Gaben und Weisheit zuspricht. Im Weltbild der Eskimos erschuf der Rabe den Menschen und war sein Lehrer. Einigen Indianerstämmen gilt er als Baumeister der Welt, als Gauner und Schelm, der zugleich Bote des großen Geistes ist. In der keltischen Mythologie steht er für Fruchtbarkeit, Krieg und die Kraft der Weissagung. Die keltische Kriegsgöttin Morrigan – sie verkörpert alles Wilde, Chaotische und Böse in der Anderswelt – erscheint in der Gestalt eines Raben oder einer

Krähe. Odin trug zwei Raben auf den Schultern: Hugin war das Denken, Munin das Gedächtnis. Sie wirkten als seine Augen, die er, am Weltenbaum Yggdrasil hängend, geopfert hatte, um Weisheit zu erlangen. Hugin und Munin fliegen nachts in die Welt und bringen am Morgen Nachrichten von überall.

Der Rabe ist das Wahrzeichen der Wikinger und Dänen. Für sie war er ein Zeichen für Fruchtbarkeit, langes Leben, Hoffnung, Leben und Tod und den ewigen Kreislauf sowie die Verbindung zwischen beiden. In China lebt ein dreibeiniger Rabe, welcher die drei Stadien der Sonne verkörpert: Aufgang, Zenith und Untergang. Die Christen sahen im Raben den Tod, die Alchemisten assoziierten ihn mit dem Sterben der Welt. Ihm ist die Rune Hagalaz zugeordnet; sie verkörpert den Ursamen des kosmischen Lebens und damit Schutz, Bann, Gleichgewicht der Kräfte, mystische Erfahrungen. Sie steht für die Naturgewalten, und ihre Kraft wirkt – meist durch die Umkehrung – auf für uns unkontrollierbare Weise. Der Rabe galt zudem als Orakeltier: Wenn der Rabe sein Nest verließ, so kündigte das Unheil an. Wenn die Raben dem Londoner Tower den Rücken kehrten, so war dies ein Zeichen dafür, daß England fallen würde.

Rabenmedizin

Der Rabe sitzt an Wegkreuzungen und Übergängen und überreicht dir das zweischneidige Schwert. Damit du es richtig anwenden kannst, lehrt er dich die umfassende Sicht. Er lenkt deinen Blick in das Unnennbare und fordert dich auf, dich dem Werden, Leben und Vergehen zu stellen. Der Rabe meidet die umfassende Sicht nicht, sondern sieht schlicht und klar, was ist, ob Schatten oder Licht. Frech und ungeniert sitzt er auf den Leichen in deinem Keller und zeigt dir keck die unerlösten Seiten in deinem Sein. Wer hier hinschaut und aufräumt aktiviert seine Selbstheilungskräfte. Er fordert dich auf, dir bewußt die dunklen Seiten des Lebens anzuschauen, damit sie ihre Macht verlieren und du Macht gewinnst. Hast du erst einmal gelernt, in der Dunkelheit zu sehen, so wirst du feststellen, daß sie gar nicht so dunkel ist, denn hier liegt viel feines Licht. Und du wirst merken, daß helles Licht auch dunkel, blendend und trügerisch sein kann. So lernst du, hinter die Dinge zu schauen.

Der Rabe berät dich gut und originell in allen Lebenslagen, weil er sein

Wissen aus einer Quelle nicht von dieser Welt bezieht. Den Raben stört es nicht, daß er verkannt wird, im Gegenteil, so kann er seine Grenzen wahren und in Ruhe und auf eigene kreative Weise dem Pfad der Einweihung folgen, experimentieren und die Wahrheit entdecken. Er fordert dich auf, dir und deinem Weg treu zu bleiben und wie er ein Grenzgänger zwischen den Welten zu sein und im Einklang mit den kosmischen Gesetzen zu handeln. Er zeigt dir die Wunder, Geheimnisse und den Weg, die Welt magisch umfassend zu verwandeln, und führt dich in Begegnungen mit Menschen, die ebenfalls diesen Weg beschreiten. Der Rabe ist ein treuer, intelligenter, humorvoller Führer und Weisheitslehrer, der dir das Herz erwärmt. Er wird dir auf seine Weise helfen, zu dir zu finden, dem Traumpfad zu folgen und mit dir dein Leben umfassend neu und wundervoll zum Guten zu wandeln.

Von der lichten Seite betrachtet: Der Rabe zeigt dir den Stoff, aus dem die Geschichten gewoben sind, welche Raum und Zeit überdauern, und verleiht dir die Fähigkeit, Weisheiten des Lebens in bunte Geschichten zu verweben und der Welt mitzuteilen. Der Rabe bereitet dich damit auf das größte Mysterium des Lebens vor: auf den Zyklus von Werden und Vergehen, auf die Bewegung des Schicksalsrades und auf deine schicksalhaften Verknüpfungen. Schau dir dein Schicksal an, denn ihm kannst du nicht entrinnen. Wer die Schatten meidet, kann auch das Licht nicht sehen. Er erzählt dir vom Leben in seiner Ganzheit. Raben sind sehr weise und wissende Vögel, welche wegen ihrer Verbindung zur Anderswelt bestimmte Dinge voraussehen können. Diese Fähigkeit teilen sie mit dir und fordern dich auf, deiner Wahrnehmung und deinem Gefühl bedingungslos zu vertrauen. Ihre intelligente, humorvolle und witzige Art macht Mut und zeigt dir das Spiel mit vielen Möglichkeiten.

Von seiner dunklen Seite betrachtet, ist der Rabe leichtgläubig, unentschlossen, räuberisch, nachtragend, schadenfroh, unbeherrscht; er erliegt schwarzmagischer Versuchung, handelt aus Zorn oder Wut, mogelt und täuscht. An ihm nagt das heimliche Gefühl, ein Pechvogel oder Versager zu sein und in der Welt nichts bewirken zu können; er hat Angst, verkannt zu werden, und kann auf karmische, schicksalhafte, Verknüpfungen und alte Verbindungen hinweisen. Er gilt auch als Unglücksvogel.

Weitere Informationen

Rabenfedern oder -schwingen verwendet man in schamanischen Heilsitzungen, um das dunkle verborgene Energiefeld zu öffnen, den Verlauf der schicksalhaften Lebensfäden zu betrachten, mit den dunklen Kräften in Kontakt zu treten und sie zu wandeln, zu bannen oder aus einem Energiefeld zu holen und damit zu heilen. Der Rabe verbindet weltweit mit dem alten Wissen der Zauberer und Hexen, mit dem Feenvolk und den Schicksalsweberinnen. Der Rabe ist ein Zeichen des indianischen Medizinrads in der Zeit der fallenden Blätter (22. Sept. – 22. Okt) und dem Schmetterlingsclan zugeordnet. Seine Richtung ist Südwest, der Westwind, seine Pflanze der Efeu, seine Funktion, Ideen einzubringen. Ihm werden Freundlichkeit, Gutmütigkeit, Charme, Toleranz, Sensibilität, Diplomatie, Gerechtigkeit und hohe Ideale zugeschrieben. Das Rabenamulett steht für Vision, Erkenntnis, Weisheit und Einweihung.

Steine: Azurit, Lapislazuli; **Farben:** Blau, Dunkelblau, Rabenschwarz, Violett; **Elemente:** Luft, Feuer, Erde; **Symbole:** Rabenfedern, Kralle, Zauberbuch, Rune Hagalaz; **weitere Assoziationen:** Rabenmutter, magisches Wissen, Entschlüsselung von magischen Symbolen, Herbst, Tore in die Anderswelt, Eibe, Tarotkarte: Die Welt, Uranus: plötzliche Transformation, plötzliches Entladen von Kräften; **Traumdeutung:** Der Rabe steht für das magische Potential; er zeigt an, wie wir es einsetzen. Er überbringt dir eine Botschaft, beachte sie, denn sie verkündet Wandlung in deinem Leben. **Affirmation:** »Ich bin bereit und fähig, die Schatten in mir zu erlösen.« – »Ich übernehme jetzt die volle Verantwortung für mein Leben und hole die positive Kraft in mein Leben.«

Rune Hagalaz

Ratte
Charisma, Intelligenz, Anpassung

Wir können uns anpassen an jede Situation –
wer kennt denn hier das Leben schon?
Wir lieben das Wasser, den Regen den Wind,
sausen in die Kanalisation geschwind;
scheuen keine Plätze, mögen sie noch so schmutzig sein,
lassen uns nicht trügen vom dunklen Schein.
Überall kann man etwas Gutes finden,
das lassen wir ganz schnell im Bau verschwinden.
Niemand kann uns folgen,
verstecken uns in trüben Wolken,
haben hier den siebten Sinn,
wissen, was alles ist drin;
verlassen das sinkende Schiff sogleich,
sind an Wissen ganz schön reich.
Schlau und heimlich führen wir
im weitverzweigten Erdenrevier.

Lebensweise der Ratte

Ratten stammen ursprünglich aus Sibirien und China, inzwischen leben sie jedoch überall auf der Welt, mit Ausnahme des Polargebietes, von Madagaskar und Feuerland. Es gibt die unterschiedlichsten Sorten, z.B. Wanderratten, Hausratten, Fruchtratten, die sich in Größe, Länge und Form unterscheiden. Die normale Ratte ist 19 bis 30 Zentimeter lang, ihre Schwanzlänge beträgt 13 bis 32 Zentimeter. Ihr Fell ist meist kurz und kann in der Farbe von Schwarz, Graubraun, Rötlich bis Dunkelbraun, auch mit Weiß oder verschiedenfarbig gefleckt, variieren. In freier Wildbahn leben sie vorwiegend

in der dichten Ufervegetation an fließenden Gewässern, denn sie lieben Wasser und sind sehr gute Schwimmer und Taucher. In menschlichen Siedlungsgebieten hingegen leben sie in den meist unterirdischen, feuchten Lebensräumen von Kanalisationen, Kellern, Müllkippen u.ä.; leben sie in Gebäuden, so halten sie sich allerdings vorwiegend in den oberen Stockwerken, auf Dachböden und in Zwischendächern auf. Sie können gut klettern, springen, graben und nagen, sind sehr intelligent und können zahm und zutraulich werden. Sie legen unterirdische, sehr weit verzweigte Gangsysteme mit mehreren Nest- und Vorratskammern und vielen blinden Gängen an. Ihrer überwiegend pflanzlichen Nahrung fügen sie gern Kaninchen, Hausgeflügel, Feldmäuse und frische Eier hinzu, und im Wasser machen sie Jagd auf Frösche und Fische. Bei großem Nahrungsmangel frißt die Ratte ihre Artgenossen, angefangen bei Alten, Schwachen, Kranken und Kindern. Werden Ratten in die Enge getrieben, so können sie ziemlich angriffslustig und gefährlich werden und mit ihrem Biß tödlich verletzen, außerdem sind sie gefährliche Krankheitsüberträger. Ratten vermehren sich enorm schnell – ein Rattenweibchen kann 3-4 Würfe mit ca. 9 Jungen pro Jahr zur Welt bringen – und sind dadurch anpassungsfähig, denn innerhalb weniger Generationen werden sie gegen Gifte resistent oder entwickeln andere überlebenswichtige Merkmale. Sie sind dämmerungsaktiv und leben in Rudeln. Ratten, die einem fremden Rudel angehören, werden sofort angegriffen. Aus diesem Grund hat man sich in China eine Hausratte gehalten, denn sie hält andere Ratten fern, ihr Gebiet sauber und bringt dem Besitzer Glück.

Die Ratte und ihre Kraft in den Kulturen der Welt

In Japan ist die weiße Ratte eine Botin des Gottes von Glück und Wohlstand, für die sie auch in China ein Sinnbild ist. Aufgrund ihrer Vorahnungen (Ratten verlassen Katastrophengebiete als erste) gilt sie zudem als Tier der Weisheit. Im alten Rom galt eine weiße Ratte als Glücksbringerin. Im Hinduismus ist sie als Reittier der Götter ein Zeichen der Zielstrebigkeit und der Besonnenheit, so wird der elefantenköpfige Gott Ganesha ab und zu auf einer Ratte reitend dargestellt. Im christlichen Europa ist sie ein Tier der Zauberer und Hexen. In der Renaissance stellte man Tag und Nacht als weiße

und schwarze Ratte dar, als Bild für das unaufhaltsame Vergehen der Zeit. Die flinke Wüstenratte wurde im 2. Weltkrieg als Emblem der britischen Soldateneinheiten in Nordafrika gewählt. Aus der Sage kennen wir den »Rattenfänger von Hameln«. Da die Ratte die Zugänge in andere Reiche kennt und sich darin geschützt bewegen kann, steht sie für verborgenes Wissen, Einweihung und die Kraft der Erde.

Rattenmedizin

Die Ratte lehrt dich hinzuschauen, schenkt dir ihren Instinkt, ihre Robustheit und ihre Gabe, Dinge genau zu beobachten und den richtigen Moment abzupassen. Sie fordert dich auf, nicht mehr vor dir wegzulaufen, sondern dich zurückzuziehen, zu dir selbst zu stehen und dich in Augenschein zu nehmen. Sie führt dich an die Orte in deinem Inneren, die verdreckt sind und aufgeräumt werden müssen, damit sie dir nicht gefährlich werden. Sie fordert dich auf, dich den Dämonen und Müllplätzen in deinem Inneren zu stellen. Denn was du nicht mehr fürchtest, hat keine Macht mehr über dich, und was du siehst, kannst du wandeln. Sie kann überallhin schauen, sich überall bewegen, und deswegen ist sie mächtig. Sie scheut die Dinge nicht, von denen andere sich abwenden. Sie sieht, und sie wandelt. Sie zeigt dir deinen Köper, dein Zuhause, dein Lebenswasser und deine Emotionen und deren weitreichende Einflüsse und Auswirkungen. Sie lehrt dich, Grenzen zu setzen, dein Revier zu verteidigen und keiner dir schadenden Kraft mehr Zutritt zu deinem Leben zu gewähren. Sie zeigt dir, wie du dein Leben aufbauen und sichern kannst, wie du die verborgenen Schätze in deinem Inneren finden und nutzen kannst. Sie lehrt dich, das Wirken unterirdischer Verbindungen, dunkler Kräfte und Emotionen zu erkennen, damit du sie beherrschen kannst.

Von der lichten Seite betrachtet: Die Ratte verfügt über eine hohe Anpassungsfähigkeit, eine robuste Natur und hat nur wenige dauerhafte Feinde. Obwohl sie in Rudeln lebt, ist sie doch ein Einzelgänger, welcher seine eigenen Wege verfolgt. Sie hat einen siebten Sinn, der sie anderen immer etwas voraus sein läßt. Stets unauffällig zur richtigen Zeit, ist sie am richtigen Ort und tut genau das Richtige. Sie hat einen sehr ausgeprägten Überlebenstrieb. Sie weiß, was zu retten ist und was nicht, was zu heilen ist und wo es besser ist, die Dinge den Kräften der Wandlung zu überlassen. Mit ihren untrüglichen Sinnen und ihrer hohen Intelligenz führt sie dich in der

Dunkelheit. Sie bringt dir ein gutes Stück Selbstvertrauen und gesunden Egoismus, mit dem du dich für deine Interessen einsetzen kannst. Sie kennt die zahllosen Wege, auch Irrwege, und führt dich zu neuen Ufern, neuen Einsichten und klugen Entscheidungen, welche dein Überleben sichern, deine Sicht erweitern, dich heil werden lassen und dir wieder Mut machen, deine Lebensreise fortzusetzen.

Von ihrer dunklen Seite betrachtet, ist die Ratte egoistisch, berechnend, gewinnsüchtig, verschlossen, undurchsichtig und handelt im Verborgenen. Sie kann auf Kräfte aus den Feuerwelten hinweisen, welche gereinigt werden wollen, weiter auf unsaubere Verbindungen, verschmutzte Gefühlsebenen und Bereiche im Inneren, auf Ekel vor sich oder dem Leben und gebremste Vitalität, auf falsche Freunde, Kontrolle und Macht oder gefährlichen Einfluß, auf Energieraub durch Begierden und Gelüste, auf Süchte, Abhängigkeiten, Mängel und Krankheitsgefahr, wenn man sich nicht um die Energie kümmert. Sie wird mit Dämonen und dunklen Kräften, welche im Verborgenen wirken, in Verbindung gebracht, was sich aus ihrer Gewohnheit ergab, unheilvolle Plätze wie Müllkippen, Abwasserkanäle, Friedhöfe u.ä. aufzusuchen, und ihrer Funktion als Überträgerin von Seuchen (z.B. der Pest).

Weitere Informationen

In der chinesischen Astrologie ist die Ratte das erste von zwölf Zeichen, in der westlichen Astrologie entspricht sie dem Schützen. Jahre der Ratte sind ... 1900, 1912, 1924, 1936, 1948, 1960, 1972, 1984, 1996, 2008 ... Ratten gelten als charismatisch, umgänglich, intelligent, gesellig, schlagfertig, diplomatisch. Jahre der Ratte sind Zeit des Aufbruchs, der Neuanfänge und Innovation. Das Rattenamulett steht für Schutz, Abwehr und magisches Wissen.

Steine: Granat, Amethyst, Diamant; **Farben:** Violett, Gold, Hellblau; **Elemente:** Feuer, Luft; **Symbole:** Speer, Geldsack, Nagezähne, Pfeil, Pentagramm; **weitere Assoziationen:** »Die Ratten verlassen das sinkende Schiff«; rattenscharf, Rattenpelz, Rattenschwänze; **Traumdeutung:** Die Ratte kann vor gefährlichen Einflüssen warnen, auf Energien hinweisen, welche beachtet werden müssen, da sie im Unterbewußtsein wirken, und auf verborgene Reserven sowie unerwartete Gewinne; **Affirmation:** »Ich bin immer zur richtigen Zeit am richtigen Ort und tue genau das Richtige.«

Reh
Sanftmut, Verwirklichung, Kraft der Seele

Sanft und leise, alt und weise
ziehe ich auf Erden meine Kreise.
Kraft der Seele, Kraft der Macht,
wähle, doch gib dabei gut acht!
Ich führe dich in die innere Welt,
welche ist vom geistigen Licht erhellt;
zeige dir, was hier ist verborgen,
so mußt du dir machen keine Sorgen.
Öffne deine Herzenstür,
lege eine innere Spur,
versuche mir zu folgen.
Ich schiebe zur Seite die Schleierwolken,
wandle mich in verschiedene Gestalten,
denn durch mich die Lichtkräfte walten.
Springe ich davon, kannst du mich nicht erreichen,
hast du nicht gestellt die Herzensweichen.

Lebensweise des Rehs

Das Reh ist das häufigste in Deutschland lebende Wildtier und gehört zur Familie der Hirsche. Es ist zierlich, fast schmächtig, großäugig und schlankbeinig. Rehe bevorzugen unterholzreiche Wälder, Waldränder, gehölzreiche Wiesen und Felder; im Gebirge leben sie bis an die Baumgrenze. Sie sind ortstreu, wobei ihr Aufenthalt von dem Nahrungsangebot, dem Grad der Bedrohung und der Witterung abhängt. Sie leben in kleinen Rudeln, welche meist aus einem Familienverband bestehen. Im Winter vereinigen sich mehrere Rudel, die dann bis zu 45 Tiere zählen. Rehe sind zu allen Tageszeiten aktiv, bevorzugen jedoch die Morgen- und Abenddämmerung. Sie geben bellende Laute von sich, um andere zu warnen oder wenn sie sich erschreckt haben und in Todesangst sind. In der Paarungszeit fiepen sie. Nach der Paarung im September werden im Mai 2 bis 4 Kitze gesetzt. Junge Rehkitze sind durch ihr Fleckenkleid getarnt und dadurch, daß sie keinen Geruch haben.

Rehe verteidigen sich zuerst durch Flucht und zuletzt durch Hufschläge gegen ihre zahlreichen Feinde, wie Bär, Wolf, Luchs, Fuchs und Adler.

Das Reh und seine Kraft in den Kulturen der Welt

Das Reh steht für den kindlichen und jungfräulichen Aspekt der dreifaltigen Göttin. Göttinnen und Götter des Waldes werden oft mit einem Reh abgebildet. Rhyanna, die keltische Schutzpatronin der Jagd, führt in Gestalt eines Rehs Menschen, die sich im Wald verlaufen haben, wieder auf den rechten Weg. Im Hinduismus tanzt der Zerstörergott Shiva auf einem Ring aus Feuer der kosmischen Energie, in einer seiner Hände hält er ein Reh, welches hier für die menschliche Wankelmütigkeit steht. Häufig waren es Rehe, die den Gottheiten zum Dank geopfert wurden. Das Reh galt unseren Ahnen als ein Tier der Zartheit, des Weitblicks und der Liebe, und sie verglichen es oft mit einer schönen zarten Frau, einem jungen Mädchen oder einem hübschen jungen Mann. Seine Schönheit, Feinsinnigkeit, Zartheit und seine großen vertrauensseligen, unschuldig blickenden, reinen Augen finden häufig Erwähnung. Es wird mit dem Feenreich, dem Reich der lichtvollen Träume, dem Traumpfad, der Führung aus anderen Welten und Wundern in Verbindung gebracht. Ein bekanntes Märchen, in dem ein Reh vorkommt, ist »Brüderchen und Schwesterchen«.

Rehmedizin

Springt das Reh in dein Leben, so ruft es dich auf, dich den feinen Kräften deines Herzens wieder zu öffnen. Es führt dich zurück zu deiner Unschuld, Reinheit und Offenheit dem Leben gegenüber. Es lehrt dich, die Welt wieder aus reinen Augen zu betrachten und die sanften, weichen, zarten Kräfte durch dich fließen zu lassen. Es fordert dich auf, zu fühlen, zu träumen, zu schauen, innezuhalten und zu staunen. Es führt dich an die reine Quelle deiner Seele und zu lichtvollen verzauberten Plätzen, an denen Wunder geschehen können. Es taucht auf an Übergängen, wo es die Kraft der inneren Vision aktiviert, damit du deine Vision finden und ihr folgen kannst. Achte

auf deine Träume, deine Eingebungen und die Kräfte deines Herzens, in ihnen findest du die Botschaften deiner Seele. Als Gestaltenwandler bringt dir das Reh die Fähigkeit, dich in viele Formen und Energien einzufühlen, andere zu nähren mit der Kraft der Liebe und ihre Herzen für ihre eigene Vision zu öffnen. Das Reh schenkt die Erinnerung, die Führung und Heilung von verlorenen und vergessenen Seelenteilen. Es bringt die Kräfte deines inneren Kindes zurück, welche durch traumatische Erfahrungen blockiert oder verlorengegangen sind. Es warnt dich, wenn Gefahr im Anzug ist. Es öffnet den Blick für die feinstoffliche Energie, für das Hellsehen, Hellfühlen und das feine Empfinden. Es kennt sich aus im Wald und bringt die heilende Medizin, das Wissen um Kräuter und Pflanzen, den Schutz von Mutter Erde und die Geborgenheit im Inneren und das Licht der Erkenntnis.

Von der lichten Seite betrachtet: Als ein Bewohner des Waldes führt dich das Reh in deinen inneren Wald und, wenn die Zeit reif ist, auch wieder auf den rechten Pfad nach Hause. Der innere Wald steht für die Einweihung, Prüfung und das Finden deiner Kraft. Das Reh steht für die Schwelle zwischen Kindheit und Jugendzeit und den Übergang von der grobstofflichen Energie in feinstoffliche Bereiche. Es bringt die feinen Kräfte des Herzens wie Liebe, Demut, Frieden, Vertrauen, Unschuld, Reinheit, Mitgefühl, Gnade, Verständnis, Vergebung und zeigt dir, wie du sie zum Ausdruck bringen und ihnen folgen kannst. Es weiht dich ein in die zarten, dennoch mächtigen Kräfte, welche das Leben nähren, Wunden heilen und ursprünglich reine Kräfte wiederherstellt und erneuert.

Von seiner dunklen Seite betrachtet, steht das Reh für Scheu, Schreckhaftigkeit, Naivität, Ängstlichkeit, Opferdasein, Gehetztwerden oder Sichgehetztfühlen, Selbstmitleid, Alpträume, Rückzug, Hilflosigkeit, das Gefühl, ungeschützt zu sein und sich nicht verständlich machen zu können.

Weitere Informationen

Rehfell dient Schamanen als Umhang, wenn sie Träume und Visionen empfangen, sie deuten und, wenn es sein muß, sie wandeln wollen (z.B. bei Alpträumen). Das Rehamulett steht für den rechten Blick, das Wahrnehmen von feinstofflichen Energien und die reine Herzensliebe.

Stein: Bernstein; **Farben:** Weiß, Rosa, Lindgrün; **Elemente:** Luft, kosmisches Feuer, erblühende Erde; **Symbole:** Rehfell, Kelch, vierblättriges Klee-

blatt, Herz, Lichtung; **weitere Assoziationen:** Engel- und Feenreich, Wachträume, Energiesichtigkeit, Herz-Chakra, Buschröschen; **Traumdeutung:** Das Reh steht für die feinen, zarten Herzenskräfte und zeigt, wie es um sie steht. **Affirmationen:** »Eine Rose erblüht in meinem Inneren, ich öffne mich für die Kräfte meines Herzens.« – »Ich vertraue, ich vertraue, ich vertraue.« – »Ich öffne meinen Blick für die Schönheit dieser Welt.«

Robbe/Seelöwe
Magische Fähigkeiten, Vertrauen, kollektives Unbewußtes

Tauchen wir im Leben auf,
sagen wir dir, mal geht es runter und mal rauf.
Rein und unschuldig ist unser Sein,
wir kehren in die Weltmeere heim,
bewegen uns im großen Felde,
können leben in großer Kälte,
konzentrieren uns nach innen –
dem Schicksal, dem kann keiner entrinnen!
Betrachte dein Sein, deine wahren Ziele,
du wirst feststellen, es sind nicht so viele.
Wir wissen um die Kreisläufe, die Zyklen, und den Tod mit seiner Macht,
drum Reisender, gib auf dein Seelenlichtlein acht!
Wir führen dich auf alten Spuren, heben die Schätze der Wassermacht,
doch bitten wir dich: Reise hier mit Achtung und Bedacht.
Wir helfen dir, die Lebensrätsel zu lösen
und zu befreien die Schatten, die hier dösen,
bringen die Wahrheit aus der Tief',
wo sie nun lang genug unbedacht schlief.

Lebensweise der Robbe/des Seelöwen

Der Seelöwe und die Pelzrobbe gehören zu einer Unterfamilie der Ohrenrobben. Ihre wichtigsten Merkmale sind ihre kleinen Ohrmuscheln, ihr Fell, welches aus zwei Arten von Haaren besteht – kurzem, feinem, seidenweichem Wollhaar und langem, kräftigem Deckhaar –, und die Fähigkeit, die Hinterflossen unter den Körper nach vorn zu schlagen und sich damit an Land fortzubewegen, zu robben. Die unterschiedlichen Robbenarten unterscheiden sich in Größe, Form der Hinterflosse und Qualität des Fells. Sie leben zumeist in küstennahen Gewässern, verbringen aber einen Teil ihres Lebens an Land. Die Robben der Pribilof- und Komandorskiinseln in der Beringsee begeben sich in kleinen Gruppen auf Wanderschaft, überqueren den Pazifik und suchen die amerikanischen, kanadischen, japanischen und südamerikanischen Kü-

sten auf, kehren aber zu ihrem Ausgangsort im hohen Norden zurück. Bevor
es zur Paarung kommt, führen die Robbenmännchen untereinander Machtkämpfe aus. Die jungen Bullen halten sich am Rande der Territorien auf, sie
müssen zunächst ein Alter von zwölf Jahren erreicht haben, bevor sie sich zum
ersten Mal einen Harem zulegen können. Ein großer Bulle versammelt in seinem Territorium einen Harem von fünfzig bis sechzig Weibchen, die er zwei
Monate lang, ohne Nahrung zu sich zu nehmen, unermüdlich bewacht, bis
alle begattet sind. Die Weibchen bleiben dann vier Monate in großen Kolonien an Land, wo sie ihre Jungen werfen. Diese werden drei Monate lang gesäugt und können bereits kurz nach der Geburt schwimmen, gehen aber in
der Regel erst mit ungefähr einem Monat ins Wasser. Die Mütter suchen täglich das Meer auf, um zu fressen und zu baden. In dieser Zeit sammeln sich
die Jungen in kleinen Grüppchen, wo sie auf ihre Mütter warten und miteinander in den Pfützen und an seichten Stellen spielen.

Robben/Seelöwen und ihre Kraft in den Kulturen der Welt

Die Robbe spielt hauptsächlich in den Kulturen des Nordens eine Rolle,
da sie dort als wichtiges Jagdwild gilt. Entsprechend haben die Eskimos verschiedene Gottheiten, welche sich in Robbengestalt zeigen. In der Geistwelt
gibt es das magische Tier, den Tupilak, eine Robbe; Schamanen können mit
ihm kommunizieren, er besorgt ihnen einen Robbenschutzgeist, hilft ihnen
beim Heilen von Krankheiten, bestimmt über ihr Jagdglück. Inuit-Schama-
nen reisen in Trance zur Robbenmutter Takanakapsaluk, um von ihr Hilfe in
verschiedenen Angelegenheiten zu erbitten. Um zu ihrem Haus auf dem
Meeresgrund zu gelangen, muß ein Schamane verschiedene Hindernisse
überwinden. Dort angekommen, muß er dann mit ihr verhandeln und sie besänftigen, damit sie ihm behilflich ist. Die Meeresgöttin Sedna, welche tief
unten am Grund des Ozeans lebt, herrscht über die unglücklichen Toten; aus
ihren Fingern entstanden Wale, Robben und Fische.

In der nordischen Mythologie können sich Göttinnen und Meeresbewohner in Gestalt einer Robbe zeigen, so der germanische Schutzgott Heimdall,
ein Sohn Odins, und der Meeresriese Ägir. Aus Märchen und Mythen bekannt sind die irischen Selkies, Wasserbewohner, die bei Tag in Robbengestalt
erscheinen und nachts als überirdisch schöne zartgliedrige Frauen mit langen, schwarzen Haaren und dunklen sanften Augen. Wenn es einem Mann

gelingt, die abgelegte Robbenhaut einer Selkies zu ergattern, so kann er sie heiraten. Sie sind still, sanft und melancholisch und gehen oft ans Wasser, um zu meditieren und sehnsuchtsvolle, schwermütige Lieder zu singen, mit denen sie die Fischer heil in den Hafen zurückgeleiten. Kommen sie wieder in den Besitz ihrer Haut, so kehren sie ins Wasser zurück, bleiben jedoch nah am Ufer, um über ihre Kinder und ihren Mann zu wachen. Robben stehen für Liebe, Vertrauen in die Führung, Sehnsucht, Fernweh und Wandlungskraft.

Robben-/Seelöwenmedizin

Kommt die Robbe in dein Leben, so fordert sie dich auf, dich vorzubereiten auf eine Reise in die Urmeere zu deinem Ursprung und deinem Urvertrauen. Reinige dich, faste und meditiere; achte auf deine Träume; beobachte das Meer in dir: Ist es ruhig, aufgewühlt, stürmisch, hell oder dunkel? Sie holt dich, damit du dich mit der Gesamtheit deiner Gefühle, Gedanken, deiner Weiblichkeit und deinen Hoffnungen auseinandersetzt, sie beobachtest und lernst, dich entsprechend darin zu bewegen. Sie lenkt deinen Blick auf ein weiteres Feld. Schaue in den inneren Spiegel, betrachte dich selbst, deinen Ursprung und die Kollektive, denen du angehörst (Familie, Vereine, Firma, Stadt, Land etc.). Tauche ein in das große Kollektiv, in dem alles Wissen gespeichert ist. Laß dich führen auf den alten Spuren deiner Seele, hier findest du Wahrheit, Weisheit, Führung, Schutz, Antwort, Aufgaben, welche noch erledigt werden wollen, magische Fähigkeiten wie Hellsehen, Kommunikation mit der Geistwelt, Vergangenheits-, Gegenwarts- und Zukunftsdeutung, verschiedene Heilkräfte und Heilungswege im Urvertrauen. Die Robbe fordert dich auf, dich der Tiefe deiner Gefühlswelt zu öffnen und dir Zeit zu nehmen, um zu meditieren und nach innen zu schauen.

Von der lichten Seite betrachtet: Die Robbe ist ein Schutzgeist und eine weise Führerin, die dir Botschaften aus dem Reich der Toten, die weibliche Urkraft und das Wissen von vor langen Zeitaltern versunkenen Kontinenten bringt. Als Wesen, welches große Wanderungen über den Ozean unternimmt, kennt sie die tiefen Geheimnisse der Unterwasserwelten. Da sie wieder zu ihrem Ursprungsort zurückkehrt, bringt sie die Erkenntnis von den Kreisläufen und den Spiralen ewig wiederkehrender Zyklen und von alten Plätzen, welche deine Seele auf ihren früheren Wanderungen bereist hat. Damit weckt sie neues Potential und bringt das Urvertrauen, die Liebe, die wortlose Verständigung, die Wahrnehmung der Tiefe, den Blick für größere Zusammenhänge und die verborgenen Kräfte der Wasserwelten, wie den magischen Spiegel, die Kraft der heilenden Klänge und Töne, die Ruhe und Stille, die meditative Lebensweise, die Kraft der Liebe und der Fürsorge füreinander sowie die Kraft der Reinigung durch das Salzwasser. Sie bringt den friedlichen sanften, empfangenden weiblichen Weg der Schöpfung.

Von ihrer dunklen Seite betrachtet, stehen Robben für Melancholie, Hilflosigkeit, Fügsamkeit, Fernweh, Trägheit und Faulheit, das Gefühl, nicht verstanden zu werden, sich nicht ausdrücken und wehren zu können, schutzlos zu sein, ausgenutzt zu werden, sich nicht auf die Welt der Menschen einlassen zu können, hin- und hergerissen zu sein, nicht von dieser Welt zu sein, sowie für die Neigung, sich gehen- und treiben zu lassen.

Weitere Informationen

Die Robbe gehört zu den Schutzgeistern und gilt als Engel des Wassers. Ihr Fell verleiht Schutz, Tarnung und gibt innere Geborgenheit, Wärme und Sicherheit. Ihr Amulett schenkt die intuitive Führung, die Vorahnung und die Verbindung mit allem. Ihr Fett kann seelische Wunden und körperliche Verletzungen heilen. Das Robbenamulett steht für die rechte Führung.

Steine: Perle, Koralle, Flint, Perlmutt, Schamanensteine; **Farben:** Grau, Weiß, Dunkelblau, Grün, Braun, Rosa; **Elemente:** Wasser, Erde, Äther; **Symbole:** Fell, magischer Spiegel, Kelch der Heilung, Herz; **weitere Assoziationen:** Feen- und Wasserreiche und ihre Wesen, Mond, Neptun, Kraft der Träume, Kraft der Intuition; **Traumdeutung:** Die Robbe bringt dir aus dem kollektiven Unbewußten Botschaften von tiefsitzenden Ängsten, alten Sehnsüchten, Dingen, welche in dir noch nicht gelöst sind, damit du sie auflöst. Sie bringt dir die Wahrheit. Taucht sie aus dem Meer auf, bringt sie Bewußtseinserweiterung und kann auf Hoffnung und Neubeginn hinweisen. Taucht sie in das Meer ein, so ist dies ein Hinweis darauf, nach innen zu schauen. Liegt sie an Land, so bedeutet dies, daß man sich ausruhen und stärken soll, denn etwas Neues kündigt sich an. Singt sie ihr Lied, so führt sie dich heim. Ein aufgewühltes Meer mit hohen Wellen kann für Schwierigkeiten und Hindernisse stehen, welche überwunden werden wollen. Im allgemeinen bringt sie Schutz, Glück und Führung in einer Angelegenheit. **Affirmationen:** »Ich vertraue der Kraft in mir.« – »Schutz und Hilfe auf meinem Weg sind mir gewiß.«

Salamander
Feuer, Wandlung, Vergebung

Wir, die Salamander,
tanzen umeinander.
In der Hitze glühen wir,
sind in eurer Welt das Feuertier;
lenken und leiten die
Feuerströme,
geben von uns die zischenden
Töne;
wenden und schlängeln uns in der
Glut –
das tut gut und gibt euch Mut!
Wir fordern euch auf mit
Zwicken,
die Feuerkraft zu wecken,
sie zu lenken und zu leiten;

wir wohnen in euren kraftvollen Seiten.
Wärme, Leitung, Elektrizität
kurbeln wir an, bis nichts mehr geht.
Beachtet uns auf euren feurigen Wegen,
so werden eure Handlungen zu Heil und Segen.

Lebensweise des Salamanders

Salamander, die in Europa, Eurasien, Afrika und Nordamerika verbreitet sind, gehören zur Familie der Schwanzlurche und haben eine eidechsenähnliche Gestalt. Zu dieser Familie von Amphibien gehören alle Arten Molche, Lurche und Salamander. Die so ähnlich aussehenden Eidechsen allerdings sind Reptilien. Salamander haben ausgebildete Lungen und Augenlider, eine meist leuchtendbunt und kontrastreich gefärbte Haut, die mit einem Sekret der Hautdrüsen feucht gehalten wird. Dieses Drüsensekret ist meist giftig, scharf und ätzend und dient der Abwehr von Freßfeinden. Salamander sind dämmerungs- und nachtaktiv, leben auf dem Land an meist feuch-

ten Stellen, wie in Erdlöchern, vermoderndem Laub und abgestorbenen Baumstümpfen, sowie am, aber auch im Wasser. Während der Paarungszeit entwickeln die Männchen mancher Salamandersorten Hautfalten und Rückenkämme, außerdem bekommen sie eine besonders schöne Färbung. Der Feuersalamander bringt lebende Junge zur Welt, die er in leicht fließende Gewässer legt; manche davon bleiben in einem Larvenstadium stecken, andere entwickeln sich voll aus. Salamander sind ziemlich gefräßig und ernähren sich von Würmern, Schnecken und Insekten; bei der Nahrungssuche setzen sie Augen und Nase ein. Beim Schwimmen ziehen sie die Gliedmaßen eng an den Körper und schlängeln sich mit dem Schwanz vorwärts. Ihr Regenerationsvermögen ist sehr groß: Verletzte oder verlorene Gliedmaßen, Teile des Kopfes und ihr Schwanz wachsen nach. Früher glaubte man, daß Feuersalamander von Feuer unversehrt bleiben, da sie heil aus ihrem Versteck in Bäumen hervorkrochen, wenn diese schon brannten.

Der Salamander und seine Kraft in den Kulturen der Welt

Der Feuersalamander, auch Flammenmolch genannt, ist in der Magie, der Alchemie, den Elementeritualen als Elementargeist dem Feuer zugeordnet; er gilt als Orakeltier und Wetterprophet. Paracelsus beschrieb den Elementargeist Salamander, welcher im Feuerelement inmitten der Flammen lebt und sich von Feuer ernährt. Man sagte, daß die Tiere so kalt seien, daß sie Feuer zum Erlöschen brächten. Als Feuergeist kann dem Salamander das Feuer nichts anhaben, was ihn zu einem Symbol für Gerechtigkeit macht; weiterhin steht er für Wandlung, Karma sowie Sünde und ihre gerechte Strafe. In allen Angelegenheiten, in denen das Feuer beschworen wird, wird er angerufen; sein Herrscher ist der salamanderartige Feuergeist Djinn. Im antiken Griechenland waren die Feuersalamander dem griechischen Gott des Feuers, Hephaistos (röm. Vulkanus), zugeordnet. Im Alten Testament Daniel 3,1 finden wir die Geschichte von den drei Jünglingen im Feuerofen: Sie wurden dort hineingeworfen, weil sie ein Götzenbild angebetet hatten, kamen aber nicht zu Schaden, weil ein Engel die Flammen hinaustrieb, und erzählten, im Ofen habe ein taufrischer Wind geweht; ihr Attribut ist der Feuersalamander. Es heißt, als das Asbest entdeckt wurde, hielt man es zunächst für die Wolle des Salamanders.

Salamandermedizin

Taucht der Salamander auf, so bringt er dich unweigerlich mit dem Feuerelement in Verbindung. Er führt dich in deine Feuerkraft ein und fordert dich auf, das Feuer nicht mehr zu meiden und es auch nicht in der Hand anderer zu lassen. Die Feuerkraft ist Tatkraft, Umsetzung, Durchsetzung, Triebkraft, Eigenenergie, Hitze, aber auch Wärme, Optimismus, spirituelle Wahrnehmung, Schöpferkraft, Liebe, Begeisterung, neue Impulse. Im Feuer der Wahrheit führt dich der Salamander durch die Schatten- und die Lichtbereiche und rät dir, hinzuschauen, deine Kraft zu nutzen, um die Verletzungen zu heilen, die deine Gefühle und dein Selbstwert in der Vergangenheit erlitten, damit du dich weiterentwickeln kannst. Halte nicht mehr an diesen alten Dingen fest, denn so wie du sie festhältst, lassen sie dich nicht los und blokkieren deine Entwicklung. Der Salamander zeigt dir, wie du mit dem Feuer der Reinigung und der Vergebung deine Befreiung erreichen kannst. Er lehrt dich die klare Unterscheidung zwischen deinen impulsiven Gefühlen und der tatsächlichen Sachlage in einer Angelegenheit, was dabei aus deiner Vergangenheit kommt und was die Sache hier und heute beeinflußt, so daß eine faire und angemessene Reaktion auf eine auftretende Situation möglich wird.

Von der lichten Seite betrachtet: Der Salamander zeigt dir, wie du deine Kraft hier und heute auf die Erde bringen kannst, um neuen Impulsen zu folgen. Er ist gekommen, damit du deine Lebenskraft kennenlernst, sie ausrichtest, beginnst, sie zu lenken und zu leiten, und sie durch die Heilung und Segnung des Wassers auf der Erde manifestierst. Folge ihm, denn er ist in der Hitze der Wahrheit heimisch und kann Kräfte wandeln. In Heilbehandlungen leitet er die heilsamen Strömungen und Regenerationskräfte. Der Salamander führt dich ein in die Kräfte des Feuers an Land und im Wasser. Er zeigt dir, wie du deine Emotionen anheizen und das Feuer der Liebe, des Mitgefühls, des Herzens, des Mutes, aber auch der Wut und des Zorns entfachen kannst. Er bringt dir bei, wie du mit der Feuerkraft aktive Tatkraft auf der Erde verankern kannst. Er verbindet die linke Gehirnhälfte mit der rechten und hilft dir, deine Kraft vollständig zu entwickeln und zu leben.

Von seiner dunklen Seite betrachtet, verweist der Salamander auf Ruhelosigkeit, Triebsteuerung, Zorn, Wut, Aggressivität, verletzende Abwehr und Abgrenzung, mangelndes Taktgefühl, Mißbrauch des Feuers, fehlende Selbstkontrolle, Jähzorn, Impulsivität. Ein solcher Mensch wird von seinen alten Gefühlen gesteuert, er scheint in seiner Entwicklung steckengeblieben, hält

immer noch an alten Dingen fest und macht sie für seine Lebensumstände verantwortlich, statt die Verantwortung selbst zu übernehmen, damit er weiter wachsen kann.

Weitere Informationen

Das Salamanderamulett steht für die Lenkung der Feuerkraft, für Schutz und Reinigung.

Steine: Hämatit, Feueropal, Granat; **Farben:** Grellrot, Knallgelb, Schwarz, Giftgrün; **Element:** Feuer; **Symbole:** rotes Dreieck, Feuertattwa; **weitere Assoziationen:** Blut, Boden, Ahnen, alte Strömungen, die immer noch im Blut wirken, Verdauung, Wurzel-/Beziehungs-Chakra, Solarplexus, Leitfähigkeit, Liebesfähigkeit, Erleuchtung, Schöpferkraft, Fruchtbarkeit, Heilung, violettes Feuer der Reinigung, Gnade, Vergebung, Quan Yin, Saint Germain, Kundalini-Yoga, Feueratmung; **Traumdeutung:** Der Salamander verkörpert das Unbewußte, Intuitive, Animalische, Instinktive, die nicht vom Verstand gesteuerten Handlungen. Er steht für deine Tat- und Triebkraft. Er kann auf die gute Energie und den übergesprungenen Funken in einer Angelegenheit hinweisen, aber auch auf unkontrollierte triebhafte Kräfte im Unbewußten. **Affirmationen:** »Ich vergebe jedem Umstand, jedem Menschen, jeder Situation im Leben, allem, was mich falsch behandelt haben könnte. Ich befreie mich jetzt von aller Schuld, die ich dem Leben gegenüber auf mich geladen habe. Ich rufe das Gesetz der Gnade und aktiven Vergebung jetzt.« – »Ich nehme meine Kraft jetzt an und lebe sie im Einklang mit meiner höchsten Führung. So sei es.«

Schaf
Unschuld, Sanftmut, Träume

Schlafe, Kindlein, schlafe,
bringen dir den Traum, wir Schafe,
wiegen dich ins andre Reich hinein –
mach nun hier auf die Äugelein!
Trost und Zuversicht
findest du in der Anderswelt,
auch das Regenbogenlicht,
das deinen Weg erhellt.
Denn wer nicht träumen kann,
der ist arm dran!
In den Träumen liegen
Glaube, Liebe, Hoffnung.
Die feine Kunst auf zarten Wegen
bringt deinem Leben stets den Segen.
Der Liebe ewige Macht,
immerdar in Glanz und Pracht,
gibt dir von hier aus das Geleit,
trägt dich in die Ewigkeit.
Wir Schafe begleiten dich,
vertraue deiner Führung
und der so herzlich
liebevollen Berührung.

Lebensweise des Schafs

Die Domestizierung von Schafen und Ziegen erfolgte ca. 10000 Jahre vor unserer Zeit. Mit der zunehmenden Entfaltung der Nutztierhaltung – neben Schafen auch Ziegen, Schweine, Rinder und Pferde – verbreitete sich auch die seßhafte bäuerliche Lebensweise, in der Nutzpflanzen angebaut und Viehzucht betrieben wurde. Es gibt unzählige Arten und Unterarten der zu den Paarhufern gehörigen Ziegen und Schafe. Man findet sie als Begleiter der Menschen auf vielen Kontinenten, wo sie im Flachland ebenso wie im Hoch-

gebirge leben. Schafe haben ein wolliges, weiches Fell, einen runden, oft fülligen Körper und eher kurze Beine. Sie sind genügsame und widerstandsfähige Herdentiere, die sich gut an kärgliche Weideverhältnisse angepaßt haben. Die Lämmer werden Anfang Februar geboren. Das Schaf steht für das Leben, da es dem Menschen Nahrung (Fleisch, Käse, Milch), wärmendes Material (Wolle und Leder für Kleidung, Schuhwerk, Teppiche, Decken, Zelthaut) und den Rohstoff zur Herstellung von Trommel-, Horn- und Saiteninstrumenten schenkt.

Das Schaf und seine Kraft in den Kulturen der Welt

Das Schaf oder Lamm war neben der Ziege früher eines der beliebtesten Opfertiere; es steht für die Hingabe an das Höchste, indem das Niedrigere geopfert wird. Es ist Morpheus zugeordnet, dem griechischen Gott der Träume, der Traumbilder und des Gestaltwandels, Sohn des Schlafgottes Hypnos (daher: Hypnose). Das Schaf war der keltischen Muttergöttin und Lichtbringerin Brigid, der germanischen Fruchtbarkeitsgöttin Eostre/Ostara/ Aurora und der babylonischen Venussterngöttin Ishtar geweiht. Entsprechend steht es mit den alten keltisch-germanischen Jahresfesten Imbolc (1. Feb.), dem Fest der Lichtbringerin, ab dem das Licht stetig wieder zunimmt, und Ostara (21. März, Frühlingstagundnachtgleiche), dem Fest der Wiedergeburt und Auferstehung des Lichtes, in Verbindung: Im Februar werden die ersten Lämmer geboren, und die Mutterschafe geben die erste Milch, zu Ostara werden Lämmer zum Dank für die Wiedergeburt des Lichtes geweiht. Das Osterlamm ist also ein übernommenes Symbol aus heidnischer Zeit. Der Gute Hirte, welcher für seine Schafe sorgt, ist ein bekanntes altes Motiv im Christentum, wobei die Schafe für die Christuskraft und die Auserwählten Gottes stehen. Das Lamm Gottes wird oft mit einem Kreuz und einem Heiligenschein dargestellt, als Zeichen für Kreuzigung und Auferstehung; Jesus selbst wird von Johannes dem Täufer »Lamm Gottes« genannt: Er bringt die Versöhnung mit Gott; sein Leben und seine allumfassende Liebe erweisen sich stärker als Gewalt und Tod. So ist das Lamm ein Symbol der Liebe, des Sanftmutes, des Friedens, der Reinheit, der Unschuld und der Auferstehung. Dem

Schaf werden weiterhin die Träume, die Dunkelheit, der Schlaf, der Nacht-
wandel, das Vergessenlassen und die Hypnose zugeordnet.

Schafsmedizin

Kommt das Schaf in dein Leben, so bringt es dir die Kraft des Träumens.
Es lehrt dich, auf deine Träume zu achten, die Post deiner Seele zu öffnen
und ihre Botschaften zu verstehen. Seine Energie ist so herzensfein, daß es
sich in jede Gestalt, jedes Wesen und jedes Geräusch einfühlen kann. So
lehrt dich das Schaf, Energien wahrzunehmen, auszudrücken, sichtbar zu
machen, heilend einzusetzen und zu übersetzen. Es bringt dir bei, nach innen zu lauschen und auf deinen Traumpfaden zu wandeln, an deine Wünsche, Hoffnungen, Träume und Ideale zu glauben und an ihnen festzuhalten,
den Weg des Friedens und der Liebe zu gehen. Es zeigt dir, wie du deine
Kunstfertigkeit und dein kreatives Potential zum Ausdruck bringen kannst,
und eröffnet dir den Blick für Schönheit, Geborgenheit und Harmonie, so daß
du sie in dein Leben bringen kannst. Das Schaf fordert dich auf, dich ab und
zu in eine warme Wolldecke zu kuscheln, dafür zu sorgen, daß du dich geborgen und warm fühlst, dich ins Sonnenlicht zu setzen und dich auf deine
Selbstheilungskraft, deine Vorstellungsgabe, deinen Herzschlag und die Energie in dir zu besinnen. So findest du Ruhe und die Stärke der Sanftheit,
kannst dein Potential entfalten und den Kräften deines Herzens folgen bei
allem, was dir begegnet. Das Schaf bringt dir die Kraft, dich bewußt in andere Bewußtseinszustände zu versetzen.

Von der lichten Seite betrachtet: Das Schaf als Herdentier führt dich in die
Ordnung und die Struktur der Gemeinschaft ein. Da es friedfertig und sanft-
mütig ist, lehrt es dich, den Weg des Herzens und des Friedens zu gehen. Es
führt dich ein in die Kunst des Träumens und in die Weite der Anderswelt.
Seine Wolle findet vielfältige Verwendung – sie wird zu Kleidung, Teppichen,
Decken, Filz, Garn etc. verarbeitet –, damit steht es für Kreativität, Kunst,
Ausdruckskraft, Gestaltungs- und Wandlungsmöglichkeiten und die Wolle
selbst für Herzenswärme, Geborgenheit und Wärme in kalten Zeiten. Das
Schaf lehrt dich, an das Gute im Leben zu glauben und dich mit deiner inneren Führung zu verbinden. Es zeigt dir, wie du ab und zu neue Wege gehen und in Frieden aus dich krankmachenden, ungesunden Systemen aus-
brechen kannst, so daß du zu deinem Glück finden und deinem Glauben

folgen kannst. Es lehrt dich, die Freude und die Schönheit des Lebens zu erkennen und anzunehmen, und bringt dir seelisches Gleichgewicht.

Von seiner dunklen Seite betrachtet, kann das Schaf auf Süchte jeder Art hinweisen, auf Ablenkung und Betäubung, Existenzängste, leichte Beeinflußbarkeit und Gutgläubigkeit, Dummheit, Naivität, Ausgenutztwerden, Schutzlosigkeit, Herdentrieb (Dinge zu tun, weil andere sie tun) und ferngesteuertes Handeln sowie auf seelische Störungen, die verzweifelte Suche nach Liebe und Anerkennung und darauf, daß man sich verloren fühlt und nur in einer Phantasiewelt zu Hause ist. Außerdem kennen wir das sprichwörtliche schwarze Schaf, mit dem jene Menschen gemeint sind, welche sich nicht in ein bestehendes System einordnen, sondern ausscheren.

Weitere Informationen

Das Schaf ist im chinesischen Tierkreis das achte von zwölf Zeichen (identisch mit der in manchen Systemen erwähnten Ziege), in der westlichen Astrologie entspricht es dem Krebs. Jahre des Schafes sind ... 1919, 1931, 1943, 1955, 1967, 1979, 1991, 2003 ... Menschen, welche in diesen Jahren geboren sind, gelten als intelligent, hellseherisch, schöpferisch, künstlerisch, kreativ, liebenswürdig, friedfertig und einfühlsam. Das Jahr des Schafes hat ein gemäßigtes Tempo und bringt Ruhe; das häusliche Leben steht im Mittelpunkt. Das Schafamulett steht für Reinheit, den rechten Herzensblick und das ewige Licht.

Stein: Rhodochrosit, Rosenquarz, Jade, Mondstein, Milchopal; **Farben:** Weiß, Creme, Rosa, Apricot, Zartlila; **Elemente:** Erde, Wasser, Äther; **Symbole:** Wolle, Fell, Decke, Spinnrad, Spindel; **weitere Assoziationen:** Wolf im Schafspelz, Unschuldslamm, Venus, Neptun, Mond, Schlaflieder, Schafe zählen, Baldrian, Hopfen, Schlafmohn, Morphium, Tarotkarte: Der Gehängte; **Traumdeutung:** Erscheint das Schaf, so zeigt es an, wie es um die sanfte Herzensenergie steht und ob wir in Frieden sind mit unserer Welt oder ob wir uns einlullen und ausnutzen lassen. Außerdem kann es auf Bedrohung aus dem Unterbewußtsein und auf Ängste hinweisen. **Affirmationen:** »Die Vorstellungskraft in mir läßt meine Träume wahr werden.« – »Ich glaube und vertraue, es heilt und hilft die göttliche Kraft.«

Schildkröte
Meditation, Frieden, Rückzug

Seit Urzeiten bin ich da,
ich werde sein, ich bin, ich war.
Alt geworden und auch weise
bin ich nun von meiner Reise;
folge beständig meinem Weg,
tue das, was hier ansteht.
Ob Wasser oder Land,
beides ich als Heimat fand,
liebe das goldene Licht der Sonne,
sie gibt mir die Lebenswonne.
Kommt der Kampf, zieh' ich mich zurück,
verwandle mich zum Stein ein Stück.
Geht's mal nicht weiter, dann schnapp' ich zu,
so hab' ich wieder meine Ruh!
Ich beobachte alles ganz genau,
bin gar nicht träge, doch einfach schlau.
Beharrlich und mit aller Zeit
erreiche ich die Ewigkeit,
trage viel auf meinem Rücken,
ohne mich gäb's viele Lücken.
Folge mir ein kleines Stück,
ich bringe dich zu dir zurück.

Lebensweise der Schildkröte

Schildkröten gehören zu den friedlichen gepanzerten, amphibischen Reptilienarten und sind über 200 Millionen Jahre alt. Es gibt rund 250 Schildkrötenarten, davon sind 7 Meeresschildkröten-, 180 Süßwasserschildkröten- und der Rest auf dem Land lebende Schildkrötenarten. Man findet sie in Süd- und Südosteuropa, Nordafrika, Asien und Amerika. Alle Schildkröten zeichnen sich durch Rücken und Brust bedeckende Panzer aus. Sie haben keine Zähne, sondern zu kräftigen Kau- und Schneidewerkzeugen umgewandelte Kiefer-

leisten, mit denen sie ziemlich hart zuschnappen können. Die Sinne von Augen und Nase sind gut ausgeprägt: Sie beobachten gut, orientieren sich räumlich, erkennen Gefahren, finden Nahrung und Partner. Viele Arten werden nur zwischen 10 und 30 Zentimeter groß, Meeresschildkröten und Galapagosschildkröten können allerdings eine Körpergröße von über einem Meter erreichen. Schildkröten weit über 100 Jahre alt werden. Einzeln gehaltene Schildkröten wirken oft träge, in Gruppen jedoch können sie richtig temperamentvoll werden. Sie sind wechselwarme Lebewesen und deshalb von Wärme und Sonne abhängig. Die meisten Arten sind vorwiegend Pflanzenfresser. Wie alle Reptilien pflanzen sie sich durch das Legen von Eiern fort: Die Eier werden in ausgescharrte Gruben gelegt und bedeckt; das Muttertier leistet keine Schutz- oder Aufzuchthilfe, verschwindet nach der Eiablage. So werden viele Schildkrötennester von Mensch und Tier geplündert. Schildkröten aller Art sind beliebte Haustiere.

Die Schildkröte und ihre Kraft in den Kulturen der Welt

Die Schildkröten sind ein fester Bestandteil der Mythologie vieler Kulturen. Im Hinduismus wird die Entstehung der Welt auf eine Schildkröte zurückgeführt: Die Schildkröte Chukwa trägt einen Elefanten auf dem Rükken, der wiederum die Welt auf dem seinen trägt. Die Schildkröte Khurma, die zweite Inkarnation Vishnus, tauchte aus dem Urozean auf und bildete mit ihrem Rücken den Berg Meru, um den herum sich die Kontinente aufbauten. Sie steht außerdem für Ksyapa, den Nordstern. Da die Schildkröte seit den Uranfängen der Welt existiert und ihr Wissen aus allen Zeiten bezieht, steht sie in der chinesischen Mythologie für Weisheit. Weiterhin gilt sie dort und in Japan als Symbol für Unzerstörbarkeit, Unsterblichkeit und langes Leben. Sie kann sowohl Yin sein, Symbol für Passivität und Erde, als auch Yang, Symbol für Aktivität und Wasser. Die Zeichen ihres Schildes deutete man als Sternenkarte, als Orakel oder als heilige Schrift. Bei den Ureinwohnern Nordamerikas steht sie für die Welt und repräsentiert den Kosmos: Ihr Schild ist der Himmel, ihr Körper die Erde, ihr Bauchpanzer der Urgrund. In Westafrika und der Karibik gilt sie als Gauklerin. Im Christentum ist sie ein

Symbol der Unterwelt und der Finsternis, aber, da sie viele Eier legt, auch der Fruchtbarkeit sowie, aufgrund ihres Panzerkleides, der Häuslichkeit und Keuschheit. Allgemein steht sie für Bedachtsamkeit und Geduld.

Schildkrötenmedizin

Zeigt sich die Schildkröte in deinem Leben, so hast du eine alte weise Lehrerin gefunden, welche dich im Weg zum Frieden und in der Relativität und Dehnbarkeit der Zeit unterweist. Sie sagt dir: Du brauchst nicht zu kämpfen, schreien und toben, beobachte nur, was passiert. Folge in Frieden und mit deinem Rhythmus dem Weg deines Herzens. Laß dich nicht von fremden Kräften hetzen, erpressen, einspannen. Gehe in dich. Schaue, was gut für dich ist, was als nächstes für dich ansteht. Folge deinem Weg bedingungslos und im Frieden mit dir. Du hast alle Zeit der Welt. Klappt die eine Möglichkeit nicht, so findet sich eine andere. Fällt eine Tür zu, so öffnet sich eine neue. Wenn dich jemand angreift, schütze deine empfängliche und sensible Natur, indem du dich in deinen Panzer zurückziehst und wartest, damit du nicht verletzt wirst und auch andere nicht verletzt. Wenn die Sonne wieder scheint, erwärme dich, tritt hervor und wandere deinen Weg weiter. So kannst du nach und nach das Leben nach deinem Wunsche formen und dein Ziel erreichen.

Von der lichten Seite betrachtet: Da die Schildkröte auf dem Land und im Wasser leben kann, schafft sie die Verbindung zwischen den Elementen Erde und Wasser. Sie ruft dich auf zur Selbstmeisterung. Sie lehrt dich, deinen Geist, deine Emotionen, deinen Körper zu beherrschen, und führt dich ein in die Welt deiner Seele. Zieh dich zurück, lern dich selbst kennen. Alles ist bereits in dir. Mutter Erde trägt und versorgt dich. Vertraue darauf, und folge deinem Weg. – Die Schildkröte lehrt dich Geduld, Innenschau und Beständigkeit. Ihr Motto ist: In der Ruhe liegt die Kraft. Sie führt dich zu den Kräften, die jenseits von Zeit und Raum liegen. Sie fordert dich auf, dich in dein Innerstes zurückzuziehen, deine Außenaktivitäten auf das Notwendigste zu konzentrieren, dich im goldenen Licht der Sonne zu wärmen und dich durch Ruhe und Schlaf zu erholen. Wenn die Außenwelt von uns zu massiv Besitz ergreift, mahnt uns die Schildkröte, in die Tiefe nach innen abzutauchen und unsere friedliche Haltung nicht aufzugeben. Sie gewinnt ihre Lebenskraft aus der Sonne, entzieht sie nicht ihrer Umwelt oder den Menschen; so bringt sie uns bei, uns an die kosmische Quelle anzuschließen und dort aufzutanken.

Von ihrer dunklen Seite betrachtet, verweist die Schildkröte auf Langsamkeit, Trägheit, Faulheit, Opferhaltung, die Neigung, sich Herausforderungen nicht zu stellen. Ein Mensch mit diesen Eigenschaften hat sich einen Panzer zugelegt, damit ihn die Welt nicht mehr berühren kann, grenzt sich damit aber auch von schönen Erfahrungen aus. Eine verletzte Schildkröte kann auf Schutzlosigkeit und das Gefühl, ausgeliefert zu sein, hinweisen. Eine auf dem Rücken liegende Schildkröte kann für große seelische Not stehen und braucht Hilfe von außen.

Weitere Informationen

Einige Indianerstämme fertigen aus gefundenen Panzern von Schildkröten Medizinrasseln, mit denen sie die Aura und das seelische Schutzfeld öffnen und verschließen können. Das I-Ging kann auch aus der Zeichnung auf Schildkrötenpanzern gelesen werden. Im indianischen Medizinrad steht die Landschildkröte für Mutter Erde und die Seeschildkröte für den Schildkröten-Clan, der wiederum dem Element Erde zugeordnet ist. Menschen, die dem Schildkröten-Clan angehören, sind im allgemeinen praktisch, bodenständig, verläßlich, ausdauernd, verfügen über Entschlußkraft, und sie erreichen ihr Ziel, indem sie einen Schritt vor den anderen setzen. Die Schildkröte schenkt ihnen zudem Geduld, Erfahrung, Ausdauer, alte Weisheit, Opfer, Dienstfertigkeit und Integrität. Zum Schildkröten-Clan gehören im Medizinrad außerdem die Gans, der Biber und der Braunbär. Das Schildkrötenamulett steht für Schutz, Allverbundenheit, Weisheit und langes Leben.

Steine: Bernstein, Moosachat, versteinertes Holz, Ton; **Farben:** Erdtöne wie Braun, Olivgrün, Waldgrün, Grünbraun, aber auch Gold; **Elemente:** Erde Wasser, Äther; **Symbole:** Schutzschild, Schutzpanzer, Trancetrommel, Rassel; **weitere Assoziationen:** Farn, Moos, Ruhe, Schilfrohr, Mais, Bohnen, Kürbis; **Traumdeutung:** Zeigt sich die Schildkröte in deinen Träumen, so erinnert sie dich an die Kraft in deinem Inneren sowie daran, daß alles seine Zeit hat und braucht und daß du dich hin und wieder zurückziehen solltest. Auch steht sie für die große Mutter und das irdische Versorgtsein. **Affirmationen:** »Ich bin verbunden mit der Weisheit in meinem Inneren.« – »In Ruhe und Frieden folge ich meinem Weg.«

Schlange
Wandlung, vitale Lebensenergie, Vergeistigung der Triebkräfte

Im Wandel der Zeit –
mach dich bereit! –
tret' ich auf den Plan,
denn es steht Großes an.
Ich verleihe dir Macht und Ehre,
gehst du bei mir in die Lehre.
Laß mich tanzen in deinem Sein,
ich fordere die Priesterschaft in dir ein.
Bist du bereit, Großes zu vollbringen
mit mir die alten Rituale zu tanzen und zu singen,
die Schlangenkraft richtig zu beschwören
und die inneren Botschaften zu hören?
Den Stab der Heilung reiche ich dir,
die Sonnenscheibe findest du auch bei mir,
das Buch der Weisheit ich zudem hüte.
Manchmal in deinem Sein ich wüte,
bin doch Gift und Heilung zugleich,
führe dich in jeden Bereich.
Lerne mich kennen, zu benennen,
mich zu leiten, ich kann dich begleiten.
So lehr' ich dich, Altes abzustreifen
und in Wandlung heranzureifen.
Halt nicht mehr fest an alten Dingen,
so wird das Neue gut gelingen.
Bist du stark und bereit,
führe ich dich in die Ewigkeit.

Lebensweise der Schlange

Die Schlange – sie hat sich über Jahrmillionen von der Echse zur Schlange entwickelt, wobei sich ihr Körper mit seiner Stromlinienform auf das Notwendigste reduziert hat – gehört zur Familie der Schuppenkriechtiere, die mit

über 2700 Arten, Land- und Wasserschlangen, davon über 300 giftigen, auf diesem Planeten vertreten ist. Schlangen finden sich auf der ganzen Erde, vorzugsweise in wärmeren, vor allem aber in feuchtheißen Gebieten: Als Reptilien haben sie kein Wärmesystem, mit dem sie ihre Körpertemperatur konstant halten könnten, deshalb benötigen sie äußere Wärmequellen, sonst verfallen sie in Kältestarre. Schlangen sind eher Einzelgänger, können aber auch paarweise leben und sich zur Winterruhe in Höhlen zu Hunderten zusammenfinden. Sie verfügen über einen sehr guten Geruchssinn, mit dem sie Beutetiere über größte Distanz erfassen können. Auch ihr Tastsinn ist sehr ausgeprägt, sie können damit schon geringe Erschütterungen und Vibrationen empfangen und aufgrund der Stärke die Größe des Auslösers ermessen. Die Augen sind relativ schlecht entwickelt und wegen der fehlenden Lider immer offen, Ohrenausgänge fehlen vollkommen. Die beiden Unterkieferhälften der meisten Schlangen können unabhängig voneinander vor- und zurückgeschoben und sogar ausgehängt werden, so daß sie Beute verschlingen können, die viel dicker ist als sie selbst. Schlangen können je nach Art eine Länge von 10 Zentimetern bis zu über 10 Metern erreichen; den Längenrekord hält die Würgeschlange Anakonda mit 12 Metern. Schlangen kommen in allen Farben in den vielfältigsten Mustern vor, wodurch sie getarnt und perfekt an die Landschaft angepaßt sind oder Warnsignale geben. Sie leben unterschiedlich lang und wachsen bis an ihr Lebensende, wobei sie sich etwa zweimal im Jahr häuten; der bekannte Altersrekord liegt bei über 40 Jahren. Schlangen sind zumeist Fleischfresser und verschlingen fast alles, was sie überwältigen können; bevorzugt werden Mäuse, Ratten, Kaninchen, Affen, Vögel, Fische ... Allerdings fressen sie sehr selten, da sie als Kaltblüter einen niedrigen Stoffwechselumsatz haben und sehr lange von ihrer Beute zehren. Schlangen haben von Art zu Art verschiedene Tragzeiten und bringen ihre 2 bis 100 Jungen in Eiern oder lebendig zur Welt.

Die Schlange und ihre Kraft in den Kulturen der Welt

Die Schlange ist in allen Kulturen dieser Welt ein mythisches Tier. Ursprünglich stand die große Weltenschlange für die Mutter, die alles gebiert und wieder zu sich nimmt. Das alte akkadische Wort für Priester/in bedeutete eigentlich Schlangenbeschwörer/in. Die Schlange an sich stand für die Einweihung in das Mysterium des Lebens, die heruntergleitende Schlange für

den Abstieg in die dichte Schwingung, die hinaufgleitende für den Aufstieg und die Auferstehung in die geistige Welt. In Nordaustralien verehren die Murngin die große Kupferschlange Yurlunggur als Ahnengeist. Die doppelköpfige Schlange zählt zu den Attributen der Hohepriester von Tlaloc, dem Regengott der Azteken. Der indianische Priesterkönig und Kulturheros Quetzalcoatl, das bedeutet »Federschlange«, verbindet Himmel und Erde, Licht und Dunkelheit, Leben und Tod. Die aztekische Schlangengöttin Coatlicue gilt als Erdmutter. Die gefürchtete Mondgöttin Ixchel, welche tropische Regengüsse und Flutkatastrophen auslöst, trägt eine Krone aus Schlangen. Von den Bewohnern der im Pazifik gelegenen Salomoninseln wird die weibliche Schöpfer- und Schlangengottheit Kahausibware verehrt. Bei den Hopi-Indianern bewohnt die Wasserschlange Palolokon die unterirdischen Gewässer: Sie lebt in Quellen und Seen, um von dort die Menschen zu beobachten. Ist sie übelgelaunt, verursacht sie Erdbeben und Überschwemmungen. Alle Flüssigkeiten wie Blut, Wasser, Baumsaft unterliegen ihrer Kontrolle. Ihr zu Ehren werden noch heute Zeremonien und Rituale abgehalten. In der indianischen Tradition vereinigt sie Körper und Geist, deswgen hat sie die Aufgabe, Recht zu sprechen. Der griechische Gott der Heilkunst, Asklepios, wird oft mit einer Schlange in der Hand abgebildet. Die griechische Göttin Hekate, die für Magie, Verbindung mit Geistern und für Fruchtbarkeit steht, wird von Schlangen umgeben abgebildet. In China steht die Schlange für die Auferstehung und die Erneuerung. Im Hinduismus barg die Schlangenmutter, die unendliche Ananta, Vishnu und andere Götter während deren Totenphase, zwischen den Inkarnationszyklen, in ihren Armen. Im Tantra steht die Schlange für die aufsteigende feinstoffliche Sexualkraft, die Kundalini, welche in der höchsten Vereinigung die Erleuchtung und die Unsterblichkeit bringt. Im Christentum brachte die Schlange die Versuchung ins Paradies, was mit der Vertreibung daraus endete. Als die ersten Menschen diesen Ort verließen, übergab Ophanim Rasiel Adam die Kabbala, den mystischen Weltenbaum mit der nach oben gewundenen Schlange, als Wegweiser, damit er eines Tages zurückfände.

Schlangenmedizin

Erreicht dich die Schlange, so bringt sie dich zu der Kraft und der Macht deines Ursprungs. Sie wartet darauf, daß du sie und sie dich erweckt. Sie fordert dich auf, nicht mehr vor der Macht, die in dir ist, zu fliehen, sondern sie anzunehmen und zu leben. Sie zeigt dir, wie du deine vitalen Lebenskräfte erwecken, leiten und aufbauen kannst, indem du dich an die innere Quelle anschließt und dich an ihr wärmst. Sie zeigt dir, wie du dein Feuer in geistiges Feuer und schöpferische Essenz wandelst. Sie führt dich ein in die Kraft der Wandlung und lehrt dich, über dich hinauszuwachsen: Streife von Zeit zu Zeit deine alte Haut ab; mit jeder Häutung wächst du in dein wahres Sein. Sie bringt dir bei, deinen Körper zu lieben, zeigt dir, wie du ihn als Werkzeug der Transformation und zum Einstieg in ein höheres Bewußtsein einsetzt. Sie

lehrt dich, auf dein Bauchgefühl, deine Intuition und deinen Instinkt zu hören. Sie leitet dich im Spiraltanz der Energien an, damit du deinen eigenen göttlichen Rhythmus findest und deine Kraft aus dir heraus entfalten kannst. Sie fordert dich auf, dich ab und zu zurückzuziehen, um mit ihr die Kräfte im Inneren zu entwickeln. Sie führt dich ein in das Weisheitsbuch des Lebens, laß dich von ihr durch Schatten und Licht führen. Wenn du ihre Medizin verinnerlicht hast, so hast du in allen Bereichen viel Potential zur Verfügung und kannst die heilende Frequenz aufbauen, leiten und lenken.

Von der lichten Seite betrachtet: Die Schlange reicht dir den Stab deiner Macht. Sie weiht dich ein in die großen Kräfte des Lebens, die sie hütet. Als Verkörperung der großen Göttin verbindet sie dich mit den alten weiblichen Mysterien. Sie lehrt dich den Schlangentanz: Kannst du ihn, so bist du fähig, Kräfte zu beschwören, sie in Spiralen aufzubauen oder aufzulösen, dich in andere Zustände zu versetzen und Botschaften aus anderen Reichen zu empfangen, Vibrationen und Schwingungen zu leiten, dir mächtige Energiefelder zu schaffen, Energien zu leiten, welche dein Feld fruchtbar machen, und Heilung in dir und an anderen zu vollbringen. Mit den Kräften, die sie in sich birgt ist nicht zu spaßen. So lehrt sie dich, Gift zu nutzen: zum Töten oder zum Heilen. Sie führt dich auf der Erde, in die Erde und zurück in die geistigen Gefilde.

Von ihrer dunklen Seite betrachtet, steht die Schlange für Doppelzüngigkeit, Aggressivität, Eifersucht, Neid, Verschlagenheit, Widerspruch, Hinterhältigkeit, Wichtigtuerei, Mißtrauen, Rachsucht, sexuelle Begierden, Geheimniskrämerei, ferngesteuertes Verhalten und Selbstopferung, Lähmung, Einengung der eigenen Kraft, unbewußte Triebkräfte, Süchte und Abhängigkeiten. Sie kann auf große Ängste und Mißbrauch hinweisen, auf schwarzmagische Angriffe und hypnotisierte Seelenteile.

Weitere Informationen

In der chinesischen Astrologie ist die Schlange das sechste von zwölf Zeichen, das in der westlichen Astrologie dem Skorpion entspricht. Jahre der Schlange sind ... 1917, 1929, 1941, 1953, 1965, 1977, 1989, 2001 ... Die Schlange bringt Weisheit, heilende Kräfte, Humor, Tiefe. Das Jahr der Schlange hat widersprüchliche Tendenzen: Zum einen begünstigt es geschäftliche Angelegenheiten und Beziehungen, zum anderen kann es aber auch Skandale und Überraschungen bringen. Im indianischen Medizinrad ist das Zeichen der Schlange die Zeit des Frostes (23. Okt. – 22. Nov.) und dem Frosch-Clan (siehe Frosch) zugeordnet. Ihre Richtung ist der Westen, die untergehende Sonne und der Westwind. Sie steht für Ehrgeiz, Entschlossenheit, Erdwissen, Forschergeist, Scharfsinn und Geheimnis. Im Mayakalender gibt es die Schlangenenergie, Chicchan genannt. Die Klapperschlange steht hier für das Nagual, das Feuer des Geistes. Das Schlangenamulett verleiht Priesterschaft, Einweihung und Heilung.

Steine: Karneol, Feuerachat, Rubin, Smaragd, Granat, Amethyst; **Farben:** Schwarz, Grün, Violett, Orangerot, leuchtendes Rot; **Elemente:** alle; **Symbole:** Kelch der Heilung, Äskulapstab, Heroldsstab, Ouroboros; **weitere Assoziationen:** Im Chinesischen ist sie dem Feuer, Süden, Frühling zugeordnet, Distel, Meister Hilarion, Erzengel Raphael; **Traumdeutung:** Die Schlange im Traum steht für Botschaften aus der Tiefe, der Dunkelheit, dem Unterbewußten. Folge dem Geheimnis, wie immer es auch aussehen mag. **Affirmationen:** »Mein Körper birgt Vitalität und Weisheit in sich, diese nehme ich jetzt freudig an und erfahre sie in meinem Leben.« – »Ich vertraue meiner Intuition bedingungslos – jetzt!«

Schmetterling
Metamorphose, Verspieltheit, Leichtigkeit

Ich begleite deiner Seele Entfaltung:
Erst Ei, Raupe und dann, an der Schwelle,
kehr' ich ein in der Puppe Stille,
bevor ich mich gewandelt in den Himmel schwing'.
Frei wie der Wind
fliege ich nun als himmlisches Kind,
sende mein Licht, meine Farbe und meine Pracht
in alles, was in der Sonne lacht.
Erinnere dich an die Kindertage,
als das Leben war noch keine Plage,
als du warst unbeschwert im Sein,
Vertrauen hattest in eine Welt ohne Pein.
Ich führ' dich zurück,
bring' dir neues Glück.
Nun wähle, doch denke nicht klein,
denn ganz neu wirst du nach der Wandlung sein.
Ich geleite dich tief in dein Herz hinein,
zu heilen, was geheilt werden will,
bis es drinnen wird friedlich und still.
Dann kannst du schon das Neue spüren,
es öffnen sich dir ungeahnte Türen,
nichts wird mehr sein, wie es vorher war,
und eine große Freude ist da.

Lebensweise des Schmetterlings

Weltweit gibt es über 150000 Arten Schmetterlinge mit wunderbaren Bezeichnungen, z.B. Brombeerzipfelfalter, Hauhechelbläuling, Hochalpenapollo, gemeine Blutströpfchen, rostfleckiger Dickkopffalter, Aurorafalter, Wachtel-

weidenscheckenfalter, Zaunlilienfalter, Märzveilchenfalter, Landkärtchen, Pfauenauge, Himmelblauer Bläuling, Kaisermantel. Überall, wo Blumen wachsen, findet man in der Regel auch Schmetterlinge. Der Schmetterling beginnt sein Leben in einem Ei, aus dem er als Raupe hervorkriecht. Als solche ist er hauptsächlich mit Fressen beschäftigt, wobei er sich von rein pflanzlicher Kost ernährt, wie Blättern, Stengeln, Früchten, Blüten. Hat er ein bestimmtes Stadium erreicht, verpuppt er sich in einem Kokon, dem er nach einer gewissen Zeit als Schmetterling entschlüpft. Einmal Schmetterling, nimmt er nur noch flüssige Nahrung zu sich, wie Nektar aus Blütenkelchen, aus Bäumen ausfließendes Harz und Saft von Früchten. Er hat in jedem Stadium seiner Entwicklung zahlreiche Feinde: Schmetterlingseier werden von Spinnen, Kröten, Ameisen und Fröschen verspeist. Als Raupe ist er Schlupfwespen, Raupenfliegen und Vögeln ausgeliefert, und im Schmetterlingsstadium machen Vögel, Spinnen, Mäuse und Eidechsen auf ihn Jagd. Auch die Pestizide der Landwirtschaft können tödlich für ihn sein. Des weiteren benutzen Bakterien, Viren und Pilze ihn als Nährboden für ihre Entwicklung. Um sich zu wehren, hat der Schmetterling verschiedene Tarn-, Warn- und Schreckvorrichtungen entwickelt: Viele Arten tarnen sich in allen Stadien ihrer Entwicklung durch eine farbliche Anpassung an ihre Umwelt, und manche versprühen einen widerlichen Duft. Andere haben Zipfel und Punkte am Körperende, welche an Fühler und Augen erinnern; der Angreifer reagiert dann überrascht, wenn der Schmetterling dann scheinbar »rückwärts« davonfliegt. Einige Arten haben eine perfekte Mimikry entwickelt, indem ihre Flügel mit Zeichnungen in Warnfarben vortäuschen, sie wären giftig oder gehörten zu einer giftigen Insektenart. Als Raupe versteckt der Schmetterling sich tagsüber meistens und kommt nur nachts zum Essen hervor. Er hat zudem eine enorm hohe Fortpflanzungsrate, so daß die Art trotz unzähliger Freßfeinde erhalten bleibt. Im ökologischen Gleichgewicht spielt er zum einen als wesentliches Glied in der Nahrungskette eine Rolle, zum anderen gehört er neben den Bienen zu den wichtigsten Blütenbestäubern.

Der Schmetterling und seine Kraft in den Kulturen der Welt

Das deutsche Wort Schmetterling kommt vom tschechischen »smetana«, was soviel wie »Sahnevogel« bedeutet; im Englischen wird er »butterfly« genannt, also »Butterfliege«. Das kommt wohl von der angeblichen Vorliebe,

die Schmetterlinge für Rahm und Sahne haben. Auf griechisch heißt Schmetterling »psyche«; die Nymphe Psyche findet man oft mit Schmetterlingsflügeln oder von Schmetterlingen umgeben dargestellt. Der Schmetterling steht für die Entwicklung der Seele und die Erschaffung des Lebens aus dem Tod. Bei den Japanern ist er einzeln ein Symbol der Unstetigkeit, ein Schmetterlingspaar jedoch steht für eine glückliche Ehe, und ein weißer Schmetterling verkörpert den Geist eines Verstorbenen, der losgelöst von allen irdischen Verstrickungen gut im Jenseits angekommen ist. Bei den Chinesen steht der Schmetterling für Unsterblichkeit. Bei den Indianern ist er die Heilerin, die einst zu den Menschen kam und »den Regenbogen in die Luft webte«. Berührt er die Schulter einer Frau, so kann sie Medizinfrau werden. In Geschichten finden wir den Schmetterling oft, wie er den Helden durch die Pracht seiner leuchtenden Flügel vom Weg abbringt und in den dunklen Wald lockt, wo er dann beginnen muß, den Pfad seiner Einweihung zu beschreiten.

Schmetterlingsmedizin

Taucht der Schmetterling in deinem Leben auf, so erinnert er dich an die Kraft der Quelle in dir und an die nächste Stufe in deiner Entwicklung, die es nun zu erreichen gilt. Es ist Zeit, daß du dich zu einer tiefen inneren Wandlung bereit machst, dein altes Sein ablegst und dadurch ein neues gewinnst. Um einen neuen Zustand zu erreichen, solltest du dich ganz tief in dich zurückziehen, dich einspinnen in das glänzende Licht eines Kokons und abwarten, bis die Zeit der Entfaltung gekommen ist. Der Schmetterling fordert dich auf, Altes, Überholtes, hinter dir zu lassen, seien es Denkweisen, Verhaltensmuster, Lebensgewohnheiten, Beziehungen oder Dinge. Er fordert dich auf, dich auf deinen Wesenskern zu konzentrieren, bis du in neuer Farbenpracht, mit einem neuen Lebensgefühl und neuer Leichtigkeit die Bühne der Welt betrittst. Er zeigt dir, wie du den Gefahren und Versuchungen

des Lebens widerstehen, Reinigungsprozesse einleiten und den Weg zur Quelle in deinem Herzen finden kannst.

Von der lichten Seite betrachtet: Durch seine Artenvielfalt zeigt dir der Schmetterling, wie unterschiedlich und jedesmal einzigartig eine Metamorphose sein kann. So wie Siddharta aus sich heraus zum Buddha und Jesus zu Christus wurde, so ist die Entwicklung des Menschen ein Weg der Wandlung. Folgst du ihm, wirst du aus dem Kelch deines Herzens den Nektar trinken und andere damit erfreuen. Der Schmetterling fordert dich auf, das sanfte, schöne, kosmische Licht von Freude, Heilung und Schönheit zu den Menschen zu tragen, damit sie sich auch in schweren und dunklen Zeiten wieder an ihre geistige unzerstörbare Natur erinnern. Als Symbol der Entfaltung ist der Schmetterling für uns ohne animalische Kraft und wirkt wie eine fröhliche Blüte der Luft. Er ist ein Botschafter des kosmischen Lichtes und dessen sanfter heilender Kräfte und lädt dich ein, dich an der Schönheit, der Farbenpracht der Natur zu erfreuen und dich an deine eigene leichte, lichtvolle farbenfrohe Seite zu erinnern. Achte auf die Farben, die dein Schmetterling dir bringt! Sein Erscheinen erinnert dich an den Duft himmlischer Reiche und zeigt dir den Weg zum Erwachen deiner Seele. In dem Moment, in dem du vom Alltag abschalten und deinen Träumen folgen kannst, öffnet sich ein Tor in die Welt deiner Seele. Dann führt dich der Schmetterling zu Erinnerungen, Träumen, Wünschen, höheren Zielen und Idealen und macht dich empfänglich für das kosmische Licht und für die Sprache des Herzens. Er zeigt dir den Weg durch den Tod zur Wiedergeburt im Licht.

Von seiner dunklen Seite betrachtet, bedeutet der Schmetterling Flatterhaftigkeit, Unbeständigkeit, Zerbrechlichkeit, Unsicherheit. Er ist ein unruhiger Geist, der seine Träume in der Wirklichkeit nur schwer umsetzen kann, weil er nicht bei einer Sache bleiben kann. Ein verletzter oder toter Schmetterling kann auf das Ende eines Abschnitts hinweisen, auf Unstimmigkeiten in einer Sache, auf Überforderung oder eine Verletzung, die beachtet werden will. Ein dunkler Schmetterling kann auf eine Trübung, Verschleierung und Verschmutzung im Seelengewand aufmerksam machen.

Weitere Informationen

Der Schmetterling führt in das Reich der Feen und Elfen, ebenso wie in die Kindheit und zum inneren Kind. Er zeigt den Weg der Selbstmeisterung.

Im Medizinrad gibt es den Schmetterlingsclan, der für das Element Luft steht. Ihm sind außerdem die Zeichen Otter, Hirsch und Rabe zugeordnet. Das Schmetterlingsamulett steht für Wandlung, Zartheit und öffnet für das feinstoffliche Energiereich.

Steine: Fluorit, Selenit; **Farben:** Orange, Gelb, Blau, Regenbogenfarben; **Element:** Luft, Äther; **Symbole:** Flügel, Regenbogenlicht, Lufttattwa; **weitere Assoziationen:** Schmetterlinge im Bauch, freudige Aufregung, Verspieltheit, Frühling, Blumenwiese; **Traumdeutung:** Taucht der Schmetterling auf, so erinnert er dich an den Lebensplan deiner Seele und daran, daß es an der Zeit ist, aufzubrechen, um ihn zu verwirklichen. Er bringt eine flüchtige Erinnerung an die ungetrübte Freude, um dein inneres Licht wieder zu entzünden. **Affirmationen:** »Ich nehme mit Freuden die Veränderung in meinem Leben und in mir an.« – »Ich folge dem Weg meiner Bestimmung.«

Schwan
Schönheit, Verwandlung, Integration

Komme ich an deine Seite,
ich die Schönheit heimgeleite.
Anmut, Grazie, Inspiration und deine Seele,
fordern dich auf: »Wähle!«
– zwischen dem dunklen Erdendasein
und dem lichten Seelenheim.
Erinnere dich an die Kraft der Verwandlung
durch die segensreiche Handlung!
Verlaß dein Schattendasein nun,
auf meinem Rücken kannst du ruhn.
Ich trage dich auf dem Wasser, in der Luft und auf dem Land,
reiche dir die gefiederte Hand.
Streif du nun über das Schwanengewand,
es hütet dein Seelenlicht,
bis es leuchtet und ein neuer Tag für dich anbricht.
Die wahre Liebe ist das höchste Gut,
folge ihr, hab jetzt den Mut!
Ich bringe die Lichtschwingen,
den kosmischen Tanz und das heilende Singen
die Liebe, den Traum und die höheren Bereiche,
stelle in deinem Leben die Weiche.

Lebensweise des Schwans

Die weltweit vertretenen Schwäne mit ihren 8 Arten bilden eine Gruppe von großen, sehr langhalsigen, wunderschönen Wasservögeln, welche zur Familie der Entenvögel gehören. Zu ihr gehören z.B. Höckerschwan, Trompetenschwan, Trauerschwan, Schwarzholzschwan oder der ruffreudige Singschwan. Die Merkmale des Schwans sind kräftige Flügel mit einer Spannweite von bis zu 2 Metern, starke Schwimmfüße mit Schwimmhäuten, ein meist rein weißes, manchmal auch schwarzes, oder schwarzweiß geflecktes Flügelkleid, ein orangeroter Schnabel. Er ist groß und anmutig und gibt einen keh-

ligen Ruf von sich. Er hält sich vorwiegend in küstennahen Marschen auf, in Feuchtgebieten, in weiten Landschaften mit Seen, Flüssen, Tümpeln und Teichen. Dabei bevorzugt er eher kleinere, nicht zu tiefe Gewässer, da er zur Nahrungssuche – er ernährt sich überwiegend von Wasserpflanzen – nicht taucht, sondern gründelt. Schwäne haben mehrjährige Paarbeziehungen, bleiben manchmal ein Leben lang, immer aber ganzjährig zusammen. Ihre schweren, an der Wasseroberfläche gelegenen Nester bauen Männchen und Weibchen gemeinsam, sie teilen sich auch Pflege und Aufzucht der bis zu 15 Küken, deren Brutzeit 18 bis 39 Tage dauert. Die Jungen verlassen das Nest früh und sind schnell flugfähig.

Der Schwan und seine Kraft in den Kulturen der Welt

Der Schwan ist mit vielen positiven Bedeutungen belegt und verkörpert Licht, Anmut, Grazie, Schönheit, Reinheit, Liebe, Poesie, Tanz, Musik und Aufrichtigkeit. Durch seinen runden Körper und den langen Hals symbolisiert er die Vereinigung von männlicher und weiblicher Kraft sowie von Wasser und Feuer und damit Vollkommenheit und Einheit. Bei den Indianern steht der Schwan, der die vier Winde herbeirufen kann, für die Seele und das Gebot des Großen Geistes. Für die Kelten und Germanen versinnbildlichte der Schwan die Seele und deren unsterblichen Kern; er war ein Symbol der keltischen Lichtgöttin Brigid, und in einer germanischen Sage wird von den lieblichen, weissagenden Schwanenfrauen, auch Wolkengeister genannt, berichtet. Nach dem nordischen Mythos leben zwei Schwäne an der Wurzel des Weltenbaums Yggdrasil an der Quelle von Urds Brunnen, dessen Wasser so heilig ist, daß alles rein wird, was davon berührt wird. Der Wolkengott Hoenir ist Herr der Schwäne. Kara, die Schwanenkönigin der Walküren, besiegte ihre Feinde, indem sie singend über ihre Köpfe hinwegflog. Der Schwan galt als Seelentier der Wandersänger; sie trugen oft einen zeremoniellen, mit Schwanenfedern verzierten Umhang, welcher ihnen künstlerische Inspiration für ihre Lieder und Gedichte schenken sollte. In der Antike war

der Schwan dem Sonnengott Apollo und der Liebesgöttin Aphrodite (röm. Venus) geweiht. Der griechische Gott Zeus nahm Schwanengestalt an, um Leda zu verführen. Für die Hindus ist der Schwan der Hamsa-Vogel, welcher die vollkommene Einheit und den Atem des Geistes repräsentiert. Er dient Brahma als Reittier und legt das kosmische Ei. Dewi Saraswati, Mutter der Veden und Göttin der Kunst, Weisheit, Wissenschaft, reitet einen großen weißen Schwan, welcher für Reinheit und Freiheit steht. Dem Schwan ist die Rune Wunjo zugeordnet, die für Fröhlichkeit und Vergnügen steht, sie verleiht die Fähigkeit, unterschiedliche Kraftfelder zu vereinen, und hilft bei der Bewußtwerdung der Verbindung von allem, was ist. Der Überlieferung zufolge singt ein Schwan nur, wenn er sterben muß; so ist sein Gesang Vorbote des Todes, und das letzte Werk eines Künstlers wird deshalb als Schwanengesang bezeichnet. Am Nachthimmel können wir das Sternbild Cygnus, den Schwan, erblicken, und in der Märchenwelt finden wir den Schwan z.B. in »Das häßliche Entlein«, »Die sieben Schwäne« und »Schwanensee«.

Schwanenmedizin

Der Schwan bringt die Medizin zur Verwandlung der Seele in ihren ursprünglich reinen Zustand. Er führt dich in den tiefen Kontakt mit der unsterblichen Seite in dir. Er vermittelt dir Schönheit, Feingefühl, Anmut und Grazie und lehrt dich damit, diese Kräfte in deinem Leben zu entfalten und in den Dingen zu sehen. Er bringt dir bei, wie du dich über dich selbst freuen und dich selbst lieben kannst. Er lehrt dich, der wahren Liebe im Leben zu folgen und an sie zu glauben, wie schwer es auch manchmal sein mag. Er hilft dir bei der Überwindung von Trauer, unerwiderten Gefühlen und Schmerz. Er fordert dich auf zur Meditation, zur Innenschau, damit du zu umfassenderen Sichtweisen, zu deiner spirituellen Natur, zu aufrichtiger Selbstliebe, zu Lebensfreude, zu Vertrauen in deine Intuition- und Gefühlswelt findest. Stück für Stück hilft er dir, das abzustreifen und hinter dir zu lassen, was nicht deiner wahren Natur entspricht, sondern durch deine Umwelt entstanden ist und dein Seelenkleid verschmutzt hat. Wenn die Zeit reif ist und du es nicht mehr erwartest, weil du dich selbst gefunden hast, fällt das Licht dieser Welt auf dich. Dann hast du die Wandlung in dir vollzogen und deine Kraft, deine Schönheit, dein Sein werden vielen den Mut, die Inspiration und die Kraft schenken, sich selbst auf dem Weg nach ihrem Seelenselbst zu machen.

Von der lichten Seite betrachtet: Der Schwan inspiriert mit seiner Anmut viele Wesen und lockt die poetische, künstlerische Seite des Menschen hervor, welche von höheren Ebenen angeleitet wird. Er fordert dich auf, der künstlerischen Seite deiner Seele Zeit zu widmen und Ausdruck zu verleihen – sei das durch Tanzen, Singen, Gedichteschreiben, Malen oder was auch immer. Er weiß um die Übergänge, die Schatten und den Tod im Leben. Schwäne kennen die Schönheit und die Kraft der dunklen Schattenbereiche: In Mythen und Geschichten verwandeln sie sich des Nachts in liebliche Frauengestalten, welche tanzen, baden, sich am Leben freuen, weissagen und das Schicksal des Menschen mitlenken und erst im Morgengrauen ihr Schwanenkostüm überstreifen. Er fordert dich auf, deine Kraft in der Tiefe deiner Seele zu finden und dich auf dem Wasser vom Mondlicht zu deiner freudigen ewigen Natur tragen zu lassen, um sie langsam, sanft aus ihren Träumen zur Wirklichkeit zu erwecken. Er verleiht die Fähigkeit, Dinge mit ganzem Herzen und ganzer Seele still auszudrücken. Er verleiht Mut und Ausdauer und fordert dich auf, beharrlich deinem Seelenweg zu folgen, bei der Wahrheit zu bleiben, auch wenn zunächst kein Erfolg sichtbar ist und Mißverständnisse auftauchen.

Von seiner dunklen Seite betrachtet, steht der Schwan für Ängstlichkeit, Selbstzweifel, tiefe Trauer, innere Einsamkeit, Weltschmerz und Schattendasein, Verlust von Seelenanteilen durch traumatische Erfahrungen. Er kann darauf hinweisen, daß man sich selbst nicht erfahren kann, sich unverstanden fühlt, seine wahre Natur nicht leben kann, daß man viel gibt und wenig bekommt, sich verausgabt, sich oft um sich selbst und im Kreis dreht, daß man nicht weiß, wie man seine Träume verwirklichen soll, daß man bewundert und gesehen werden will, daß die eigenen Gefühle nicht erwidert wer-

den und die Bedürfnisse unerfüllt bleiben, daß man keine wahre Erfüllung im Leben findet und eher Erfüllungsgehilfe für andere ist.

Weitere Informationen

Der Schwan verweist auf die Göttin, den Gott in dir, auf deine dir eigene liebende göttliche Natur. Er stellt die Verbindung her zu den Naturreichen, insbesondere zu den Reichen der Feen, Engel und Nixen. Schwanenfedern stehen für Wahrheit, Licht und Inspiration. Das Schwanenamulett steht für Inspiration und fördert die künstlerischen Fähigkeiten.

Steine: Diamant, Rubin; **Farben:** Weiß, Schwarz, Orangerot, Gelb; **Elemente:** Wasser, Erde, Luft und Äther; **Symbole:** Schwanenfeder, Rune Wunjo; **weitere Assoziationen:** Venus, Jupiter, Sonne, Tanz, Ballett, stiller Leidensweg, Flachs, Linde, Tarotkarte: Die Kraft; **Traumdeutung:** Der Schwan steht für die feinstoffliche spirituelle Herzensenergie und zeigt uns, wie es um sie bestellt ist. Er kann auf positive Wandlung im Leben hinweisen, auf Botschaften unserer Seele und aus der Oberen Welt, auf Sehnsucht nach der wahren Liebe und den Platz im Leben. **Affirmationen:** »Ich lebe und integriere jetzt mein gesamtes Potential im Leben.« – »Ich entfalte jetzt die Kraft meiner Seele und folge meiner Intuition.«

Schwein
Wohlstand, Glück, Erfolg

Komme ich in dein Sein,
führ' ich dich in die Herrlichkeit der Erde ein.
Sie ist nicht schmutzig, sie ist herrlich schön,
du solltest ihre Kraft mal sehn!
Auf der Haut heilt sie viele Wunden,
hilft, zu entgiften auf den Erdenrunden.
Man kann in ihr viel Feines finden,
sich vergnügen, ohne sich zu binden;
darin wühlen und finden die Schätze,
Vielfalt, Pracht und wunderbare Plätze.
Unrein? Papperlapapp!
Das sagt nur, wer keine Ahnung hat.
Lerne die Kraft der Materie zu verstehen,
dann kannst du von hier in Frieden gehen.
Auf, auf nun, folge mir,
ich dich zu den Trüffeln des Lebens führ'.

Lebensweise des (Wild-)Schweins

Die Schweine gehören zu den Paarhufern, von welchen einige Arten bereits vor über 5000 Jahren domestiziert wurden, andere nach wie vor oder wieder wild leben. Wildschweine bevorzugen Lebensräume, die ihnen Dekkung und Wasserstellen bieten – also Sümpfe, Mischwälder, Brüche, Schilfgürtel – die aber auch im Hochgebirge liegen können. Die vorwiegend nachtaktiven Wildschweine sind ortstreue Allesfresser, können aber weite Wege zurücklegen, um Nahrung, eine Suhle und Geselligkeit zu finden. Zur Futtersuche wühlen sie im Boden und fressen z.B. Wurzeln, Trüffeln, Engerlinge, Mäusenester, Aas, Eicheln, Kastanien, Nüsse. Während der Paarungszeit von November bis Januar kämpfen die Eber gegeneinander; ihre Waffen sind ihr Gewicht und die Eckzähne. Sie stürmen geradewegs auf den Gegner los und teilen seitlich geführte Schläge mit ihren Eckzähnen aus, außerdem schlagen sie mit ihren Läufen aus und beißen den Rivalen. Der Sieger

treibt bis zu acht weibliche Bachen zusammen und beginnt das Paarungsvorspiel mit einer Verfolgungsjagd, bei der er die Auserwählte mit Schnauzstößen und rhythmisch ausgestoßenen Grunzlauten anregt. Zwischendurch setzt er mit Urin Markierungen, und während der Begattung beißt er die Bache in den Hals. Die Jungen werden zwischen März und April in einem vorbereiteten Wurfkessel gesetzt, den die Frischlinge nach knapp einer Woche verlassen. Mit 18 Monaten sind sie geschlechtsreif; sie können bis zu 20 Jahre alt werden. Hausschweine hatten einst vielerlei Aufgaben bei den Menschen. Sie wurden dazu eingesetzt, die Äcker zum Säen von Weizen zu furchen, da ihre Hufe genau die richtige Tiefe haben, um die Erde umzugraben und offene Waldgebiete in fruchtbares Ackerland zu verwandeln, weiterhin für die Wild- und Trüffeljagd, als Spiel- und Hausgefährte, als lebenden Mülleimer und schließlich als Nahrung. Wer Schweine besaß, war angesehen.

Das Schwein und seine Kraft in den Kulturen der Welt

In Syrien, Irland, Mexiko und Ägypten verehrte man den göttlichen Eber; er steht für Unbesiegbarkeit, Wildheit und Kühnheit. Kamapuaa ist der populäre Schweinegott in der hawaiianischen Mythologie; er steht mit der Liebe wie auch mit dem Krieg in Verbindung. Der Beiname der nordgermanischen Göttin Freyja war Syr (Sau). Im alten Ägypten besaß die höchste Göttin Isis eine weiße Himmelssau, und das Schweineamulett steht für die Himmelsgöttin Nut. In den eleusinischen Mysterien des alten Griechenlands ist das Schwein ein geheiligtes Opfertier der Göttin Demeter, auch Ceres wird häufig mit einem Opferschwein abgebildet. Die gälische Ceridwen, die »alte Weise«, war eine Schweinegöttin. Bei den Jali in West-Neuguinea heißt es, Sonne und Mond, Himmel und Erde seien aus dem Urschwein gemacht. Bei den vorspanischen Ureinwohnern der Kanareninseln wurde das Schwein als Vermittler zwischen Menschen und Göttern um Regen angefleht. Im Islam und im Christentum wird das Schwein als unrein angesehen; hier steht es für Besessenheit, Gefräßigkeit und Unwissenheit. Dem Schwein ist die Rune Gebo zugeordnet; sie steht für Gastfreundschaft, Geschenk und die Wechselbeziehung zwischen den Kräften. Die Rune wirkt als Medium bei der Erlangung von Weisheit und göttlichem Einfluß. Die Muttersau ist von jeher ein Symbol für die gebärende und nährende Mutter, für Wohlstand, Reichtum und Fruchtbarkeit. Das Schwein symbolisiert die Höhle der Einweihung, die Gebärmutter der Schöpferkraft, das Gewölbe des Kosmos. Heute kennen wir das Sparschwein als Symbol für die Sparsamkeit und das Glücksschwein, welches als Symbol für Reichtum zu Neujahr verschenkt wird. In der Märchenwelt kennen wir den »Schweinehirt«.

Schweinemedizin

Rennt das (Wild-)Schwein in dein Leben, so bringt es dir Glück, denn es führt dich ein in die Kraft von Mutter Erde. Voller Wonne wälzt es sich im Schlamm und zeigt dir damit, daß du die Erde lieben und genießen kannst, solange du auf ihr wandelst. Denn sie bietet viele heilende Kräfte, Erfahrungen und Möglichkeiten, ein höheres Bewußtsein zu erlangen. Das Schwein liefert dir den notwendigen Schwung, deiner Schöpferkraft Ausdruck zu verleihen, Verletzungen zu heilen, deine Selbstheilungskräfte zu aktivieren, die Schätze in dir zu bergen, Qualität und Sorgfalt zu entwickeln und so zu Erfüllung und Glück zu finden. Als Muttertier führt es dich ein in die Mutterschaft und bringt dir Liebe, Mitgefühl, Schöpferkraft, Sorge, Verantwortung, Offenheit für die Dinge, die auf dem Weg liegen. Es schenkt dir die Fähigkeit, mehrere Dinge gleichzeitig zu koordinieren, deine volle Kraft zu entfalten, außerdem Ausdauer und Durchhaltevermögen, um deine Kinder bzw. das, was du in die Welt gegeben hast, zu hüten, hegen und pflegen. Das Schwein bringt dir bei, zu säen, deinen Acker fruchtbar zu machen, den richtigen Zeitpunkt abzuwarten und Dinge zu Ende zu bringen, damit du ernten kannst. Es lehrt dich die Balance zwischen Geben und Nehmen.

Von der lichten Seite betrachtet: Der Eber zeigt dir die Wildheit und die Abgrenzung, gibt dir die Kraft, dich zu wehren und dein Revier kenntlich zu machen und zu schützen. Das Schwein macht dir klar, daß es wichtig ist, ab und zu »die Sau rauszulassen«, das Leben, die Schöpfung, dich selbst zu feiern und dir etwas zu gönnen. Schließlich bist du eine tragende Kraft in deinem Leben! Es bringt die Botschaft »Gott erschuf Himmel und Erde« – und nicht Himmel und Hölle. Als Opfertier lehrt dich das Schwein, dich hinzugeben, das Kleinere dem Größeren zu opfern, damit deine Kraft freigesetzt wird. Es weiht dich ein in die Gesetze der Materie, den inneren und den äußeren Reichtum und die Magie des »Schlamms und des Drecks«, jenes formbaren Materials, aus dem alles Irdische geschaffen und entstanden ist.

Es lehrt dich, deine Schöpferkraft dazu zu gebrauchen, dir ein gutes, reiches, glückliches Leben zu erschaffen. Als Allesfresser urteilt es nicht, es nimmt die Dinge, wie sie kommen, und freut sich an der Verschiedenheit des Geschmacks und dem Reichtum in der Vielfalt. So lehrt es dich, deinen Fokus nicht nur auf eine Sache zu lenken, sondern vieles auszuprobieren und dich an der Buntheit und Fülle des Seins zu freuen. Durch sein Gewicht lehrt dich das Schwein, deinen Mittelpunkt zu finden und dadurch Stabilität, Halt und Kraft aufzubauen und zu behalten. Es zeigt dir die heilende, heilige Kraft der Erde. Du findest hier alles, was du zum Leben brauchst, und mehr, auch geistige Nahrung, wenn du im Hier und Jetzt durchs Leben gehst und deine Sinne öffnest.

Von seiner dunklen Seite betrachtet, verkörpert das Schwein die Todsünden der Faulheit und der Sinneslust. Es steht weiter für Besessenheit, Habgier, Gier, Verhaftung, Mutterkomplex, Bequemlichkeit, Egoismus, Unreinheit, Vergnügungs- und Spielsucht, Suchttendenzen, Verschwendung, Widerspenstigkeit, Eigennützigkeit, die Neigung, sich zu vernachlässigen und herunterkommen zu lassen.

Weitere Informationen

In der chinesischen Astrologie ist das Schwein das zwölfte der insgesamt 12 Zeichen, das in der westlichen Astrologie dem Skorpion entspricht. Jahre des Schweins sind ... 1911, 1923, 1935, 1947, 1959, 1971, 1983, 1995, 2007 ... Im Jahr des Schweins Geborene gelten als ehrlich, gesellig, großzügig, natürlich, häuslich, entgegenkommend. Unter diesem Zeichen werden Dinge zu Ende gebracht und der Erfolg sichtbar, man freut sich am Gewinn und widmet sich dem Konsum und dem Luxus, man ordnet Angelegenheiten, um für die nächste Runde startklar zu sein. Das Schweineamulett ist ein Glücksbringer und steht für Weiblichkeit, Reichtum und Fülle.

Steine: Achat, Lapislazuli, Beryll, gelber Serpentin; **Farben:** Rosa, Dunkelblau, Braun, Grün; **Elemente:** Erde, Wasser; **Symbol:** Glücksschwein, Münze, Rune: Gebo; **weitere Assoziationen:** Schwein gehabt, Schweinerei (im Sinne von: eine besondere Leckerei), Ulme, Neptun, Tarotkarte: Die Liebenden; **Traumdeutung:** Ein Schwein im Traum zeigt an, wie es um Erfolg, Glück und Wohlstand in unserem Leben steht. **Affirmationen:** »Aller Reichtum ist bereits in mir, ich entfalte ihn jetzt.« – »Reichtum und Wohlstand sind mein natürlicher Zustand, ich entfalte meine Schöpferkraft jetzt.«

Skorpion
Tiefe Einsichten, Vergehen und Werden, Befreiung

*Der Stachel des Skorpions
begleitet dich in die andere Region.
Der Tod ist ein weiser Begleiter, scheue ihn nicht,
schau ihm noch im Leben ins Gesicht!
Denn hast du ihn dir angeschaut,
einmal deine Ängste in der Tiefe abgebaut,
dann verliert er seine Kraft, zu schrecken,
und du bist nicht mehr zu bestechen und zu necken.
Du fragst dich unweigerlich: Was ist der Sinn des Lebens?
Leben wir hier nur vergebens?
Worauf kommt es an?
Was bedeutet der Lebenswahn?
Was ist die Hölle? Was ist das Leid?
Er macht dich für den Lebenskampf bereit,
weiht dich ein in die mystischen Seiten,
kann dich in der Dunkelheit wach begleiten.
In ihr wird die Weisheit gewebt und das Netz gespannt
für das karmische Schicksalsband.
Der Skorpion lehrt dich, zu erkennen, frei zu leben
und deine eigenen Geschichten zu weben.*

Lebensweise des Skorpions

Es gibt über 600 Arten von Skorpionen, die der Familie der Spinnentiere angehören. Skorpione sind in Südeuropa, Afrika, Asien, Australien, Amerika und im mittleren Osten zu finden, wo sie warme Trockenlandschaften, Wüsten und Halbwüsten bewohnen. Trotz großer Unterschiede in Färbung, Größe, Entwicklung der Gliedmaßen und Augenzahl ist jeder Skorpion augenblicklich als solcher zu erkennen. Die auffallendsten Merkmale sind bei allen gleich: die Unterteilung des Körpers in zwei Hauptteile – ein Kopfbruststück mit zwei Paar Mundwerkzeugen und zwei mächtigen Zangen sowie ein gegliederter Hinterleib mit vier Paar Beinen – und besonders der über

den Rücken nach vorne gebogene, zum Kopf weisende sechsfach gegliederte Giftstachel. Die größte Art lebt in Westafrika und wird 20 Zentimeter lang. Skorpione sind dämmerungs- und nachtaktiv. Sie ergreifen ihr Beutetier, halten es fest und zerquetschen es; leistet es Widerstand, wird es blitzschnell mit dem Giftstachel gestochen. Skorpionbisse können bei Menschen Fieber und Schmerzen verursachen, sind aber in der Regel nicht tödlich für sie. Zur Nahrung des Skorpions gehören Fliegen, Heuschrecken, Grillen, Nachtschmetterlinge, Ameisen, Termiten, Käfer, Spinnen, Mäuse und Eidechsen. Ihre Mundöffnung ist klein, so verzehren sie nur kleine Stückchen von der Beute sowie deren Körpersäfte, können allerdings viele Monate lang ohne Nahrung auskommen. Skorpione gebären lebende Junge, die nach der Geburt auf den Rücken der Mutter klettern, wo sie sich – mit Hilfe von Saugnäpfchen an ihren Beinen – festsaugen und bis zur ersten Häutung bleiben. Danach verlassen sie die Mutter, und nach sechs bis sieben Häutungen sind sie ausgewachsen.

Der Skorpion und seine Kraft in den Kulturen der Welt

Der Skorpion gilt von jeher als Symbol des Todes und der tödlichen Bedrohung. Er steht für die Spannung zwischen Leben als Leiden und Tod als Befreiung. Im alten Ägypten ist Selket, die Skorpiongöttin, Schutzgöttin des Lebens der Menschen und der Toten; der Legende nach sollen ihr sieben Skorpione gegen Feinde geholfen haben, daher trägt sie als Symbol einen Skorpion auf dem Kopf und wird in Zaubersprüchen zum Schutz gegen Skorpione angerufen. Die Himmelsgöttin Isis ließ sich auf der Flucht vor Seth, dem Bruder und Mörder ihres Gatten Osiris, von sieben Skorpionen begleiten. In der Götterwelt der Mayas wird der schwarze Kriegsgott Ek-Chuah mit einem Skorpionschwanz dargestellt. Der griechische Gott Thanatos (röm. Orcus), ist der Tod, das Ende der Dinge, und trägt die Verstorbenen in den Hades, ihm ist der Skorpion zugeordnet. Die griechische Göttin Artemis sandte den Skorpion aus, um den Jäger Orion zu töten, der ihr auf den Fersen war. Am Ende wurden Skorpion und Orion von Zeus als Sternbilder an den Himmel versetzt, wo ihre Jagd immer weitergeht: Zeigt sich der Skorpion im Osten, flieht Orion im Westen unter den Horizont. In der Bibel wird der Skorpion in der Johannesoffenbarung als Höllentier, Tier der unteren Welt und des Ahnenreiches genannt. Als Wetterorakel kündigt er wie die Schlange Regen- und Trockenperioden an.

Skorpionmedizin

Taucht der Skorpion in deinem Leben auf, so fordert er dich auf, die lange gemiedenen, sorgfältig ausgeblendeten dunklen Teile in dir anzuschauen. Er trägt dir auf, in deine eigenen Tiefen zu steigen und dich mit dem Tod, den Verletzungen, der Vergänglichkeit, den krank machenden Mustern, dem Leid in dir, dem, was dir die Lebensenergie abzieht, zu beschäftigen und die dunkle Seite des Lebens kennen-, wandeln- und liebenzulernen. Du hast nichts zu verlieren, denn hier liegt deine verlorengegangene Kraft, die Heilung deiner Wasser- und Feuerkräfte, hier wirst du eingeweiht in die Mysterien des Lebens durch den Tod, kannst deine Energie zurückholen, reinigen, vitalisieren, wandeln und erneuern.

Der Skorpion ist schlau, leise und wendig und ein guter Begleiter im Jenseits und in der Unterwelt. Er kennt die Eingänge dorthin sehr genau, er weiß, was hier lauern kann, weiß, was zu tun und zu lassen ist. Er kann auf den richtigen Zeitpunkt warten und scheut die Auseinandersetzung nicht. Er kennt die Wege der Dunkelheit, kann es zur Not mit den Dämonen und dunklen Kräften aufnehmen und sie besiegen. Er beschützt deine Lebensenergie mit seinen Werkzeugen; Gift kann mit Gegengift geheilt werden. Mit seiner Hilfe kannst du langsam und Stück für Stück deine Lebensenergie zurückholen, sie wieder zusammensetzen, um vollständig und heil zu werden. Bei Heilbehandlungen in Gefilden der Anderswelt kannst du ihn als schützenden und dich tarnenden Seelenführer mitnehmen, er bringt dich dorthin, wo die Besetzungen, krank machenden Verbindungen, gebundenen Gefühle und gefährlichen Dämonen sitzen, die das Seelenlicht schwächen und die Krankheit verursachen. Er hilft im Kampf mit diesen Kräften, so daß Heilung geschehen kann.

Von der lichten Seite betrachtet: Der Skorpion hat seinen Stachel immer aufgerichtet, so lehrt er uns, wachsam, jederzeit einsatzbereit und umsichtig zu sein. Sein Körper ist zweigeteilt, die eine Hälfte trägt den Giftstachel, die andere die Zangen; dies verweist auf die dunkle und helle Seite des Lebens, das Vergehen und Werden, die diesseitige und die jenseitige Welt. Die wahre Kraft kann nur in beiden Welten und ihrer Verbindung gefunden werden. Der Skorpion fordert dich auf, dich mit dem Tod im Leben zu beschäftigen, dich auf die Suche nach unterirdischen und verborgenen Verstrickungen und Verbindungen in deinem Leben zu machen, dich mit der Tiefe in dir und deinen dir unbewußten Seiten auseinanderzusetzen, die Dunkelheit nicht zu fürchten, denn hier liegen viele Heilmöglichkeiten. Seine Eigenschaft, sich zu häuten, steht für Wachstum und Erneuerung der eigenen Kraft. Er bringt das Wissen um die Unsterblichkeit der Energie und die Wandlung der Materie. Er verbindet mit den Elementen Feuer (Kraft), da er in heißen Gefilden lebt, und Wasser (Emotion), da er in die Tiefe führt.

Von seiner dunklen Seite betrachtet, steht der Skorpion für Sorge, schnelle Kampf- und Aggressionsbereitschaft, Zorn, Wut, Hinterhältigkeit, unbewußten Energieraub, sexuellen Mißbrauch, Süchte und perverse Leidenschaften, Hypnotisieren und Einlullen, betäubende, lähmende Elemente; die Neigung, überall Gefahren zu wittern, alles auf sich zu beziehen, andere zu schwächen; das Gefühl, mißverstanden zu werden. Er kann auf die Gefährlichkeit einer Situation hinweisen, auf gebundene Emotionen, Flüche, Verbannungen, alte karmische Verstrickungen, welche die Energie in falsche Bahnen lenken.

Weitere Informationen

Der Skorpion ist das achte Zeichen des westlichen Tierkreises, das von Pluto und Mars regiert wird. Skorpiongeborene (23. Okt. – 21. Nov.) sind mystisch veranlagt, ernsthaft, philosophisch, tiefgründig, zuverlässig, impulsiv, spontan. Das Skorpionamulett steht für Schutz vor Dämonen, Führung und tiefe Erkenntnisse.

Steine: Amethyst, Granat; **Farben:** Rot, Orange, Schwarz, Violett; **Elemente:** Wasser, Feuer, Erde; **Symbole:** Stachel; **weitere Assoziationen:** Todesangst, Feuerkraft, Auferstehung vom Tod, Einweihung in die Mysterien, Todesüberwindung, Prüfung, die Zahl Sieben, Samhain, Einführung in die Dunkelheit, Schöpferkraft; **Traumdeutung:** Der Skorpion steht für deine magische, mystische Macht, für die Kräfte der Dunkelheit und des Todes. Er steht für die Verwandlung der Lebenskraft. Er ist ein Hinweis darauf, daß jetzt Altes, unter dem man leidet, aufgelöst werden kann. **Affirmationen:** »Ich sage jetzt Ja zum Leben, Ja zum Tod, Ja zu mir.« – »Ich bin jetzt bereit, altes Leid loszulassen und mich für das Neue in meinem Leben zu öffnen.«

Specht
Imagination, emotionale Entfaltung, Innenschau

Tock, tock, tock, klopfen wir an dein Heim,
wir öffnen dir den inneren Schrein.
Tritt ein, tritt ein, die Tür ist offen!
Hör endlich auf, zu warten und zu hoffen,
werde aktiv in deinem Sein!
Wir Spechte laden euch ein:
Willst du deine Welt verändern,
neu gestalten und neu rändern,
so beginne stets bei dir,
offen ist die Herzenstür.
Wir schlagen im Takt des Herzens dir den Rhythmus
bei dem jeder einfach mitmuß.
Schau dir deine Traumwelt an
und wie alles hier begann.
Unten, Mitte, Oben,
alles ist miteinander verwoben.
Wir lösen die störenden Muster und Stricke hier,
machen frei jetzt dein Revier,
rufen den Umschwung und die Liebe herbei,
aktiv aus dir, es jetzt so sei!

Lebensweise des Spechtes

Spechte sind Baum- und Waldbewohner, die zur Familie der Picidae gehören und alle Erdteile, mit Ausnahme von Madagaskar, einigen Pazifikinseln und Australien, bewohnen. Spechte werden zwischen 15 und 35 Zentimeter groß; ihre besonderen Merkmale sind die senkrecht Haltung mit der sie an Bäumen hängen, ihr sehr widerstandsfähiger Schädel, ihr kräftiger, gerader meißelförmiger Schnabel, ihre klebrige, wurmförmige und weit vorstreckbare Zunge, ihre speziell an die Trommelarbeit des Schnabels angepaßte Muskelstruktur, ihr schlanker, sehr muskulöser Nacken, ihre stark spezialisierten, kurzen, kräftigen, gespreizten Kletterfüße, welche zum Laufen nicht geeignet

sind, ihre Zehen, die mit sehr scharfen, langen, gekrümmten Krallen ausgerüstet sind, und ihr keilförmiger Schwanz mit den scharfen, nackten Feder-
spitzen, welche eine zusätzliche Stütz- und Haltevorrichtung sind. Ihr Flug
verläuft meist in Wellenlinien, da sie zwischen den Flügelschlägen jedesmal
ein Stück absacken. Ihre Nahrung holen sie sich aus Baumstämmen; dazu
fliegen sie einen Baumstamm oder Zweig niedrig an, arbeiten sich in Sprüngen nach oben und klettern auch mühelos wieder abwärts. Bevor sie ein Loch
hacken, klopfen sie die Rinde nach hohl klingenden Stellen ab, unter welchen mögliche Beute, wie Käfer, Würmer, Insekten, versteckt sein könnte.
Anschließend horten sie Vorräte aus Nüssen, Tannenzapfen und Eicheln in
den ausgehöhlten Baumstämmen.

Der Specht und seine Kraft in den Kulturen der Welt

Im antiken Rom war der Specht neben dem Wolf das heilige Tier des römischen Kriegsgottes Mars. Er wurde auf dessen Schild verewigt, um seinen
Träger zu warnen und zu schützen. Picus, der Sohn von Saturnus, war mit der
Janus-Tochter Canes verheiratet, verschmähte Kirkes Liebe, woraufhin sie ihn
in einen Specht verwandelte. Er gilt seither als Gott der Felder und Wälder
sowie als Schutzgott der Landwirte und ist außerdem der Schutzpatron der
Holzhacker. Im alten China galt der Specht als Glücksvogel, welcher das Haus
beschützte. Im Volksglauben wird der Specht mit seinem roten Schopf als Blitz-
symbol gesehen. Weiter soll er wetterkündende Eigenschaften besitzen: So
kündigte sein Schrei Regen, Hagel, Gewitter, Kälte, Schnee und überhaupt
plötzliche Wetterveränderungen an. Auch als Eheorakel wurde er betrachtet:
Kam er von links, so brachte er Unglück; kam er von rechts, so brachte er
Glück. Legt man einen Teil von seinem Nest unter das Kopfkissen, sollen Träume wahr werden, sagt man. Außerdem sagt man ihm weissagende Fähigkeiten
nach und daß er zauberpflanzenkundig sei; so findet er zum Beispiel die heil-
kräftige Springwurzel. Er hilft, verborgene Quellen zu finden und einen verhex-
ten Menschen zu entzaubern. Seine Federn helfen gegen Schmerzen in den
Nieren und wurden einst bei Liebeszaubern verwendet.

Spechtmedizin

Klopft der Specht bei dir an, so bringt er dir die Medizin der vitalen Lebensenergie, mit der du dein Leben aktiv gestalten kannst. Er bringt den Umschwung, der dein Leben in eine glückliche Richtung lenkt. Aktive Gestaltung erfordert in erster Linie Vorstellungskraft: Stell dir dein Leben so vor, wie du es dir wünschst – und dann beginne zu handeln, aber bleibe dabei in der Liebe. Unter den Fittichen des Spechts gelangst du in die Traumwelt, damit du deinen Traum finden, ihn in dein Leben rufen und dort verwirklichen kannst. Das gleichmäßige Klopfen des Spechts, das den Rhythmus des Herzens aufnimmt, trägt dich zu dem See in deinem Inneren, deinem inneren Spiegel. Schaue hinein, betrachte, was du siehst, und verändere es, bis es lebensfroh und heiter das Glück deines Lebens widerspiegelt. Bewahre diese Vision für eine längere Zeit – so wie der Specht klopft, bis er sein Nest fertig gebaut hat. Nähre deine Vorstellung mit geistigen Bildern der Liebe, der Zufriedenheit, des Glücks und der Freude.

Der Specht hilft dir auch, dich aktiv aus alten Bindungen und Verzauberungen zu lösen, damit du frei wirst für dein Leben. Er zeigt dir deine Gefühlslage, dein Lebenswasser, kündigt den Umschwung an und warnt dich in Notzeiten. Er führt dich zu den alten Kraftquellen, damit du dich verbinden kannst mit der Weisheit in deinem Inneren. Er fordert dich auf, deiner Intuition und dem Weg deines Herzens zu folgen. In ihm hast du einen guten Seelenführer. In seinem wellenförmigen Flug führt er dich durch den Wechsel der polaren Kräfte – hell und dunkel, Ebbe und Flut, männlich und weiblich – und lehrt dich, den Lebensrhythmus zu erkennen und mit den Kräften zu gehen statt gegen sie anzukämpfen.

Von der lichten Seite betrachtet: Der Specht lebt im Wald und dort mit Vorliebe auf alten Bäumen; dort baut er uns den Einstieg zu den oberen, mittleren und unteren Welten und stellt für uns die Verbindung mit dem uralten Wissen her. Unter seiner Führung können wir schauen, wie die Kräfte miteinander verwoben sind und welche in unserem Leben wirken, können die lichten Kräfte in unser Leben einladen, damit sie uns höher und weiter tragen. Als dem römischen Gott Mars geweihter Vogel fordert er uns auf, nicht zu warten, sondern uns den Herausforderungen aktiv zu stellen, uns damit auseinanderzusetzen. Er bringt uns die emotionale Entfaltung, Zärtlichkeit, Liebe, Mitgefühl und die Bereitschaft, für unsere Liebesfähigkeit und die Entfaltung unserer Herzenskräfte aktiv was zu tun.

Von seiner dunklen Seite betrachtet, ist der Specht besitzergreifend, launisch, sparsam, emotional fordernd, nachtragend, anspruchsvoll. Er kann auf Selbstmitleid, emotionale Gebundenheit und Unfreiheit hinweisen, auf die Haltung »armes Ich«, auf jemanden, der seine Träume nicht verwirklichen kann, in einer Traumwelt lebt und in seinen Gefühlen versinkt.

Weitere Informationen

Spechtnester gelten als Einstieg in die Anderswelt. Je nachdem, ob du darin nach oben, unten oder in die Mitte gezogen wirst, zeigt das, aus welcher Welt du jetzt eine Botschaft empfängst. Der Specht ist ein Zeichen des indianischen Medizinrads und der Zeit der langen Tage (21. Juni – 21. Juli.) und dem Froschclan zugeordnet. Seine Richtung ist Südsüdost, der Südwind, seine Pflanze die Heckenrose. Ihm werden Sensibilität, Mitgefühl, Mütterlichkeit und Väterlichkeit, Zärtlichkeit, Romantik und Vorstellungskraft zugeschrieben. Das Spechtamulett steht für wahre Liebe, Schutz der Familie und befähigt, die richtige Medizin zu finden.

Steine: Rosenquarz, Mondstein; **Farben:** Pastelltöne und Rosarot; **Elemente:** Luft, Äther, Wasser; **Symbole:** Schild, Herz; **weitere Assoziationen:** »Nicht schlecht, Herr Specht!«, der Weg des Herzens; **Traumdeutung:** Der Specht verweist auf die Innenwelt, die inneren Quellen und die gebundenen Teile. Er warnt und bringt den Umschwung in die eine oder andere Richtung. **Affirmationen:** »Ich folge meinem Herzschlag und verwirkliche meine Träume, jetzt.« – »Mein Herzschlag führt mich zur Quelle eines erfüllten Lebens voller Liebe und Freude.«

Spinne
Schicksal, Träume und Visionen, Schöpferkraft

Ich webe in der Nacht,
wenn die Dunkelheit erwacht,
aus meinem Sein
den Faden fein.
Konzentriert und mit Bedacht
– gib gut acht! –
führ' ich dich schon
in die Welt jenseits der Illusion.
Alles ist in dir, kann aus dir kommen.

Ja und? fragst du nun ganz
beklommen,
Was ist mit meiner Stellung,
der täglichen Verpflichtung?
Ich rate dir, halt ein und frag dich:
Wozu ist dein Leben da? Wo liegt dein
Licht?
Spürst du deine Lebenskraft,
oder ist er schon gelähmt, der
Lebenssaft?

Worauf wartest du insgeheim,
was soll kommen aus deinem Sein?
So lehre ich dich, das Schicksal zu weben,
ja zu sagen zu deinem Leben,
zeig dir, wo die Verstrickungen hängen,
wo du leidest unter falschen Zwängen,
löse dich aus den Fesseln der Zeit,
mach' dich für die Ewigkeit bereit,
so kannst du alles überwinden
und das Lichtlein in dir finden.
Im Rad der Zeit wirst du wandeln die Kraft,
zum Mitschöpfer werden, der dein Leben erschafft.

Lebensweise der Spinne

Spinnen gibt es überall auf der Erde. Bekannt sind über 30000 Spinnenarten, von denen ca. 2300 in unseren Breiten, alle anderen jedoch in den wärmeren Gebieten der Erde heimisch sind. Spinnen haben einen breitgefächerten Lebensraum: Sie leben im Wohnbereich von Menschen genauso wie im Garten, auf Feldern, in Wäldern, Bergen, Wiesen oder Gewässern. Es gibt sie in Größen von 1 Millimeter Körperlänge bis zu 9 Zentimetern, wobei die guayanische Vogelspinne die größte Spinnenart ist. Alle Spinnen haben acht Beine und sind mehr oder weniger giftig; das Gift benötigen sie, um ihre Beute – Mücken, Fliegen, Blattläuse – zu lähmen und die Vorverdauung einzuleiten. Übrigens: Keine hierzulande vorkommende Spinnenart kann dem Menschen wirklich gefährlich werden. Entgegen ihrem Ruf sind auch die mit Südfrüchten aus Nordamerika und Südrußland eingeführte »Schwarze Witwe« und die in Südeuropa vorkommende »Tarantel« recht harmlos: Ihr Gift kann lediglich Übelkeit, eine kurze Nervenlähmung und Ohnmacht hervorrufen. Die meisten Spinnen führen ein zurückgezogenes Leben als Einzelgänger und treffen nur zur Paarung auf Artgenossen. Die Weibchen sind größer und werden älter als die Männchen – schon weil letztere nach der Paarung meist von den Damen verzehrt werden.

Eine bekannte Vertreterin der Spinnen ist in unseren Breiten die (mit Beinen) 20 Millimeter große Kreuzspinne. Sie erhielt ihren Namen aufgrund der hellen, kreuzförmigen Zeichnung auf ihrem rundlichen, gelbbraun gefleckten, ungeteilten Hinterleib. Sie hat keine Fühler und betrachtet ihre Welt aus acht Punktaugen, die in zwei Reihen angeordnet sind. In den Drüsen auf der Bauchseite erzeugt sie nach Bedarf klebrige und nichtklebende Seidenfäden, mit denen sie nachts oder in den frühen Morgenstunden ihr Radnetz baut. Für dieses Wunderwerk benötigt sie 20 Meter Faden und 40 Minuten konzentrierte Arbeitszeit. Weitere häufig vorkommende Arten sind die Baldachinspinne, verschiedene Springspinnen, die Haus- oder Winkelspinne und der Gemeine Weberknecht. Es sind meist einjährige Tiere, die nach der Eiablage im Herbst sterben. Spinnenhochzeit ist im Frühherbst, der auch Altweibersommer genannt wird, aufgrund der dann wegen des schrägen Lichteinfalls der ersten Sonnenstrahlen besonders gut sichtbaren, im Morgentau funkelnden Spinnennetze.

Die Spinne und ihre Kraft in den Kulturen der Welt

Die Spinne steht allgemein für das Schicksal, die große Mutter, welche erschafft und zerstört; in manchen Kulturen verkörperte sie auch die Sonne und die Erschaffung des Lebens. Bei den Kelten war ihr Netz Sinnbild für die Verbindung, die zwischen allem, was ist, besteht. Bei den Ägyptern und Griechen war sie den Schicksalsgöttinnen zugeordnet. Im Hinduismus steht das Spinnennetz für die kosmische Ordnung, in dessen Zentrum die Spinne die Illusionen der Welt (Maya) webt. Einer der Namen des mächtigen Schelmengottes der westafrikanischen Mythologie ist Mr. Spider (Herr Spinne); er ist berühmt für Listigkeit, Schlauheit und Weisheit. Bei vielen indianischen Stämmen ist die Spinne ein machtvolles, hilfsbereites und heiliges Wesen: So ist sie bei den Hopi die Urgroßmutter, die bei der Schöpfung der Welt eine wichtige Rolle spielt. Und die Spinnenfrau Kokyang Wuuti, die als alte weise Frau dargestellt wird, ist immer bereit zu helfen; jedes Dorf hat einen Schrein, an dem sie verehrt wird. Bei den Navajo gehören die Spinnenfrau und der Spinnenmann zu den heiligen Wesen, welche den Menschen die Kunst des Webens lehren und den Tod ankündigen. Bei den Taos tritt der Spinnenmann als guter Medizinmann in Erscheinung. Die Coeur d'Alène beschreiben die Spinnenfrau als hilfsbereites Wesen, welches im Himmel lebt und zwischen Himmel und Erde vermittelt, indem sie Geschichten ersinnt über Leben und Tod und die Gegensätze, welche zusammengehören. Im Volksglauben gilt es als Unglück, Spinnen zu töten, da sie Geld, Wohlstand und Glück bedeuten.

Spinnenmedizin

Spinnenmedizin hilft dir, jene Kräfte in deinem Leben ausfindig zu machen, welche deine Lebensenergie lähmen und dich mit Abhängigkeit und Täuschung fesseln. Die Spinne geht mit dir in die dunklen Ecken und Winkel, damit du dort Ordnung schaffen kannst. Sie bringt dir die Kraft, die Verantwortung für dein Leben zu übernehmen, deine Visionen und Träume zu weben und in die Tat umzusetzen. Sie lehrt dich, die bequeme Opferhaltung aufzugeben, nicht mehr andere für den Verlauf deines Lebens verantwortlich zu machen. Du selbst bist Mitschöpfer deiner Welt, in jeder Minute deines Lebens. Übernimm die Verantwortung – jetzt! Hör auf zu warten und beginne, konzentriert an deiner Selbstverwirklichung zu arbeiten.

Die Spinne weiht dich ein in die höhere Ordnung der Welt, indem sie dich mit Alter, Gefahr, Tod und Vergänglichkeit konfrontiert und dich auffordert aufzuwachen. In ihr hast du eine weise Seelenführerin. Sie schützt dich vor dunklen Kräften, indem sie ihr Netz ausspannt und das abhält, was nicht in dein Revier soll. Sie gibt dir die Möglich-

keit, dich auf vielen Ebenen in der Anderswelt zu bewegen und deinen Schicksalsfaden und seine Verstrickungen, aber auch die feinen Zusammenhänge von allem zu erkennen. Die Spinnenfrau ist eine kluge Lehrerin, welche beobachten, abwarten, erschaffen, aufbauen und zerstören kann. Diese Fähigkeiten verleihen dir, zum richtigen Zeitpunkt angewandt, eine große Kraft, die du in deinem Leben einsetzen kannst.

Von der lichten Seite betrachtet: Die Spinne verbindet uns mit der großen Mutter, den weiblichen Mysterien und ist ein Tier, das vielen Menschen Angst und Schrecken einflößt. Sie lehrt uns die universellen Gesetze und erinnert uns an die beunruhigend große Macht, die jeder von uns als Mitschöpfer seiner Wirklichkeit in sich trägt. In der Nacht webt sie konzentriert ihr Netz, und am Morgen liegt ihr ihre Welt zu Füßen. So lehrt sie uns, unsere Träume, unsere Ideen und Vorstellungen im Geiste, in der Dunkelheit, aus uns selbst heraus, zu weben, damit sie Wirklichkeit werden. Sie lehrt uns, eigenständig unsere Wirklichkeit zu gestalten, statt abhängige Erfüllungsgehilfen anderer zu sein. Was erwartet uns am Ende unseres Lebens, wenn wir weiter vor uns hin dümpeln? Die Enge, die Krankheit, das Leid und der Tod. Sie ruft uns auf, das Netz der Illusion zu zerreißen und die Wirklichkeit dahinter zu schauen. Sie fordert auf, Geschichten zu weben und zu erzählen, damit die kreative Vorstellungsgabe, die Schöpferkraft im Menschen niemals versiegt.

Von ihrer dunklen Seite betrachtet, steht die Spinne für Mißbrauch magischer Kräfte, Mißverständnis, Schuldgefühle, Schlechtigkeit, Boshaftigkeit, Hinterhältigkeit, Angst und Schrecken; für unbewußte, subtile Vernetzungen und Verstrickungen, welche unsere Lebensenergie lähmen und uns ge-

fangenhalten; für einlullende Kräfte, welche wir aus Bequemlichkeit nicht abschütteln; für uns besetzende alte und fremde Energien, wie z.B. Seelen, welche noch in der Zwischenwelt hängen. Sie gehorchte ihrem Schöpfer nicht, sondern handelte eigenmächtig; da ließ er ihren Lebensfaden so lange auslaufen, bis sie von einem schönen jungen Weib zur häßlichen alten Frau geworden war. Sie verkörpert auch die erdrückende Übermutter.

Weitere Informationen

Bei den Indianern ist sie dem Donner und dem Westen zugeordnet, weder Blitz noch Pfeil können ihr schaden. Ihr Netz schützt vor bösen Absichten anderer, weshalb man es oft auf Kleidung z.B. von Kindern gestickt sieht. Der indianische Traumfänger ist ebenfals ein Spinnennetz, in dem die bösen Träume sich verfangen und die Guten durch das Loch in der Mitte hindurchschlüpfen können. Auch die Schwitzhütte und das Medizinrad werden mit dem Spinnennetz in Verbindung gebracht; es steht hier für die Verbindung und die Neuschöpfung. Das Spinnenzeichen gilt als Ehrenzeichen. Das Spinnenamulett schützt vor bösen Blicken und schwarzmagischen Angriffen und verbindet mit allem was ist. Die Spinne ist auch ein Symbol für die Großmutter und die weiblichen Ahnen allgemein.

Stein: Obsidian, Kristall, Rutilquarz, Rauchquarz; **Farben:** Schwarz, Grün, Rot, Gelb; **Elemente:** alle, **Symbole:** Netz, Faden, Spindel, Webstuhl, Weberschiffchen, Schicksalsfaden; **weitere Assoziationen:** spinnefeind, herumspinnen, im Netz gefangen sein, vernetzt, sich verstricken, Träume weben, Geschichten erzählen, Seemannsgarn spinnen; **Traumdeutung:** Herkömmlich zeigt die Spinne im Traum übermächtige, nicht überwundene, lähmende Ängste im Unterbewußtsein. Außerdem kann sie auf Altes aus der eigenen Vergangenheit, früheren Leben oder dem Reich der Ahnen hinweisen, das einen Menschen abhält, in die eigene Kraft zu gehen, aber auch für Glück und die Kraft, sein Geschick selbst in die Hand zu nehmen. **Affirmationen:** »Ich übernehme die volle Verantwortung für mein Leben und werde zum Mitschöpfer.« – »Ich befreie mich jetzt aus den Netzen der Abhängigkeit.«

Steinbock
Wachstumskraft, Wille, Stabilität

In der Kargheit erleben wir die reine Fülle,
erkennen die Kraft hinter der Hülle.
Mit Ausdauer und Zähigkeit
geben wir dir im Sein Geleit.
Die höchsten Gipfel sind nur zu erreichen,
stellst du in deinem Leben die rechten Weichen.
Lerne, dich durchzusetzen, zu trotzen und zu kämpfen
und die Lebensfreude aufzupeitschen und zu dämpfen.
Nimm Abstand von dem, was du nicht kannst besiegen,
so kann es dir nicht schaden, dich nicht kriegen.
Unwegsame Felsen im Zwischenverlauf,
wir zeigen dir den Weg ganz hinauf;
kennen unsere Kraft, offenbaren dir deine Stärke.
Unverzagt, unbeirrt gehen wir zu Werke,
hüten die Gesetze der Zeit,
im Kosmos und in der Ewigkeit;
bleiben unseren Lieben treu, folgen einem höheren Gesetz,
achten darauf, daß dies keiner verletz'.
Hast du die Basis hier erkannt,
findest du ins Zauberland.

Lebensweise des Steinbocks

Steinbock ist eine Sammelbezeichnung für sieben Arten von Wildziegen, welche nur im Hochgebirge leben. Man findet sie in den Alpen, den inner-asiatischen Bergketten, in Vorderasien und in Nordamerika, wo sie in einer Höhe zwischen 500 und 5000 Metern auf kahlen, baumlosen Felsen gesellig in Rudeln leben. Nur alte, erfahrene Böcke haben ihr eigenes Rudel, das aus Weibchen, Kitzen und anderen Böcken besteht. Die Mitglieder eines Rudels,

dessen Zusammensetzung öfter wechselt, kennen einander, und sie schließen andere Tiere aus ihrer Gemeinschaft aus. Sie können mehrmals am Tag den Standort wechseln, sind jedoch innerhalb eines Bergmassivs standorttreu. Ihre Merkmale sind in kreisförmigem Bogen nach hinten geschwungene breite Hörner, eine flache Stirn, ein hellbraun-weißes kurzes, rauhes Fell, und die meisten der älteren Tiere tragen einen Kehlbart. Paarungszeit ist von Dezember bis Januar, dann tragen die Böcke Machtkämpfe um die Weibchen aus, wobei jeder mit seinen mächtigen Hörnern denen des Widersachers weithin hörbare Schläge versetzt. Die Tragezeit dauert 150–180 Tage, die Geschlechtsreife wird nach 3 Jahren erreicht. Die Jungtiere schließen sich innerhalb eines Rudels zusammen, wo sie Spring- und Kampfspiele machen und ihre Kraft ausbilden. Bei Gefahr flieht der Steinbock mit eleganten, verwegenen Sprüngen hangaufwärts in unwegsames Gelände, wohin ihm keiner folgen kann, dabei dreht er sich ab und zu nach der Gefahrenquelle um. Hat er sie hinter sich gelassen, so sucht er seinen Weg zurück zum Rudel.

Der Steinbock und seine Kraft in den Kulturen der Welt

Der Steinbock ist als Tierkreiszeichen der westlichen Astrologie bekannt. In der antiken Mythologie ist er dem Wald- und Naturgott Pan (röm. Faunus) zugeordnet, welcher gern die Gestalt eines Bocks annahm oder auch bocksfüßig daherkam. Pan half den anderen Göttern, die böse Titanengöttin Rhea und das Meeresungeheuer Typhon zu bekämpfen; dabei half er, Zeus zu retten und heilte ihn zudem von den Wunden aus seinem Kampf mit Typhon. Als Dank dafür setzte der Göttervater ihn als Sternzeichen an den Himmel. Weiter ist der Steinbock dem Gott der Götter als Janua Coeli zugeordnet und hütet die kosmischen Gesetzmäßigkeiten.

Außerdem steht er mit Chronos (röm. Saturn), dem Gott der Lebenszyklen und der Zeit, in Verbindung, der oft als Sensenmann, alter Mann mit Stundenglas oder Eremit dargestellt wird. Chronos war das Kind des Götterpaares Gaia (Erde) und Uranos (Himmel). Er entmannte seinen Vater und wurde selbst ein Tyrann, der sechs der Kinder verschlang, die er mit seiner Frau Rhea gezeugt hatte, da ihm prophezeit worden war, daß ihn eines davon entthronen würde. Rhea versteckte das siebte Kind, Zeus, das Chronos dann tatsächlich entthronte und ihn zwang, die einst verschlungenen Kinder wieder herauszugeben. Dann verbannte er ihn in den Tartarus, den finstersten

Teil der Unterwelt. Chronos setzte all seine Energie, seine Disziplin, seinen Ehrgeiz und seine Kraft ein, um aus diesem Ort ein fruchtbares Land zu machen. So verwandelte er Angst und Erstarrung in Reife und Erkenntnis. Er konnte die Früchte seiner Anstrengung ernten und den Beginn des goldenen Zeitalters einläuten. – So steht der Steinbock auch für die Gesetzmäßigkeit, die Erfüllung des Schicksalsplans, das Karma, und die Herausforderungen des Lebens.

Im christlichen Umfeld ist der Steinbock ein Intimus des Teufels, der christlichen Variante des Naturgottes Pan, der hier sein schöpferisches Potential, die Sexualkraft, in der tierisch-materiellen Form lebt. Der Teufel versucht, den kosmischen Gesetzen zu entkommen, unterliegt ihnen letztlich jedoch. Bei den Hopi-Indianern gibt es den Zweihornclan, dem die polaren Gesetzmäßigkeiten von hell und dunkel, Himmel und Erde zugeordnet sind und der die erste Instanz in spirituellen, zeremoniellen und rituellen Angelegenheiten ist.

Steinbockmedizin

Der Steinbock fordert dich auf, die Hindernisse auf deinem Weg als Wachstumschance zu betrachten und anzunehmen – so beginnst du schon, sie zu meistern. Er lehrt dich, dein Revier abzustecken, es kennenzulernen und dich sicher darin zu bewegen. Er verleiht dir die Kraft und den Mut, kühne Sprünge zu wagen, wenn es nicht mehr anders geht, in unwegsamem Gebiet deinen Weg nach oben zu finden und das Höchste aus dir herauszuholen. Er führt dich ein in eine höhere Sicht der Dinge und in die kosmischen Gesetze: Was du säst, das wirst du ernten. Wie innen, so außen; wie im Großen, so im Kleinen.

Der Steinbock vermittelt dir seine Zähigkeit, seine Ausdauer und sein Durchhalte- und Durchsetzungsvermögen, mit denen du dein Ziel trotz Rückschlägen und Hindernissen erreichen kannst. Er gibt dir die Wörter »Nein« und »Ich will nicht«, damit du deinen Weg finden und deine eigenen Erfahrungen machen kannst. Er fordert dich auf, dein Leben selbst in die Hand zu nehmen. Außerdem führt er dich in die mystischen Jenseitsbereiche und in die Untere Welt. Hier findest du deine Kraft, lernst, den Drachen in dir zu bezwingen. Indem der Steinbock dir Krankheit, Tod und Alter vergegenwärtigt, ruft er dich auf, hinzuschauen, tiefer zu gehen und das Wesentliche im Leben zu erkennen und über dich hinaus in dein wahres Selbst zu wachsen. Als Tier der obersten Bergregionen erinnert er dich daran, daß du ein Kind von Himmel und Erde bist – dem Himmel nah und trotzdem mit den Beinen auf dem Boden. Er lehrt dich, den Weg des Menschen, der zwischen oben und unten liegt, den Weg der Mitte, zu gehen.

Von der lichten Seite betrachtet: Der Steinbock schenkt dir den Mut, die Macht und Kraft deines eigenen Willens kennenzulernen und praktisch anzuwenden, dein schöpferisches Potential zu feiern, zu leben und zu nutzen, auch wenn es nicht immer im göttlichen Sinne scheinen mag. Nur so kannst du Bewußtsein über die Dinge erlangen, dich korrigieren, aus Fehlern lernen, deinen eigenen Weg finden und weiterwachsen. Er fordert dich auf, dich dem zu stellen, was du bestehen kannst, den Abstand zu dem zu suchen, dem du nichts entgegenzusetzen hast, und dem zu trotzen, was du noch nicht wirklich verstanden hast. Durch die karge Umgebung, in der er lebt, fordert er dich auf, nach innen zu schauen und dort deinen Reichtum zu entdecken, daraus zu schöpfen und deine Umgebung fruchtbar zu machen. Mit der Erfahrung, die du durch den Steinbock als Begleiter sammelst, und nach deinem steinigen Weg, den du schon gegangen bist, bist du in der Lage, ein eigenes Rudel verantwortlich zu führen. Du kennst nun aus eigener Erfahrung die Höhen und Tiefen des Lebens sowie die Gefahren auf dem Weg und weißt, daß jeder seine Erfahrungen machen soll, darf und muß, damit er die göttliche Kraft in sich selbst finden kann.

Von seiner dunklen Seite betrachtet, ist der Steinbock zu angepaßt und autoritätstreu, außerdem überkorrekt. Er steht dann für Versuchung, Macht und Machtmißbrauch, Egoismus, Sturheit, Bockigkeit, Trotz, Gerechtigkeitswahn, Ängstlichkeit, Flucht, mangelnde Anpassungsfähigkeit sowie für die Neigung, sich allem zu entziehen und die Gesetze zu brechen, Eigenabsichten als soziale, hilfreiche Aktionen zu tarnen, und für eine unflexible und unreflektierte Handlungsweise.

Weitere Informationen

Der Steinbock ist das zehnte Zeichen des westlichen astrologischen Tierkreises und ein kardinales weibliches Erdzeichen, das vom Saturn regiert wird. Steinbockgeborene (22. Dez. – 20. Jan.) sind praktisch, vorsichtig, ehrgeizig, zuverlässig, treu und beständig. Das Steinbockamulett steht für kosmische Ordnung, Gerechtigkeit und Wahrhaftigkeit.

Steine: Granit, Eisen; **Farben:** Schwarz, Weiß, Violett, Gold, Grau, Blau; **Elemente:** Erde, Wasser, Äther; **Symbole:** Horn, Pentagramm, Füllhorn; **weitere Assoziationen:** Willenskraft, Sonne, Erde, Saturn, Einweihung, Gesetz, Eisenkraut, Satan, Tarotkarten: Der Eremit, As der Münzen; **Traumdeutung:** Als Traumbild kann der Steinbock auf eine höhere Gesetzmäßigkeit hinweisen, welche gerade wirkt und deren Grundlage, die Substanz, und momentane Beschaffenheit er anzeigt. Er kann Härte, aber auch baldigen Erfolg ankündigen. **Affirmationen:** »Ich bin der Schöpfer meiner Welt.« – »Mein kreatives Potential entfaltet sich jetzt.«

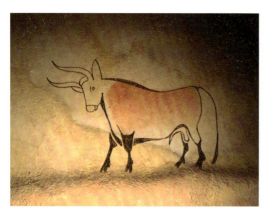

Stier
Vitale Stärke, maskuline Macht, Zeugungskraft

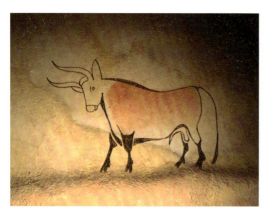

Der Stier mit seiner ganzen Stärke
geht mit Bullenkraft zu Werke.
Kampfbereit in Siegespose
führt er den Mensch zu seiner Größe.
Er liebt die Fülle dieser Welt,
ist hier der Venus Lieblingsheld,
Genuß und Freude sind sein Elixier.
Es führt dich ein in die Materie der Stier,
in die schönen glanzvollen Seiten,
wo er sich gern läßt verleiten.
Er lehrt dich, deinen Körper zu ehren,
den Besitz zu genießen und zu mehren,
dich zu zeigen im ewigen Reigen,
statt dich zu hüllen ins karge Schweigen.
Das Leben ist schön, ist Fülle und Pracht.
Doch werde ich zornig, gib bloß acht!
In der Ruhe will ich sein
und dich führen in dein schönes Heim.

Lebensweise des Stiers

In der Jungsteinzeit begannen unsere Vorfahren mit der Domestikation des Auerochsen, womit die Rinderzucht Teil der Viehwirtschaft wurde. Mittlerweile gibt es mehr als 100 Rinderrassen, die sich in Gestalt, Größe, Gewicht, Fellfarbe und Funktion unterscheiden. So gibt es Zug-, Last-, Reit- oder Kulttiere, und der Stier, der als Kampfstier aufgrund seines Fleisches und seiner Attraktivität heute noch gezüchtet wird, gehört eher zu den Kulttieren. Der Stierkampf – übrigens das Überbleibsel eines heidnischen Rituals – ist einer der bekanntesten und zugleich umstrittensten spanischen Bräuche. In manchen Ländern ist das Töten des Stieres verboten, dort geht es um die Faszination des Tanzes von Mensch und Tier, in übertragenem Sinne um die Triebkräfte im Mann und deren Beherrschung und Überwindung. Für einen

ungeschulten, unbewaffneten Menschen kann ein Stierangriff tödlich sein, denn wird ein Stier provoziert, kann er unbeherrscht und blind vor Wut mit einer ungeheuren Kraft angreifen, die durch seine beschleunigte Masse noch verstärkt wird.

Der Stier und seine Kraft in den Kulturen der Welt

Den Stier findet man schon in steinzeitlichen Höhlenmalereien; er wurde in frühen Zeiten mit dem Mond in Verbindung gebracht: Seine Hörner symbolisieren die gegenläufige Mondsichel und der umschlossene Raum dazwischen den Vollmond. So findet man ihn in vielen alten Göttinnenkulturen als Geliebten der Göttin. Er steht für Zeugungskraft, vitale Stärke, maskuline Macht, Fruchtbarkeit und edle Männlichkeit. Später wurde er ein wichtiges Kulttier der Könige. Der sumerische Gott war als oberste Gottheit des Universums mit Regentschaft und Königtum verknüpft; er wurde oft als Stier dargestellt, dessen Brüllen donnergleich den Himmel erschütterte. Der griechische Gott Zeus verwandelte sich in einen weißen Stier, um die schöne Europa zu verführen. Die Priester Zoroasters trugen einen Stab mit einem Stierkopf, der Mithras, den persischen Licht- und Gerechtigkeitsgott, symbolisiert. Der Stier war ein heiliges Tier des persischen Schöpfergottes Ohrmazd, auch Lichtgott Baal wird durch einen Stier verkörpert. Der altkretische Minotaurus, ein Mischwesen zwischen Mensch und Stier, wurde im Labyrinth verborgen und dort von Theseus getötet.

Wir finden den Stier als Sternbild am Himmel, auf seinem Rücken liegt die Sterngruppe der Plejaden. Im Zeitalter des Stieres soll der Mensch seßhaft geworden sein und sich seine Anhaftung an das Irdische, Materielle und den Luxus ausgeprägt haben. Das Goldene Kalb, das vom Volk Israel umtanzt wurde, während Moses auf dem Berg Sinai die zehn Gebote empfing, steht für das Streben nach materiellen Gütern und deren Anbetung. Ezechiel hatte eine Vision von den Cherubim (höchsten Engelwesen), welche er als viergesichtige Wesen beschrieb: Mensch, Löwe, Adler und Stier. Der Stier ist eines der Symbole für die vier Evangelisten und Lukas zugeordnet. Er steht für den Opfertod; es gab zahllose Riten und Kulte, welche sich der Stierkraft, dem Kampf mit dem Stier und der Überwindung des Stieres widmen. Dabei geht es

darum, die von ihm verkörperte Kraft symbolisch zu meistern und in einen höheren Dienst zu stellen. So diente auch der Stierkampf im Mittelmeerraum einst der rituellen Auseinandersetzung mit der ungebändigten, wilden, materiellen Naturkraft.

Stiermedizin

Stürmt der Stier in dein Leben, so zeigt er dir deine roten Tücher: Er führt dich zu den Knöpfen, die man drücken muß, um dich aus der Fassung zu bringen. Er bringt dich dazu, dir diese Knöpfe anzuschauen und dich zu fragen, wie sie entstanden sind, damit du die Kraft, die darin gebunden ist, freisetzen kannst. Er fordert dich auf, den Zorn und seine Mechanismen anzuschauen, deine provokante Haltung aufzugeben. Er zeigt dir die schöpferische Auseinandersetzung mit der Materie und schenkt dir damit das tiefe Verständnis der Dinge. Der Stier bringt dir die wilde, vitale Lebens- und Ausdruckskraft. Er kann dich auch auffordern, bis an deine äußersten Grenzen zu gehen, alles aus dir herauszuholen, um deine Lebensenergie kennenzulernen und zu entwickeln. Er gibt dir die Schönheit und die Liebe, die Fülle und die Möglichkeiten, welche das Leben bietet. Er ruft dich auf, deine Schöpferkraft zu leben und zu feiern. Er weiht dich ein in die Gesetze der Materie sowie in die Heilung und Aussöhnung mit der Erde. Er zeigt dir, wie du Materie und Spiritualität miteinander vereinigen kannst. Der Stier lehrt dich das innerlich und äußerlich reiche Leben und die feinen Zusammenhänge zwischen Innen und Außen.

Von der lichten Seite betrachtet: Der Stier bringt dir bei, deinen Körper als lebendigen Tempel des Geistes zu behandeln, die Körperlichkeit zu ehren, zu pflegen und auszubilden. Ein gesunder Körper kann einen gesunden Geist beherbergen; ein schöner Körper, in dem man sich wohlfühlt, zieht Schönheit auf allen Ebenen an. Je fester wir in unserem Körper verankert sind, desto zentrierter sind wir, und die Dinge können sich mühelos aus uns heraus entfalten. Der Stier trägt seine Bürde im Glück wie auch im Unglück und fordert uns damit auf, unsere Last mit Würde zu tragen. Durch seine ungestüme, wilde Kraft lehrt er dich, dich abzugrenzen, durchzusetzen, Nein zu sagen und deinen Willen zu gebrauchen, um dich aus alten Mustern, schicksalhaften Verbindungen und von ungesundem Verhalten zu lösen. Er fordert dich einerseits dazu auf, dich gegen eine Opferhaltung zu wehren, andererseits

aber, wenn es nicht mehr anders geht, auch dazu, dich dem Höchsten hinzugeben, damit Neues entstehen kann. Der Stier lehrt dich, dem Leben zu vertrauen, die Schönheit der Schöpfung zu genießen und sich von ihr inspirieren zu lassen, die schöpferische Seite zu leben. Er empfiehlt dir, aus der Quelle des Lebens zu trinken, um deine vitale Stärke und Macht aus dir selbst heraus zu erneuern. Er lehrt dich den Tanz der Menschheit, zwischen den Trieben und Instinkten, der Intuition und dem Gefühl, dem Verstand und dem Willen. Er lehrt dich den klaren Blick der Unterscheidung und die Anwendung deiner Kräfte und Fähigkeiten.

Von seiner dunklen Seite betrachtet, ist der Stier materialistisch, stur, unberechenbar, jähzornig, schwerfällig, eitel, überheblich, egoistisch. Er neigt dazu, zu provozieren und sich provozieren zu lassen, sich zu verausgaben, bis an seine Grenzen zu gehen, sich ärgern und hochbringen zu lassen. Er ist außerdem angriffslustig nur um des Kämpfens willen, blind für die wesentlichen Dinge im Leben und hat Versorgungs- und Existenzängste.

Weitere Informationen

Der Stier ist das zweite Zeichen in der westlichen Astrologie und ein Erdzeichen, das von der Venus regiert wird. Stiergeborene (21. April – 21. Mai) sind praktisch und künstlerisch veranlagt, sie sind vital, beständig und romantisch, verfügen über eine Bindung an Grund und Boden. Das Stieramulett schenkt Vitalität, Bodenständigkeit, Fülle und Schönheit.

Steine: Granat, Rosenquarz, Aventurin; **Farben:** Rot, Rosa, Grün, Braun; **Elemente:** Erde, Feuer, Äther**; Symbole:** Horn, rotes Tuch, Münzen; **weitere Assoziationen:** Torero, Arena, Kampf, blutiger Tod, Überfluß, Ehre, Ruhm, Reichtum; **Traumdeutung:** Der Stier steht für die Männlichkeit, Tatkraft, Energie und Durchsetzung; erscheint er im Traum, so ist das ein Hinweis darauf, wie es um diese Kräfte in unserem Leben bestellt ist. **Affirmationen:** »Fülle und Reichtum sind mein natürlicher Zustand.« – »Ich drücke meine schöpferischen Qualitäten jetzt in der Welt aus und feiere das Leben.«

Tiger
Begeisterung, Schöpferkraft, Rebellion

Es kann nur einen geben;
folge mir, und ich lass' dich leben.
Auserwählt, das habe ich dich,
laß dich lotsen hier durch mich!
Lerne auf dem Tiger zu reiten,
dann wird dich das Glück begleiten.
Mit mir bist du sicher auf allen Pfaden,
auch wenn es mal heißt: Abwarten!
Denn das Schicksal kommt von ganz allein;
doch bitte es her, lad es zu dir ein,
es versorgt dich hier im Sein.
Ich liege manchmal still und stumm,
recht faul auf einem Baum herum;
dann lass' ich baumeln meine Seele,
so habe ich die Zeit und wähle,
zwischen vielen Möglichkeiten
kann ich kreativ entscheiden.
In diesem Revier bin ich der Chef,
und du kannst sicher sein, ich treff'.
Dich abzugrenzen, das zeige ich dir,
hüte ab jetzt dein inneres Quartier;
bring' dir das Feuer, das wird zum Licht,
wenn du lernst das Gleichgewicht.

Lebensweise des Tigers

Es gibt acht Tigerarten, die in den Nadelholz-, Bambus-, Regen- und Mangrovenwäldern Asiens, Chinas, Indiens und der russischen Taiga heimisch sind. Sie leben nicht nur in den tropischen Gebieten, sondern z.B. auch in den kalten Höhen des Himalajas. Das Fell des Tigers, wie man ihn kennt, ist rötlich und von schwarzen vertikalen Streifen durchzogen, sein Bauch ist weiß. Die männlichen Tiger sind größer, schwerer und haben einen dicke-

ren Kopf als die weiblichen. Sie markieren ihr Revier mit Hilfe von Urin und Kratzspuren an auffälligen Orten. Ihre Nahrung sind größere Säugetiere: Rehe, Sikhhirsche, Moschustiere, Hasen, Fasane, Marderhunde, Schweine; alte und kranke Tiger fallen mitunter auch Menschen an. Tiger können sich bei Tag und Nacht bewegen und haben ausgezeichnete Sinnesorgane. Sie werden bis zu 20 Jahre alt und sind ausgesprochene Einzelgänger, die ihren Artgenossen aus dem Weg gehen. Nur in der Paarungszeit treffen Männchen und Weibchen aufeinander. Die Tragezeit beträgt ca. 100 Tage, dann wirft die Tigerin zwischen 2 und 5 Junge, die 2 Monate lang gesäugt werden und ihre Mutter verlassen müssen, sobald diese erneut paarungsbereit ist.

Der Tiger und seine Kraft in den Kulturen der Welt

In Indien, China und anderen asiatischen Kulturen gilt der Tiger als König der Tiere; er wird dort mit Kraft, Energie, Wildheit und Schutz verbunden. Der chinesische Kampfstil des Tigers (Hu Quan) ist gradlinig und machtvoll; dabei wird mit der Hand auf die empfindlichsten Stellen des Körpers gezielt, wie Kehle, Gesicht, Genitalbereich und Seiten. Dieser Kampfstil erzieht den Körper zu großer Kraft und den Geist zu einem starken Willen. In China gilt der Tiger auch als Wächter der Jagd, außerdem beschützt er die Toten auf ihrer Reise. Da er im Dunkeln sehen kann, gilt er als Lichtbringer und steht für den Neumond. Für die Buddhisten ist der Tiger der Führer im Dschungel des Lebens und der Lehrer beim Ringen der Menschen um ihre höhere Natur. Im chinesischen Buddhismus steht er auch für die sinnlosen Eigenschaften Wut und Zorn. Im Hinduismus verkörpert er den Verlust der Kontrolle. Die hinduistische unergründliche Mutter-, Sieges- und Schutzgöttin Durga reitet auf einem Tiger; sie schützt und verteidigt das Leben, indem sie Dämonen und Feinde der Devas, Schutzgeister, besiegt. Er gilt als ein geistersichtiges, mächtiges Schamanentier.

Tigermedizin

Der Tiger bringt Wandel und neue Ideen, welche in die Tat umgesetzt werden wollen. Er fordert dich auf, dich einzusetzen für das, was du in deinem Herzen fühlst. Er zeigt dir, wie du für dich selbst stehen kannst, unabhängig und frei, und anderen deine Fürsorge, deinen Schutz und deine Liebe

zukommen lassen kannst, wenn sie sich dir anvertrauen. Der Tiger lehrt dich, durchs Feuer zu gehen, deine Ängste, deine Blockaden, deinen Ärger, deinen Schmerz und deine Enttäuschung hinter dir zu lassen. Er zeigt dir, wie du aus Feuer Licht machen und die Kräfte in dir zum Positiven verändern kannst. In einsamen Stunden ist er ein liebevoller Wegbegleiter. Er fordert dich auf, auszuruhen, Pause zu machen, vor dich hin zu dösen und die Eingebungen des Lichtes aus dem Herzen des Göttlichen zu empfangen. Er sagt dir, daß du erst dann, wenn du weißt, was du willst, wenn du wieder klar bist und ausgerichtet auf den nächsten Schritt, deinen Streifzug durch das Leben zum Kern deines Seins wiederaufnehmen kannst. Alleinsein, Rückzug und Ruhe sind gute Kräfte in Zeiten der Aufruhr.

Der Tiger beschützt dich und dein Revier, zeigt dir, wie du dich abgrenzen kannst, und hält dein Feld sauber. Fremdenergien nimmt er augenblicklich wahr und läßt nicht zu, daß sie dich angreifen, er zeigt dir, wie du dich zur Wehr setzen kannst. Der Tiger hat eine natürliche Autorität. Folge ihm bedingungslos, denn er hat sich für dich entschieden. Er kennt deinen inneren Wald genau, die unwegsamen Bereiche, die Blockaden und Geheimnisse, die Schleichwege, die Umwege. Mit ihm wird es dir gelingen, trotz aller Widrigkeiten den Tempel in deinem Inneren zu finden und dem Weg deines Herzens zu folgen. Er kennt die Eingänge in andere Welten und ist ein Wächter an den verborgenen Toren. Hier in den Tiefen findest du einen unerschöpflichen Schatz: deine schöpferische Energie, welche sich durch dich in der Welt ausdrücken möchte. Er behütet deine heilige Schöpferkraft und lehrt dich, sie zu entwickeln, zu bewahren und in die Welt zu bringen. Hat er dir dein Potential und deine Aufgabe offenbart, so fordert er dich auf, diese aktiv umzusetzen. Kämpfe für dich, für den Frieden und die Freiheit und für den Weg deines Herzens. Es lohnt sich.

Von der lichten Seite betrachtet: Der Tiger bringt dir bei, wie du zum Krieger des Lichtes wirst. Er verleiht dir die Durchsetzungskraft, den Mut und die Tapferkeit, deine Ideen umzusetzen und deine Herzenswünsche zu erfüllen. Er zeigt dir, wie du deine Persönlichkeit, deine Einmaligkeit und Indi-

vidualität entwickeln kannst. Er hilft dir, auf dem Weg zu bleiben, und beschützt dich vor Angreifern und ungebetenen Gästen. Er lehrt dich, auch einmal deine Krallen, Zähne und Waffen aufblitzen zu lassen. Er unterweist dich auch darin, sich aktiv einzusetzen für Mutter Natur, gegen das Unrecht und für das Mitgefühl; hierfür gibt er dir seine natürliche Führungsgabe und Autorität. Er zeigt dir den Weg aus der Gefangenschaft deiner Seele in die Freiheit. Nimm die Herausforderungen des Lebens positiv an, alles wird gut.

Von seiner dunklen Seite betrachtet, ist der Tiger aufmüpfig, rücksichtslos, unberechenbar, tyrannisch, jähzornig, aggressiv, blockiert, manchmal nicht gruppenfähig. Er bezieht alles auf sich, hat Anpassungsschwierigkeiten, belastet andere mit ungerechten Angriffen und Beschuldigungen und kann ungewollt tief verletzen.

Weitere Informationen

Der Tiger verweist auf alte indische und asiatische Traditionen, Techniken und Übungen der Selbstmeisterung sowie der Beherrschung des Feuers und der Energie (Atemtechnik: Feueratmung). »Den Tiger reiten« meint, seine Kraft zu beherrschen, zu lenken und gezielt einzusetzen. Der Tiger ist im chinesischen Tierkreis das dritte von zwölf Zeichen. Jahre des Tigers sind ... 1914, 1926, 1938, 1950, 1962, 1974, 1986, 1998 ... Menschen, welche in diesen Jahren geboren sind, gelten als leidenschaftlich, tapfer, wagemutig und sind Boten des Neuen, welche sich für neue Ideen und höhere Ideale mit Leidenschaft und Tatkraft einsetzen. Das Tigeramulett steht für Unbesiegbarkeit und Aktivierung der Selbstheilungskräfte auf allen Ebenen

Stein: Tigerauge; Farben: Orange, Schwarz, Weiß; **Elemente:** Feuer, Luft, Äther; **Symbole:** Dreizack, Sichel, Fackel, Flamme; **weitere Assoziationen:** Süden, Feuer, Wind; **Traumdeutung:** Der Tiger im Traum weist auf Wandel und Neuerung hin, aber auch auf Aggression, Wut, Autoritätsprobleme und Unfreiheit; **Affirmationen:** »Ich folge jetzt dem Pfad meiner Seele.« – »Die heilige Schöpferkraft fließt durch mich.« – »Ich verwirkliche meine Ideen und Pläne jetzt.«

Vogel
Seelenwanderschaft, Licht, Seelenaspekte

Wir kommen aus den Lichterwelten,
hüten unzählige Kräfte der Lichterhelden.
Mit Flügeln aus Licht können wir die Botschaft
bringen
und euch euer Kraftlied singen,
damit ihr frei seid von Sorgen.
Wir wecken die Erde am Morgen,
singen sie abends in den Schlaf,
hüten den ewigen Kreislauf brav;
bringen das Licht der Seele,
hüten den Teil, der jetzt noch fehle,
im freien Flug und mit Leichtigkeit
geben wir dem Regenbogenlicht Geleit.
Hör unser Singen, folge unserm Flug,
erkunde unsere Wege, schließ dich an unsrem Zug.
Hier findest du das Sternenlicht, die goldenen Juwelen
welche in deinem Herzenslicht noch fehlen.
Die Feder ist ein heiliges Zeichen,
sie stellt dir von hier die Weichen.
Erforsche unsere Welt,
mach dich auf, du tapfrer Held!

Lebensweise der Vögel

Zur Klasse der Vögel gehören über 8500 Gattungen, die in verschiedene Gruppen unterteilt sind und unzählige Arten hervorgebracht haben. Alle verfügen über Federn, Flügel, Klauen und einen Schnabel, haben aber ansonsten ihre Größe, Gestalt und Lebensweise ihren Lebensräumen angepaßt. Sie bevölkern den Luftraum über uns, sie leben auf den Bäumen und Wipfeln dieser Erde und nur manche ganz oder teilweise am Boden. Sie tragen ein Federkleid, das schlicht oder auffällig, farblich einfach oder ungemein aufwendig gestaltet ist. Viele Vögel sind getarnt, ihr Gefieder ist kontrast-

reich mit unterbrochenen Mustern, so daß sich die Gestalt des Vogels optisch auflöst, wenn er sich nicht bewegt. Ihre Federn schützen sie außerdem und ermöglichen ihnen vor allem das Fliegen. Die meisten ausgewachsenen Vögel mausern sich: Sie verlieren und erneuern mindestens einmal im Jahr all ihre Federn. Die Flugleistungen der Vögel können außergewöhnlich sein: Zugvögel legen lange Strecken zurück über die Kontinente dieser Erde; Mauersegler können 1000 Kilometer in ununterbrochenem Flug zurücklegen und dabei sogar schlafen; Gänse erreichen eine Flughöhe von bis zu 8800 Metern; Kolibris können in der Luft stehenbleiben und rückwärts fliegen; Falken erreichen im Sturzflug eine Geschwindigkeit von bis zu 300 Stundenkilometern.

Vogel ist nicht gleich Vogel, jeder hat eine eigene Qualität. Wenn sich ein Vogel als Krafttier zeigt, so gilt es herauszufinden, um welche Art es sich handelt, ihre Lebensweise zu studieren und zu beachten. Hinweise findest du im Lebensraum, in der Lebensweise, bei besonderen Fähigkeiten, in Farbe, Größe und Aussehen. Vergleiche dazu die in diesem Buch im einzelnen beschriebenen Vogelarten.

Vögel und ihre Kraft in den Kulturen der Welt

Der Paradies- oder Sonnenvogel lebt in den Lichtregionen der obersten Gefilde. Die geflügelte Sonnenscheibe symbolisiert die spirituellen Attribute des Himmels und die Unsterblichkeit der Seele. Kuta, ein Jäger und weiser Geschichtenerzähler der Eskimos, holte vom König der Vögel das Licht und erleuchtete damit die Welt. Im alten Ägypten war das Zeichen für die menschliche Seele ein Falke mit Menschenkopf, Ba; dieses Symbol schmückte oft die Gräber. Die irische Göttin der Schönheit, Cliodhna, später eine Feenkönigin der Anderswelt, besaß drei Zaubervögel, die Kranke in den erholsamen Schlaf singen und sie heilen konnten. Vögel gelten in der Regel als Träger der Seele oder als Licht der Seele; das spiegeln auch Überlieferungen, wie daß Vögel die Seelen der Toten davontragen oder daß die Geister der Ver-

storbenen in einem Vogelkörper am Himmel dahinziehen. Aus schamanischer Sicht stellen Vögel die Seelenanteile dar, welche Licht, Vollständigkeit, Leichtigkeit, Anbindung an die göttliche Quelle bedeuten. In den Anderswelten einen Vogel zu fangen kann bedeuten, daß man lichtvollen Seelenanteil zurückholt. Alle Tiere, welche Vögel fangen, sind deshalb gut geeignet für eine schamanische Seelenrückholung. Da Vögel fliegen und den Boden eher selten berühren, gelten sie auch als Boten der göttlichen Quelle, der Oberen Welt, des Paradieses und der Götter. Sie tragen den Menschen zur Quelle zurück, wecken ihn und diesen Planeten aus dem Schlaf. Vögel sind zudem gleichgesetzt mit den Engeln, den kosmischen Helfern der Oberen Welt.

Vogelmedizin

Der Vogel löst dich aus deiner Erdenperspektive und führt dich in die unsterbliche Welt der Seele. Unter seinen Fittichen gelangst du zu einer übergeordneten Sicht, von deren Warte aus du Zusammenhänge besser erkennen und verstehen kannst. Jeder Vogel bringt dir – je nach Art – eine besondere Medizin und macht dich auf spezielle Dinge aufmerksam, welche zu beachten sind. Schaue, welche Farben, Klänge und Töne zu dem Vogel gehören, der zu dir kommt. Ein Vogel schenkt immer eine neue Ausrichtung und neue Harmonie, verleiht dir die Kraft, zu fliegen. Auf seinen Schwingen eröffnet sich dir neue Horizonte, und neue Erkenntnisse strömen dir zu, welche dich dazu anregen, über dich hinauszuwachsen. Folge der Botschaft deines Vogels, und laß dir zeigen, was er dir als Medizin geben möchte. Frage ihn, ob er für dich ein Helfertier, ein Bote aus einer anderen Welt oder dein Krafttier ist. Achte auf das, was er dir zeigen will. Verbinde dich mit seinen Qualitäten, und folge seiner Führung, er ist aus der Sonnenstadt zu dir gesandt.

Von der lichten Seite betrachtet: Taucht ein Vogel in deiner Welt auf, so möchte er dich an die göttliche Quelle, die Leichtigkeit des Seins und das Licht dieser Welt erinnern. Er bringt dir die Kraft deiner Seele wieder und vielleicht auch einen ihrer verlorenen Anteile. Er zwitschert dir dein Kraftlied oder Seelenlied zu, um den unsterblichen Teil der Energie in dir zu erwecken. Er fordert dich auf, die größeren Zusammenhänge und Kreisläufe des Lebens wahrzunehmen. Er erinnert dich an deine Fähigkeit, zu fliegen, den

Dingen Flügel zu verleihen, dich zu erheben. Er ruft dich auf, seine Qualitäten in dein Leben zu integrieren und zu singen, zu lachen, zu
tanzen und das Leben etwas spielerischer und leichter
anzunehmen. Er macht dich darauf aufmerksam, daß
du bestimmte Kräfte beachten und ihnen einen Platz in deinem
Leben geben solltest. Mit ihm kannst du die lichtvollen Kräfte, wie
z.B. Engel, in dein Leben rufen, damit dein Leben sich in der
Schwingung erhöhen und entsprechend ändern kann. Er fordert
dich auf, dich an deine Spirits, an deine geistige Führung, zu wenden, mit ihr zu kommunizieren und ihr zu folgen.

Von ihrer dunklen Seite betrachtet, stehen Vögel für
Überheblichkeit, quälende Sehnsucht, Verletzungen
der Seele und für die Neigungen, den Boden der Tatsachen nicht berühren zu wollen, der Wahrheit nicht
ins Gesicht zu schauen, nur das Licht sehen und den Schatten nicht wahrhaben zu wollen, nicht wirklich dazusein.

Weitere Informationen

Vogelfedern sind Zeichen des Himmels, sie kündigen Besuch an oder Helfer,
Hilfe und Unterstützung aus dem geistigen Reich. Friedenspfeifen, Himmels-
kronen und magisch-rituelle Gegenstände sind oft mit Vogelfedern aller Art
geschmückt, um bestimmte Kräfte zu rufen und zu verankern. Das Vogel-
amulett verhilft zu einer übergeordneten Sichtweise und höherer Führung.

Stein: kleine glitzernde Steine; **Elemente:** Luft, Äther – je nach Vogel-
sorte auch alle anderen Elemente; **Symbole:** Feder, Flügel, Ei, Engel, Sterne,
Licht; **weitere Assoziationen:** Himmel, Weite, Obere Welt, Ei des Lebens,
Engel, Lichtwesen, Fruchtbarkeit; **Traumdeutung:** Ein Vogel im Traum bringt
eine Botschaft, Hilfe und Führung aus der Oberen Welt, kann aber auch ein
Hinweis auf einen Seelenteil sein. **Affirmationen:** »Die Leichtigkeit des Vogels berührt mein Sein.« – »Mit den Schwingen meiner Seele erhebe ich
mich zu einer neuen Perspektive.«

Wal

Spirituelle Entwicklung, altes Wissen, Fernkommunikation

Walgesänge,
heilende Klänge;
urige Töne und alte Geschichten,
welche die Mitte neu gewichten;
vom Land ins Wasser und dann mit Bedacht
abtauchen in die eigene Macht;
unbegrenzte Wege in die Freiheit dieser Welt,
Sterngeschichten sie singen, im Meer und am Himmelszelt.
Boten versunkener Kontinente,
die uns ihr altes Wissen senden;
erhalten aufrecht die heilige Energie,
und das Urwasser reinigen sie;
führen zu neuen Strömen und weiteren Kreisen,
raunen uns zu die alten Weisen.
Kehr zurück zu dir, und bedenk dich tief in dir drinnen,
hier kannst du neue Erkenntnisse und Kraft gewinnen.

Lebensweise des Wals

Der Wal gehört zu den Säugetieren und ist mit ca. 80 Arten in den Weltmeeren vertreten. Vor etwa 50 Millionen Jahren haben sich die Wale wieder
von Land- in Meeresbewohner zurückentwickelt; das Flußpferd gilt als ihr

nächster lebender Verwandter. Trotz ihrer Vergangenheit als Landtiere und ihrer Lungen sind sie vollständig an das Leben im Wasser angepaßt und nicht in der Lage, an Land zu überleben. Zu den Walen zählen: die Gruppe der Zahnwale, welche eine Reihe kegelförmiger Zähne haben; die Gruppe der Bartenwale, welche über 4 Meter lang werden und ausgefranste Hornplatten haben, die Barten, mit denen sie große Mengen Meerwasser filtern, um Plankton herauszufischen. Und als Arten: die Blauwale, welche zu den größten lebenden Tieren überhaupt gehören, und die Pottwale, welche die größten fleischfressenden Wesen auf der Erde sind; weiter Narwale, Buckelwale, Orkas (Killerwale), Belugawale (Weiße Wale), Nordkaper (Glattwale) u.v.a.m. Wale unterscheiden sich von den Fischen durch mehrere Merkmale: Ihre Schwanzflossen sind waagrecht statt senkrecht; da sie Lungen statt Kiemen haben, können sie maximal ein paar Stunden tauchen, bevor sie wieder zum Luftholen an die Oberfläche müssen; sie haben eine gleichmäßige Körpertemperatur; sie gebären lebende Kälber (Walbabys). Allen Walen gemeinsam ist ein verhältnismäßig großer Kopf mit auf der Oberseite liegenden Nasenlöchern, die ihnen beim Auftauchen das Atmen ermöglichen. Immer noch werden sie u.a. wegen ihres Fleisches gejagt. Was sie auszeichnet, sind ihre Gesänge: Verschiedene Arten verfügen über ein breites und jeweils typisches Klangspektrum, mit dem sie nicht nur zur Paarungszeit ausgiebig kommunizieren. Das geschieht über große Distanzen: Über 15000 Kilometer hinweg können sie einander ihre komplexen Töne in der Tiefe zusingen. Wale haben ein gutes Gedächtnis: Oft wird ein Walgesang Note für Note, Schwingung für Schwingung von einem anderen Wal wiederholt. Wenn eine Gruppe Wale ihr Winterquartier verläßt, beendet sie ihren Gesang abrupt, nimmt ihn aber bei der Rückkehr nach einem halben Jahr genau an der Stelle des Abbruchs wieder auf, so als ob sie nie aufgehört hätte.

Der Wal und seine Kraft in den Kulturen der Welt

Seit Urzeiten hat der Mensch eine besondere Beziehung zum Wal; so ist er im Mythos vieler Kulturen als »großer Weltenfisch« bekannt. Im Inneren des Wales soll eine zarte, schöne, liebliche Frau wohnen, die Seele des Wals, und das alte Wissen hüten. Immer wieder finden sich Märchen und Ge-

schichten, in denen Menschen von einem Wal verschluckt wurden und in der Zeit des Rückzugs zu neuer Einsicht gelangten. Die bekannteste in unserem Kulturkreis ist »Jonas und der Wal«, sie steht für Rückbesinnung, Tod und Auferstehung. Der Wal soll in Verbindung stehen mit versunkenen Kontinenten wie Lemuria und Atlantis, die Wege dorthin kennen und diese hüten; so heißt es, er sei zusammen mit diesen vom Land ins Wasser zurückgekehrt, um diese Verbindung halten zu können. Der Wal ist ein Symbol der Macht, des alten Wissens und der regenerativen Kräfte des Meeres. Bei den Inuit ist der Wal manchmal ein Gauner und ein Symbol für List und Tücke. Frühe Seefahrer hielten seinen Buckel für eine Insel und versuchten gar, dort anzulanden. In slawischen Kulturen betrachtete man den Wal als Stützpfeiler des Universums oder als Sinnbild der Welt. In der heutigen Zeit steht er für die Globalisierung und die Einheit der Welt sowie für die größeren Zusammenhänge. Als Sternbild ist der Walfisch als Cetus am Himmelszelt zu sehen; sein Hauptstern ist der Menkar.

Walmedizin

Erreichen dich die Gesänge des Wals, so bist du aufgerufen, ihnen zu lauschen; ein altes Wissen, das jetzt gebraucht wird, will durch dich der Welt zugänglich gemacht werden. Der Wal führt dich zurück zum Ursprung, wo dann das alte Wissen in dich einströmen kann. Er fordert dich auf, dich ganz tief in dein Inneres zurückzuziehen, dir die Zeit zu nehmen, die du für dich brauchst, und dich in deiner eigenen Mitte zu verwurzeln. Er initiiert dich, tauft dich ein zweites Mal und heilt deine Verletzungen im Urvertrauen, indem er dir übergeordnete Sichtweisen nahebringt und dich mit deinem Seelenkern und deiner Wahlfamilie verbindet. Der Wal spornt dich an, deiner intuitiven, empfänglichen Kraft bedingungslos zu vertrauen – denn dir wohnt die Urkraft inne und das, was du wissen mußt, um das Energiefeld in dir und um dich herum für alles, was dir wichtig ist, stabil aufrechtzuerhalten. Der Wal mahnt dich, viel Wasser zu trinken, dich ordentlich durchzuspülen

und zu reinigen. Er stärkt dein Immun- und Abwehrsystem, entgiftet dich. So kannst du unabhängig von dem, was andere sagen oder machen, dein Leben und dein Wissen vertreten und damit neue Impulse und Frequenzen in diese Welt bringen. Der Wal hilft dir, dich frei zu machen von überholten Verbindungen und alten Abhängigkeiten, die notwendige innere Distanz zu Angelegenheiten zu bekommen, die nicht mit deinem System übereinstimmen, sowie die Ruhe und Geborgenheit in dir zu finden, den friedlichen Weg zu gehen, deiner inneren Strömung zu folgen und diese zu leben.

Von der lichten Seite betrachtet: Wir alle stammen aus dem Wasser, und als Tier, welches vom Land zurück ins Wasser getaucht ist, führt uns der Wal zurück zu unserem Ursprung. Er hat für diese Umstellung ca. 10 Millionen Jahre gebraucht, womit er uns sagt: Entwicklung hat alle Zeit, die sie braucht; in der Ruhe liegt die Kraft. Da er oft zwischen Wasser und Luft hin- und herpendelt, verweist er uns auf den Zusammenhang zwischen Gedanken und Emotionen sowie auf die Kraft der Atmung. Durch seine Masse verleiht er uns die Kraft, uns neu auszuloten, unser Gleichgewicht zu finden, in die eigene Mitte zu fallen und uns tief in ihr zu verankern. Seine Fähigkeit, Töne und Klänge langsam und exakt Ton für Ton und Schwingung für Schwingung wieder- und weiterzugeben, ist für uns ein Fingerzeig, die Wahrheit unseres Herzens zu leben und exakt weiterzugeben. Er erinnert uns an unsere Fähigkeit, über alle Distanzen mit allem Lebendigen zu kommunizieren. Er führt uns in jene größeren Zusammenhänge ein, die Vergangenheit, Gegenwart und Zukunft verbinden. Er schlägt eine Brücke über die Zeit und bringt uns das alte Wissen auf neue Weise nahe, so daß wir das Licht wieder in die Welt bringen können. Sein wellenförmiges Ein- und wieder Auftauchen aus dem Wasser zeigt uns den Tanz der Polarität – innen und außen, männlich und weiblich, hell und dunkel, einatmen und ausatmen – und fordert uns auf, der Bewegung zu folgen, ohne sie zu bewerten.

Von seiner dunklen Seite betrachtet, verkörpert der Wal Schwere, Trauer, große Unruhe, Unverstandensein, Überempfindlichkeit, Verletzungen im Urvertrauen, hohe Erwartungen an die Umwelt, Opferhaltung, zu großes Verantwortungsbewußtsein, Einmischung, Sich-verloren-Fühlen und verweist auf feine Antennen und eine hohe Sensibilität, die viele nicht verstehen können, sowie auf Rückzug in sich selbst und keine weitere Bereitschaft, sich den Menschen zu öffnen.

Weitere Informationen

Der Wal erinnert uns an unsere Fähigkeit zur Kommunikation mit anderen Wesensformen (Sternen, Tieren, Pflanzen). Er verbindet uns mit alten Ritualen und Zeremonien sowie der Einheit allen Seins. In manchen Schriften wird der Rune Othala als Tier ein Wal zugeordnet; sie schützt vor Vorurteilen und Kleingeistigkeit und steht für persönliche Identität, Verwandtschaftsbindungen und Familienzugehörigkeit sowie für die Heimat in der Festung der eigenen Mitte. Im indianischen Medizinrad steht der Wal für den äußeren Westen; er steht für Erfahrung, Weisheit, altes Wissen, Harmonie mit der Umwelt, Kraft und Stärke. Das Walamulett steht für spirituelle Entwicklung, Heilung, Öffnung, Innenschau und Klarheit.

Stein: Larimar, Bergkristall, blaue Koralle, Wassersaphir, Hämatit; **Farben:** Blau, Türkis, Weiß, Stahlgrau, durchsichtig; **Elemente:** Wasser, Luft, Äther; **Symbole:** Walflosse, Fontäne, gedrehtes Walhorn; **weitere Assoziationen:** Walgesänge, einfach einmal abtauchen, das alte Wissen von Atlantis und Lemuria, zweite Taufe, Lunge, Kehlkopf-Chakra, Atmung; **Traumdeutung:** Erscheint dir der Wal im Traum, so will er dich in die Tiefen der Wasserwelt führen, um dich in die dort verborgenen Geheimnisse einzuweihen. Er kann dich auch zum Rückzug auffordern, wo du Wissen aus der eigenen Mitte, Reinigung, Heilung findest. **Affirmationen:** »Tief in mir finde ich jetzt alle Antworten auf meine Fragen.« – »Ich bin verbunden mit dem alten Wissen und vertraue meinen Eingebungen – jetzt!«

Widder
Willenskraft, Durchsetzung, Tatendrang

Springen wir in dein Leben hinein,
so bringen wir Feuer und Sonnenschein,
Funkensprühen, Himmelsglühen,
Flackern, Leuchten, Höherdrehen.
Lerne, auf deinen eigenen Beinen zu stehen!
Wir lehren dich, die Materie zu formen
und zu erschaffen deine eigenen Normen.
Die Schöpferkraft, sie wohnt in dir;
wie du sie entfaltest, das zeigen wir hier.
Mächtige Hörner in Spiralen sich winden –
wirst du ihn auf deinen Kreisen finden,
den Stab deiner Macht
mit all seiner Pracht?
So es geschieht, dann nimm ihn an,
denn jetzt ist deine Zeit, ist dein Leben dran.
Lerne zu kämpfen, dich einzusetzen
für das Licht in dir, die Hörner zu wetzen;
lerne, das Feuer zu lenken und zu leiten
und dich auf das Höchste in dir vorzubereiten.
Manchmal opfern wir uns im höchsten Licht,
so daß wir schauen das göttliche Angesicht.

Lebensweise des Widders

Die Mufflons und die Kreishornschafe sind die Stammformen unserer heutigen Hausschafe, ihre Domestizierung begann ca. 10000 Jahre vor unserer Zeit und führte zu einer weltweiten Verbreitung in der Gegenwart. Heute gibt es zahlreiche Arten, die sich in Schwanzlänge, Fellfärbung, Hornlänge und -form, Ohrgröße, Qualität und Art der Wolle unterscheiden. Der Widder ist das männliche Schaf, er hat im Vergleich zum weiblichen einen gedrungeneren, kräftigeren Körper und korkenzieherartig gedrehte, vom Kopf wegstehende Hörner. Diese werden nicht abgeworfen, sondern wachsen jedes

Jahr ein Stück. Wildschafe leben in Mischwäldern mit geschlossenen Waldwiesen und auf Weideflächen mit oft festen, steinigen Böden und Felspartien. Ihre Nahrung besteht aus Gras, Blättern, Kräutern, Samen und Früchten. Die Sinne der Schafe sind sehr gut ausgeprägt. Bei Gefahren stoßen sie einen Pfeifton aus, eine Warnung, die durch Aufstampfen mit den Vorderläufen unterstützt wird. Als Lock- und Kontaktlaut blöken sie. Schafe sind standorttreu und leben in Rudeln, die vom ältesten Schaf, dem Leitschaf, angeführt werden. Zur Paarungszeit im November, Dezember kämpfen die Widder um die Vormachtstellung und damit um das Begattungsrecht, indem sie mit ihren Schädeln ausschlagen und die Hörner kräftig gegeneinanderkrachen lassen. Im Februar werden die Lämmer geboren und können der Mutter bereits nach wenigen Stunden folgen. Sie sind im ersten Lebensjahr geschlechtsreif, und ab dem dritten Lebensjahr schließen sich die jungen Widder zu Junggesellenrudeln zusammen. Sie können bis zu 20 Jahre alt werden, sofern sie nicht durch ihre natürlichen Feinde – Wolf, Wildkatze, Fuchs – geschlagen werden. Dem Menschen dienen die Hausschafe als Nutztiere, indem sie ihm Fleisch, Wolle und Milch geben.

Der Widder und seine Kraft in den Kulturen der Welt

Die alten Ägypter glaubten, daß der Widdergott Chnum das Leben erschaffen habe. Um das 16. Jh. v. Chr. war Amun ein widderköpfiger Gott, Hauptgott der Ägypter. Sein Name bedeutet »der Verborgene«, und er herrschte zunächst über Luft und Wind sowie die Kräfte des Geistes, später galt er auch als Fruchtbarkeits- und Vegetationsgott. Amun-Re (Re ist die Sonne) war in der Schlacht Führer der Pharaonen und ein Orakelgott, und noch heute kann in Luxor im Tempelpalast eine beeindruckende Allee von Widderstatuen bewundert werden. Amun wurde auch im Sternbild Widder des astrologischen Tierkreises verehrt. Auch der afrikanische Himmels- und Gewittergott So Xerviso, der mit dem Donner Zwiesprache hält und dessen Symbol die Donnersteinaxt ist, ist widdergestaltig. Im antiken Griechenland war der Widder als Symbol der Fruchtbarkeit Aphrodite zugeordnet. Hermes, der unter anderem als Widderträger dargestellt wird, gilt auch als Hüter der Schafe. In der griechischen Mythologie findet man die Sage von einem von Hermes gesandten Widder mit einem goldenen Vlies, welcher Phrixos, den Sohn König Athams und der Wolkengöttin Nephele, vor seiner zweiten Frau Ino rettet. Zum Dank opferte Phrixos den Göttern den Widder, dessen gol-

denes Vlies fortan in der heiligen Höhle des Kriegsgottes Ares (röm. Mars) von einem Drachen bewacht wurde. Der keltische Kriegsgott Teutates, Beschützer der Menschen, trägt Widderhörner, Widder und Eber sind seine Symbole. Er bringt den Sieg im Kampf und Reichtum und beschützt die Himmelsgöttin Rigani bei ihrem jährlichen Besuch unter der Erde. Der Widder war nicht nur in den Kulten von Mars (Ares) und Faunus (Pan) ein beliebtes heidnisches Opfertier – wodurch er sich in den Dienst des Höchsten stellte –, auch im alten Testament findet man ihn als solches, so beim Opfer Abrahams, wo anstelle Isaaks schließlich ein Widder dargebracht wurde. In der indischen Götterwelt reitet Agni – der Gott des Feuers, der die Bitten der Opfernden gen Himmel trägt und die Energiefelder der Menschen von ihrer Erdenlast reinigt – einen Widder; seine Attribute sind Axt, Brennholz sowie eine Fahne mit einem Widder darauf, und seine Farbe ist Rot.

Widdermedizin

Springt der Widder in dein Leben, so bringt er dir das Feuer der Initiation und den Neuanfang. Er fordert dich auf, in dir die Begeisterung für eine Sache zu wecken, sie aufsteigen zu lassen und diese Energie auf einen Punkt zu konzentrieren und sie zu lenken. Er erinnert dich daran, daß deine Energie im Inneren aus einer höheren Quelle kommt und daß man sich immer wieder an diese Quelle anschließen muß, damit man neue Kraft aufbauen kann. Er lehrt dich, diese Verbindung durch Stille und Ruhephasen zu aktivieren. Er bringt dir bei, nach innen zu horchen, dein Energiefeld zu reinigen, dich neu auszurichten und deine Kraft für die nächste Aktion aufzubauen. Er bringt dir den Willen und die Kraft, dem Schicksal zu trotzen, neue Wege zu gehen und über dich hinauszuwachsen. Er lehrt dich die Durchsetzung deiner Interessen und Ziele und sagt dir: Hör auf zu jammern! Wenn dir dein Leben, so wie es ist, nicht paßt, dann ändere es; du hast es in der Hand. Ändere das, was du ändern kannst, und setz dich für deine Interessen ein.

Von der lichten Seite betrachtet: Wenn man den Widder betrachtet, erscheint der Kopf in Relation zum Körper recht groß; damit verweist der Widder auf die Kräfte des Geistes und des Verstandes, in deren praktische Umsetzung er uns führt. Des weiteren fällt der Blick auf die mächtigen spiralförmig gewundenen Hörner, die für den Willen, die Durchsetzung im Kampf und die Eigenmacht stehen, aber auch für die in Kreisen wiederkehrende, spiralförmige Entwicklung und das Wachstum in das Sein. Als Rudeltier schenkt er uns die Kraft der Führung, dabei lehrt er dich, deine Energie für die höchsten Kräfte einzusetzen und deinen Willen unter eine höhere Führung zu stellen. So lehrt er uns, die Kräfte zu entwickeln, die man braucht, um eine Gruppe gut zu führen. Mit seiner kriegerischen Kraft schützt er unser Energiefeld. Da er trotz Fehlschlägen und Verirrungen munter weitermacht und sein Ziel nicht aus den Augen verliert, bringt er uns den Optimismus und den Mut, den wir brauchen, um unseren Weg weiterzuverfolgen. In der Mythologie ist er der Gott der Schöpfung und des Beginns; er ermutigt uns, die Materie durch die Tat zu formen und unser Schöpferpotential in der Welt zu entfalten. Er lehrt die größeren und feineren Zusammenhänge im Kosmos. Er vermittelt zwischen der göttlichen Energie und dem Menschenreich. Er verleiht uns den Mut, neue Sprünge zu wagen, neue Gebiete zu erobern und eine solide Grundlage zu schaffen.

Von seiner dunklen Seite betrachtet, verweist der Widder auf Sturheit, Trotz, blinden Zorn, Sprunghaftigkeit, Unbeherrschtheit, Egoismus, Angriff, Impulsivität, eine plötzliche Wende. Außerdem ist er dann zu kopfbetont, entscheidet, ohne das Herz mit einzubeziehen und die Kräfte des Körpers zu beachten.

Weitere Informationen

Der Widder verbindet mit dem Wissen von der Beherrschung des Geistes, mit der Kraft der Manifestation, der mentalen Power und mit Techniken zur Lenkung des Willens wie NLP. Widder ist das erste Zeichen der westlichen Astrologie und dem Feuer zugeordnet, er wird vom Mars regiert. Widdergeborene (22. März – 20. April) sind willensstark, schöpferisch, erfinderisch, künstlerisch. Das Widderamulett steht für die Macht der geistigen Energie.

Steine: Rubin, Granat, Karneol; **Farben:** Rot, Orange, Gold, Gelb, **Elemente:** Feuer, Luft, Äther; **Symbole:** das Goldene Vlies, Hörner, Axt, Stab, Fahne; **weitere Assoziationen:** Frühling, Neubeginn, Mars, Sonne, Spirale, die Zahl 1, Tarotkarte: Der Magier; **Traumdeutung:** Taucht der Widder in deinen Träumen auf, so sendet er dir den »kosmischen Tritt in den Hintern« und fordert dich zur Selbstverantwortung auf. Er kann auch auf Zorn, Trotz, Gefühlsblockaden im Inneren hinweisen und dir zeigen, wie es um deine Kraft steht. **Affirmationen**: »Nicht mein Wille, sondern der Wille des Höchsten geschehe durch mich.« – »Ich bin der Schöpfer meines Lebens.«

Wolf
Sippe, Instinktsicherheit, Führerschaft

Ich weihe dich ein
in die Führerschaft vom Sein,
passe dich an,
an Sippe, Land und Clan.
Ist deine Zeit gekommen, hörst du den Ruf in dir,
so folge mir.
Ich führe dich ein in die Gesetze
ohne Hast und ohne Hetze;
fordere dich auf,
zu führen den Verlauf.
Erkenne deine Kraft, deine Stärke, deinen Mut,
sei jedoch dabei stets auf der Hut!
Bleib frei, unabhängig und ungezähmt in dir,
nur dann kannst du führen jetzt und hier.
Folge deinem Instinkt, der Kraft im Mond,
dort findest du die Antwort, die sich lohnt.
Such auf die Gipfel, sing deiner Kraft Lied,
fühle die Macht, die mit dir ist, in jedem Glied.
So gewinnst du Stärke aus deinem Sein,
die Führerschaft
verlangt die Kraft
aus deinem Seelenheim.

Lebensweise des Wolfs

Der wilde und scheue Wolf, Vorfahre des Hundes, ist ein kraftvolles und muskulöses Tier mit breiter Brust, spitzem Gesicht, spitzen Ohren, einem dichten Fell, das alle möglichen Farben haben kann – von Weiß, Gelblich über Grau, Graubraun bis Schwarz, und einem buschigen Schwanz. Er wird bis zu 10 Jahre alt, hat ein Raubtiergebiß, wiegt über 40 Kilogramm, kann eine Sprunghöhe von 5 Metern erreichen und bis zu 40 Stundenkilometer schnell laufen. Er ist sehr anpassungsfähig, in Europa, Asien, Nord- und Südamerika und Arabien zählen nahezu alle Klimazonen zu seinem Lebensraum. So findet man ihn in der arktischen Tundra und den südlichen Mischwaldzonen ebenso wie in den heißen Steppengebieten, dem dunklen Nadelwand der Taiga und in hohen Gebirgen. Wölfe leben in Rudeln mit bis zu 15 Tieren, die von einem Leitwolf und einer Leitwölfin angeführt werden, die ein Leben lang zusammenbleiben. Nur der Leitwolf und die Leitwölfin paaren sich und bekommen Nachwuchs, welcher dann vom ganzen Rudel umsorgt wird. Innerhalb eines Rudels gibt es eine gut organisierte, strenge Rangordnung, die durch ritualisiertes Unterwerfungs- und Demutsverhalten gefestigt wird. Die Leitwölfe müssen ihre Stellung im Rudel heftig verteidigen, besonders während der Paarungszeit im Winter; im Sommer hingegen bleibt die Rangordnung weitgehend unangetastet. An der Jagd ist meist das ganze Rudel beteiligt, dadurch ist es den Wölfen möglich, Beutetiere zu hetzen und zu erlegen, von denen sie an Körpergröße weit übertroffen werden. Ein Wolf teilt seine Kraft genau ein und kann tagelang hungern. Zu seiner Nahrung gehören Elche, Hirsche, Rehe, Wildschweine, Schafe, Ziegen, Biber, Hasen, aber auch kranke Tiere, Aas, Beeren und Früchte. Meist beansprucht ein Rudel ein großes Territorium für sich, das mit Duftmarken gekennzeichnet wird. Rudel untereinander führen Revierkämpfe aus, so daß nie viele Wölfe in einem Gebiet heimisch sind.

Der Wolf und seine Kraft in den Kulturen der Welt

In alten Stammeskulturen Nordosteuropas war der Wolf ein geachtetes Tier, das bei den Kelten und Germanen dem Führer zugeordnet war. Die Kelten glaubten, daß der Wolf jeden Abend die Sonne frißt. Bei den Germanen galt als Symbol für Sieg, wenn er von Odin oder den Walküren geritten wurde; Odins wölfische Gefährten Sköll und Hati verkörpern jedoch auch Zurückweisung und Abgrenzung. Die Druiden verehrten den Wolf als mächtiges Totemtier, welches die Gemeinschaft schützt, bewahrt und führt. Die Zeit von Januar bis Februar wurde von ihnen als Wolfszeit bezeichnet, das Jahresfest Imbolc, das Lichterfest, fällt in diese Zeit. Der Wolfsschamane ging dann in die Anderswelt, um zu schauen, was für die Gemeinschaft anstand und wie

sie gut und sicher zu führen war. Bei den Indianern war die Zeit vor Ankunft des Frühlings ebenfalls dem Wolf zugeteilt. Die Indianer sahen den Wolf als Führer und Lehrer, der sich nicht scheut, auch in harten und kalten Zeiten seine Führerschaft gut und zum Wohle aller auszuüben. Im antiken Griechenland war er ein Symbol des Lichtes und als solches Apollo zugeordnet, außerdem auch Ares (röm. Mars), dem Kriegsgott. Die Zwillinge Romulus – der mythische Begründer Roms – und Remus wurden am Tiber ausgesetzt, wo sie von einer Wölfin, einem dem Mars heiligen Tier, gefunden und gesäugt wurden. In China bewacht ein heiliger Wolf den Palast des Himmels; in der Mongolei gilt der Wolf als Vorfahre Dschingis-Khans. Im Hinduismus ist er das Reittier furchteinflößender Göttinnen und das Zeichen der Nacht. Viele schottische Clans bezeichnen sich als Wolfsclans. Dem Wolf ist die Rune Tiwaz zugeordnet; sie symbolisiert Gerechtigkeit, Krieg, Disziplin, Spiritualität, Erfolg und gerechten Sieg. Man sagt, daß aus seinem heulenden Mondgesang Nebel und Wind entstehen, uns so die Türen in die Reiche der Anderswelt geöffnet werden. Je nachdem, wie wir unsere Vergangenheit gelebt haben, kann der verdrängte Schattenbereich in uns zur Vollmondzeit durch das Wolfsgeheul zum Leben erwachen. Das ist einer der Hintergründe dafür, warum der Wolf bei den Menschen oft einen so schlechten Ruf hat. Dieser spiegelt sich wider in den Märchen »Rotkäppchen und der böse Wolf« oder »Der Wolf und die sieben Geißlein« und außerdem im Mythos der vom Wolf gebissenen Menschen, die sich bei Vollmond in Werwölfe verwandeln. Im Grunde genommen ruft uns der Wolf immer wieder auf, hinzuschauen, uns unserer eigenen oder unserer Sippe Vergangenheit zu stellen und sie zu heilen, denn wir können unserem Schicksal nicht entfliehen.

Wolfsmedizin

Erreicht der Wolf dein Revier, so mach dich bereit, dich auf den silbernen Pfad des Mondlichtes zu begeben, der Führung in dir zu vertrauen. Er weist dich ein in Rituale, über die du mit deiner dir innewohnenden Kraft, deinem höheren Selbst, kommunizieren kannst. Als Seelenführer verleiht dir der Wolf einen sicheren Instinkt, feine Sinne, Vertrauen in deine Kraft, innere Geborgenheit und Wärme. Er lehrt dich, dich den Umständen anzupassen und trotzdem deiner Vision zu folgen. Er bringt dir bei, aus dir selbst zu schöpfen und deine Ideen und Wünsche in die Realität umzusetzen. Von ihm lernst

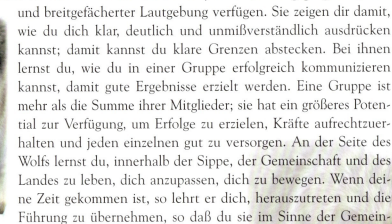

du, die Botschaften in deiner Mitte zu empfangen und sie zu befolgen. Er führt dich dorthin, wo Heilung benötigt wird, und kennt viele Möglichkeiten, Kraft zu beschaffen und zu geben, gerade in schweren Zeiten. Auch zeigt er dir, wie du deine Selbstheilungskräfte aktivieren kannst. Er kommt mit seinem Rudel und hilft dir, dich von Abhängigkeiten, dämonischen Kräften und negativen Einflüssen aus deiner Vergangenheit zu befreien. Er führt dich zu der Fülle und dem Reichtum in dir.

Von der lichten Seite betrachtet: Wölfe sind gesellige Tiere, die über ein hochentwickeltes reiches Kommunikationssystem mit ausgeprägter Mimik und breitgefächerter Lautgebung verfügen. Sie zeigen dir damit, wie du dich klar, deutlich und unmißverständlich ausdrücken kannst; damit kannst du klare Grenzen abstecken. Bei ihnen lernst du, wie du in einer Gruppe erfolgreich kommunizieren kannst, damit gute Ergebnisse erzielt werden. Eine Gruppe ist mehr als die Summe ihrer Mitglieder; sie hat ein größeres Potential zur Verfügung, um Erfolge zu erzielen, Kräfte aufrechtzuerhalten und jeden einzelnen gut zu versorgen. An der Seite des Wolfs lernst du, innerhalb der Sippe, der Gemeinschaft und des Landes zu leben, dich anzupassen, dich zu bewegen. Wenn deine Zeit gekommen ist, so lehrt er dich, herauszutreten und die Führung zu übernehmen, so daß du sie im Sinne der Gemeinschaft anwenden kannst, wenn du eine Gruppe zu führen hast. Er zeigt dir, wie du ein guter Führer für deine Sippe, deinen Clan, deine Projekte und Ideen wirst. Er lehrt dich, dafür zu kämpfen, dich einzusetzen, nicht aufzugeben und dir auf kreative Art und Weise Gehör zu verschaffen. Er offenbart dir das Geheimnis der Demut, denn nur wer dienen kann, kann auch herrschen. Unter ihm wirst du zu einem guten Führer, der auch in schlechten, harten Zeiten alle Gefährten gut über die Runden bringt. Du lernst von ihm, was dazugehört: alleinsein, dich deiner inneren Führung anschließen, dich mit der Gemeinschaft treffen und absprechen, feste Regeln definieren und sie einhalten.

Von seiner dunklen Seite betrachtet, steht der Wolf für Mobbing, Verschlagenheit, Feigheit, Wildheit, Unbeherrschtheit, Gerissenheit, Verwegenheit, Begierde und Gier, da er oft mehr erlegt, als er zum Überleben braucht. Er läßt sich vom Gruppendruck lenken; wenn er angreift, dann kommt er, wenn du schwach bist, aus dem Hinterhalt und meist nicht allein. Als schwarzer

Wolf mit rotglühenden Augen kann er auf die Ahnen und dämonisch wirkenden Triebkräfte hinweisen, außerdem auf Mangeldenken, Machtmißbrauch, Energieraub, hemmende Muster und massive Angriffe auf der Ebene des Unbewußten. Wirft er dich aus seinem Rudel, so ist dies eine Aufforderung, deine eigene Kraft zu leben, dein eigenes Rudel zu gründen und zu führen.

Weitere Informationen

Der Wolf steht für den Clan, die Sippe und die Ahnen und kann auf einen Zugang zum alten Wissen der Germanen und Kelten hinweisen. Ein Wolfspelz wurde von Schamanen auf geistiger Ebene als Umhang verwendet, Wolfsfelle gelten als Zeichen der Führung und Amulette aus Wolfszähnen stehen für Kraft und innere Stärke. Der Wolf ist ein Zeichen im indianischen Medizinrad, wo er der Zeit der stürmischen Winde (19. Feb. – 20. März.) und dem Froschklan zugeordnet ist. Seine Richtung ist Nordnordost, der Nordwind, seine Pflanze der Wegerich. Ihm werden Großzügigkeit, Kreativität, Wohlwollen, Anpassungsfähigkeit, Genügsamkeit, Einfühlungsvermögen, klare Wahrnehmung, Instinktsicherheit, Freiheitsliebe und Treue zugeschrieben. Im indianischen Medizinrad steht er für den inneren Süden und die Liebe sowie die Funktion des Reifens. Menschen mit der Wolfskraft gehören zu den großen Heilern und Schützern eines Clans. Das Wolfsamulett steht für Führung, Schutz und den Ruf der Seele.

Steine: Jade, Onyx, gelber Topas; **Farben:** Schwarz, Weiß, Rot, Violett; **Elemente:** Erde, Luft, Äther; **Symbole:** Januskopf, Rune: Tiwaz; **weitere Assoziationen:** seinem Instinkt vertrauen, Wolfsgeheul, einsamer Wolf, Wolf im Schafspelz, Mond, Mars, Unterwelt, Clan, Sippe, Ahnen, alte Verbindungen, frühere Leben, Eiche, Salbei, Tarotkarte: Die Gerechtigkeit. »Lerne die Regeln, bevor du sie brichst.« **Traumdeutung:** Erscheint dir der Wolf im Traum, so kann er auf Führerschaft und Führung in einer Sache aufmerksam machen sowie auf Botschaften aus der Sippe oder eine lauernde Gefahr aus dem Unterbewußtsein hinweisen. **Affirmationen:** »Ich vertraue tief und fest der Führung in mir.« – »Ich ruhe in meiner Mitte.«

Zentaur
Verwandlung, Selbsterkenntnis, Erlösung

Galoppieren wir in dein Leben rein,
bringen wir dich in dein Seelenheim.
Hier kannst du finden deine wahre Kraft,
das bekämpfen, was in dir gegen dich schafft,
kannst dich finden durch den Weg nach innen
und dich auf deine Stärke besinnen.
So kannst du im äußeren Widerschein
erlösen das Alte, was ist deiner Seele Pein.
Wir schlagen die Brücke zwischen unten und oben,
zähmen die Kräfte, die in dir toben,
bringen dir Wahrheit, das schmerzhafte Erwachen,
jenes Alte und Neue, das erstickt noch dein Lachen.
Doch wir führen dich auf den Heilungswegen,
bringen dir den Schlüssel und den heilenden Segen.

Was es über die Zentauren zu sagen gibt

Zentauren sind Fabelwesen der griechischen Mythologie, halb Mensch, halb Pferd: Sie haben einen menschlichen Oberkörper und Kopf, der anstelle des Halses aus dem Körper eines Pferdes wächst. Sie gehörten zu dem Gefolge des griechischen Fruchtbarkeitsgottes Dionysos, waren bekannt für ihre Wildheit, Heimtücke und Unberechenbarkeit und ergötzten sich in Trunkenheit an Eroberungen und Vergewaltigungen hilfloser Jungfrauen. Ihr Wohnort war der Berg Pelion in Thessalien im Norden von Griechenland. Eines Tages tauchten sie auf der Hochzeit von Pirithous, dem König von Lapithae, auf und versuchten, weibliche Gäste zu vergewaltigen und die Braut zu entführen. Es kam zu einer blutigen Schlacht, und am Ende wurden die Zentauren aus Thessalien vertrieben. Sie kämpften hartnäckig weiter, flüchteten aber irgendwann auf die Insel der Sirenen, wo sie allmählich wegen Hungers ausstarben. Diese Geschichten erinnern an das Auftreten der wilden asiatischen Reiterstämme.

Der Name der Zentauren soll von »ich steche« bzw. »Stier«, griech. tauros,

abgeleitet sein. Sie sind die Nachkommen des griechischen Königs Ixion von Lapithae und einer Wolke: Der König soll bei einem Gelage der Götter im Himmel so betrunken gewesen sein, daß er sich an Zeus' Gattin Hera heranmachte. Diese nahm auf ihres Gatten Rat hin die Gestalt einer Wolke an, mit der Ixion die Zentauren zeugte. Aus diesem Grund nennt man die Zentauren auch Ixionidae. Eine weniger göttliche Geschichte besagt, daß die Gemahlin Ixions aus einem Geschlecht berittener Straßenräuber, genannt Nephilim (von naphal »er überfällt«), gestammt haben soll. Über ein sprachliches Mißverständnis wurde daraus nephele, »Wolke«. Und so wurden auch in diesem Falle aus Ixion und einer Wolke die Zentauren. Gemäß weiterer Überlieferungen sind sie aus dem Samen von Zeus entsprungen, als er sich vergebens mit Aphrodite zu paaren versuchte; oder sie entstanden aus der Verbindung zwischen Zeus und der Gattin von König Ixion; oder sie sind die Söhne der Najaden, die, weil sie den kleinen Dionysos nährten, von Hera in Pferdemenschen verwandelt worden waren.

Eine Ausnahme unter den Zentauren war der gütige, weise Chiron. Als sein Vater gilt Chronos, Gott der Zeit, und als seine Mutter Philyra, eine Tochter des Meeresgottes Oceanos. Chiron lebte in einer Höhle im Peliongebirge und war Seher, Arzt, Lehrer, Weiser, Musiker, seinen Händen entströmten große Heilkräfte. Er war Lehrmeister von Achilles, Aristaios, Iason sowie dem Arzt und Heiler Asklepion. Er unterrichtete Herakles in Sternkunde, lehrte ihn den Wert von Eid, Opfer und Gerechtigkeit. Für seine Wohltat und Opferbereitschaft wurde Chiron als Sternbild Schütze an den Nachthimmel versetzt. Nach dem heilkundigen Chiron hat das Tausendgüldenkraut seinen botanischen Namen (Centaurium erythraea). Der größte der Planetoiden heißt ebenfalls Chiron. Neben Chiron zählen zu den Zentauren Abas, Amphion, Amykus, Bromus, Chromis, Clanis, Cyllarus, Daphnis, Demoleon, Dupo, Eurynomus, Eurytus, Helops, Hippasos, Hippotion, Imbreus, Pholus, Rhoekus, Thaumas, Thereus, Triton und viele andere mehr.

Zentaurenmedizin

Erscheint der Zentaur in deinem Leben, so bringt er dich mit wilden, ungebändigten Kräften in Verbindung: den (Selbst-)Täuschungen und dem Chaos, der Zerrissenheit deiner Seele, deinen ungezügelten, unkontrollierbaren Seiten – kurz allem, was in deinem Leben nicht im Einklang ist. Der Zen-

taur bremst dich aus und konfrontiert dich mit der schonungslosen Wahrheit deines Seins, der du ins Auge blicken solltest, statt vor ihr zu fliehen. Gehe durch den Schmerz deiner Vergangenheit, erlebe ihn, damit du ihn hinter dir lassen kannst. Der Zentaur fordert dich auf, deine Lektion anzunehmen, zu lernen und dich von alten Dingen zu lösen. Er eröffnet dir die Möglichkeit der Selbsterkenntnis und läßt dich über dich hinauswachsen. Der weise Chiron kennt deine Geheimnisse, die Unschuld und die Schönheit deiner Seele und schlägt für dich die Brücke der Wandlung zwischen den alten chaotischen, verborgenen Triebkräften und der Heilung. Er ruft dich auf, in deine wahre Größe hineinzuwachsen und die Kräfte, welche in dir sind, neu zu nutzen, dich neu kennenzulernen und zu erfahren. Bist du über diese Brücke gegangen und hast deine Kräfte dauerhaft stabilisiert, dein inneres Chaos überwunden, so verschwindet der Zentaur aus deinem Leben. Menschen mit der Zentaurenkraft bringen anderen Menschen den Schlüssel zu ihrer Seele, zeigen ihnen den Weg zu ihrem Seelenlicht und helfen ihnen dabei, alte karmische Muster aufzulösen die wahren Kräfte zu entfalten, so daß tiefe, dauerhafte Heilung geschehen kann.

Von der lichten Seite betrachtet: Als Mischwesen aus Mensch und Tier verbindet der Zentaur das Triebhafte, Chaotische und Emotionale, das instinkthafte Empfinden mit der Weisheit. Einerseits steht er als Herdentier für Familie, Gesellschaft, Gruppenzugehörigkeit und das Wir, andererseits verweist er als Fabelwesen auf das Gefühl, nicht dazuzugehören, aus der Gesellschaft verstoßen zu sein, wurzellos zu sein, allein auf sich gestellt zu sein, keinen Halt und keine Unterstützung zu finden, nichts über seine Herkunft zu wissen und gesellschaftlich nicht anerkannt zu sein. Er ist ein Sinnbild für den Mangel, den inneren Kampf mit sich und das emotionale Chaos, welches sich plötzlich entladen kann. Er enthüllt dir deine wahre Herkunft und deine wahre Bestimmung. Er bringt dir Kraft, Mut, Stärke, Weisheit und innere Führung und hilft dir, dir selbst Disziplin beizubringen, dich zu erziehen, aus der Vergangenheit zu lernen und neue Fähigkeiten zu entwickeln.

Von ihrer dunklen Seite betrachtet, sind Zentauren exzentrisch, chaotisch, unberechenbar. Sie stehen dann für Artfremdheit, Intrigen, Lügen, Vogelfreisein; Gruppen und Gesellschaftszwänge; Ungerechtigkeiten, gegen die man vergebens ankämpft; sich nicht einordnen können und wollen; übermäßiges Sucht- und Triebverhalten; verletzende, manchmal unangemessene heftige zwanghafte, unkontrollierte Aktionen und Reaktionen; das Gefühl, nicht

dazuzugehören, nicht anerkannt zu sein, ausgestoßen zu werden; vor sich selbst auf der Flucht zu sein, dunkle Geheimnisse zu hüten; sich schlecht, schuldig, dreckig und mißverstanden zu fühlen und diese Gefühle immer wieder aufs neue zu nähren; tiefe alte, karmische Verstrickungen; Rollen wie Sündenbock, schwarzes Schaf, Schuldiger, Angeklagter.

Weitere Informationen

Ein Zentaur hilft, das Höhere gegen das Niedrige einzusetzen, und steht für Intelligenz, Selbsterziehung durch innere Führung, Lernen, Bildung, ganzheitliches Verständnis, Weisheit, Gerechtigkeit, Heilkunde, Homöopathie, Astrologie, Prophetie, Musik. Ihre magischen Kräfte liegen in geistiger Führung und heilenden Händen. Sie sind Lehrer und Erzieher, Hüter des Wissens, Heiler, Brücke zwischen Vergangenheit und Zukunft und zwischen Bekanntem und Unbekanntem. Das Zentaurenamulett hilft bei der Selbsterziehung und öffnet die Tore zur verborgenen Wirklichkeit.

Steine: Mondstein, alle Halbedelsteine; **Farbe:** Weiß; **Elemente:** alle Elemente, vorrangig Feuer, Luft; **Symbole:** Brücke, Schlüssel, Keule, Leier, astrologische Zeichen des Schützen und des Chiron, Pfeil und Bogen, Labyrinth; **weitere Assoziationen:** Jupiter, Saturn, Uranus, Weintraube, Tausendgüldenkraut, Huflattich, Sternbild Schütze, Alchemie, Verwandlung, schmerzhaftes Erwachen; die Zahlen 5 und 7, Tarotkarte: Der Hierophant; **Traumdeutung:** Der Zentaur im Traum steht für die Verbindung zwischen Altem und Neuem. Er kann alte Kräfte, Triebe, Gelüste, Emotionen, Muster, welche in deinem Seelenleben wirken, an die Oberfläche bringen, genauso kann er dir aber auch die Führung, Weisheit und das Licht in deinem Inneren zeigen und dir helfen, über dich hinauszuwachsen. **Affirmationen:** »Ich bin jetzt bereit zur wahrhaftigen Heilung meines Selbst.« – »Ich konzentriere mich jetzt auf meine eigene Mitte und die Heilkraft in mir und vertraue meiner inneren Führung.«

Ziege
Fruchtbarkeit, vitale Lebenskraft, Füllhorn

Springen wir in dein Leben rein,
finden wir die saftigsten Gräser klein.
Wir lieben die Erde, lieben das Licht,
leben das kosmische Gleichgewicht.
Ihr könnt nicht nur den Himmel loben,
das Leben webt sich aus Unten und Oben.
Die vitale Kraft bringen wir dir,
lehren dich, zu erfahren dein eignes Revier;
fordern dich auf, dein Leben zu genießen
und dich in Freude, Gesang und Tanz zu ergießen.
Wir bringen dir die schöpferischen Kräfte
und die heilenden Lebenssäfte.

Lebensweise der Ziege

Die Domestizierung von Schafen und Ziegen erfolgte ca. 10000 Jahre vor unserer Zeit. In der Folge breitete sich die seßhafte bäuerliche Lebensweise mit Schafen, Ziegen, Schweinen und Rindern aus. Ziegen und Schafe findet man auf vielen Kontinenten als Begleiter der Menschen; sie haben ein weites Verbreitungsgebiet und können im Flachland ebenso wie im Hochgebirge leben. Ziegen dienten u.a. der Waldpflege, da sie durch ihre Vorliebe für Blattfutter das Nachwachsen von Unterholz verhinderten. Ziegen und Schafe weidet man gerne in gemischten Herden, wobei oft eine Ziege als Leittier auftritt: Ziegen geraten in Gefahrensituationen nicht so schnell in Panik, sondern verhalten sich abgeklärt, suchen einen Ausweg und zeigen zudem eine höhere Lernleistung als das Schaf. Es gibt viele Ziegenarten und Unterarten; ihre auffälligsten Merkmale sind der Ziegenbart und die kurze, glatt anliegende Behaarung sowie, natürlich, ihr Meckern. Die Ziege ist kleinwüchsig, kräftig gebaut und hat kurze Beine, ihre Fellfarbe variiert von Weiß bis Schwarz, und manchmal ist das Fell bunt gescheckt. Sie ist tagaktiv, gesellig und kann geschickt auf Bäume klettern. Hornlose, reinerbige

weibliche Ziegen sind unfruchtbar. Die genügsame Ziege gilt in kargen Gegenden auch als »Haustier der Armen«: Wer keine Ziege hat, hat nichts, wer eine hat, dem frißt sie alles weg, was sonst noch wachsen kann. Als Nutztier gibt sie dem Menschen Milch, aus der Käse gemacht wird, außerdem Fleisch und Häute.

Ziege und Bock und ihre Kräfte in den Kulturen der Welt

Die Ziege hat eine zwiespältige Bedeutung. In vielen Kulturen galt sie als Opfertier und stand für Fruchtbarkeit, Vitalität und eine starke Verbindung zur Lebenskraft. Ziegengottheiten sind der ägyptische Ziegengott Khnom, der griechische Vegetationsgott Pan, der halb als Mensch, halb als Ziege dargestellt wird, die Satyrn, die Natur- und Waldgeister, und die Nymphe Amalthea, die Ziegengöttin, welche Zeus säugte und zum Dank als Capella an den Himmel versetzt wurde. Ihr abgebrochenes Horn wurde zum Füllhorn, das Horn des Überflusses. Pan, Artemis (Diana) und Zeus wurden Ziegen geopfert. Im Hinduismus repräsentiert die Ziege das höhere Selbst. In der Bibel werden Ungläubige als Ziegen bezeichnet. Die Sünden dieser Welt lud man einst symbolisch auf einen Ziegenbock – daher der Ausdruck »Sündenbock« –, der dann geopfert wurde. Die Ziege steht auch für Begierde, sexuelle Aktivität, Lüsternheit und Wollust. So wird der Teufel (einst der Naturgott Pan) oft in Ziegengestalt oder mit den Beinen und Hufen eines Ziegenbocks dargestellt; Wesen aus dem Andersreich zeigen sich übrigens oft mit einem Ziegenbein. Der Sukkubus/Inkubus z.B. ist ein monströser Dämon, der den Alptraum verkörpert. Er wird als Ziegenbock dargestellt, welcher den Menschen sexuell nachstellt, und symbolisiert die Bedrohung der Unschuld. Die Ziege hingegen gilt als nährende und genügsame Amme. Als Märchen kennen wir »Die sieben Geißlein«.

Ziegenmedizin

Springt eine Ziege in dein Leben, so fordert sie dich auf, dich mit der lebendigen Kraft der Erde zu verbinden, indem du in die Natur gehst und die Erde in ihrer Fülle und ihrem Reichtum wahrnimmst und annimmst. Sie ist eine Kennerin der Natur und der Heilapotheke Gottes; und als solche kann

sie dich in das Kräuterwissen und die Kunst des Heilens einführen. Sie zeigt dir, wie du deinen Körper erfahren und dem Drang deines Körpers nach Ausdruck folgen kannst: durch Tanz, Theater, Sport – eben Bewegung. Sie zeigt dir, wie du fit wirst und deine vitalen Kräfte durch die Betätigung des Körpers aktivierst. Ein gesunder Körper beherbergt einen gesunden Geist; er verleiht Ausdauer und Kraft in jeder Angelegenheit.

In der Ziege hast du eine gute Seelenführerin, die dich zu Fülle und Reichtum in deinem Leben führt. Sie schickt dich los, dir eine Gemeinschaft zu suchen, dort das Leben zu feiern und die schöpferischen Kräfte auf die Erde zu bringen. Sie bringt dir Liebe, Wärme und Geborgenheit und spornt dich an, die vielfältigen Möglichkeiten des Lebens kennenzulernen und friedfertig deinen Weg zu gehen. Allerdings meckert die Ziege auch, wenn etwas nicht stimmt. Sie zeigt dir, wie du die Rolle des Sündenbocks aufgeben und deine Sünden auflösen kannst: zum einen, indem du durch Erfahrung Einsicht gewinnst, dein schlechtes Gewissen beachtest und einen Teil deiner Kraft opferst, um Dinge wieder ins Lot zu bringen; zum anderen, indem du das auf die Hörner nimmst und hinausbugsierst, was nicht in dein Energiefeld gehört.

Von der lichten Seite betrachtet: Durch ihr abgeklärtes Verhalten bringt uns die Ziege bei, erst zu überlegen, bevor wir handeln. Ihre Lernfähigkeit zeigt uns, wie wir an unseren Fehlern, Sünden und Vorlieben wachsen können. Ihre Hörner geben uns die Kraft, dem Schicksal zu trotzen und unserem eigenen Weg zu folgen. Sie verbindet uns mit der vitalen Lebenskraft, der Schöpferkraft, der Sexualität und lehrt uns, wie wir Dinge auf der Erde manifestieren können. Sie fordert uns auf, das Leben mit all seinen Möglichkeiten anzunehmen und über unseren kleinen Horizont hinauszublicken. Durch ihre Genügsamkeit beweist sie uns, daß wir mit Ausdauer und Zurückhaltung schwierige Situationen erfolgreich meistern können.

Von ihrer dunklen Seite betrachtet, ist die Ziege zickig, bockig, trotzig, uneinsichtig, halsstarrig. Sie bedeutet dann auch mangelndes Selbstvertrauen,

Schuldgefühle, Ängstlichkeit, Opferhaltung, Verführung, Leichtgläubigkeit, Tratschen, ständiges Herummeckern an allem. Aufgrund ihres intensiven Körpergeruchs steht sie für Unreinheit sowie animalisches Verhalten, und wegen des auffälligen Verhaltens der Böcke – Böcke bespringen Böcke, spritzen sich selbst voll – stehen sie außerdem für sexuelle Perversion, Triebsteuerung und Abweichungen.

Weitere Informationen

Die Ziege ist im chinesischen Tierkreis das achte von zwölf Zeichen (Schaf und Ziege sind identisch), dessen Entsprechung in der westlichen Astrologie der Krebs ist. Jahre der Ziege sind ... 1919, 1931, 1943, 1955, 1967, 1979, 1991, 2003 ... Menschen, welche in diesen Jahren geboren sind, gelten als kunstliebend, kreativ, liebenswürdig, friedfertig, intelligent, naturverbunden und einfühlsam. Das Ziegenamulett steht für Fülle, vitale Lebensenergie sowie inneren Reichtum und hilft, sich mit den Kräften der Erde auszusöhnen.

Steine: Mondstein; **Farben:** Zartgrün, Rot, Weiß, Perlmutt; **Elemente:** Erde, Feuer, Äther, Luft; **Symbole:** Pentagramm, Horn, Füllhorn; **weitere Assoziationen:** Sündenbock, blöde Ziege, Zicke, Rumzicken, Wurzel-Chakra, Lebensenergie, der gehörnte Gott, jemandem Hörner aufsetzen, Wildheit, Rausch, Efeu, Weintraube, Flöte, Tarotkarte: Der Teufel; **Traumdeutung:** Das Traumbild der Ziege verbindet uns mit der Triebkraft und zeigt uns, wie es damit bestellt ist. Es kann uns auch auf die Rolle des Sündenbocks hinweisen und auf unser schlechtes Gewissen. **Affirmationen:** »Ich aktiviere meine gesunde, vitale Lebensenergie.« – »Ich liebe das Leben, und das Leben liebt mich.«

Weitere Tiere

von A bis Z

AAL
Wachsamkeit, Erneuerung der Kraft, Schutz

Aale sind Raubfische mit einem stark in die Länge gezogenen, besonders biegsamen Körper. Sie leben als Höhlenbewohner in Gewässern, wo sie sich hauptsächlich in Bodennähe aufhalten. Muränen sind eine tropische Aalart; sie leben zwischen Korallen und in Felsspalten, aus denen sie plötzlich hervorschießen und ihre Opfer schnappen. Der Aal gilt als Beschützer der Gewässer, außerdem kann er sich in den Händen eines Kriegers in eine Waffe verwandeln. Er kann sich in den kleinsten Ecken, unbemerkten Winkeln und Löchern verstecken. Um von ihm eingeweiht zu werden, bedarf es einer sachten, vorsichtigen Annäherung. Der Aal stellt die Verbindung her zur Kraft des Wassers, er spricht unsere Emotionen an, bewacht das Gefühlsleben und hält es sauber. Durch seine schlängelnden Bewegungen bringt er neue Energie und Vitalität in das feuchte Element, er hütet und beschützt es. Er zeigt momentane Strömungen auf und hilft uns, unserer Intuition zu folgen. Emotionale Erpressungen und falsche, vorgespielte Emotionen spürt er auf, hilft uns, uns prompt auf eine Situation einzustellen. Pfeilschnell, plötzlich und unerwartet kann er zuschlagen, und er hilft uns, Dinge zu erkennen und auf den Punkt zu bringen. *Von seiner dunklen Seite betrachtet,* kann er für Unnahbarkeit stehen; für das Abschmettern von Annäherung; für gestörte Gefühle, die der Heilung bedürfen; für plötzliches Auftauchen störender Emotionen, die schöne Situationen durch Ernüchterung spröde werden lassen; für Aggression und Angriff mit gleichzeitiger Flucht; für alte Verletzungen, die in der Gegenwart durch bestimmte Dinge aufbrechen; für unerwartete, übermäßige, heftige Reaktionen. »Komm her, und bleib bloß weg!«

ALBATROS
Empfangen der höchsten Lichtkräfte, übergeordnete Sicht, geistige Energie

Vierzehn Arten von Albatrossen gibt es, jenen großen Meeresseglern mit enormer Flügelspannweite. Der größte Albatros erreicht eine Länge von 1,40 Metern und eine Spannweite von bis zu 3,50 Metern. Der Albatroskopf ist verhältnismäßig groß und mit einem kräftigen Hakenschnabel versehen. Albatrosse begeben sich nur zur Brutzeit an Land und verbringen im übrigen ihr Leben in der Luft und auf dem Wasser, sie sind in der Lage, tagelange Segel- und Gleitflüge zu machen. An Land haben sie allerdings manchmal Start- und Landeschwierigkeiten, Spiegel ihrer Ungebundenheit an die Erde. Sie ernähren sich von toten Meerestieren und Schiffsabfall. Wenn Albatrosse angegriffen werden, setzen sie sich zur Wehr, indem sie ihren Mageninhalt mit einem kräftigen Strahl ausspucken. Der Albatros bringt neue Botschaften und Möglichkeiten. Er lehrt den Menschen, seine Geisteskräfte zu beherrschen und mit Hilfe der Aufwinde und nur wenigen Flügelschlägen weite Strecken zu überbrücken und hohe Kräfte wirken zu lassen. Er bringt uns Nachricht aus den Lichtwelten, hält die Kanäle frei für mächtige Strömungen von dort und trägt uns in die Tempel auf der feinstofflichen Ebene. Seine Umgebung in der Luft und auf dem Wasser hält er rein, er lehrt uns, die Energie zu reinigen sowie Altes zu verdauen und zu verwerten. Aufgrund seines üblichen Aufenthaltsortes in der Luft kann er große Zusammenhänge gut überblicken und beleuchten. *Von seiner dunklen Seite betrachtet,* kann der Albatros uns darauf hinweisen, daß wir unsere Energie nicht wirklich auf der Erde verankern können. Er kann auch für Flüchtigkeit und Unerreichbarkeit stehen, weil er sich lieber mit den großen Zusammenhängen beschäftigt als mit den kleinen Dingen des Alltags.

AMEISEN
Fleiß, gute Organisation, Zusammenarbeit

Die Ameisen gehören zu den ältesten Insektensorten weltweit. In unseren Regionen finden wir ca. 4500 Ameisensorten, welche in wohlorganisierten Gemeinschaften von ca. 200 000 – 2 Mio. Ameisen leben. Die Ameisenkolonien sind die Hüter und die Polizei von Wäldern und Wiesen. Jede Ameise hat ihre eigene Aufgabe, einige sind zum Beispiel zuständig für den Aufbau und die Reparaturen am Bau, andere jeweils für die Brutaufzucht, für die Nahrungsbeschaffung, für die Verteidigung des Baus, für seine Reinigung, für die Melk- und Schutzzucht der Ameisenhaustiere, der Blattläuse. Die pyramidenförmigen Hügel der Ameisen erinnern an Einweihungsstätten. Betreten die Ameisen unser Leben, so erinnern sie uns an die Ordnung und unseren Platz in der Gemeinschaft, zu der wir alle gehören. Jeder von uns hat seinen Plan, seine Aufgabe und seinen Platz hier in dieser Welt. Jeder trägt einen Teil zum Ganzen bei. Ameisenkraft bringt uns die Eigenschaft des Fleißes, der Ausdauer, des Aufbaus von Energiefeldern durch die Gemeinschaft. Die Ameisen zeigen uns, wie wir unsere Projekte und Pläne in die Welt bringen können. Da sie weit mehr tragen können, als sie selbst wiegen, zeigen sie uns, daß wir die Kraft haben, über uns hinauszuwachsen, und vieles bewegen können, wenn wir das wollen. Ameisen lockern die Erde und bringen die Kräfte der Wandlung, die das Feuer in sich birgt. Entsprechend lockern sie unsere festgefahrenen Muster und zu starren Verhaltensweisen. Durch ihre Feuerkraft wandeln sie verhärtete Energiefelder und eingefahrene Denkweisen, die uns nicht mehr dienen oder uns am Wachstum hindern. Der Ameisen Gift und sein Brennen ist das Gegengift zu dem inneren Brennen (Wut, Zorn) in uns. Die Ameisen konfrontieren uns mit unserer Feuerkraft und zeigen uns, wo wir diese nicht im Sinne unserer Entwicklung, sondern gegen uns anwenden und gegen uns richten. Wenn wir uns zu klein machen, uns unwichtig glauben und anderen zu viel Macht geben, erleben wir uns als ohnmächtig. Dann glauben wir nicht an uns und vertrauen nicht den Kräften unseres Geistes. Die hilfreichen Ameisen wecken unsere Feuerenergie und konfrontieren uns mit ihr. Sie helfen uns, unsere Kraft zu sammeln und zu uns zurückzuholen. Ihr Erscheinen kündigt eine Neuerung an, eine neue Nutzung unserer Energie, und wir werden vorbereitet auf eine weitere Ebene in der Spirale unseres Lebens. *Von ihrer dunklen Seite betrachtet,* erinnern uns Ameisen, wenn sie als Störfaktor in unserem Leben auftauchen, an unsere Wut darüber, daß wir unseren Platz in der Gemeinschaft nicht einnehmen können, daß wir nicht gesehen werden, daß aus uns in der Gemeinschaft etwas gemacht wird, was wir gar nicht sind. Sie können uns außerdem darauf aufmerksam machen, daß wir uns zu sehr um die Angelegenheiten anderer kümmern statt um unsere eigenen. Sie können uns außerdem darauf hinweisen, daß wir zuviel für andere tragen, zuviel Verantwortung für die Gemeinschaft übernehmen, anstatt uns auf das zu besinnen, was wirklich unsere Aufgabe ist. Sie werden uns so lange stören und mahnen, bis wir unseren Platz gefunden und eingenommen haben, unsere Aufgabe mit Ausdauer und Fleiß erfüllen, uns auf unseren Plan sowie unseren Lebensweg besinnen und so unseren Teil zu der Gemeinschaft beitragen, der wir angehören. *Und außerdem:* Die Ameise ist ein universelles Symbol für Gemeinschaft. Bei den alten Griechen und Römern waren die Ameisen der Erntegöttin Ceres/Demeter geweiht. Sie standen für eine gute Ernte und die Kraft der Weissagung. In China symbolisieren Ameisen Tugendhaftigkeit, Patriotismus, Ordnung und Demut. In Indien gilt ihr unablässiges Bemühen als Sinnbild der Vergeblichkeit des weltlichen Tuns. Außerdem stehen sie für die Fähigkeit, wahr von falsch zu unterscheiden, und, da sie Vorräte anlegen, für Besonnenheit, Voraussicht und Einfachheit. Im india-

nischen Medizinrad stehen sie für die Stärke und sind dem Westen zugeordnet. Ameisen schenken Ausdauer, Beständigkeit, Produktivität, Bedachtsamkeit und Mut.

AMSEL
Heilende Kraft, Träume, Leichtigkeit

Die Heimat der Amseln ist in Europa, Nordafrika und Zentralasien; in Neuseeland wurden sie durch den Menschen eingeführt. Dort liegt ihr Lebensraum in Laubwäldern, Parks, Gärten und mittlerweile auch Städten. Ihr Gefieder ist schwarz bis unregelmäßig braun gestreift. Während der Brutzeit ist die Amsel ein energischer Einzelgänger und verteidigt ihr eigenes Revier, außerhalb des Brutgeschäftes finden sie sich jedoch zu großen Scharen zusammen. Taucht die Amsel im Leben eines Menschen auf, so erinnert sie an die Kraft der Natur und deren Zyklen. Man schreibt der Amsel magische und heilende Kräfte zu. An Frühlings- und Sommerabenden und morgens sind ihre abwechslungsreichen Gesänge kaum zu überhören. Ihr Gesang spiegelt die Vielfalt der Laute, Melodien und Töne wider, mit denen trübe Gedanken verscheucht werden können und man den Weg ins Hier, Jetzt und Heute wiederfinden kann. Die Amsel hilft auch, die Kraft der Tagträume deutlicher wahrzunehmen. In diesen Träumen werden uns nämlich oft Botschaften, Ideen, Gefühle gesandt, oder wir werden darin von anderen angefunkt. So erinnert die Amsel uns daran, auf diese feinen, fast unscheinbaren, lautlosen, jedoch vielfältigen Klänge in unserem Inneren zu lauschen. Die Amsel kann für jenen Seelenanteil stehen, in dem die Kraft der Tagträume und der Leichtigkeit beheimatet ist, den wir aber verdrängt haben oder der uns durch ein Ereignis verlorengegangen ist. *Von seiner dunklen Seite betrachtet*, sagt uns die Amsel, daß wir nicht soviel vor uns hin träumen, nicht soviel in den Augenblick hineininterpretieren, sondern gegenwärtiger sein sollen bei dem, was wir gerade tun.

BIENE
Sonnenkraft, Lösung und Bindung, Einweihung

Bienen sind weltweit mit rund 20 000 Arten vertreten. Sie zählen zu den Stechimmen, zu denen Sandbienen, Mauerbienen, Hummeln, Honigbienen und Pelzbienen gehören. Alle Bienen sind Blütenbesucher und haben einen Sammelapparat aus Haar- und Borstenkämmen zum Eintragen von Pollen und Nektar. Es gibt einzeln lebende Bienensorten wie die solitäre Biene oder die Einsiedlerbiene und staatenbildende Bienen wie die Honigbienen. Alle Arten haben einen ausgesprochen guten Orientierungssinn, wobei sie sich nach dem Stand der Sonne richten. Sie verständigen sich über unterschiedliche Summtöne und verfügen über ein kompliziertes und exaktes Nachrichtensystem. Sie zählen zu den heiligen Tieren der Anderswelt, welche den Menschen einweihen und ihm die heilenden Sonnenkräfte zuführen. Erreicht die Biene einen Menschen, so erinnert sie ihn an den Plan und den Auftrag, nach dem er angetreten ist. Sie zeigt dir den Weg zurück zur inneren Heimat, der über Fleiß, Ausdauer und den Segen der Sonnenkräfte führt. Die Biene lehrt uns, uns am Licht zu orientieren, uns zu wehren, wenn der Schatten sich nähert. Sie offenbart uns, wie wir mit Hilfe der Herzenskräfte – verkörpert in den Blumen – in Verbindung mit dem Geist – dessen Sinnbild die Sonne ist – Materie in heilsamen Nektar verwandeln können, der für alle zum Segen werden kann. So finden wir über den Weg der Achtsamkeit und Ausrichtung an der Gemeinschaft die Süße des Le-

bens. Die Biene kann die Stricke und Fäden alter Verbindungen lösen, das Energiefeld klären, so daß Neues entstehen kann. Ihr Stich kann Einweihung, Entwicklung, Öffnung verschiedener Energiebahnen, aber auch eigene Unachtsamkeit, den Blick in die Schatten und den Schmerz, der gesehen werden will, bewirken. *Von ihrer dunklen Seite betrachtet,* kann die Biene zur Plage werden, wenn gegen die heiligen Gesetze verstoßen wird, sie kann auf den heiligen Zorn hinweisen, weil eine Grenze, die nicht überschritten werden durfte, überschritten wurde. Weitere Hinweise: Die Biene steht für das Feenreich und in der Mythologie für die jungfräuliche Priesterin. Sie gilt als Botentier der Göttin. Sie repräsentierte im alten Ägypten die Seele und die Sonne und die Tränen von Re. Im Hinduismus ruht die Biene auf der Stirn Krishnas, und Shiva wird durch eine Biene und ein Dreieck symbolisiert. Die Bienen stehen auch für die Bogensehne des Liebesgottes Kama und für den süßen Schmerz einer Liebesverbindung. Honig ist die Speise der Götter und gilt als Aphrodisiakum.

BARSCH
Geselligkeit, Stabilität, emotionale Intelligenz

Der Barsch kommt in ganz Europa sowie in Mittel- und Südamerika und in einem großen Teil Asiens vor. Er bevorzugt ruhiges Wasser, wo er kleinere Fische, Frösche und Wassertiere jagt. Er kann in Gruppen wie auch allein leben. Es handelt sich bei ihm um einen Fisch mit hohem Rücken und dicht beieinanderstehenden Rückenflossen; der Rücken ist olivgrün bis grünbraun, die Flanken bronzefarben bis silbriggrün, der Bauch ist gelblichweiß. Die Farben Olivgrün, Grün und Gelb stehen für Heilung. Der Barsch steht für emotionale Intelligenz, Schläue und gute Konstitution. Er reinigt das emotionale Gewässer und bringt uns bei, uns auf uns selbst und auf unseren sechsten Sinn zu verlassen. *Von seiner dunklen Seite betrachtet,* kann er auf gefühlsbedingten Irrtum und emotionalen Energieraub hinweisen

BUCHFINK
Neue Botschaften, Heiterkeit, Wahrhaftigkeit

Man findet den Buchfinken über ganz Europa und Westasien verbreitet. Buchfinkenschwärme bewegen sich in wellenförmigem Flug. Der Buchfink nistet überall, wo Bäume und Sträucher vorkommen. Er hat einen blaugrauen Kopf, eine rötliche Brust und einen gelblichen Bauch, auf seinem Schwanz sind weiße Flecken. Seine Nahrung setzt sich aus Raupen und Insekten zusammen, im Winter ersatzweise aus Samen aller Art. Der Buchfink ist ein Zugvogel, dessen Überwinterungsgebiet im Mittelmeerraum liegt. Er gehört zu jenen Vögeln, die uns im Frühling mit ihren Gesangskünsten erfreuen, er verkündet dann die Sonnenzeit. Er ist gesellig, verbreitet Leichtigkeit, Fröhlichkeit und gelassene Heiterkeit. Sein Nest ist meist mit Moos und Federn weich ausgepolstert, darin findet sich bisweilen ein Steinchen von grauer Farbe, welches seinen Träger unsichtbar machen soll. Der Buchfink steht für die Liebe und den wärmenden Schutz der Brut. Im Volksglauben gilt er als Wetterprophet: Sitzt er auf dem Dach, bedeutet das Unwetter; mit seinem Ruf verkündet er Kälte, Regen, Wetterwechsel und seltener auch schönes Wetter. Als Krafttier verweist er mit seinem blaugrauen Kopf auf die Gabe eines kühlen Kopfes in allen Situationen. Er sorgt in seiner Umgebung für Harmonie sowie für Licht, Liebe und Leichtigkeit. Mit seinem Gesang stimmt er fröhlich, so daß die

Wahrheit des Herzens gelebt werden kann. Er kennt die Zwischentöne zwischen Schwarz und Weiß und überträgt die Fähigkeit, diese Töne zwischen den Zeilen zu hören und zu verstehen und so die Botschaft dahinter zu erkennen. Er folgt dem Auf und Ab des Lebens, schenkt in bestimmten Situationen die Fähigkeit zur Tarnung und verleiht die Gabe, auch in unangenehmen Lebenslagen höflich, gelassen und ruhig zu bleiben. *Von seiner dunklen Seite betrachtet,* kann er für Tratschsucht, Ängstlichkeit und gestörte Kommunikation stehen.

BUSSARD
Schutz, Wachsamkeit, inneres Gleichgewicht

Der Bussard gehört zu den habichtartigen Greifvögeln. Es gibt 26 Bussardarten. Zu ihnen gehören z.B. Mäuse-, Wespen-, Honig-, Schopf-, Wüsten-, Weißbürzel-, Wege-, Fisch-, Blau-, Schwarz-, Weiß-, Sperber-, Heuschrecken-, Totenkopf- und Adlerbussarde. Seine wichtigsten Merkmale sind der Hakenschnabel und die scharfen Krallen, welche zum Ergreifen und Festhalten der Beute dienen. Sein Gefieder ist meist braun bis dunkelbraun. Er beobachtet scharf und kann pfeilschnell zuschlagen, indem er seine Beute mit seinen Fängen am Boden ergreift. Anschließend bringt er sie an einen sicheren Platz, wo er sie verspeist. Bussarde sind große Raubvögel mit weit ausladenden Schwingen, die wegen ihrer langen Gleitflüge bekannt sind. Sie verbringen aber auch einen großen Teil des Tages in Ruhe auf Felsen, Bäumen, Telegrafenstangen. Sie leben in offenem Hügel- und Waldgelände und können in einer Höhe bis zu 3000 Metern brüten. Der Bussard ist Wächter, Späher und Jäger in seinem Revier. Er verbindet die Elemente Luft und Erde, da er seine Beute aus der Luft kommend auf dem Boden schlägt. Das bedeutet, die Macht des Geistes wacht über die Materie und das Gebiet, das ihm unterstellt ist. Da der Bussard Mäuse und Schlangen jagt, gilt er als Tier, welches das Böse besiegen kann und Spionage, Energieraub und dämonische Kräfte abwehrt. Da er lange Zeit durch die Luft gleitet, symbolisiert er die Macht der Gedanken und des Geistes und fordert auf, diese mit Bedacht und nach genauer Überlegung einzusetzen. Seine Fähigkeit, stundenlang ruhig auf einem Aussichtspunkt zu sitzen, schenkt Ruhe, besonnene Innenschau und scharfe Beobachtung vor einer Handlung. Er gilt als Botentier der kleineren Gottheiten und Lichtgestalten sowie der Engel und Wesen, welche über ein bestimmtes größeres Gebiet wachen. Als solches zeigt er an, was in dem Gebiet vor sich geht. Zeigt sich der Bussard als Krafttier, so gilt es, mehr Aufmerksamkeit und Verantwortungsbewußtsein auf die Macht der Gedanken und Worte zu legen, seinen Horizont zu erweitern und für ein größeres Gebiet in seinem Leben Verantwortung zu übernehmen. Sein Erscheinen kann darauf hindeuten, daß Menschen aus der näheren Umgebung zu einem kommen, für die man Sorge zu tragen hat. Fragen sollten mit Sorgfalt beantwortet werden, denn das Wort hat Macht und wird andere Menschen beeinflussen; es kann zur Heilung wie auch zur Schädigung beitragen. Der Bussard hilft, Schwachstellen auszuloten, sie aus einer höheren Perspektive zu beobachten, dort den Überblick zu gewinnen, um dort alte Kräfte aufzulösen und neue Energie hinzutragen. Er zeigt Störungen an und warnt vor Energieraub, Klatsch, Tratsch, illegalen Machenschaften und Rufmord. Er zeigt die Richtung, aus der dies kommt, damit es aufgelöst werden kann. Er zeigt, wie man sein inneres Gleichgewicht, das mit einer größeren Verantwortung einhergeht, finden, aufbauen und halten kann. In der Traumsymbolik steht der Bussard für Botschaften aus der näheren Umgebung, welche beachtet werden sollten, weiterhin für übergeordnete Felder und die Energie darin. Auf einem Zug sitzend, kann er Verlust und Unfall ankündigen; er kann

jedoch auch aufzeigen, wie man seine Kraft zurückgewinnt und sein Gleichgewicht wiederfindet. *Von seiner dunklen Seite betrachtet,* kann der Bussard vergessenes Fehlverhalten und Fehltritte an die Oberfläche spülen. Man wir durch ihn mit Dingen in Verbindung gebracht und in Angelegenheiten hineingezogen, mit denen man nichts zu tun hat. Worte werden verdreht und Inhalte falsch dargestellt. Er weist auch darauf hin, daß man sich in die geistigen Gefilde flüchtet, damit man sich den Dingen auf der Erde nicht stellen muß. Er zeigt außerdem Verletzungen der Herzenskräfte durch Menschen im näheren Gebiet auf.

CHAMÄLEON
Anpassung, Wandlung, Wahrnehmung

Das Chamäleon gehört zu einer Familie von Altweltechsen; es gibt ca. 90 Arten. Sie finden sich in Afrika, auf Madagaskar, in Südspanien, Portugal, auf Malta, Kreta, in Arabien, Syrien und Indien. Ihre wesentlichen Merkmale sind ihre große Anpassungsfähigkeit, die Fähigkeit, die Färbung ihrer Haut zu wechseln, die lange klebrige Zunge, Augen, welche sie unabhängig voneinander bewegen können, sowie Füße und ein Schwanz, die ausgezeichnete Greifwerkzeuge sind. Der Farbwechsel der Tiere dient nicht so sehr der Tarnung, sondern ist vielmehr ein Ausdruck ihres physischen und psychischen Wohlbefindens. Chamäleons sind tagaktiv und leben auf Bäumen. Es findet sich übrigens auch ein Sternbild Chamäleon am Himmel. Erscheint ein Chamäleon, so bringt es die Fähigkeit, sich an Situationen und Lebensbedingungen anzupassen und trotzdem seinen Weg weiterzuverfolgen. Das Chamäleon lehrt uns, auf den Wechsel der Energie zu achten, sie wahrzunehmen und entsprechende Maßnahmen einzuleiten, damit es uns wieder gutgeht. Sein Schwanz und seine Zunge verkörpern die Kraft der Spirale, Energie auszurollen und wieder einzufahren und auch zu stabilisieren. Sein Rundumblick befähigt uns zur stillen Beobachtung und Aufmerksamkeit und schenkt uns die Fähigkeit der Wahrnehmung. Es bringt die perfekte Tarnung und damit Schutz in verwickelten Situationen. Es lehrt uns die Macht der Farben, die Kraft der feinstofflichen Farbenergie und der Ausstrahlung. Zudem steht es für die ständige Veränderung und den Wandel, welche in jeder Minute des Lebens stattfinden. *Von seiner dunklen Seite betrachtet* versinnbildlicht es, da es rasch die Hautfarbe wechselt und sich an seine Umgebung anpaßt, Opportunismus, Ängstlichkeit, die Neigung, sich in den Hintergrund zu verziehen, statt sich zu zeigen.

DODO
Vergänglichkeit, Achtsamkeit, Endgültigkeit

Der Dodo – ein flugunfähiger Vogel, der auf Mauritius lebte – ist inzwischen ausgestorben. Er erinnert uns an die zeitliche Begrenzung des Lebens auf der Erde. Alles hat seine Zeit und seine Entwicklung. Der Dodo erinnert uns daran, respektvoll mit der Natur umzugehen, auf die Einzigartigkeit zu achten, die jeder Mensch, jeder Augenblick, jede Begegnung, jede Lebensform besitzt, und achtsam im Umgang mit allem zu sein. Er zeigt uns, daß es gilt, eine Sache, sobald sie auf der physischen Ebene endgültig vorbei ist, loszulassen, damit wir unseren Blick wieder auf das Hier und Jetzt richten können. Der Dodo als Krafttier verweist auf die Kraft der Vergänglichkeit, den Blick für Dinge, welche keine Gültigkeit mehr besitzen, und auf unachtsames, plünderndes Verhalten zu richten,

welche Energien auslöschen können. Der Dodo führt uns weit in die Vergangenheit zurück, zu Ereignissen und Dingen, welche im Leben gar nicht mehr existieren, jedoch noch nicht gelöst und aufgearbeitet wurden und darum immer noch im Energiefeld wirken und die gegenwärtige Handlungsweise bestimmen. Damit Neues passieren kann, ist es gut, die Aufmerksamkeit dorthin zu lenken und diese alten Dinge endgültig aufzulösen und abzuschließen. *Von seiner dunklen Seite betrachtet,* erinnert er uns an die menschliche Unachtsamkeit gegenüber der Natur. Der englische Ausdruck »dead like a dodo« (tot wie ein Dodo) verweist auf eine veraltete Meinung oder etwas, was es loszulassen gilt, was überlebt hat und uns und andere nur noch nervt.

DROSSEL
Vielfältigkeit, Talent, Abgrenzung

Weltweit gibt es ca. 300 Drosselarten, u.a. Schwarzdrossel, Krummschnabel-Spottdrossel, Singdrossel, Ringdrossel, Misteldrossel. Die Drosseln gehören zu den bekanntesten Erscheinungen der Vogelwelt. Ihr Gefieder ist schwarz, gräulich, blauschwarz, grünschwarz oder gelblich. Sie sind gar nicht scheu, bleiben bei ihrem vollen, runden, melodischen Gesang ruhig sitzen und lassen sich beobachten. Sie singen bereits am noch dunklen Morgen. Zwischen ihren Winter- und Sommerquartieren unternehmen sie große Reisen; manche Arten sind allerdings standorttreu. Sie tun sich immer wieder zu neuen Gruppen zusammen. Die Drossel ist recht unempfindlich und kann problemlos auf pieksenden, stacheligen Baumästen, in der Yucca-Palme und auf Kakteen sitzen, ja ihre Nester bauen. Die Jungen sind Nesthocker. Drosseln verteidigen ihr Revier eifrig, sie bevorzugen abwechslungsreiche Nahrung. Die Drossel als Krafttier lehrt, die Aufmerksamkeit nicht nur auf äußerliche Dinge zu lenken und uns allein daran zu messen. Durch ihr unscheinbares Federkleid und ihren wunderbaren Gesang zeigt sie uns, daß wahre Kraft von innen kommt und daß wir unsere einzigartigen Talente frech, frei und vertrauensvoll aus uns heraus leben können. Sie lehrt uns, hinter die äußere Erscheinung zu blicken. Sie führt uns zu unseren verborgenen Talenten und Potentialen, welche noch in uns schlummern, um sie zu erwecken. Sie stellt die Verbindung her zwischen Dunkelheit und Licht und schenkt uns Kraft, aus den in uns liegenden verborgenen Quellen zu schöpfen. Mit ihren schönen Melodien bringt sie uns inneres Gleichgewicht, Schönheit und Sinn für Harmonie im Geist und in der Seele und damit die Lebensfreude zurück – sie singt uns unsere Lebensmelodie. Sie zeigt uns, wie wir in einer Gemeinschaft leben und uns trotzdem abgrenzen, ja, wenn es sein muß, unser Revier verteidigen können. Sie verleiht uns die Kraft der Tarnung und die Gabe der klaren Unterscheidung. Mit ihren vielen Arten, ihren in vielen Landschaften gelegenen Lebensräumen und der Fähigkeit, unterschiedlichste Nahrung zu sich zu nehmen, weist sie auf die Kraft der Anpassung an die unterschiedlichsten Situationen hin. Sie macht Mut, die Vielfalt des Lebens auszuprobieren und zu leben sowie Abwechslung in das Leben zu bringen, das so viel zu bieten hat. Durch ihre Reisen kennt sie die Geschichten der Sterne. Sie lehrt uns, Dinge aus verschiedenen und übergeordneten Blickwinkeln zu sehen, viele Möglichkeiten kennenzulernen, unseren Radius zu vergrößern und zu erweitern, das, was wir erfahren haben, weiterzugeben oder auszudrücken, so wie sie ihr Lied in den Tag singt. *Von ihrer dunklen Seite betrachtet,* kann sie auf Abhängigkeit von Lob hinweisen, auf Unentschlossenheit, Überheblichkeit, Unnahbarkeit, Spottlust und Neid sowie auf das Wissen um seine Kraft und die Unfähigkeit, sie zu zeigen und zu leben.

EICHELHÄHER
Weisheit, Verbindung von Geist und Erde, Stabilität

Der Eichelhäher ist ein etwa 35 cm großer Rabenvogel, der in Europa, Nordwestafrika und Vorderasien vorkommt. Sein Gefieder weist am Rumpf ein schwarzweißes Muster auf, und er trägt eine meist blau-rote Haube. Er verbindet uns mit den vier Kräften der Erde, den vier Himmelsrichtungen, der Innen- und Außenwelt, der Himmels- und Erdenwelt. Er ist kein Zugvogel, sondern ortsgebunden. Gelegentlich plündert er Nester. Sein Name leitet sich von seiner besonderen Vorliebe für Eicheln ab: Jeder Eichelhäher sammelt im Herbst Tausende von Eicheln und verwahrt sie in die Erde. Da er die wenigsten davon wiederfindet, ist er der fleißigste und unermüdlichste Eichenpflanzer. Seine Verbindung zu Eicheln und Eichen verweist auf seine Verbindung zu dem uralten Wissen und der Weisheit der Druiden. Der Eichelhäher lehrt uns, nicht nur zu denken, sondern auch zu handeln und so die Geisteskraft in Tatkraft umzuwandeln. Er verbindet uns mit den Elementen Luft und Erde und zeigt uns, wie wir unsere geistigen Fähigkeiten stabil und dauerhaft verankern können. Er lehrt uns, in uns zu ruhen und den Samen für neue Entwicklungen anzulegen, damit das Potential in uns heranreifen kann. Er bringt uns Fleiß und Ausdauer und den Neubeginn einer spirituellen Entfaltung oder Weiterentwicklung. Da Eichen, die er pflanzt, oft auf Kreuzungspunkten von Erdstrahlungen und Wasserlinien wachsen, führt er uns zu Kraftplätzen und verleiht uns ein Gespür für geomantische Felder. Er ist ein Wächter des Waldes und der heiligen Haine. Als Hüter der Eichen ist er ein starker Begleiter in der Anderswelt. Erscheint er, so könnte das ein Hinweis sein, mit dieser Kontakt aufzunehmen, da dort eine Botschaft wartet. Der Eichelhäher bringt uns bei, unser Wissen praktisch anzuwenden. Er beobachtet seine Umgebung genau und warnt die Wesen des Waldes vor Eindringlingen und Gefahren. Seine Federn stehen für Schutz und schützende Abwehr. Sein Ruf ist der Ruf der Anderswelt. Er kündigt unser Kommen an, begleitet und beschützt uns in sicherer Entfernung auf unseren inneren Reisen in der Natur. Sein Symbol ist, neben den Eicheln, der Türkis. Das Ei, welches der Eichelhäher beim Plündern fremder Nester aufliest, steht für Entwicklungspotential. *Von seiner dunklen Seite betrachtet,* kann der Eichelhäher deshalb für verhinderte Weiterentwicklung stehen, für Hoffnungslosigkeit, Ungeduld und Energieraub.

EISVOGEL
Selbstheilungskräfte, Farbenpracht, in Beziehung treten

Der Eisvogel ist weit verbreitet und wohnt meist an stehenden und fließenden Gewässern, wo er an Prallhängen und Steilufern brütet. Sein auffälliges, farbenprächtiges, feingemustertes Gefieder mit metallisch blaugrün glänzendem Rücken und leuchtendorangefarbenem Bauch läßt ihn fremd und exotisch wirken. Aus der Luft oder von einem Zweig aus stürzt er sich elegant ins Wasser, um kleine Insekten und Fische zu erbeuten. Sein türkis-blau gemustertes Federkleid, das ihn wie ein Mantel zum Schutz einhüllt, offenbart, daß der Eisvogel die Selbstheilung fördert, weil er das Immunsystem stärkt. Sein orangefarbener Bauch verweist auf die Sonne und die Sonnenkräfte in uns. Er verleiht Kraft und fordert uns auf, diese zu leben; so bringt er auch die Heilung in unserer aktiven Beziehung zur Welt. Er stellt die Verbindung her zu den Elementen Wasser und Luft und zeigt damit, wie wir die Gefühle mit der Gedankenkraft vereinigen können. Sein farbenprächtiges Gewand ruft uns dazu auf, die Schönheit und Buntheit der Seele zu leben und Neues auszuprobieren. Der

Eisvogel läßt uns in den Spiegel unserer Seele schauen und verleiht uns die Gabe, uns mit dem, was wir sehen, auseinanderzusetzen. Er enthüllt uns den Überfluß und den Reichtum in uns und fordert uns auf, unsere Schöpferkraft, unser kreatives Potential, zu leben und der Welt zu zeigen. Er zeigt dir die Schönheit deiner Seelenkräfte, ihre feinen Muster und Verläufe.

ELSTER
Highlights, prophetische Gabe, Ausgeglichenheit

Die Elster ist einer der kleineren Krähenvögel. Sie ist in ganz Europa sowie in Asien zu finden und scheut Menschenansiedlungen nicht. Ihre auffallenden Merkmale sind ihr langer, fächerartig gespreizter Schwanz, die auffällig schwarzweiße Gefiederzeichnung, der dunkelgrüne metallische Glanz im schwarzen Gefieder und ihr Gesang, der aus einem leise, gurgelnden Geschwätz mit Pfeiflauten besteht. Ihr Flug wirkt unsicher flatternd, allerdings kann sie geschickt durchs Gezweig klettern und flink über den Boden hüpfen. Sie hat eine Vorliebe für glitzernde Gegenstände. Ihr schwarzweißes Gefieder deutet auf polare Kräfte hin, die es zu überwinden gilt. Sie kann sich in der Lichtwelt und im Unterbewußtsein, in der Dunkelwelt, bewegen. Wie das Ying-Yang-Symbol bringt sie Licht ins Dunkel und deckt die Dunkelheit im Licht auf. Sie holt Bewußtsein in die unterbewußten Gefilde und deckt unterbewußte Tendenzen in den Lichtgefilden auf. So bringt sie den Ausgleich zwischen den Kräften. Sie hilft uns, unsere Mitte zu finden und damit den rechten Weg. Sie hat prophetische Gaben und galt als Überbringerin für Botschaften aller Arten. Dabei achtete man darauf, ob im Moment ihres Erscheinens Schwarz oder Weiß auffiel. Leuchtete das Weiß, so brachte sie gute Nachrichten, herrschte Schwarz vor, so brachte sie Warnungen und schlechte Nachrichten. Da die Elster einen ausgesprochenen Sinn für lichtreflektierende Dinge hat, hilft sie die Höhepunkte und Vorzüge einer Angelegenheit zu entdecken, hervorzuheben und sichtbar zu machen. Sie ist ein immer wiederkehrender Vogel und steht für Treue, Schutz und Begleitung. In China gilt sie als Vogel der Freude; sie gilt dort als Glücksbringerin und verkündigt gute Nachrichten, außerdem war sie das Symbol der Mandschu-Dynastie. *Von ihrer dunklen Seite betrachtet*, steht sie in manchen Kulturen als Vorzeichen für Verlust, Unglück und Tod. Der schwarzweißen Elster begegnet man im Westen oft mit Mißtrauen, sie wird als diebisch bezeichnet und steht für den Raub von brillanten Ideen und Aufträgen. Sie kann auf Unsicherheit und Flatterhaftigkeit hinweisen. Sie steht auch für Schwarzweißdenken, für Geschwätzigkeit und Beschimpfungen.

ERDKUCKUCK
Warnung vor Gefahr, Neugierde, Erkenntnis

Der Erdkuckuck ist kleiner als eine Taube. Er trägt ein braun bis dunkelbraun gestreiftes Federkleid, mit dem er sich gut tarnen kann. Die Kuckucksmutter legt ihre Eier in fremde Nester. Ist der kleine Kuckuck geschlüpft, beginnt er, andere Eier und Junge aus dem Nest zu bugsieren, um die ganze Nahrung seiner Zieheltern zu bekommen. Der Erdkuckuck steht für Neugierde, wie eine Legende belegt: Einst sollte der Erdkuckuck den Völkern Südafrikas drei Kalebassen überbringen. Er sollte ihnen einschärfen, nur zwei davon zu öffnen. Der Kuckuck aber wurde neugierig und öffnete alle drei Kalebassen. Die ersten beiden enthielten die Saatgut, in der dritten jedoch befanden

sich Tod, Krankheit und zahlreiche gefährliche Tiere. Der Kuckuck fühlte sich verantwortlich für die von ihm verursachte Not und übernahm es – da er seinen Fehler nicht wiedergutmachen konnte –, die Menschen wenigstens vor den von ihm entfesselten Gefahren zu warnen und sie dadurch, soweit ihm das möglich war, zu schützen. Als Krafttier schenkt er die Kraft, Gefahr, Krankheit und Tod zu spüren und andere zu begleiten. *Von seiner dunklen Seite betrachtet*, steht er für Gier, Überlebenskampf und das Gefühl, nicht wirklich dazuzugehören.

FASAN
Wohlstand, Fruchtbarkeit, Schönheit

Fasane gehören zu den nahezu weltweit verbreiteten Hühnervögeln. Es gibt die unterschiedlichsten Fasanarten, u.a. Edelfasan, Ohrfasan, Goldfasan, Diamantfasan, Argusfasan. Sie alle sind zum großen Teil sehr schöne Tiere und beliebte Ziervögel, wobei die männlichen Tiere meist farbenprächtiger sind als die weiblichen. Sie fühlen sich am Boden mehr zu Hause als in der Luft, entsprechend verbringen sie einen großen Teil ihres Lebens auf dem Boden und scharren ihre Nahrung aus der Erde oder picken sie von dort auf. Fasane können schnell laufen und große Strecken zurücklegen. Bei Gefahr suchen sie Unterschlupf im Gesträuch. Wenn sie auffliegen, so starten sie fast senkrecht in die Luft. Sie führen vielfältige Balztänze auf, für die sie zum Teil ihr Federkleid schillernd verändern. Der Fasan steht symbolisch für Glück, Wohlstand, Fruchtbarkeit, Reichtum und Schönheit. Durch sein prachtvolles Gefieder ist er Sinnbild für Farbenpracht, Schönheit und Vielfältigkeit. Da die Federn in der Sonne manchmal wie Gold glänzen, bringt der Fasan den edlen Geschmack, goldene Gedanken, Wohlstand und Reichtum. Da, wo er sich niederläßt, ist das Land fruchtbar, deswegen steht er für eine gute Führung in weltlichen Angelegenheiten. Der Fasan schenkt Ausdauer und Kraft, ein Projekt anzugehen und durchzuführen. Seine Vorliebe für das Leben am Boden verweist auf Tatkraft und die Fähigkeit zur erfolgreichen praktischen Umsetzung von schöpferischen Gedanken und Visionen. Seine vielfältigsten Balztänze stehen für Fruchtbarkeitsrituale und Rituale zum Erfolg. Der Fasan dient vielen Wesen als Nahrung, kann sich aber erhalten und wieder erneuern. So bringt er vielen Zufriedenheit, Kraft und Stärke. Ihm ist die Rune Berkana zugeordnet, sie birgt das große Mysterium und verkörpert die Entwicklung von Geburt zur Wiedergeburt. Die Rune schützt vor negativen Kräften und steht für die nährenden Brüste der großen Mutter und damit für Wachstum. So bringt der Fasan Heilung und Versorgung in irdischen Angelegenheiten. *Von seiner dunklen Seite betrachtet*, kann der Fasan auf Anhaftung, Eitelkeit, Stolz, Unruhe im Geist, Auf-den-Status-Achten, Nur-auf-das-Äußere-bedacht-Sein, Sich-zur-Schau-Stellen und Opferhaltung stehen.

FISCHREIHER, GRAUREIHER
Meditation, erweiterte Sicht, Botschaft

Fischreiher leben in West-, Mittel- und Osteuropa, auch im Süden und an der Westküste Skandinaviens. Als Zugvögel ziehen sie zwischen September und Oktober in ihre Winterquartiere am Mittelmeer und kehren im März zurück. Sie halten sich gerne in der Nähe von Gewässern – Flüssen, Teichen, Seen, Sümpfen – auf und bauen ihre Nester hoch über dem Boden in Laub- und Nadelbäumen. Der Fischreiher ist zwischen den Welten zu Hause, in der Luft wie im Wasser. Er lehrt

uns die meditative Innenschau, kann er doch lange auf einem Bein im Wasser stehen, und den Blick in den Spiegel unserer Seele. Er gilt als Boten- und Orakeltier, das Botschaften aus dem Toten- und Ahnenreich überbringt, zwischen dem Reich der Lebenden und der Toten vermittelt. Da sich Reiher gerne an Sümpfen aufhalten, und aufgrund ihres grauen Gefieders werden sie gerne mit dem Totenreich in Verbindung gebracht. Das graue Gefieder ist wie ein Tarnmantel, das den Reiher gegen die Einflüsse der Außenwelt abschottet, damit er sich ganz in Ruhe seinem inneren Prozeß widmen und mit der Quelle, mit Gott, in Ruhe Zwiesprache halten kann. Diese Kraft überträgt er auf den Menschen, dem er sich zeigt. Da er Fische aus dem See angelt, steht er für Umwandlung: Etwas muß sterben, damit etwas Neues beginnen kann. Er hilft, in Zeiten des Übergangs über das Jetzt den Weg aus der Vergangenheit in die Zukunft zu finden. Wenn man die Reiher fliegen sieht, ist das ein gutes Vorzeichen. Stehen sie, so sollten wir anhalten, innehalten und in uns hineinfühlen, denn irgendeine Botschaft versucht, zu uns durchzudringen, irgend etwas läuft gerade nicht in Ordnung. Die Reiher hüten eine heilige Medizin, die Medizin des Spiegels und des Eies, die von alten Völkern oft zum Heilen eingesetzt wurde. Sie stärken die äußere und die innere Sicht, helfen uns, wach und bewußt zu werden und unseren Blickwinkel zu erweitern, vorsichtig und achtsam mit uns und anderen umzugehen sowie viel und oft nach innen in unser Herz zu fühlen. Sie schenken neue Kraft und Schutz in schwierigen Phasen. *Von seiner dunklen Seite betrachtet,* kann der Reiher auf Verwirrung, unverdaute Erlebnisse, ungelöste Verstrickungen mit dem Reich der Toten und der Ahnen und für starre Verhaltensmuster hinweisen, die einen davon abhalten, zu wachsen, und an denen man festhält, obwohl sie längst hinfällig sind.

FLAMINGO
Reinigung, Meditation, Mitgefühl

Der Flamingo gehört zu einer Familie von sehr großen Wasservögeln mit prächtigem Gefieder. Man findet sie in Nord- und Südamerika, Afrika, Asien und auf verschiedenen Inseln. Sie bevorzugen warme, trockene Gebiete und sind in riesigen Schwärmen an großen salzhaltigen Seen und Lagunen zu finden. Ihre besonderen Merkmale sind ihr langer gebogener Hals, ihr eigenartig geformter großer Schnabel, ihre langen dünnen Beine mit Schwimmhäuten zwischen den Zehen und ihr Federkleid, das rot, rosa und schwarz gefärbt sein kann. Sie ernähren sich von kleinen bis sehr kleinen Tieren, welche sie aus Schlamm und Wasser herausfiltern. Zeigt sich uns der Flamingo, so fordert er uns auf, uns um unser zartes Seelenkostüm zu kümmern und uns auf unser Herz zu konzentrieren. Er überreicht uns den Herzensmantel und damit die Fähigkeit, die Kraft der Liebe und die Wahrheit in unserem Herzen zu leben. Er lehrt uns, nicht nur auf unser zartes Seelenkostüm achtzugeben, sondern auch auf die Seelenkostüme anderer und darauf, niemanden zu verletzen. Er schenkt uns die Eigenschaft des Mitgefühls und die Gabe, uns von alten Verletzungen zu reinigen und zu erholen und weist uns darauf hin, daß wir uns dazu an den heilenden und lebensspendenden Gewässern laben sollen. Er lehrt uns, das Positive in den Dingen zu sehen, und verleiht die Fähigkeit, die Nahrung und die Geschenke aus den Lebenslektionen zu filtern und das Geschenk dahinter zu sehen. Daß Flamingos stundenlang auf einem Bein stehen können, verweist auf die Gabe der Innenschau und der Meditation. *Von ihrer dunklen Seite betrachtet,* stehen die Reiher für Überheblichkeit und zur Schau getragene Liebe.

FLIEGE
Nerven, Reinigung, Auflösung

Es gibt zahlreiche Fliegenarten; sie sind braun, schwarz oder gelblich und haben weißschillernde Flügel. Sie ernähren sich von Pilzen, Aas, faulenden Stoffen und Ausdünstungen, die sie mit ihrem Rüssel aufsaugen, und dienen vielen Tieren als Nahrungsgrundlage. Sie können gefährliche Krankheiten übertragen. Die Fliege taucht dort auf, wo etwas weggenommen und etwas Altes aufgelöst werden muß. Sie stehen mit dem Element Luft in Verbindung und damit mit dem Geist und den Gedanken. Sie können auf düstere unruhige Gedankentätigkeiten hinweisen sowie auf Störungen, stinkende Substanzen und alte Stoffe, die aufgelöst werden sollen. Wenn sie stetig und ausdauernd um uns herumsausen, können sie uns nervös machen, das deutet auf ihre Verbindung mit den Nerven und dem Nervensystem hin. Sie weisen auf Dinge hin, die nerven, nervig sind, das Nervensystem strapazieren und belasten, nicht ganz im Lot sind. Mit ihrem Auftreten in Schwärmen stehen sie für Reinigung, aber auch für dämonische Plagen. Der Teufel trägt in der Bibel oft den Spottnamen Beelzebub, was mit »Herr der Fliegen« übersetzt werden kann. Es gibt allerdings auch eine Überlieferung, nach der ein Mönch am Beispiel einer einfachen Stubenfliege über die Weisheit des Schöpfers gepredigt hat. Tritt die Fliege auf den Plan, heißt es, ruhig zu werden und nach innen zu schauen. Irgend etwas ist nicht im Lot, stimmt nicht mit der Energie. Fliegen helfen und plagen zugleich. So können sie hinweisen auf Einmischung, ungefragte und ungebetene Hilfestellung, übereifriges Handeln aus eigener Not heraus und ohne innezuhalten, das Aufzwingen fremder Gedanken. Fliegen sind außerdem immer da, wo irgendein Mist verdeckt werden muß.

FLÖHE
Sprunghaftigkeit, Energieraub, Abhängigkeit

Flöhe sind kleine, flügellose, sehr bewegliche, blutsaugende Insekten mit stromlinienförmigem, seitlich etwas zusammengedrücktem Körper. Sie sind gut entwickelte Springer mit kräftigen Beinen anstelle von Flügeln. Sie schnellen bis zu einem halben Meter weit vor und fallen ihren Wirt (Hund und Katze) regelrecht an. Hungrig nach Blut, ihrer einzigen Nahrung, stechen und saugen sie schon innerhalb weniger Minuten nach der Landung. Bei jedem Stich injizieren sie in die Haut ihren Speichel, der Allergien auslösen kann. Dann treten Juckreiz, Rötungen und Entzündungen auf, was zu ernsten Erkrankungen führen kann. Freiwillig verlassen Flöhe ihre Nahrungsquelle nur ungern. Flohbrut ist sehr widerstandsfähig und kann problemlos mehrere Monate schadlos überdauern. Man wird sie nur los, indem man die erwachsenen Flöhe tötet. Taucht der Floh in unserem Leben auf, so zeigt er uns, wo es uns im Fell juckt. Er macht uns aufmerksam auf Abhängigkeiten, unbewußte Konditionierungen, ermüdende Verhaltensformen, die uns Energie nehmen, statt Kraft und Energie zu geben. Der Floh zeigt uns Dinge, über die wir hinweggehen, die wir nicht wahrhaben möchten. Er macht uns auf unbewußte Konditionierungen aufmerksam, aufgrund deren wir uns nicht trauen, unsere volle Kraft zu leben, und statt dessen Dinge hinnehmen, welche wir auch ändern könnten. Er fordert uns auf, uns Zeit für uns zu nehmen und uns um uns selbst zu kümmern, uns zu pflegen und bestimmte Lebensumstände gründlich zu ändern. Er fordert uns auf, nicht die Symptome zu bekämpfen, sondern an die Wurzeln, den Ursprung der Angelegenheit, zu gehen. Da Flöhe durch die Haut stechen, verweisen sie darauf, daß irgend etwas unsere Grenzen überschreitet und uns fertigmacht. Der Floh

verlangt, daß wir nicht mehr hin und her springen, sondern innehalten und uns fragen, was wir von unserem Leben eigentlich wollen, was die Ursache der Störung ist und was uns Energie absaugt, uns schwach, klein und unscheinbar macht. Er macht uns darauf aufmerksam, daß wir uns mit Menschen auseinandersetzen, die uns ausnutzen wollen. Die Lektion des Flohs ist, uns von solchen Konditionierungen und blutsaugenden Mustern, Menschen und Verhaltensweisen jetzt zu befreien. Außerdem kann er auf eine Überreizung der Nerven und eine Schwächung des Abwehrsystems hinweisen. Er steht für Ärger, Streit, nervige, unnütze Diskussionen, Reibereien, Unannehmlichkeiten, welche als anstrengend und lästig empfunden werden. Als Redewendung finden wir: »die Flöhe husten hören«, was bedeutet, daß jemand hellhörig ist, immer über alle Neuigkeiten Bescheid weiß, frühzeitig informiert ist, sich vorzeitig über ein noch nicht vorhandenes Problem Gedanken macht, übervorsichtig, ängstlich, feinfühlig ist; »aus einem Floh einen Elefanten machen« bedeutet, wegen einer Kleinigkeit viel Aufhebens machen, übertreiben; »jemandem einen Floh ins Ohr setzen« bedeutet, einen Menschen auf eine Idee oder einen Gedanken bringen, auf die er allein nicht gekommen wäre, eine Sache, an die er immer zu denken muß.

FORELLE
Weisheit, Intuition, klare Erkenntnisse und Einsichten

Die Forelle gehört zur Familie der Lachsfische. Man findet sie in klaren, kühlen Bächen und Seen der nördlichen Erdhälfte. Forellen haben einen schlanken Körper und sind schnelle, kräftige Schwimmer. Sie bevorzugen sehr sauerstoffreiches, kühles Wasser. Seit vielen Jahrhunderten sind sie beliebte Sport- und Speisefische. Eine besondere Art ist die Regenbogenforelle, die ein gelb, grün, blau, rot, orange, weiß, lila, braun und schwarz schillerndes Schuppenkleid trägt. Taucht die Forelle in unserem Leben auf, so führt sie uns ins wäßrige Element, in unsere Gefühle. Sie steht für klare, gute und genaue Intuition und Wissen. Sie vermittelt uns klare Erkenntnisse und Einsichten in Gefühlsangelegenheiten und fordert uns auf zur Selbstreflexion, sprich zur Reflexion über unser eigenes Verhalten. Sie mahnt uns, unsere erkannten Fehler auszugleichen. Sie gibt Kraft, Dinge klar und schnell zu erkennen und auszudrücken. Sie schenkt uns die Gabe, uns emotional klar abzugrenzen und genau zu wissen, was zu uns gehört und was nicht. Die Regenbogenforelle mit ihrem bunten Schuppenkleid steht mit dem Wissen um die Kraft und Heiltätigkeit der Farben in Verbindung. Sie bringt Hoffnung und läßt uns unseren Weg klar weiterverfolgen. Sie übermittelt tiefe Weisheiten, Erkenntnisse und Einsichten. Da die Forelle sich sehr schnell und flink im Wasser bewegen kann, bringt sie eine gute, gesunde Intuition, flexibles Denken und Fühlen, Einfühlungsvermögen und die positive Wende in emotionalen Angelegenheiten. Sie bringt neue Lebensenergie und befördert einen ins Hier und Jetzt, in die aktuelle Situation, auf die es sich zu konzentrieren gilt. *Von ihrer dunklen Seite betrachtet,* kann sie für unterkühlte Emotionen stehen; für Zurückhaltung, Angst und Vermeidung von Auseinandersetzungen durch Ausweichen; für die Unfähigkeit, Liebe, die man empfindet, auch auszudrücken; für die Tatsache, Gefühlen und emotionalen Dingen nicht gewachsen zu sein.

GIRAFFE
Frieden, liebende Güte, Weisheit

Die Giraffe ist eines der auffallendsten Tiere Afrikas. Es gibt auch ein Sternbild Giraffe. Sie gehört zur Ordnung der Paarhufer und ist eine entfernte Verwandte des Hirschs. Giraffen leben in Steppen und Savannen. Sie zeichnen sich aus durch ihren außergewöhnlichen langen Hals, die langen Beine, den stark abfallenden Rücken, den langen Quastenschwanz und ihr Gehörn, das nicht mit Bast, sondern mit Haut bedeckt ist und nicht gewechselt wird. Eine Giraffe kann ca. 5,50 Meter hoch werden. Als ausgesprochener Blattfresser kann sie, ohne sich zu verletzen, Blätter zwischen den Dornen von Akazien pflücken. Einen großen Teil des Tages verbringt sie mit Fressen; dabei läuft sie ruhig von Pflanze zu Pflanze, bricht hier und dort etwas ab, was sie dann ruhig wiederkäut. Giraffen sind tag- und nachtaktiv, sie schlafen wenig. Bei der täglichen Tränke spreizen sie ihre Vorderbeine beim Bücken, um das Gleichgewicht zu behalten. Wenn es sein muß, können sie allerdings auch tagelang ohne Wasser leben. Betritt die Giraffe als Krafttier unser Feld, so bringt sie uns die Verbindung zwischen Himmel und Erde – die Beine auf dem Boden und den Kopf im Himmel. Sie bringt den ruhigen, friedlichen Überblick und ernährt uns mit den Blättern vom Baum der Weisheit. Sie fordert uns auf, mit uns und unserer Umgebung gütig, ruhig und sanftmütig umzugehen, in Frieden den friedlichen Weg zu gehen, nach innen zu schauen, in unserer Mitte und in unserem Gleichgewicht zu bleiben. Sie schenkt uns Liebe, Güte, Mitgefühl, Vergebung, die Weisheit und den Frieden der Oberen Welt. Sie bringt die Gabe, Dinge, Botschaften und Erfahrungen ruhig aufzunehmen, gut und gründlich in uns hin und her zu bewegen und zu verarbeiten, bevor wir sie in die Welt geben. Sie zeigt uns, daß hohe, alte, weise Kräfte immer noch auf der Erde verankert sind. Sie ruft uns auf, uns langsam und vorsichtig zu bewegen und Dinge mit Ruhe, Wachheit und Bewußtsein anzugehen. Wir haben alle Zeit der Welt: abwarten, beobachten, von allen Seiten betrachten und dem eigenen friedlichen Weg folgen, so kann manche heiße Situation sich von allein und in Frieden auflösen. Die Giraffe zeigt uns, wie wir unsere Energie unter allen Umständen halten können: Schenke den negativen Kräften keine Aufmerksamkeit, und bleibe bei dir. *Von ihrer dunklen Seite betrachtet,* kann sie auf Neugierde und Einmischung in die Angelegenheiten anderer hinweisen, außerdem auf Arroganz, Starrheit und Überheblichkeit.

GLÜHWÜRMCHEN, LEUCHTKÄFER
Leuchtkraft, Führung in der Dunkelheit, Verzauberung

Glühwürmchen sind Teil einer vielzähligen Familie von Nachtkäfern, welche wegen ihrer Leuchtfähigkeit bekannt sind; weltweit gibt es über 100 Arten, in Europa allerdings nur zwei. Sie haben einen ziemlich schlanken, abgeplatteten Körper und weiche Flügeldecken. Bei den meisten Arten haben die Männchen vollständig entwickelte Flügel und Facettenaugen, die Weibchen hingegen sind meist flügellos. Glühwürmchen fressen meist Pollen und Nektar, im Larvenstadium sind sie jedoch eifrige Schneckenesser. Die Leuchtorgane befinden sich auf der Bauchseite, manchmal auch am Bruststück, meistens jedoch am Hinterleib, wobei nicht nur die Käfer, sondern auch die Larven und Puppen und sogar die Eier in der Dunkelheit leuchten können. Im indianischen Medizinrad ist das Glühwürmchen dem inneren Osten zugeordnet; es steht für Erleuchtung, bringt die Botschaft der Erleuchtung, Verständnis, Lebenskraft aus der eigenen Mitte, Staunen, Wertschätzung, Licht und

Dunkelheit. Betritt das Glühwürmchen unser Feld, so führt es uns in den Zauber und die Kraft der Dunkelheit ein. Es zeigt uns unsere eigene Leuchtkraft sowie das Licht der Dunkelheit. Als Verbündeter des Elfenvolks, führt es uns ein in die Medizin und die Kraft des Wissens der Erde. Es schenkt uns Freude, Entzücken und neuen Mut, unseren Weg auch in der Dunkelheit weiterzuverfolgen. Die Funken des Lichtes, der Blick in die Sterne und das Vertrauen in das große Geheimnis sind seine Gaben. Es fordert uns auf, anzuhalten, innezuhalten, die Schönheit der Dunkelheit wahrzunehmen, die Energie zu erhöhen. Daß das wahre Licht nur in uns selbst gefunden werden kann, daran erinnert es uns, damit wir dann mutig weitergehen, bis das strahlende Licht des Tages unseren Weg wieder bescheint. Es verbindet uns mit dem Urfunken, dem Seelenlicht, das – egal in welcher Entwicklungsphase wir uns befinden – immer da ist und in uns leuchtet. *Von seiner dunklen Seite betrachtet,* kann es auf Verzauberung, Blendung und Irrung hinweisen; etwas versucht uns zu bezaubern, zu täuschen und zu locken.

GOLDFISCH
Reichtum, Glanz, Leuchtkraft

Der Goldfisch ist eine Unterart des Karpfens und wird in China seit über 2000 Jahren gezüchtet. Ursprünglich war er grünlichsilbern, mittlerweile gibt es ihn in allen Schattierungen von Rot bis Weiß. Seine vielen verschiedenen Formen von sehr schlank bis ausgesprochen dick sind Folge der Züchtungen. Die Goldfische wurden im 16. Jahrhundert von reisenden Kaufleuten nach Europa gebracht und dort weitergezüchtet; mittlerweile sind sie weltweit verbreitet. Goldfische stehen für Reichtum und Artenvielfalt, für die bunten Möglichkeiten der Gefühle, für die Schöpfung und Neugestaltung mit Form und Farbe. Deshalb werden sie oft in Geschäften in Aquarien gehalten, um Wohlstand, Überfluß und geschäftliche Erfolge zu bringen. Erreicht ein Schwarm Goldfische unser emotionales Gewässer, so bringen sie uns neue Vitalität, die Schöpferkraft aus dem Gefühl heraus, neue Eingebungen, neue Strömungen. Sie zeigen uns das Land der unbegrenzten Möglichkeiten und unseren eigenen inneren Reichtum, den wir in der Welt manifestieren können. Sie beleben unser Gefühlsleben und lassen es leuchten und strahlen. Durch ihre leuchtenden schillernden Schuppen helfen sie uns, unsere Ideen und Vorstellungen vorteilhaft und überzeugend zu vermitteln und erfolgversprechend zu verkaufen. Goldfische verhelfen uns zu innerer Ruhe, harmonischer fließender Beweglichkeit und der Kraft, unsere Gefühle – wie das Feuer der Begeisterung, Überzeugung, Freude, neue Ideen – auszudrücken. *Von ihrer dunklen Seite betrachtet,* verweisen sie auf Blendung, künstlich zur Schau gestellte euphorische Gefühle, gezüchtete und antrainierte Verhaltensweisen, hinter denen sich das wahre Gefühlsleben versteckt; vorgespielte Freundlichkeit.

GRILLE
Entspannung, Harmonisierung, Erholung

Grillen gehören zur Familie der Heuschrecken. Es sind kleine bis mittelgroße, grabende Insekten, die auch unter dem Namen Grabenheuschrecken bekannt sind. In den Tropen und gemäßigten Zonen dieser Erde gibt es ungefähr 1000 Arten Grillen. Sie haben auffallend lange, fadenförmige Fühler, die aus über 30 Gliedern bestehen. Die meisten Arten haben zwei Paar gut entwickelter Flügel, man-

che haben jedoch stark reduzierte oder sogar keine Flügel. Grillen häuten sich sehr oft und haben im Winter sowie in Trockenzeiten lange Ruheperioden. Bekannt sind sie vor allem wegen ihrer Lauterzeugung, wobei nur die Männchen auf dem linken Flügel eine Schrillader haben, die sie durch Streichen mit dem rechten Flügel zum Klingen bringen. Dadurch können sie wunderbare Melodien oder einen monotonen Gesang anstimmen. Dieser entspannt, gibt Ruhe und ist so hübsch, daß man Grillen in manchen Ländern einfing und als singende Haustiere hielt. Die Grille steht für Glück, Mut und die Kraft des Sommers. Erreicht sie unser Kraftfeld, so erinnert sie uns daran, einen harmonischeren Ton in unserem Leben anzuschlagen. Sie verbindet uns mit den feinen Enden unseres Nervensystems und dem unterschwellig vorherrschenden Unterton in unserem Leben. Lausche auf ihn! Ist er gereizt, angespannt, harmonisch? Die Grille bringt Ruhe, Erholung und Entspannung. Sie fordert uns auf, Feierabend mit nervenzerrenden Verhaltensweisen zu machen, uns zurückzulehnen und dem harmonischen Gesang des Kosmos zu lauschen. Dadurch erneuern wir die Kraft unserer Nerven. Hör auf, dir ständig selber Streß zu machen, entspanne! Genieße die schönen leichten Sommerabende, atme tief durch, mache Ferien vom Ich, und folge dem entspannten, erholsamen Verlauf des Hier und Jetzt. Alles ist gut. *Von ihrer dunklen Seite betrachtet,* macht die Grille auf Spannungen, Anspannungen, Disharmonien, Streß, Unruhe und Überstrapazierung unseres Nervenkostüms aufmerksam.

HAI
Geschäftssinn, Zukunftsorientierung, Durchsetzungskraft

Man unterscheidet weltweit ca. 400 Haisorten, und zwar vom 15 cm kurzen Katzenhai bis zum ca. 14 Meter langen Walhai, dem größten Fisch überhaupt. Haie zählen zu den ältesten lebenden Wirbeltieren – sie sind doppelt so alt wie die (schon wieder ausgestorbenen) Dinosaurier und schwimmen seit über 400 Millionen Jahren durch die Meere der Welt. Haie sind hellhörig; wobei ihr Gehör auf niedrige Frequenzen spezialisiert ist. Geräusche wie das Zappeln eines verwundeten Fisches locken einen Hai aus sehr großer Entfernung an. Und daß er Substanzen wie Fleisch oder Blut in unglaublich niedrigen Konzentrationen und millionenfacher Verdünnung aufspüren kann (bestimmte Riffhaie riechen Fleischextrakt in einer Verdünnung von eins zu zehn Milliarden), erleichtert das die weitere Orientierung zur Ortung seines Opfers. Haie haben kleine Löcher um die Schnauze, Organe zur Wahrnehmung elektromagnetischer Felder, die wie Antennen in der Nase sitzen. Jeder Organismus baut um seinen Körper ein elektromagnetisches Feld auf, und dieses kann der Hai mit diesem einmaligen Sinn fühlen. Haie sind im wahrsten Sinne des Wortes Hellseher, und im Unterschied zu vielen anderen können Haie Farben erkennen. Verschiedene Haiarten haben unterschiedlich gebaute Augen, je nach Lebensraum. Haie, welche bei Tag und Nacht auf die Jagd gehen, können wie Katzen ihre Pupillen verengen, bei anderen Arten sind sie starr. Haie können in dunklen Meerestiefen bei schwachem Licht ihre Beutetiere wahrnehmen und niedrigste Helligkeitsstufen unterscheiden. Bei Tageslicht werden die Augen mit einem Schleier bedeckt, um sie vor Überreizung zu schützen. Haie können aus dem Stand heraus losschießen und Blitzangriffe starten. Sie haben keine Schuppen, sondern eine ledrige, rauhe Haut, durch die sie Kraft, Energie und Zeit sparen und die sie vor Verletzung schützt. Ihre Körpertemperatur ist nicht konstant, sie sind Wechselwarmblüter. Sie sind kaltblütige, hochtechnisierte Räuber, heißkalte, bissige Liebhaber und spezialisierte Polizisten der Meere, die das Wasser sauberhalten, indem sie verletzte, verwundete Wesen schnell besei-

tigen. Die Haie bringen uns mit den Elementen Wasser und Feuer in Verbindung. Erscheint der Hai in deinem Leben, so bringt er dir viele Fähigkeiten und Fertigkeiten, mit derern Hilfe du dein Leben erfolgreich meisterst. Dazu gehören ein schnelles und gutes Gefühl für die Dinge, Hellsichtigkeit, Feinfühligkeit, augenblickliche Wahrnehmung und die Fähigkeit, in aktuellen Angelegenheiten, blitzschnell zu reagieren. Er zeigt dir das Gespür für die richtige Zeit, den richtigen Ort und das richtige Handeln. Er verleiht den richtigen Riecher in geschäftlichen – insbesondere finanziellen –, aber auch in privaten Angelegenheiten. Mit seiner Hilfe erlangst du die Fähigkeit, auf weite Entfernungen Dinge wahrzunehmen und zu wittern. Er bringt dir die Zukunftsorientierung und den Blick nach vorn. Erfordert es die Situation, so hüllt er dich in einen Schutzanzug, welcher dich vor Angriffen und Verletzungen bewahrt und dir Tarnung und Unauffälligkeit schenkt. Er bringt dir uraltes Wissen sowie in Jahrmillionen erprobte und verfeinerte Überlebenstechniken – und damit eine unglaubliche Kraft. Er hilft dir, Dinge, die nichts taugen, die sich nicht bewähren, schnell, sauber und ruck, zuck zu beseitigen, aufzulösen, so daß du deinem Weg weiter folgen kannst. Er kennt die alten Wege, die bewährten Methoden und die Strömungen, welche dich durch neue Situationen tragen. Da er sich wegen der Sauerstoffzufuhr gern in den Strömungen aalt und sie genießt, fordert er dich auch dazu auf, dich zu erholen, Kraft zu schöpfen, dich neu aufzuladen, um anschließend wieder loslegen zu können. Haie kennen keine Angst, deshalb bringen sie Mut, Furchtlosigkeit, Kampfgeist und Einsatzbereitschaft. Ihr Werkzeug ist ihr Gebiß, mit dem sie tödlich zuschlagen können. Für die Gemeinschaft erfüllen Haie ihre Aufgabe, indem sie einfach ihrer Tätigkeit nachgehen. So halten sie für alle gesunden Lebewesen die Gewässer sauber. Bei den Aborigines gibt es einen Stamm, der als Totem einen Hai hat; dieser Stamm, so erzählt man, sei durch den Hai entstanden. *Von seiner dunklen Seite betrachtet,* bedeutet der Hai Suche, Unruhe, brutale Rücksichtslosigkeit, Herzlosigkeit, Kaltblütigkeit, Berechnung, Egoismus, gewissenlosen Energieraub, massive Angriffe, Überlebenskampf; der Schwächste bleibt auf der Strecke. Nachtaktive Jäger verweisen auf unbewußten schweren Energieraub, auf ungelöste Dinge, welche aus weiter Vergangenheit kommen.

HAMSTER
Sanftmut, inneres Kind, Herzensöffnung

Der Hamster ist ein kleines, kurzschwänziges Nagetier. Es gibt 14 Hamsterarten, von denen der Goldhamster – ein beliebtes Haustier – wohl eine der bekanntesten ist. Sein Fell ist gelbbraun, mit weißen Flecken; er ist sehr genügsam, anpassungsfähig, schnell zahm und recht leicht zu versorgen. Hamster sind überwiegend Vegetarier; ihre Nahrung besteht aus Körnern, Früchten, Wurzeln, Blättern und anderem Pflanzenmaterial. Ihre großen Wangentaschen stopfen sie mit Nahrung voll, die sie in ihr Nest schleppen und als Wintervorrat anlegen. Sie sind nachtaktiv, kommen aber auch tagsüber zum Vorschein, außerdem halten sie Winterschlaf, aus dem sie ab und zu aufwachen, um aus ihrem Vorrat zu fressen. Der Hamster öffnet mit seinem niedlichen Aussehen die Herzen der Menschen für die Tierwelt. Durch sein warmes, weiches, kuscheliges Fell und sein putziges Verhalten stellt er die Verbindung her zu dem unschuldigen, kindlichen Teil in uns, welcher sich keiner Boshaftigkeit bewußt ist. Er vermittelt Vertrauen und öffnet sanft die Herzenstür zu anderen Welten. Darüber hinaus verleiht er die Fähigkeit, Unmengen von Informationen zu speichern und nach Hause zu tragen. Er lehrt uns, in guten Zeiten zu sparen und zu sammeln, so daß wir über die dunklen Zeiten

kommen und diese in Ruhe für die Innenschau nutzen können. Er schenkt uns die Gabe, unsere Umwelt neugierig und unvoreingenommen zu erleben, den Dingen zu lauschen, die da kommen, und unserem Weg zu folgen. *Von seiner dunklen Seite betrachtet*, zeigt er sich mürrisch, bissig, gierig, da er alles »hamstert« und in seinen Bau trägt, ohne mit anderen zu teilen.

HERING
Schutz und Kraft, Wirbel/Spirale

Heringe sind eine sehr artenreiche Speisefischfamilie von über 200 Arten, welche sich in allen Weltmeeren finden. Ihr Körper ist silbrig glänzend und langgestreckt. Sie haben eine scharfe Bauchkante, die durch eine Reihe von Kielschuppen von der Kehle bis zum After gebildet wird. Sie haben weichstrahlige Seitenflossen, eine Rückenflosse und eine Afterflosse. Es sind typische Schwarmfische und Schwarmlaicher: In riesigen Schwärmen wandern sie von Nahrungsgebiet zu Nahrungsgebiet. Dabei ernähren sie sich von Plankton und dienen selbst vielen Meeresbewohnern als Nahrung. Häufig schwimmen Heringe dicht gedrängt wie ein Körper in Kreisen, Wirbeln und Spiralen. Ihr silbernes Schuppengewand reflektiert das Licht, das sie in die Tiefen der dunklen Meere bringen. Dies verweist auf ihre Kräfte: Sie stehen für Schutz (die Farbe Silber), die Reflexion im Licht, neue Impulse und Eindrücke, Intuition, neuen Mut und neue Hoffnung. Sie schenken die Gabe, neue Energiefelder aufzubauen, Kräfte zu reinigen und in Dunkelheit Licht und Führung zu bringen. Sie versorgen uns mit ihrer Energie und zeichnen die Urmuster – Spiralen, Mandalas, Wirbel, Wellen – immer wieder neu in die Weltgewässer, wodurch sie die Energie harmonisieren. Taucht der Hering auf, so bringt er dir Nahrung für die Seele, Schutz und Harmonie und fordert dich auf, diese Muster immer wieder neu in dein Leben zu tanzen, damit sich die Kräfte erholen und erneuern, sich wieder regenerieren und stabilisieren können. Er hilft dir, das kosmische Licht in deinem Leben zu reflektieren, eine strahlende, starke, und geschützte emotionale Aura aufzubauen. Dinge, welche negativ in dein Feld eindringen wollen, werden dadurch einfach zurückgespiegelt, so daß jeder nur sich selbst erkennen kann im Licht der Quelle. Die Heringe helfen dir, bei dir zu bleiben und deinem Weg zu folgen. Stell dir einfach vor, wie in deinem Emotionalkörper ein silberner Schwarm Heringe herumwirbelt und ein Feld von Schutz, Licht und Kraft aufbaut. *Von seiner dunklen Seite betrachtet*, kann der Hering für Schutzlosigkeit, Opferverhalten und Angst stehen.

HEUSCHRECKE, GRASHÜPFER
Status, Macht, Disziplin

Im alten Athen trugen Adlige einen goldenen Grashüpfer im Haar, um ihren Status zu symbolisieren. In China steht der Grashüpfer für Überfluß, Reichtum und Fruchtbarkeit. Einst war er dort ein Zeichen für viele Söhne; wurde er mit einer Chrysantheme dargestellt, so verwies er auf den Inhaber eines hohen Amtes. Heuschrecken gehören in der Bibel zu den von Gott »gesandten« Strafen. Sie sind dort Sinnbild für ein asketisches Leben, ihre Disziplin wird gerühmt. Johannes der Täufer soll sich von wildem Honig und Heuschrecken ernährt haben. Wegen ihrer Fähigkeit, sich zu häuten, gelten sie als Auferstehungssymbol. *Von seiner dunklen Seite betrachtet*, wird der Grashüpfer mit Verantwortungslosigkeit in Verbindung gebracht, da er scheinbar ziellos umherspringt.

IGEL
Rückzug, Abgrenzung, Rückzug in die innere Welt

Der Igel ist ein kleiner, stacheliger Insektenfresser, der in Europa, Asien und Afrika heimisch ist. Er gehört zu einer der ältesten Säugetierfamilien der Welt. Igel haben eine spitze Schnauze, relativ kleine Augen und kleine Ohren, kurze Beine und kräftige Klauen, ihre ca. 6000 Stacheln sind braun bis beige. Ein Igel kann sich zu einer Kugel zusammenrollen und dabei seine Stacheln sträuben – diesen Schutzwall zu überwinden ist für jeden Feind des Igels eine Herausforderung. Heutzutage ist das Auto der größte Feind des Igels: Igel sind Nachttiere, ihr Geruchssinn und Gehörsinn sind hoch entwickelt, sie können aber nur schlecht sehen. Sie können sehr schnell rennen, gut klettern und schwimmen. In den kälteren Regionen hält der Igel Winterschlaf. Dazu baut er sich ein Nest und frißt sich in den aktiven Monaten eine Speckschicht an. Erscheint dir der Igel, so bringt er dir die Fähigkeit der Abgrenzung durch Rückzug, »Einigelung«. Er fordert dich auf, in gefährlichen Situationen nach innen zu gehen, dich einzurollen, bis sie vorüber sind und du deinen Weg weiterverfolgen kannst. Manche Dinge, manche Angriffe, haben nichts mit uns zu tun. Wir bekommen sie nur ab, weil wir gerade da sind. Der Igel verleiht die Fähigkeit der klaren Unterscheidung, er läßt dich erkennen, was etwas mit dir zu tun hat und was nicht. Er lehrt dich auch, Grenzen zu wahren, unsere eigenen und die anderer: Bis hierhin und nicht weiter! Sein Igelkleid leiht er dir, damit du dich im Rücken schützen kannst, Dinge, welche nicht zu dir gehören, auf Abstand halten und für dein Bauchgefühl offen bleiben kannst. Er lehrt dich, in guten Zeiten einen Vorrat anzulegen, damit du gut über die dunkle Zeit kommst. Der Igel gibt Ruhe, Zeit und die Gelassenheit, die Dinge zu beobachten, ihnen nachzuspüren und dann den eigenen Weg zu finden. Er schenkt dir die Gabe, in deinen eigenen Tiefen zu forschen, Nahrung zu finden, für dich selbst zu sorgen und aus dir selbst heraus die Kraft zu schöpfen, die du für deinen Weg brauchst. Weil er Schlangen töten kann, gilt er im Christentum als Symbol für Christus und die Jungfrau Maria. *Von seiner dunklen Seite betrachtet*, steht der Igel für Kontaktscheu, Sich-Einigeln.

KLAPPERSCHLANGE
Warnung, Einweihung, Wachsamkeit

Die Klapperschlange gehört zur Familie der Grubenottern; man findet sie ausschließlich in der neuen Welt, den beiden Amerikas, wo es ungefähr 30 Arten und 60 Unterarten gibt. Sie verdankt ihren Namen der an ihrem Schwanzende befindlichen Klapper aus mehreren harten Horngliedern. In Situationen, in denen sie sich bedroht fühlt, richtet sie sich hoch auf und erzeugt mit ihrer Schwanzklapper ein rasselndes Geräusch. Die Klapperschlange ist eine der meistgefürchteten Schlangen; ihr Gift wirkt lähmend auf den Blutkreislauf und auf die Nerven. Klapperschlangen können bei Licht wie auch bei Dunkelheit gut sehen. Verläßlicher ist jedoch ein ausgezeichneter Gesichtssinn, der wie ein Wärmedetektor funktioniert und mit dessen Hilfe sie warmblütige Tiere wahrnehmen und aufspüren können. Ihre beweglichen Giftzähne liegen in Ruheposition nach hinten geklappt, können ausgefahren allerdings mühelos dickstes und zähestes Leder durchbeißen. Klapperschlangen werden bis über 2 Meter groß und häuten sich drei- bis viermal pro Jahr. Zeigt sich dir die Klapperschlange als Krafttier, so gilt für sie grundsätzlich, was im Kapitel »Schlange« steht. Darüber hinaus verleiht sie noch die Fähigkeit der Warnung, die Medizin der Rassel, mit der Geister und Spirits herbeigerufen werden können, die Einweihung in die unterirdischen Kreisläufe und Schätze sowie in die trans-

formierende und wandelnde Kraft des Feuers. Sie hütet und beschützt unsere Lebensenergie. Sie bringt Wachheit und Bewußtsein und das Gespür für Wärme. *Von ihrer dunklen Seite betrachtet*, bringt sie tödliches Gift, Gefangenschaft und Lähmung durch deine eigenen Muster. Sie kann auch auf Banne und schwarzmagische Angriffe hinweisen, welche nicht nur in dieser Welt zu lösen sind, da sie von Kräften und Wesenheiten der Feuerwelten gehütet und gehalten werden. Sie kann außerdem auf eine gefährliche Mission hinweisen.

KRAKE, OKTOPUS, TINTENFISCH
Entwicklung, Entfaltung, Sensibilität

Der Krake ist ein Weichtier und gehört zu der Klasse der Kopffüßler. Sie sind in allen Meeren der tropischen und gemäßigten Zonen zu finden, durch die sie sich in jahreszeitlich bedingten Wanderungen über weite Strecken bewegen. Das geschieht entweder laufend oder kriechend oder nach dem Rückstoßprinzip schwimmend. Das Muttertier stirbt meistens, sobald die Jungen geschlüpft sind. Die wichtigsten Merkmale der Kraken sind die acht Fangarme, die kranzförmig um die Mundöffnung angeordnet sind und an denen oft Saugnäpfe sitzen, mit denen sich an Dingen festhalten können. Zu beiden Seiten des direkt oberhalb der Fangarme liegenden Kopfes befinden sich große, hochentwickelte Augen, mit welchen die Tiere aufmerksam ihre Umgebung beobachten. Hinter dem Kopf liegt der sackförmige Körper, in dem sich alle Eingeweide befinden. Bekannt sind sie für ihre Fähigkeit, die Färbung ihrer Haut zu ändern und sich damit an den jeweiligen Untergrund anzupassen. Interessant ist, daß sie über ein ausgezeichnetes Lernvermögen verfügen. Als Weichtier des Wassers bringt uns der Krake die Gefühle, die Intuition und die Empfindsamkeit. Er verleiht die Gabe des Einfühlungsvermögens, der Empfänglichkeit und der Anpassung an den jeweiligen Gefühlszustand. Er hilft uns, unsere Gefühle wie das Wasser zu filtern und zu reinigen. Er schenkt uns die Kraft, gute Gefühle aufrechtzuerhalten und zu stabilisieren. Der Krake ist mit ihren acht spiralförmigen Armen ein Symbol der Entfaltung und des Tanzes der Schöpfung. Er ist Sinnbild des Mondes und des Wassers, aber auch des Donners und des Regens. Aus der Tiefe des Meeres, wo er alte Schätze hütet, bringt er die Weisheit. In der hawaiianischen Mythologie gibt es den Oktopusgott Kanaloa; auf den Gilbertinseln im Nordpazifik ist der Krake Nareau die Schöpfergottheit, die mit ihren vielen Armen eine Unmenge von Steinen und Sand zusammentrug und damit den Urkontinent schuf. *Von ihrer dunklen Seite betrachtet*, verweist uns der Krake auf alte Muster, Flüche, Eide und Schwüre, Schädigungen, die sich im Emotionalkörper in Krakenform zeigen, wo sie sich festhalten und verteidigen. Auch wenn sich eine Fremdenergie eingeklinkt hat, läßt sie sich oft an ihrer Krakenform erkennen. Da das vielarmige Tier seine Beute durch Tarnung täuscht und dann tödlich umfängt, steht es für Verführung, Verrat, Lüge, Raffgier und Geiz sowie lähmenden bis tödlichen Energieraub. Weiterhin steht der Krake für die Hölle, da er Tinte verspritzt und so die Umgebung undurchsichtig werden läßt.

KRÖTE
Fruchtbarkeit, Reichtum, Zauberkraft

Die Kröten gehören zu der Familie der Froschlurche und leben in vielen unterschiedlichen Arten über die ganze Welt verteilt. Sie haben einen kurzen, massigen Körper und kurze Beine. Ihre trok-

kene Haut ist oft mit Warzen und Knötchen bedeckt, in denen kleine Giftdrüsen liegen. Kröten sind Nachttiere; tagsüber verbergen sie sich an feuchten Stellen in Erdlöchern, unter Steinen und in alten Gemäuern. Bei Einbruch der Dämmerung kommen sie zum Vorschein. Wenn die Kröte Beute entdeckt, schnappt sie meistens nicht blindlings zu, sondern betrachtet sie zunächst eingehend und greift erst dann blitzschnell zu. Kröten graben sich zum Überwintern tiefe Erdhöhlen, aus denen sie erst an die Oberfläche zurückkommen, wenn es wieder wärmer wird. Ihren Laich legen sie im Wasser ab. Die Kröte bringt das alte Erdwissen der großen Göttin und erinnert an den weiblichen Weg. In den alten Mythen ist sie die gefürchtete Hexe, die am Wegesrand sitzt, Menschen in die Lebensmysterien einweiht, doch letztlich nur ihren eigenen Vorteil im Auge hat. Sie trägt die initiatorischen, die mütterlichen wie auch die zerstörenden Kräfte in sich. Sie piesackt uns mit Stacheln, schenkt uns dann wieder Farbe und Gift zu unserem Schutz und verteidigt zugleich ihre Haut und ihren ganz persönlichen Erdenweg. Sie fordert uns auf, einen anderen, eigenen Weg zu finden, fernab von der breiten Straße, auf der alle gehen. Sie weiht uns ein in die tiefen Mysterien, das geheime Wissen, und ist eine sehr heilige Medizin, der wir mit Achtung und Respekt begegnen sollten. Sie verbindet die alltägliche Wirklichkeit mit der nichtalltäglichen, verleiht magische Fähigkeiten, wie Vorausschau, Hellsichtigkeit, Hellhörigkeit, schenkt Fruchtbarkeit und lehrt uns alte Rituale sowie altes Wissen. Die Kröte ist ein Symbol für die Gebärmutter, sie gebärt Neues aus sich selbst heraus. In vielen Ländern verkörpert sie inneren und äußeren Reichtum, fruchtbare Verbindungen und Zauberkraft, weshalb sie auch in alten Fruchtbarkeitsritualen eingesetzt und angerufen wurde. *Von ihrer dunklen Seite betrachtet*, verweist sie wegen ihrer Giftigkeit auf schwarzmagische Handlungen und Angriffe, Verfluchungen und Verwünschungen.

LERCHE
Gebet, Öffnung, Botschaft aus der oberen Welt

Lerchen sind kleine, am Boden lebende Singvögel. Es gibt verschiedene Lerchenarten, u.a. Haubenlerche, Heidelerche, Feldlerche; es ist eine in ganz Europa bekannte Vogelart. Einige unter ihnen sind Standvögel, andere wiederum Zugvögel und wieder andere Teilzieher. Ihr Federkleid ist unauffällig braun, olivgrün, weiß gemustert, und sie tragen eine Federhaube. Ihren fröhlichen, melodischen Gesang pflegen sie Tag und Nacht, und zwar von hoher Warte oder in wellenförmigem Sinkflug. Eine alte Geschichte erzählt, daß die Lerche nur singt, wenn sie sich zum Himmel erhebt. So ist sie das Sinnbild für die Verbindung zwischen Himmel und Erde und steht auch für das Priestertum und göttliche Durchgaben oder Botschaften aus den Oberen oder Sonnenwelten. Ihr Gesang wird im Volksmund zu Beten, ihr lateinischer Name Alauda zu »Gotteslob«. Im Kinderlied »Die Vogelhochzeit« ist es die Lerche, welche die Brautleute zur Kirche führt. Die Lerche verbindet uns mit der der Oberen Welt. Sie lehrt uns, bei Tag und bei Nacht ein reiner Kanal des göttlichen Lichtes zu sein und uns in die Obhut des Höchsten zu begeben. Sie erinnert uns an die Schönheit, Vollkommenheit, Harmonie, den Frieden. Wenn sie auftaucht, ruft sie uns zurück an die göttliche Quelle, die jedem offensteht, der sich mit ihr verbindet. Sie schenkt uns die kleinen Erleuchtungsfunken des Alltags, die uns den Nachbarn grüßen, jemandem einen guten Tag wünschen, hilfsbereit sein lassen... *Von ihrer dunklen Seite betrachtet*, bedeutet sie Weltflucht, Nur-das-Licht-sehen-Wollen, Nicht-wirklich-Hinschauen, Weglaufen vor der Erde und dem, was das Dasein auf ihr bringt.

LIBELLE
Entwicklung, Verwandlung, Schutz

Die Libelle ist ein kräftiges, geflügeltes und fleischfressendes Insekt tropischen Ursprungs, das in 30 Familien mit 5500 Arten vorkommt und auch in nördlicheren Gefilden heimisch geworden ist. Sie hat zwei Paar stark geäderte Flügel, einen auffallend langen, schlanken Hinterleib und vorstehende Facettenaugen. Sie schimmert wunderschön in verschiedenen metallisch glänzenden Farben. Libellen leben an Wasserfällen, Seen, Lagunen, Teichen, Tümpeln und kleinen Mooren und Sumpfgebieten, wo sie insbesondere bei sonnigem Wetter gut zu beobachten sind, u.a. auch dabei, wie sie ihre Territorien verteidigen. Die Larven der Libellen, auch Nymphen genannt, sind ausschließliche Wasserbewohner. Sie haben eine spezielle Fangmaske, mit der sie ihre Beute ergreifen. Am Ende des Larvenstadiums kriechen sie aus dem Wasser, häuten sich und erheben sich dann, zur Libelle geworden, in die Luft. Erst nach und nach entwickeln sie ihre endgültige Größe und Färbung. Die Libelle verbindet die Elemente Wasser und Luft. Sie wird im Wasser geboren, entwickelt sich, verläßt ihr Wasserdasein, häutet sich und erhebt sich in die Luft. Im Englischen wird sie Dragonfly, Drachenfliege, genannt. Das rührt von einer alten Legende her, darin hatte ein Drache Zauberkräfte, welche er nicht mißbrauchen durfte. So schenkte er Licht und Weisheit, brachte die Magie, den Gestaltwandel und durch seinen feurigen Atem die Sinnestäuschung. Eines Tages forderte der Kojote ihn auf, die Gestalt einer Libelle anzunehmen. Da verlor der Drache seine Macht, weil er sie dazu benutzt hatte, seine Magie zu beweisen. Eine weitere Geschichte erzählt von dem fernen Atlantis, in dem die Libelle eine Wächterin des alten Wissens war. Doch die Atlanter mißbrauchten ihre Fähigkeiten und experimentierten mit ihrem Wissen, so verloren sie ihre Kraft, und ihr Kontinent ging unter. Die Libelle erinnert an die Kraft der Atlanter, schenkt Weisheit und warnt zugleich vor dem falschen Gebrauch des Wissens. Sie bringt die Weisheit der Tiefe und der Vergangenheit, die Kraft der Entwicklung, des Über- sich- Hinauswachsens und die Rückkehr des alten Wissens in einen neuen Zyklus. Sie verleiht uns die Kraft, unsere Gefühle zu beherrschen und so den wahren Kriegergeist zu entfalten. Da die Libelle mit dem Wesen des Wassers in Verbindung steht, stärkt sie die Intuition und das schnelle gefühlsmäßige Handeln aus dem Gespür für die Dinge heraus. Sie bringt außerdem die Fähigkeit, Dinge ohne Worte zu verstehen und zu deuten, sowie die Kraft der klaren Abgrenzung. Ihre unvorhergesehenen Flugbewegungen verweisen auf die Kunst der Ablenkung und der Täuschung im Kampf. Außerdem haben wir mit ihr die Chance, altes Karma aufzulösen und uns frei zu machen von alten Bindungen, welche uns heute nicht mehr dienen. Die Libelle verleiht zudem die Gabe der Gestaltumwandlung und des Fliegens sowie Schutz und die Kraft, seinem Weg zu folgen und sich der Wandlung hinzugeben, die damit verbunden ist. Da sie Territorialkämpfe führt, steht sie für Abgrenzung und Schutz bestimmter Gebiete: Sie zeigt, daß ein Gebiet unter einem anderen Schutz steht als unter dem des Menschen. Für die Chinesen symbolisiert die Libelle den Sommer. Sie ist das Nationalemblem Japans, weil das Insekt und die Inselgruppen sich in der Form ähneln. Sie verkörpert die Schnelligkeit und den Wirbelwind. *Von ihrer dunklen Seite betrachtet*, steht sie für Instabilität, Unzuverlässigkeit, Gefühlskälte und Abgrenzung, Materie über Geist, Sich-beweisen-Wollen, Perfektionismus, Täuschung.

MAULTIER
Zähigkeit, Kraft, Ausdauer

Das Maultier, auch Muli genannt, ist das Ergebnis der durch den Menschen herbeigeführten Kreuzung einer Pferdestute mit einem Eselhengst. Maultiere können sich selbst nicht fortpflanzen, werden allerdings bis zu 80 Jahre alt. Sie sind gute Reittiere, auch für ungeübte Reiter, außerdem robust, leistungsfähiger und stärker als Esel, zudem einfacher zu führen. Sie sind anspruchslos und genügsam, weder scheu noch eigensinnig, ertragen Hitze und Kälte recht gut und erholen sich schneller als ein Pferd. Ihre Hufe sind schmäler als die eines Pferdes, was sie in unwegsamem Gelände trittsicher sein läßt. Deshalb werden sie auf Transportwegen über Bergpässe gern als Lasttiere eingesetzt. Ein Muli kann pro Tag 150 kg bis zu 40 km weit tragen. Schlechte Behandlung jedoch erträgt es nicht und kann darauf schnell und heftig reagieren. Taucht das Maultier als Krafttier auf, so ist es dir in Angelegenheiten behilflich, in denen du schwer zu tragen hast: Es nimmt dir die Last ab und erleichtert deinen Gang, hilft dir über lange Strecken und weite Entfernungen. Zudem schenkt es dir Stärke, Durchhaltevermögen, Ausdauer, Kraft und Leistungsfähigkeit. Mit seiner Hilfe wirst du dein Ziel erreichen und an deiner Sache dran bleiben. Es gibt dir außerdem das rechte Gefühl für den nächsten richtigen Schritt. *Von seiner dunklen Seite betrachtet*, kann es dafür stehen, daß du zuviel trägst, dir zuviel auflädst und deine Kräfte überstrapazierst. Überdies kann es darauf hinweisen, daß deine Kraft und Energie ausgenutzt werden und dir nicht für deine eigene Aufgabe zur Verfügung stehen.

MARDER
Wendigkeit, Erfolg, Geschick

Marder sind mittelgroße Raubtiere mit einem langgestreckten Körper, einem keilförmigen Gesicht und abgerundeten Ohren. Sie haben ein braunes Fell und einen buschigen Schwanz, welcher als Balancierhilfe dient, außerdem große Pfoten mit behaarten Sohlen und halb einziehbaren Krallen. Marder sind geschickte Kletterer, Einzelgänger, Jäger und Räuber, die ihr Revier kennzeichnen. Sie leben in der Nähe menschlicher Siedlungen, wo sie gelegentlich Autokabel durchbeißen. Taucht der Marder in deinem Energiefeld auf, so gilt es, verlorene Energie zurückzuholen. Bei irgendeiner Gelegenheit warst du nicht wachsam und hast deine Energie außerhalb deiner selbst gebunden. Der Marder führt dich schnell und sicher zu den Punkten zurück, wo das geschah, und hilft dir, sie wieder zu sammeln und Frieden mit der Vergangenheit zu schließen. Er bringt außerdem die Kunst der Tarnung, der Verteidigung und der klugen Handlung. Er ermöglicht dir erfolgreiches Gelingen bei schwierigen Unternehmen. *Von seiner dunklen Seite betrachtet*, kann er auf Energieraub hinweisen, auf Gefahr, emotionale Kräfte wie Eifersucht, Neid, den jemand gegen dich hegt, Wunden und Löcher im Energiefeld, wütenden Rückzug, selbstzernagende Gedanken.

MAULWURF
Erfolg, Reichtum, Erde

Es gibt 40 Maulwurfarten in 15 Gattungen, welche über Europa, Asien und Amerika verbreitet sind. Sie markieren ihre Reviere durch Duftmarken. Maulwürfe haben einen zylindrischen, länglichen Körper, eine kegelförmige Schnauze und schaufelförmige, große Vorderpfoten. Das Fell ist

dunkel, doppelschichtig, kurz, dicht und besteht aus wasserabweisender Unterwolle mit fettigen Leithaaren. Die Augen liegen tief im Fell verborgen und sind zwar funktionstüchtig, reagieren jedoch sehr empfindlich auf Lichtveränderung und haben kaum Sehkraft. Deshalb verlassen sich Maulwürfe auf ihren Tastsinn und tragen an verschiedenen Körperteilen Tasthaare. Bekannt sind Maulwürfe dafür, daß sie Tunnel und Schächte an die Oberfläche graben, indem sie die Erde zu einem Hügel hochschieben. Sie lockern die Erde, so daß sie fruchtbar werden kann. Beim Graben sammeln sie ihre Nahrung und essen, was ihnen über den Weg läuft. Manche Maulwurfarten können sehr gut schwimmen. Der Maulwurf bringt dir die fruchtbare Kraft der Erde und verleiht dir die Fähigkeit zum Umgang mit der Materie. Er hilft dir, in deinen Kern vorzudringen, verborgene Wege und Verbindungen freizuschaufeln, die Schätze in deiner Tiefe zu finden und zu bergen sowie zu lernen, deinem gesunden Gefühl und Gespür in Angelegenheiten der Erde blind zu vertrauen. Der Maulwurf weiß, wann was zu tun ist und wann Zeit ist, sich auszuruhen, um neue Kraft zu schöpfen. Er lehrt dich, daß die Konzentration im Innen liegt, auch bei äußeren Angelegenheiten. Er weiß, wie man mit den Früchten der Erde im rechten Maß umgeht. Er bringt ein Gefühl für Zahlen und Werte, für Raum und Maß und den rechten Geschäftssinn. Er fordert dich auf, nicht nur zu denken und zu lenken, sondern auch zur Tat zu schreiten. Er bringt dir Ausdauer, Zähigkeit, Mut und Tatkraft, mit Hilfe deren du deine Erdenangelegenheiten verarbeiten und regeln kannst. So führt er dich zu deinen inneren Werten, zu Reichtum und Erfolg. *Von seiner dunklen Seite betrachtet,* kann er für Blindheit, Pedanterie, Kleingeist stehen.

MEISE
Botschaft, Austausch, Kontakt

Es gibt verschiedene Meisenarten, u.a. Kohlmeisen, Blaumeisen, Haubenmeisen, die sich an ihrer Gefiederfärbung erkennen lassen. Meistens tragen sie eine gelblich-weißliche Unterseite und ein deckendes Obergefieder in den Farben Oliv, Blau, Schwarz und Braun. Meisen sind Standvögel und im Winter oft an von Menschen eingerichteten Futterplätzen anzutreffen, wohin sie auch immer wieder zurückkehren. Mit ihrem Ruf warnen sie vor Gefahr, oder sie stoßen hohe zarte Lockrufe aus. Ihr Lied stimmen sie mit unterschiedlichen Lauten und einem Triller an – im Frühjahr sind sie schon oft beim ersten Sonnenstrahl zu hören. Die Meise schaut aufgeweckt, wach und neugierig in die Welt, sorgt rund ums Jahr für fröhliche Unterhaltung. Sie steht für das Aufrechterhalten einer fröhlichen Grundenergie, für ein aufgewecktes Verhalten und bringt die Botschaften aus der näheren Umgebung. Sie liebt die Gemeinschaft und die Geselligkeit und kündigt die Wiederkehr der Sonne an. Sie verkörpert Austausch, Kontaktfreudigkeit und Kommunikation. *Von ihrer dunklen Seite betrachtet,* warnt sie vor leeren Versprechungen oder vor Klatsch und Tratsch und kann das Bedürfnis nach Geselligkeit und Gemeinschaft anzeigen.

MILAN
Erneuerung der Lebensenergie, grenzenlose Freiheit, Erkundigungen

Der Milan ist ein Greifvogel. Er ist ein Kurzstrecken- und Teilzieher. Es gibt verschiede Arten, von denen bei uns der Rotmilan und der Schwarzmilan bekannt sind. Der Rotmilan ist größer als ein Bussard und mit wesentlich längerem, deutlich gegabeltem Schwanz ausgestattet. Seine Merkmale sind ein

hakenförmiger Schnabel und große scharfe Krallen, die zum Ergreifen, Festhalten und Wegtragen der Beute dienen. Sie haben außerdem scharf spähende Augen und ein braun, weiß und schwarz gemustertes Gefieder, wobei die Flügelunterseite kontrastreich hell-dunkel gezeichnet ist . Im Winter bilden Milane hier und dort Schlafgesellschaften im Feldgehölz, ihre Nester liegen auf hohen Bäumen und sind oft mit Lumpen, Papier und anderen Dingen durchsetzt. Oft gleiten Milane mit waagrecht ausgestreckten Flügeln auf den Luftschichten. Sie jagen auf offenen Flächen und über Gewässern; ihre Nahrung sind tote und verletzte Fische, verletzte Kleintiere, Aas, Kleinsäugetiere und Abfälle. Die ägyptische Göttin Nephthis, Gefährtin von Seth, verwandelte sich auf der Suche nach Überresten von Osiris' zerstückeltem Leichnam, den sie wieder zusammensetzte und dadurch wieder zum Leben zu erwecken half, in eine Weihe bzw. einen Milan. Der Milan erscheint in deinem Leben, um dir zu helfen, deine Lebensenergie zu vervollständigen. Er bringt dir Teilstücke, welche du schon lange gesucht hast. Er verfügt über die Gabe des Hellsehens, so daß Botschaften und Informationen auf sehr unkonventionelle Weise zu ihm gelangen. Er hilft dir, Einblick in höhere, übergeordnete Zusammenhänge zu gewinnen, er hat den Überblick. In der unkonventionellen Lebensweise eines Zigeuners zieht er frei und ungebunden über die Lande, um den Klängen des Lebens zu lauschen, alte Geschichten und Dinge zu sammeln, sie weiterzutragen und dorthin zu bringen, wo sie hingehören. Auf seine freiheitsliebende Weise ist er treu. Er nimmt das, was er findet, dankbar an, reinigt die Gefühlsgewässer von toten und kranken Mustern und Dingen. Er schenkt Lebensweisheit, praktisches Wissen und abwechslungsreiche Lebenserfahrungen, denn Schwarzweißdenken gibt es für den Milan nicht. Er kann aus allen Dingen etwas machen, etwas Neues zusammensetzen. Mit ihm als Begleiter sitzt dein Herz auf dem rechten Fleck; er verleiht uns die Gabe, Wasser und Luft, Gefühl und Verstand miteinander zu verbinden und mit dem Herzen gut zu sehen. Er ist ein guter Schamanenvogel, welcher sein Gebiet kennt und liebt, Wunden heilt, alte Muster auflöst und Seelenteile zurückholt und wieder zusammensetzt. *Von seiner dunklen Seite betrachtet*, steht er für unnütze Detailliebhaberei, Ablenkung, Unbeständigkeit, Ungenauigkeit in Daten und Fakten, Rumtreiberei, Sammeltrieb.

MOTTE
verstorbene Seelen, Gebundenheit, Zwischenebenen

Es gibt zahlreiche Mottenarten, die über die ganze Welt verbreitet sind, u.a. Dörrobstmotte, Mehlmotte, Kleidermotte, Samenmotte, Speichermotte, Getreidemotte, auch grauer Falter genannt. Ihre Flügel sind meist braun-grau gemustert, und sie leben bis zu zwei Wochen. Motten gehen durch die gleichen Entwicklungsstadien wie Schmetterlinge und werden deshalb auch Schmetterlinge der Nacht genannt, allerdings sind sie recht klein. Sie sind gefürchtet, da sie z.B. Löcher in Kleider fressen, ihre Larven aus Körnern die Keimlage herausfressen bzw. Fäden und Verklumpungen in Nahrungsmitteln hinterlassen, wodurch diese unbrauchbar werden. Motten stehen für das sich immer mehr in die Materie verstrickende Leben, Gebundenheit, deutliche Spuren der Verwüstung und Verdunkelung auf der Erde. Dadurch kann die Motte nicht wirklich ins Licht gelangen, dennoch steht sie für das Streben nach Licht: Sie wird von Licht angezogen und umschwirrt es, kann es aber nicht erreichen. Mit ihrer Nachtaktivität steht sie für die unbewußten Tätigkeiten und das unbewußte Handeln. Das Zerfressen und Durchlöchern von Kleidung symbolisiert das zerschlissene Seelenkleid. Motten verkörpern das Festhalten an alten Dingen, welche schon längst überholt, tot sind. In der

Bibel ist sie Sinnbild für die Hinfälligkeit der irdischen Schätze. Jesus sagte: »Sammelt nicht Schätze hier auf der Erde, wo Motte und Wurm sie zerstören« (Mt 6,12). Die Motte steht oft in Verbindung mit Verstorbenen, welche noch nicht verstanden haben, daß sie tot sind, da ihr Tod plötzlich kam oder sie ihr Leben auf der Erde nicht loslassen können. Sie hängen dann in der Zwischenebene fest, von wo sie das Licht allein nicht finden können. Zeigt sich dir die Motte, so wird es Zeit, innezuhalten und in den Spiegel der Schatten zu schauen: Was hängt hier noch? Was hast du nicht losgelassen? Was hält dich fest? Zorn, Wut und die Erwartung von Wiedergutmachung können an die Erde binden. Schau dir an, was dich bindet. Blicke in die Zwischenebene, prüfe, ob dort vielleicht Seelen versuchen, das Licht zu erreichen, es aber ohne Hilfe nicht schaffen. Die Motte lehrt Erlösungsarbeit, Wandlung, Lösung, Vergebung, Verzeihung, Demut vor dem Leben. Es gibt eine alte Geschichte, darin sah ein Junge in einer kleinen Kristallkugel eine Motte um ein strahlendes Licht fliegen. Er dachte, es wäre ein Adler, der um die Sonne kreiste und ihm in seinen Träumen zuriefe. Er machte sich auf, den vermeintlichen Adler zu suchen. Auf seinem Weg hatte er viele Hindernisse zu überwinden und Prüfungen zu bestehen, doch das Bild des Adlers mit der Sonne gab ihm Kraft. Schließlich erreichte er sein Ziel durch Demut, Lauschen auf die innere Stimme, Bitten um Hilfe, Lösen der Aufgaben, die auf dem Weg lagen, und schließlich indem er dem Adler ein Stück von seinem Fleisch opferte. Er hatte sein Ziel, die Sonnenstadt und das ewige Leben, gefunden und auf dem Weg noch seine Liebste. Als er am Ziel war, zerfiel die Kugel mit dem Bild und der Motte, die um das Licht kreiste. In seinem Gewand blieb ein seltsames, kleines, eingefressenes Loch zurück, das sein Krafttier hineingetanzt hatte. Wer reinen Herzens ist, hört den Ruf des großen Geistes in allen Dingen und sieht auch im Dunkeln den lichten Ruf. *Von ihrer negativen Seite betrachtet*, steht die Motte für das Festhalten an alten Dingen, unerlöste Muster und Gefühle wie Wut und Zorn sowie für Blindheit und unbewußtes Handeln.

MÖWE
Geselligkeit, Botschaft, Ideenreichtum

Möwen sind in den kühleren und gemäßigten Klimazonen der Erde in vielen Arten vertreten. Sie sind ausgezeichnete Flieger und können auch gut schwimmen. Meist ernähren sie sich von Fischen und brüten in Kolonien auf Klippen und Felsvorsprüngen in Wassernähe, wo sie ziemlich unordentliche Nester aus allerlei Pflanzenmaterial bauen. Sie sind gesellig, unterhaltsam, beweglich und flink. Kommt die Möwe in dein Leben, so verbindet sie dich mit den Elementen Luft und Wasser. Als Meister der Lüfte bringt sie Botschaften, Ideen und Eingebungen aus den geistigen Welten und aus dem Reich des Wassers. Mit ihr als Begleiterin geht man oft unkonventionelle, unkomplizierte, individuelle Wege. Sie verleiht die Kraft der Intuition und des Mondes in Verbindung mit der Weisheit und der Sonne. Sie befähigt zur eleganten Bewegung in der Gemeinschaft, segnet uns mit Ideenreichtum, läßt uns die Kraft der Gemeinschaft erleben, trägt uns den Ruf der Ferne zu. Aus der Literatur bekannt ist die Möwe Jonathan. *Von ihrer dunklen Seite betrachtet*, verweist sie auf Schadenfreude, Futterneid, chaotische Informationen, Wirrheit, Neugierde und Einmischung sowie unüberlegtes Nachmachen, weil alle es tun.

MURMELTIER
Geselligkeit, innere Wandlung, Zyklen

Auf der nördlichen Erdhälfte leben 14 Murmeltierarten, zu denen u.a. das Kappenmurmeltier, das Rote Murmeltier und das Bobak gehören. Murmeltiere haben einen rundlichen Kopf mit kleinen Ohren, einen massigen, rundlichen Körper, helles Fell und ausgeprägte Grabpfoten. In Verbänden mehrerer Familien – die Paare leben in Einehe und zusammen mit ihren verschieden alten Jungtieren – besiedeln sie waldfreie Flächen in Höhen zwischen 800 und 3200 Metern, und zwar in den Alpen, den Pyrenäen und im Schwarzwald. Dort graben sie unterirdische Gänge und Höhlen, in denen sie von Oktober bis März gemeinsam Winterschlaf halten. Sie fressen Blätter, Blüten, Kräuter, Gräser und Insekten und können eine enorme Menge an Körperfett speichern, das sie über den Winter trägt. Durch einen schrillen Pfiff warnen sie einander vor Feinden wie Adler, Fuchs und Mensch. Sie verfügen über eine Verwandtenselektion, eine Fortpflanzungssperre, welche Inzucht und Mißbildungen innerhalb einer Sippe vermeidet. Murmeltiere, die sich nicht fortpflanzen, helfen bei der Aufzucht der jüngeren Geschwister und Sippenkinder. Nicht selten warten sie auf eine Gelegenheit, selbst auszuziehen, um neue Erfahrungen zu machen und ein neues Revier zu suchen. Zeigt sich das Murmeltier in deinem Leben, so bringt es dir den Zyklus ewiger Wiederkehr und damit die Kraft, dich zu verändern und dich in dem ewig Wiederkehrenden neu zu erfahren. Entwicklung geschieht im Innen, das Außen spiegelt nur die innere Entwicklung. Das Murmeltier fordert dich auf, nach innen zu gehen und den tiefen Zusammenhang zwischen Innen und Außen zu erfahren. Es bringt uns das Wissen, daß wir uns selbst nicht entrinnen können. Es weiht uns ein in die Wandlung der Energie durch die Innenschau. Ändere deine Einstellung zu einer Sache, und schon bekommt sie ein neues Gesicht. Das Murmeltier lehrt dich zudem, Reserven anzulegen, dich um die Menschen zu kümmern, die dir wichtig sind, und deine direkte Umgebung, deine Familienbindungen, in Ordnung zu bringen und dort Frieden zu halten. Bekannt geworden ist das Murmeltier durch den Film »Und ewig grüßt das Murmeltier.« *Von seiner dunklen Seite betrachtet,* kann es auf Hilflosigkeit hindeuten, auf Eintönigkeit, auf die Unfähigkeit, bestehenden Normen und Regeln zu entrinnen, auf das Gefangensein in sich und im Bund der Familie und darauf, daß man seine Energie anderen zur Verfügung stellt, ohne nach sich und dem zu schauen, was man selbst will.

NASHORN
Altes Erdwissen, Geruchssinn, Schutz und Verteidigung

Nashörner entstammen einer sehr alten Linie von Tieren, der auch die Elefanten und Nilpferde zugehören: den Megaherbivoren, Pflanzenfressern, welche große Mengen an Futter benötigen. Die Megaherbivornen lebten vor 40 Millionen Jahren; von den bis heute überlebenden fünf Arten – Spitzmaulnashorn, Breitmaulnashorn, indisches Panzernashorn, Javanashorn, Sumatranashorn – in Afrika und im tropischen Asien, stehen zwei kurz vor dem Aussterben. Ihre Merkmale sind ledrige Haut, ein oder mehr Hörner auf der Nase, kurze, stämmige Beine, drei Zehen an jedem Fuß, welche einen kleeblattförmigen Abdruck auf dem Boden hinterlassen, bewegliche Oberlippen und langgezogene Schädel. Nashörner sind tag- und nachtaktiv. Sie sehen so schlecht, daß sie einen Menschen, der regungslos in 30 Meter Entfernung von ihnen verharrt, nicht wahrnehmen können. Allerdings ist ihr Gehör sehr fein, und um sich über ihre Umgebung zu informieren, setzen sie zu-

dem ihren ausgezeichneten Geruchssinn ein: Das Volumen ihrer Riechzellen ist größer als ihr Gehirn. Nashörner verfügen über eine vielfältige Palette von Geräuschen – Grunzen, Brüllen, Schreien, Quieken, Schnauben –, mit denen sie sich untereinander verständigen, wobei sie allerdings ungesellige Eigenbrötler sind. Sie sind abhängig von Wasser und trinken bis zu 80 Liter am Tag. Sie lieben es, sich in Schlamm und Wasser zu wälzen. Nashörner, welche sich gestört fühlen, greifen oft sehr heftig an. Das Nashorn wird in der Mythologie oft mit den Einhörnern in Verbindung gebracht; wobei das Einhorn laut einiger Legenden eine Kreuzung zwischen einem Pferd und einem Nashorn sein soll. Das Nashorn ermöglicht den Zugang zu dem uralten Wissen der Erde und bringt uns auf den weiblichen Weg, da es auf der Erde und im Wasser zu Hause ist. Es verleiht uns Wachheit und Bewußtsein, lehrt uns, dem Sehsinn nicht soviel Gewicht zu geben und anderen Sinnen wie Gehör- und Geruchssinn mehr Aufmerksamkeit zu schenken. Schließlich haben wir viele Möglichkeiten und Wege, die feinstoffliche Energie wahrzunehmen, und vielleicht empfangen wir Botschaften eher über diese Empfangsorgane. Als Krafttier schützt und verteidigt es uns in der Anderswelt. Es zeigt uns viele Möglichkeiten, uns mitzuteilen und uns mit unserer Umwelt in Verbindung zu setzen. *Von seiner dunklen Seite betrachtet*, kann es auf blinde Wut – mit der wir auch uns selbst verletzen können –, Aggression, unreflektiertes Handeln und fehlende Bereitschaft, richtig hinzuschauen.

NILPFERD, FLUSSPFERD
Fruchtbarkeit, Mutterschaft, Reinigung

Das Flußpferd ist in ganz Afrika – mit Ausnahme der Sahara – verbreitet. Flußpferde halten sich in unterschiedlichen Lebensräumen auf, tagsüber im Wasser und nachts an Land, wobei die Weibchen Gruppen bilden. Ihre Haut ist einzigartig, denn durch sie verdunstet mehr Feuchtigkeit als bei anderen Säugern. Flußpferde haben einen großen, walzenförmigen, stromlinienförmigen Körper und kurze Beine. Weil sie die meiste Zeit im Wasser verbringen, liegen Augen, Ohren und Nüstern hoch am Kopf. So können die Tiere sehen, atmen und hören und bis zu fünf Minuten unter Wasser bleiben. Ihre Nahrung besteht aus Pflanzen, selten aus Fleisch oder Aas. Sie besitzen einen vierkammerigen Magen, sind jedoch keine Wiederkäuer. Bullen verteidigen kein Landrevier, sondern eines im Wasser, in einem Fluß oder einem See. Dabei kann es zu blutigen Kämpfen kommen, denn sie haben messerscharfe untere Eckzähne, welche bis zu 50 cm lang werden. Kampfwunden heilen rasch und sauber ab. Ihr Ruf ist für andere Flußpferde wie ein Welle entlang des Flusses. Sie können über und unter Wasser rufen und Signale empfangen. Das Nilpferd als Krafttier verweist auf das Element Wasser, die Emotionen und die Gefühlswelt, damit bringt es einen guten Kontakt zum Feld der Gefühle, der Intuition und der inneren Stimme. Es hütet die Weisheit der Göttin und die weiblichen Mysterien. Das Element Wasser in der Verbindung mit der Erde verkörpert die fruchtbare Erde, steht für Fruchtbarkeit, das Austragen des Samens und für Wachstum. Da es sehr viele Möglichkeiten hat, Signale zu empfangen, steht es für Empfänglichkeit und hilft bei der Geburt. Es bringt das Gefühl für die richtige Handlung zur richtigen Zeit am richtigen Ort und lehrt die empfängliche, abwartende Haltung. Es rät, sich Dinge, die einen beschäftigen, gut durch den Bauch gehen zu lassen, auf sein Bauchgefühl zu hören und sie gut zu verdauen, bevor man handelt. Das Flußpferd kennt sein Gewässer und weiß augenblicklich, wann Fremdkräfte eindringen. Es hält sein Gewässer sauber, markiert sein Revier und bringt die Kraft der emotionalen Abgrenzung und Verteidigung so-

wie das Wissen, was zu mir, was woandershin gehört . Es hilft uns, das emotionale Feld kennenzu-lernen, zu säubern, rein zu halten und fruchtbar zu machen. Da seine Wunden schnell heilen, bringt es uns die Selbstheilungskraft des Körpers, der Erde und der Haut, der Grenze zwischen innen und außen. Es bringt den Schutz für den Emotional- und den Erdenkörper. In der Mythologie finden wir das Flußpferd in der ägyptischen Göttin Taweret oder Thoeris, welche halb als Mensch und halb als Flußpferd dargestellt wurde. Sie ist die Göttin der Vegetation, der Fruchtbarkeit und der Nie-derkunft, welche Frauen zur Fruchtbarkeit, bei Schwangerschaft, Geburt und Stillen unterstützt und beschützt. Ihr Kennzeichen ist die Sa-Schleife, ein Schutzzeichen. Bei den Afrikanern gilt das Nil-pferd vielerorts als Totemtier und darf weder gejagt noch verspeist werden, da dies großes Unglück für den Stamm bedeuten könnte. Auch ein mächtiger afrikanischer Tierdämon hat Ähnlichkeit mit dem Nilpferd. *Von seiner dunklen Seite betrachtet*, kann es auf im emotionalen Feld wütende Kräf-te hinweisen, auf verschwommene Grenzen, Trampelhaftigkeit, Zerstörung anderer Felder, Egoismus, Rücksichtslosigkeit, Revierkampf.

PAPAGEI
Fruchtbarkeit, Schöpferkraft, Kommunikation und Kontakt mit der Umwelt

Es gibt ungefähr 320 verschiedene Papageienarten mit vielen Unterarten, zu denen auch die Wellensittiche zählen. Papageien sind in den tropischen und gemäßigten Gebieten der Welt weit ver-breitet. Sie variieren in ihrer Größe zwischen 10 und 130 Zentimeter und haben meist ein bunt-leuchtendes Gefieder, wobei es auch schlicht grau, braun, grün oder schwarz gefiederte Arten gibt. Allen gemeinsam sind ein hakenförmiger Schnabel, mehr oder weniger stark abgerundete Flügel und kurze Beine mit kräftigen Kletterfüßen. Papageien ernähren sich von Früchten und Samen. Sie ha-ben sehr starke soziale Kontakte und stehen in ständiger Beziehung und in lebhaftem Austausch mit ihren Artgenossen und ihrer Umwelt. Sie haben zum Teil Gemeinschaftsnester, welche entsprechend groß und in verschiedene Räume aufgeteilt sind, so daß jedes Brutpaar seine eigene Nestkammer hat. Der Papagei bringt den Kontakt und die Kommunikation mit der Umwelt. Aufgrund seiner Kon-taktfreudigkeit hat sich der Papagei in Gefangenschaft die Fähigkeit angeeignet, sich durch Nach-ahmung der menschlichen Sprache zu bemächtigen, damit er auch hier mit seiner Umwelt in Aus-tausch treten kann. Demgemäß verleiht uns der Papagei die Fähigkeit, mit unserer Umwelt in Kontakt zu treten, von ihr durch Nachahmung zu lernen und so andere Lebensformen zu verstehen und sich mit ihnen auszutauschen. Als Krafttier bringt er das Vertrauen in diesen Austausch. Er schenkt Wis-sen, Weisheit und Mitgefühl, versieht uns mit der Gabe, uns in andere hineinzuversetzten und so neue Fähigkeiten zu erwerben und anzueignen. Die Regenbogenfarben seines Gefieders verweisen auf die heilenden Kräfte der jeweiligen Farben und die Leuchtkraft der Seele. Der Papagei hilft uns da-bei, Charisma aufzubauen, außerdem aufmerksam auch auf die Zwischentöne in unserer Umwelt zu lauschen und durch Reden auch die schwierigsten Probleme zu lösen. Er ist ein treuer Begleiter und Gefährte, der uns mit Rat und Tat zur Seite steht. Bei den Hopi-Indianern gibt es einen Papageien-clan, der als Mutter aller Hopi-Clans angesehen wird. Er ist in diesem Kulturkreis ein Symbol der Fruchtbarkeit und des früchtereichen Südens, wie eine Legende belegt: Eine alte Frau und ein alter Mann gingen in den Urwald, um die Kraft zu suchen, welche ihr Volk fruchtbar machen würde, da-mit es nicht aussterbe. Die Beschützerin aller Vogelstämme führte sie zu den Papageieneiern. Sie sag-

te: »Ihr werdet euch vermehren und fruchtbar sein, jedoch dürft ihr diese Kraft niemals verweigern.« *Von seiner dunklen Seite betrachtet*, bedeutet der Papagei Schwatzhaftigkeit und Tratschsucht.

PELIKAN
Selbstaufopferung, Mitgefühl, Einfühlungsvermögen

Die sieben Pelikanarten formieren eine Familie von großen bis sehr großen Wasservögeln und gehören zu den größten flugfähigen Vogelarten dieser Welt. Da ihr Gefieder, ihre Knochen und das Bindegewebe sehr viel Luft enthalten, können sie gut fliegen und gut schwimmen, sind allerdings ziemlich unbeholfen beim Laufen. Ihre Federn sind üblicherweise weiß mit hier und da etwas Grau, Braun oder Schwarz. Als glänzende Flieger können sie mit ihren langen Schnäbeln im Sturzflug Fische aus dem Wasser fangen, die sie in einem großen, dehnbaren Hautsack an der unteren Schnabelklappe aufbewahren. Ihr Brutkleid ist oft sehr schön eingefärbt. Sie brüten in Kolonien teils auf dem Boden teils auf Bäumen; die frisch geschlüpften Jungen sind nackt und rosig. Allmählich werden sie grau oder schwarz und bekommen dann ein Daunenkleid. Wenn sie nach drei Wochen laufen können, versammeln sie sich zu kleinen Gruppen, den »Kindergärten«. Eltern und Kinder erkennen sich augenblicklich, und die Eltern kümmern sich sehr gut um ihre Nachkommen. Kommt der Pelikan in dein Leben, so bringt er dir die Botschaft, daß es Zeit ist, dich zu neuen Kreisen oder zu seiner wahren Bestimmung aufzumachen. Er öffnet dein Herz und dein Gefühlsleben. Er bringt dich in guten Kontakt mit deiner Umwelt und sendet dir die Botschaften, welche du benötigst, um anstehende Aufgaben zu lösen. Außerdem bringt er Dinge wieder zurück, und zwar dorthin, wo sie hingehören. Er steht für Fürsorge, für die Verantwortung für andere und die Gemeinschaft sowie für Selbstaufopferung. Da er in der Luft und auf dem Wasser zu Hause ist, schenkt er sowohl die intuitive, mitfühlende Kraft als auch die feingeistige Energie. Er hört die Zwischentöne und liest zwischen den Zeilen, lauscht auf die Botschaft im Herzen des anderen. Wenn er spürt, daß jemand Herzschmerz und Kummer hat, hilft er mit seinem ganzen Einsatz. Er zieht Erkundigungen ein und bleibt so lange am Ball, bis ein Rätsel gelöst und eine Sache abgeschlossen ist. Er schenkt Trost und Hoffnung, lehrt die Tugend des Mitgefühls, des Beistands und der Loyalität. Früher glaubte man, der Pelikan füttere seine Kinder mit seinem eigenen Blut, weshalb er für Selbstaufopferung und elterliche Liebe steht. In der Alchemie ist er ein Symbol der Auferstehung. In den Märchen ist er oft derjenige, welcher den Helden rettet, den er dann in seinem Schnabel zu seiner nächsten Station fliegt, oder welcher Kinder wieder zu ihren Eltern zurückbringt. In einigen Ländern gilt er als Glücksbringer und Botschafter aus der anderen Welt. *Von seiner dunklen Seite betrachtet*, steht er für Unbeholfenheit, Hilflosigkeit, die Neigung, andere mit Liebe zu ersticken, nur an all die anderen zu denken und nicht an sich selbst.

PFAU
Pracht, Herrlichkeit, Ewigkeit

Der Pfau gehört zur Familie der Fasanen- und Hühnervögel. Die Männchen haben einen sehr langen prachtvoll gefiederten Schwanz, den sie zur Balz aufstellen und fächerartig entfalten. Sie werden oft als Ziervögel in großen Parks und Gärten ausgesetzt. Betritt der Pfau dein Leben, so verleiht er dir Würde und Charisma. Er zeigt dir, wie du das Kleid deiner Seele entfalten kannst. Als erdge-

bundener Vogel schenkt er dir die Fähigkeit, deine Energie auf der Erde zu verankern, auszubreiten und zu zeigen – du bist mehr, als du denkst. Er erinnert dich an alte Tänze und Zeremonien, bringt dir die Schönheit und zieht das Rad des Lebens in dein Bewußtsein. Begleitet er dich, schenken dir die Leute staunend Aufmerksamkeit. Laß deine Schönheit erblühen und dein Licht erstrahlen, und versteck dich nicht mehr. Der Pfau zeigt dir, daß du das Paradies schon auf Erden finden kannst, indem du die Pracht der göttlichen Quelle durch dich offenbarst. Er fordert dich auf, dein Sein zu leben und das Leben zu tanzen. In alten Dokumenten finden wir den Pfau oft in Verbindung mit dem Königtum, so sieht man ihn in Emblemen römischer Kaiserinnen und Prinzessinnen. Der Vogelgott Phaon wurde auf den Pfau bezogen; der Pfau war Hera geweiht. Im Hinduismus ist der Pfau das Reittier von Lakshmi, außerdem ist er Brahma, Karma und Sarasvati geweiht. Er steht für Sonne, Mond und Sterne und das Rad der Schöpfung/des Lebens. In Japan war er Kwan-yin, der Göttin der Barmherzigkeit, geweiht, welche mit seinen Federn die Welt segnete. In China symbolisierte er die Ming-Dynastie und stand für einen hohen Rang. Sein Schweif symbolisierte das Himmelsgewölbe und die Augen darauf die Sterne. Darüber hinaus verkörperte die Zeichnung der Pfauenfeder das allsehende Auge Gottes oder das des Herzens. Da der Pfau seine Federn abwirft und erneuert, steht er für die Auferstehung und die Unsterblichkeit. Der Pfau lebt in Einehe, und man sagt ihm nach, er käme vor Kummer um, wenn sein Partner stirbt; so steht er für ewige Treue und dauerhafte Verbindung. *Von seiner dunklen Seite betrachtet,* verweist er auf Eitelkeit und Stolz. Im Hinduismus besitzt der Pfau das Kleid eines Engels, die Stimme des Teufels und den Gang des Diebes.

PINGUIN
Ordnung, Familiensinn, Kreativität

Pinguine sind eine Familie aus 17 Arten hochspezialisierter Wasservögel, die nahezu ausschließlich auf der südlichen Halbkugel vorkommen, genauer: rund um den Südpol. Manche folgen der kalten Meeresströmung und gelangen weiter nach Norden. So findet man sie ab und zu an den Südküsten Australiens, Afrikas und Südamerikas, ja bis zu den Galapagosinseln. Der Kaiserpinguin ist der einzige Vogel, der niemals einen Fuß aufs Land setzt. Er brütet auf dem Treibeis, wobei er sein einziges Ei auf den Füßen trägt, wo es von einer überhängenden Hautfalte bedeckt wird. Die Nester anderer Pinguinarten bestehen aus allem, was sich zum Nestbau eignet: Gras, Kieselsteine, Stöckchen und Knochen. Oft nisten Hunderttausende in Brutkolonien in unmittelbarer Nähe des Meeres. Pinguine können ziemlich alt werden, und wenn sie einmal einen Partner gewählt haben, bleiben sie ihm das ganze Leben lang treu. Pinguine können lange fasten. Sie orientieren sich bei ihren Wanderungen am Stand der Sterne und legen oft lange Märsche zu ihren Nistplätzen zurück – sie kehren stets zu ihrem angestammten Platz zurück – und wechseln sich beim Brüten und beim Aufziehen der Jungen ab. Wenn die Jungen größer sind, kommen sie in den »Kindergarten«, diese Jungtiergruppen können bis zu 100 Vögel umfassen. Taucht der Pinguin in deinem Leben auf, so verleiht er dir die Kraft und Stärke, die du benötigst, um dein Leben zu meistern. Sein Gefieder, das wie ein Frack anmutet, verweist dich auf eine vornehme und humorvolle Art, sich durch das Leben zu bewegen. Sein Watschelgang gibt ihm einen gleichmäßigen Rhythmus. Er leiht dir sein Gefieder, um dich nach hinten zu schützen und dich nach vorn für dein Leben und deine Aufgaben zu öffnen. Er verleiht dir

die Gabe der Anpassung in der Gemeinschaft und das Gefühl für die richtige Distanz zueinander. Er verweist zudem auf die Fähigkeit, sich gefühlsmäßig gut abzugrenzen. Er läßt dich den richtigen Umgangston finden und führt dich in eine tiefe Verbundenheit mit deiner Familie und deinen Freunden. Für Gruppen bringt er Stabilität, Verläßlichkeit, die Kraft, sich um seine Familie zu kümmern, und die Kraft, Durststrecken gemeinsam gut zu überwinden. Seine Fähigkeit, aus vielfältigstem Material sein Nest zu bauen, verweist auf Kreativität und die Fähigkeit, aus allem das Beste zu machen. *Von seiner dunklen Seite betrachtet*, bedeutet er strenge Abgrenzung und gesellschaftliche Verpflichtungen.

REGENWURM
Auflösung, Regeneration, Heilung

Der Regenwurm ist weltweit verbreitet; sein Leib besteht aus weichen Ringsegmenten, deren ein jedes alle lebensnotwendigen Organe enthält, und ist dabei dünner als ein Finger. Während oder nach einem Regen kommt er an die Erdoberfläche und dient vielen Lebewesen als Nahrung; gern wird er von Anglern als Köder verwendet. Aufgrund seiner Körperstruktur kann er weiterleben und sich erneuern, selbst wenn er in Stücke geteilt wurde. Im indianischen Medizinrad ist der Regenwurm dem mittleren Norden zugeordnet und steht für Erneuerung. Er bringt die Kräfte der Regeneration, der Selbstheilung, die Heilung der Erde, Transformation, Lockerung. Im Christentum ist er ein Zeichen von Niedrigkeit, als »Gewissenswurm« ist er bildlicher Ausdruck für das anklagende Gewissen. *Von seiner dunklen Seite betrachtet*, steht der Wurm für Vergänglichkeit, Tod und Zerfall.

RENTIER
Innere Führung, Weisheit, Seelenheimat

Das Rentier gehört zu einer großen stillen Hirschart, deren Lebensraum die Tundren und Waldgebiete des Nordens sind, wo sie weit verbreitet sind. Es hat einen langen Körper, weit spreizbare, mit Spannhäuten versehene Hufe, deren Afterzehen bis auf den Boden reichen. So sinken sie kaum ein und sind imstande, auch Moore und tiefen Schnee zu überqueren. Um an Nahrung zu kommen scharrt das Rentier mit den Hufen Eis und Schnee zur Seite. Das Geweih besteht aus zwei abgeflachten Stangen, deren Enden schaufelähnlich verbreitert sind. Gezähmt leben Rentiere oft als Begleiter der Menschen, bleiben aber auch dann von einem unstillbaren Wandertrieb erfüllt. Besitzer von Rentierherden haben ihre Lebensweise darauf eingestellt und ziehen mit ihren Herden umher. Betritt das Rentier dein Leben, so verleiht es dir Kraft und Stärke und bringt dich in Kontakt mit der nicht alltäglichen Wirklichkeit. Sein innerer Wandertrieb treibt dich zur Suche nach deiner geistigen Heimat. Das Rentier gilt als Schamanentier, welches den Reisenden in der Anderswelt führt, da es auch in unwegsamem Gelände die Wege kennt. Es zeigt uns die Geschenke der inneren Natur, schenkt uns Ausdauer und Fleiß. Mit ihm finden wir jene Stille, aus der heraus wir Botschaften aus der geistigen Welt empfangen, in die Welt geben und umsetzen können. Im englischen Kulturkreis finden wir den Weihnachtsmann auf einem von Rentieren gezogenen Schlitten dargestellt. Santa Claus (St. Nikolaus) kommt aus dem Norden, und er bringt das Licht des Nordens, die Lichtgeschenke. *Von seiner dunklen Seite betrachtet*, bedeutet das Rentier Unruhe, Heimatlosigkeit, sinnloses Umherziehen und die äußerliche Suche nach etwas, was nur im Inneren gefunden werden kann.

ROCHEN
Einfühlung, Leichtigkeit, Führung in kollektiven Feldern

Rochen sind annähernd rhombenförmig verbreitete, abgeplattete Knorpelfische, die in allen Meeren der Welt beheimatet sind und sich in Tiefen bis 2000 Meter aufhalten können. Besondere Merkmale sind ihre flügelartig verbreiterten Brustflossen, die – zuweilen mit zahlreichen Hautzähnchen oder Stacheln bestückt, vorn bis zur Nasenspitze reichen, zwei weit nach hinten verlagerte Rückenflossen und ein schlanker, oft ziemlich langer Schwanz. Hinter den hoch auf dem Kopf befindlichen Augen sitzen die Spritzlöcher, die Kiemenspalten liegen an der Kopfunterseite, desgleichen die Mundöffnung. Der Rochen legt große Eier, die von einer mit vier Zipfeln versehenen Hornkapsel umgeben sind; sie ist mindestens vier Monate, manchmal länger als ein Jahr Schutzhülle für die Rochenquappen. Einige Rochenarten haben schwache elektrische Organe am Schwanz, welche zur Ortung von Hindernissen, Feinden und Beute dienen. Viele Rochen sind in der Lage, ihre Färbung dem jeweiligen Untergrund anzupassen und sich so perfekt zu tarnen. Sie suchen ihre Nahrung vornehmlich am Meeresgrund, lieben es aber, sich in den Strudeln und Strömungen des Meeres zu baden, zu tanzen und aufzuladen. Erscheint dir der Rochen als Krafttier, so bringt er dir Führung in den kollektiven Gefühlsfeldern dieser Erde; dazu gehören die Sippe, die Arbeitskollegen, die Gesellschaft, die Gemeinschaft in Dorf, Stadt, Land. Seine wellenartige, sanft gleitende Fortbewegung signalisiert dir harmonisierende Leichtigkeit, Spaß und die Freude auch in der Gemeinschaft. Er verleiht die Kraft der Anpassung und der Tarnung, und er kennt die friedlichen Wege am Meeresgrund. Er bringt dir Einfühlungsvermögen in die jeweilige Situation, und seine Ortungsvorrichtungen helfen dir, die Lage genau zu peilen und zu wissen, womit du es hier und was du zu tun hast. Bei Gefahren vergräbt er sich im Sand und taucht auf, wenn die Gefahr vorüber ist; damit rät er dir, stillzuhalten, dich zurückzuziehen und ganz in Ruhe abzuwarten. Rochen werden oft Engel der Meere genannt; sie helfen uns, unseren Gefühlen zu vertrauen, emotional am Boden zu bleiben und unseren Weg im Auge zu behalten. *Von seiner dunklen Seite betrachtet,* steht er für Einzelgängertum, Andersartigkeit, zu starke Bodenhaftung, die Neigung, sich vor der Gemeinschaft oder in der Gemeinschaft zu verstecken, nur für sich allein Freude zu empfinden, wenn das Göttliche einen berührt, zu Mißtrauen und Vorsicht.

ROTKEHLCHEN
Alte Erinnerungen, Sehnsüchte, Herzenstüröffner

Das Rotkehlchen ist ein Teilzieher; es ist kleiner als ein Spatz und hat einen rundlichen Körper mit relativ langen Beinen. Von der Stirn über die Kehle bis zur Brust zeigt sein Gefieder eine rotorangefarbene Färbung, der Bauch ist weißlich und die Oberseite einheitlich olivbraun. Sein Gesang ist das ganze Jahr über zu hören, hauptsächlich in der Dämmerung. Es lebt in Unterholz, gebüschreichen Wäldern, Gärten, Parks und in der Nähe von Wasser. Taucht das Rotkehlchen in deinem Energiefeld auf, so bringt es dir die alten Geschichten und Legenden, öffnet dein Herz für die Anderswelt und das Land der Träume. Es ist ein guter Führer in der nichtalltäglichen Wirklichkeit, weckt deine Sehnsucht nach deiner Seelenheimat und erzählt dir von ihr. Sein olivbraunes Deckgefieder ist ein Tarnmantel, der dich in der Anderswelt schützen kann, seine rötliche Brust kündigt von der glühenden Leidenschaft, der Sehnsucht, dem Herzschmerz und der Liebe, sein weißer Bauch von der Unschuld und Reinheit der Seele. Es zeigt uns unsere noch nicht geheilten Wunden, unsere gehei-

men Sehnsüchte und unsere glühenden Leidenschaften. Es führt uns ein in die Mysterien des Lebens, Tod, Auferstehung und Zyklen. Da Rotkehlchen sehr zutraulich werden können, verweisen sie uns auf das Vertrauen, das wir brauchen, um uns dem Weg des Herzens zu öffnen. Wir brauchen nicht weit zu reisen, um ihn zu finden, unsere Reise beginnt ganz in der Nähe, der Startplatz ist die Herzenstür. Eine alte Legende beschreibt das Siebengestirn wie folgt: Die vier Sterne des Wagens sind ein Bär, die drei der Deichsel drei Vögel, welche den Bären rund um den Polarstern jagen. Eines Tages jedoch wird der Bär vom Pfeil eines Vogels getroffen. Er wälzt sich auf dem Rücken, versinkt und stirbt, um im Frühjahr wieder aufzuerstehen. Die Brust des Vogels wurde dabei mit hellem Blut bedeckt, das Rotkehlchen war geboren. Der Vogel schüttelt sich so, daß er mit dem Blut den Ahornwald benetzt, der so zu seiner herbstlichen Pracht kam. *Von seiner dunklen Seite betrachtet,* steht das Rotkehlchen für Wehmut, Herzschmerz, schmerzliche Erinnerung, Wehklagen.

SCHNECKE
Konzentration, Langsamkeit, Spiraldrehung, Gegenwärtigkeit

Die Schnecke ist ein Weichtier, und einige Schneckenarten tragen zum Schutz spiralförmig gewundene Gehäuse auf dem Rücken, das manche mit an ihrer Bauchseite befindlichen kleinen hornigen Deckeln verschließen können. Schnecken bewohnen sehr verschiedene Lebensräume – Land und Salz- und Süßwasser; es gibt Meeresschnecken, Teichschnecken, Wegschnecken, Weinbergschnecken etc. Alle Schnecken sondern über Drüsen Schleim ab, über den sie sich fortbewegen; dadurch verhindern sie die Abnutzung und Beschädigung ihrer Bauchseite. Auch Landschnecken benötigen viel Feuchtigkeit: Ein Schutz gegen das Austrocknen bietet das Gehäuse, in dem Schnecken zudem auch während längerer Trockenperioden überdauern können. Wasserschnecken dient das Haus als Schutz gegen Feinde. Schnecken sind Pflanzenfresser, sie fressen frisches Grün, aber auch totes oder faulendes Pflanzenmaterial und Schimmelpilze. Sie spielen damit eine wichtige Rolle im Verwesungs- und Zersetzungsprozeß vieler Pflanzen und machen die Materie stark zerkleinert dem Abbau durch Mikroorganismen zugänglich. Die Schnecke bringt die Kraft der Erde und des Wassers, die alte Weisheit und die Medizin der Spirale. Sie empfiehlt dir, dich ganz langsam in spiralförmigen Kreisen zurückzuziehen. Je mehr du nach innen gehst, desto mehr gelangst du in deine Mitte. Dort konzentrieren sich deine Kräfte auf einen Punkt. Hier kannst du Altes loslassen und Neues empfangen, bevor du dich langsam wieder nach außen drehst. Das weibliche Mysterium der Spirale ist sehr alt, und man findet es überall auf der Welt. Die Spirale lehrt: Alles wechselt sich ab, und damit du lernst, mit der Welt zu tanzen, folge ihrer Bewegung. Mal innen, mal außen, einatmen, ausatmen, mal in der Welt, mal in dir selbst, mal wachend und mal schlafend. Alles schwingt, und je mehr es in die eine Richtung geht, desto stärker ist auch die Bewegung in die andere Richtung. Um in die Mitte zu kommen, folgst du dieser ganz natürlichen Bewegung. Je mehr du dich nach innen konzentrierst, um so stärker spürst du die Gleichzeitigkeit aller Dinge. Sie führt dich in die Kraft der Langsamkeit und Meditation und öffnet dich damit für andere Felder. Die Schnecke bringt außerdem die endgültige gründliche Auflösung von alten Angelegenheiten. Sie zeigt: Mikrokosmos gleich Makrokosmos, wie im Kleinsten, so im Größten. Im Christentum steht sie für die Haltung der Geduld und ist ein Symbol der Auferstehung. *Von ihrer dunklen Seite betrachtet,* steht die Schnecke für Plagen, Einschleimen, Zerstörung von sich im Wachsen befindlichen Dingen, emotionales Mißtrauen, ne-

gative Gefühlseinflüsse, Blockaden der geistigen Energie, Unbehagen, Ungeduld. Sie warnt vor Menschen, welche sich an uns heften wollen, ohne daß wir es wollen.

SCHWALBE
Trost, Hoffnung, glückliche Wende

Schwalben sind mit ungefähr 80 Arten weltweit vertreten; sie gehören zu den Singvögeln. Ihr Gefieder ist überwiegend dunkel, schwarz oder braun, oft mit metallisch blauem oder grünem Schimmer, wobei die Bauchseite meist heller ist, und viele Arten haben etwas Weiß am gegabelten Schwanz. Schwalben ernähren sich beinah ausschließlich von im Flug erbeuteten Insekten. Sie bauen kugelige Lehmnester, in welchen nur wenige Grashalme zur Stabilisierung verarbeitet sind; Schwalbennester am Haus bringen Glück. Sie lieben die Wärme und sind ausgesprochene Zugvögel; viele Arten legen enorme Entfernungen zurück, wie zum Beispiel die Rauchschwalbe, welche 11000 km von Nordeuropa nach Südafrika und zurück fliegt. Der Schwalbenflug ist leicht und elegant, schon bei der Beobachtung schenkt er Freude. Schwalben sind gesellig und brüten oft in Kolonien. Häufig sehen wir sie auf Telegrafenleitungen und dünnen Zweigen sitzen. Die Rückkehr der Schwalbe im Frühling symbolisiert Wiedergeburt, Rückkehr und Erneuerung der vitalen Kräfte. Da sie der wärmenden Sonne folgt, steht sie für das Licht. Außerdem ist sie Sinnbild für die Herzensverbindung zwischen Menschen – zwischen Eltern und Kindern, einem Liebespaar und Freunden, deren Liebesgrüße sie auch über größere Distanzen trägt. Sie bringt die Liebe, Geborgenheit, Vertrauen zueinander und öffnet das Herz, außerdem Trost und Hoffnung sowie eine Wendung zum Guten. Die Schwalbe bringt die Wärme, die Verbindung zur Oberen Welt, zur Sonnenstadt, und Botschaften aus fernen Ländern. Sie ist ein Symbol für die erhöhte geistige Sicht, die wahre Sehkraft und die Erleuchtung. Die Ägypter ordneten die Schwalbe dem Nordstern zu, welcher über dem Lebensbaum steht. Bei den alten Römern und Griechen bedeutete es Unglück, eine Schwalbe zu töten, da sich in ihr die Geister verstorbener Kinder oder kindlicher Seelenteile verkörperten. In China symbolisiert die Schwalbe Wagemut und Treue. Im Christentum gilt die Schwalbe als Marienvogel oder Muttergottesvogel, welcher die göttliche Gnade bringt. Nach einer schwedischen Legende waren eine Schwalbe und ein Storch bei der Kreuzigung Jesu dabei, und die Schwalbe versuchte ihn zu trösten. *Von ihrer dunklen Seite betrachtet*, steht die Schwalbe für Untreue, Flüchtigkeit, Unerreichbarkeit, schlechte Herzensnachrichten, Vertrauensbruch, Herzschmerz.

SEEPFERDCHEN
Zugkraft, Vertrauen, Führung in den Traum- und Wasserwelten

Das Seepferdchen ist ein kleines, hochspezialisiertes und uraltes Meerestier, welches unter den Fischen eine absolute Sonderstellung einnimmt. Sein Körper ist vollkommen von einem aus kleinen Knochenplatten bestehenden Panzer umgeben. Es hat keine Schwanzflosse. Mit Hilfe seines Kopfes und des sehr beweglichen Schwanzes klettert es in den Wasserpflanzen und Korallen – zwischen denen es dank einer guten Tarnvorrichtung nur sehr schwer zu entdecken ist – im küstennahen Flachwasser herum. Seepferdchen können ihre Färbung der Umgebung anpassen und ihre Augen unabhängig voneinander bewegen. Sie ernähren sich von Kleinkrebsen und anderen

Planktontieren, die sie mit Hilfe ihrer röhrenförmigen Schnauze aufsaugen. Manchmal – meist bei der Paarung – tanzen mehrere Tiere miteinander, dabei haken sie ihre Schwänze ineinander und drehen und wiegen sich. Manchmal kommt es bei jüngeren Tieren vor, daß sie die Schwänze nicht mehr auseinanderbekommen, so daß diese Spielerei zu einem Totentanz werden kann. Bei der Paarung legt das Weibchen seine Eier mit Hilfe einer Legeröhre im Brutbeutel des Männchens ab; dieser Beutel ist von innen mit einem schwammigen, der Plazenta ähnlichen Gewebe gefüttert. Die Männchen paaren sich mit mehreren Weibchen und vermögen bis zu 500 Eier aufzunehmen. Nach und nach schlüpfen die Larven, wodurch der Brutbeutel enorm anschwillt. Wenn die Zeit reif ist, stößt das Männchen die reifen Larven unter heftigen Geburtswehen aus. Das Seepferdchen ist das Pferd des Wassers. Es bringt uns die Bewegung durch die Gefühls- und Emotionswelten. Es schenkt uns Einfühlungsvermögen und Mitgefühl, Schutz und die perfekte Tarnung, so daß uns nichts passieren kann. Es verleiht uns die Fähigkeit, unsere Gefühle im Tanz zu harmonisieren. Von jeher haben schaukelnde, wiegende Bewegungen eine beruhigende, ausgleichende Wirkung. Der spiralförmig eingedrehte Schwanz verweist auf die Spiralmedizin, die Fähigkeit, Energie nach innen und nach außen zu drehen. Das Seepferdchen schenkt Vertauen, intuitive Führung und Harmonie der Welt der Emotionen. Es geleitet uns sicher durch die Traum- und Wasserreiche, die Welt des Widerscheins der Energie und des Lichtes. Es bringt das Gleichgewicht zwischen dem weiblichen und dem männlichen Teil in uns sowie neue und zugleich uralte Wege im Umgang miteinander. Es lehrt uns, wie wir die Mitglieder einer Gruppe im Gleichklang schwingen lassen können. In den antiken Kulturen der Welt glaubte man, daß Seepferdchen die Wagen der Meeresgottheiten zogen; sie waren Neptun/Poseidon, dem Gott des Meeres, zugeordnet. Aufgrund ihrer Gestalt waren sie für die Chinesen die kleinen Söhne der (glückbringenden) Drachen. Für Fischer war das Seepferdchen ein Glückssymbol. Es geleitet Tote sicher durch die Unterwelt und schützt vor Fieber. Es ist ein Symbol für Anmut, Schönheit, Friedfertigkeit und steht für Vaterliebe. *Von seiner dunklen Seite betrachtet*, steht das Seepferdchen für die Verstrickung in emotionalen Angelegenheiten, welche eine Beziehung endgültig schädigen können, für Hilf- und Schutzlosigkeit, für Einmischung, für ein Ungleichgewicht zwischen Männlichkeit und Weiblichkeit in uns oder in einer Gruppe.

SEESTERN
Schutz, Liebe, Führung aus dem Herzen Gottes

Die Seesterne bilden eine Klasse von sternförmig gebauten Stachelhütern mit fünfstrahliger Symmetrie. Sie haben ein elastisches, mit Körpergewebe bedecktes Skelett. Die Hautoberfläche ist manchmal mit Saugnäpfen, kleinen Säulchen und Dornbüscheln bedeckt, welche einen ausgezeichneten Schutz bieten. Der Seestern steht für das Sternenwissen. Er verkörpert die Jungfrau Maria, Isis, Stella Maris, den Stern des Meeres. Er symbolisiert die reine, unauslöschliche Liebe und die sichere Fahrt über die stürmische See. Er bringt die Erlösung auf den gefährlichen Wassern der Welt. Er verbindet uns mit unserer Sternenheimat, der geistigen Heimat, und trägt uns in seinen Armen geborgen dorthin zurück.

SEETAUCHER
Einblick in die Mysterien, Transformation, Treue

Der Seetaucher kommt in Asien, Nordamerika und Nordeuropa vor. Er ist ein geselliger Vogel, ein starker Schwimmer und guter Taucher, welcher seltsame Geräusche von sich gibt. Im indianischen Medizinrad steht der Seetaucher für Großmutter Mond und wird mit Wasser, Mondstein und silbrigem Weiß in Verbindung gebracht. Er bringt Transformation, Wendigkeit, das große Geheimnis und Treue.

STAR
Selbstreflexion, Blick in den Schattenspiegel, Gerechtigkeit

Der Star ist ein Teilzieher und gehört zu einer 100 Arten umfassenden Familie mittelgroßer Singvögel. Er ist etwas kleiner als eine Amsel, hat einen langen spitzen Schnabel, einen flachen Kopf und einen kurzen Schwanz. Sein Gefieder ist dunkel und zeigt manchmal weiße Punkte, es glänzt metallisch mit grünlichem oder purpurfarbenem Schimmer. Die Farbe seines Schnabels variiert von Braun zu Zitronengelb. Stare sind gesellige Vögel, welche oft in riesigen Schwärmen zu sehen sind. Ihr Flug ist gradlinig, mit schnellen, kräftigen Flügelschlägen. Bei der Nahrungssuche bohren sie mit ihrem Schnabel Löcher in den weichen Boden. Das Männchen schlägt beim Singen mit den Flügeln und sträubt sein Gefieder. Der schwatzhaft wirkende Gesang besteht aus schnalzenden, pfeifenden, knarrenden, quietschenden Lauten, die auch Imitationen mit einschließen. Betritt der Star dein Leben, so bringt er dir Botschaften aus der Welt des Unterbewußten, der karmischen Verstrickungen, die jetzt gelöst und geheilt werden wollen. Es ist die Zeit gekommen, diese alten Dinge aufzulösen. Sein Purpur signalisiert höhere Einsichten, übergeordnete Sichtweisen, Gesetz und Ausgleich; das Grün bringt Heilung in die Schattenseiten. Der Star befähigt dich, eine Angelegenheit aus einem anderen Blickwinkel zu betrachten, und zeigt heilende Wege. Er ist ein strenger, aber gerechter Führer in der Welt der Seele. Seine Fähigkeit, Laute zu imitieren, fordert dich dazu auf, über dich nachzudenken und einen Blick in den Spiegel deiner Schatten zu werfen. Das, was du darin erkennst, kannst du nun ausgleichen und auflösen. Er macht dich auf das aufmerksam, was du zu einer Situation beigetragen hast. Er weiß um die Schicksalsverläufe und den richtigen Zeitpunkt. Er bringt Wahrheit und Gradlinigkeit. Mit seinem Schnabel zieht er Dinge aus dem Energiefeld heraus. Er ermahnt dich, nicht so redselig und naiv-vertrauend zu sein, andere nicht zu verurteilen, nicht so voreilig zu sein, sondern alles erst einmal im gesamten zu betrachten. Stare können, in Schwärmen auftretend, zur Plage werden, da sie vor allem Kirschen und andere Früchte fressen. *Von ihrer dunklen Seite betrachtet,* stehen sie deshalb für das schlechte Gewissen, Energieraub, Strafe, Selbstbestrafung, Hartnäckigkeit und manchmal auch für das Verschießen der Herzenskraft, die Neigung, nur auf seiner eigenen Sicht der Dinge zu bestehen.

STINKTIER, SKUNK
Abgrenzung, Verteidigung, Selbstachtung

Das Stinktier gehört zur Familie der Marder, es gibt von ihnen 10 Arten in drei Gattungen. Die bekannteste Art ist der Streifenskunk, der in Nordamerika und Mexiko weit verbreitet ist. Er hat

die Größe einer Katze, ist von gedrungenem Bau und ein nachtaktiver Allesfresser. Sein Fell ist überwiegend schwarz, mit Längsstreifen auf dem Rücken. Der Schwanz ist sehr buschig und schwarzweiß marmoriert, bei der geringsten Gefahr wird er steil aufgerichtet. Alle Marder haben Duftdrüsen am After, mit dem sie ihr Revier markieren, der Skunk allerdings hat besonders stark entwickelte Drüsen, deren Sekret als Abwehrwaffe dient: Er kann es bis zu drei Meter weit gezielt auf den Gegner abfeuern. Von seinem penetranten Geruch abgesehen verursacht es auch Hautreizungen. Bevor der Skunk sein Sekret abfeuert, kehrt er dem Gegner den Rücken zu und trommelt mit den Füßen auf den Boden. Wenn es der dann immer noch nicht begreift, setzt er seine äußerst wirksame Abwehrmaßnahme ein – die eigentlich noch jeden in die Flucht geschlagen hat. Der Fleckenskunk macht zusätzlich einen richtigen Handstand, bevor er seine Geruchsdüse einsetzt, und ist damit einmalig im Reich der Säugetiere. Stinktiere sind meist Einzelgänger, haben jedoch ein komplexes System sozialer Kommunikation durch Duftmarkierung entwickelt. Das Stinktier bringt die Medizin der Abgrenzung und Revierverteidigung. Es führt dich zur Selbstachtung und macht dich auf dein Recht aufmerksam, dich zur Wehr zu setzen, wenn du zu Unrecht angegriffen wirst. Mit seinem Warnverhalten, vor seiner Attacke startet, lehrt es uns, nicht gleich loszulegen, sondern zunächst deutliche Signale zu setzen, daß unsere Geduld erschöpft und eine eindeutige Grenze erreicht ist. Das Stinktier bringt uns bei, vor Gefahren nicht wegzulaufen, sondern stehenzubleiben und uns der Auseinandersetzung zu stellen. Es befähigt uns, die Opferhaltung aufzugeben, Achtung vor uns selbst zu haben, Würde zu zeigen und zur Not auch deutliche Maßnahmen zu ergreifen, welche den Gegner ein für allemal in die Flucht schlagen. Das kann sehr heilsam sein. Das Stinktier führt uns ein in die deutliche und eindeutige Sprache des Körpers und lehrt uns auch, die Körpersprache anderer zu beobachten und zu verstehen. Sein schwarzweißes Fell zeigt, daß es die Schatten- und die Lichtseiten kennt, weiht uns darein ein, daß alle Schatten Licht benötigen und daß Licht auch Schatten erzeugt. Als nachtaktives Tier bringt es uns mit den verborgenen, unbewußten Seiten in Kontakt, so daß wir diese nicht mehr zu fürchten haben. Es schenkt uns Selbsterkenntnis und die Fähigkeit, Dinge, die unser Feld betreten, einfach zurückzusenden. Er hilft uns, die Polarität, das Werten und Urteilen, zu überwinden und in Einklang mit dem zu gehen, was auf unserem Weg liegt, und darauf angemessen zu reagieren. Es lehrt uns, in uns klar zu sein und verständliche Signale für andere zu setzen. *Von seiner dunklen Seite betrachtet*, verweist es auf Schwarzweißdenken, die Neigung, die Dinge ohne ihre Zwischentöne zu beachten, auf Energieraub, Gleichgültigkeit, Einzelgängertum, Unverstandensein.

STORCH
Segen, Fruchtbarkeit, Elternliebe

Der Storch gehört zu einer Familie von großen Schreitvögeln. Storchenvögel haben lange Beine, einen langen Hals, weite Flügel und kräftige, lange Schnäbel, welche meist gerade sind und zum Ende hin spitz zulaufen. Ihre Zehen sind sind mit schmalen Hautsäumen versehen. Sie sind ausgezeichnete Flieger, die sich den geringsten Aufwind zunutze machen. Formiert in großen Verbänden fliegen, die geselligen Vögel zu ihren warmen Winterquartieren. Störche haben Grußzeremonien, Tänze und Balzrituale. Da sie wenig oder überhaupt keine Stimme haben, geben sie ihre Botschaften durch Schnabelklappern weiter. Storchenbabys sind Nesthocker und werden von ihren Eltern

liebevoll aufgezogen. Durch seine Farben Schwarz, Rot, Weiß steht der Klapperstorch für die drei-faltige Göttin und den Schutz durch die große Mutter. Einst glaubte man, daß die Seelen ungeborener Kinder die Sümpfe und Teiche bevölkerten; und weil dies der Lebensraum des Storches ist, glaubte man, daß er den Kindersegen brächte. Aufgrund dessen, daß er Frösche aus dem Teich zieht, steht er mit Wohlstand, Segen und Reichtum in Verbindung. Als Zugvogel ist er ein Symbol für Reisen und Aufbruch zu anderen Ufern, gilt als Wanderer zwischen den Welten. In China steht der Storch für ein langes Leben und ein Eremitendasein. Da er oft stundenlang auf einem Bein steht, ist er Sinn-bild für inneres Gleichgewicht, Ausgeglichenheit und Meditation. Bei den alten Griechen/Römern war er der Göttin Hera/Juno geweiht. Weil er Schlangen tötet, steht er für Wachsamkeit, Besonnen-heit, Reinheit und Heilung. Als Sonnenvogel bringt er altes Wissen zurück, hebt den Blickwin-kel auf höhere Ebenen und kündet von einer Erweiterung im Wissensfeld. Er bringt alte Tänze, Ze-remonien und Rituale, welche die Beziehung unter Menschen verbessern und stärken, schenkt Respekt und Achtung sowie angemessene Umgangsformen in Gruppen. Seine Medizin wird oft in Fruchtbarkeitsritualen verwendet. Mit ihm an deiner Seite wächst deine Kraft, wird fruchtbar und breitet sich langsam aus. Er bringt dich in Einklang mit dir und deiner Umgebung. Der Storch steht mit der Rune Othala in Verbindung, sie steht für unbeweglichen, ererbten Besitz und symbolisiert ererbte Macht, bewahrte Freiheit und Wohlstand; sie hilft bei der Übernahme göttlicher Macht und des Wissens vergangener Generationen. *Von seiner dunklen Seite betrachtet,* kann der Storch für leere Floskeln, Abgehobenheit und Unfruchtbarkeit stehen sowie für Verletzung des Ehrgefühls, wenn er nicht in der richtigen Weise verstanden wird.

STRAUSS/EMU
Gerechtigkeit, Wahrheit, magische Kraft

Der Strauß ist der größte aller lebenden Vögel und zugleich der einzige Vertreter seiner Fami-lie. Er ist flugunfähig und hat sich vollkommen an das Bodenleben angepaßt: Seine Beine sind sehr lang und kräftig, er ist ein hervorragender Schnelläufer und ein respekteinflößender Fußkämpfer. Sein Hals ist ebenfalls sehr lang, allerdings dünn. Die Farbe der Haut von Hals und Beinen variiert zwi-schen Rosa und Grau. Strauße haben große, sehr scharfe Augen mit langen Wimpern. So ausgestattet können sie zwischen dem hohen Steppengras kauernd ihre Umgebung beobachten, ohne selbst ent-deckt zu werden. Sie lieben jedoch auch offene, weite Steppen, Savannen und Halbwüsten, wo sie Auslauf haben. Sie sind Allesfresser: Sie trinken und saugen die Flüssigkeit aus Pflanzen und Beute-tieren. Der Strauß ist schlau und erfindungsreich: Ist sein Gelege bedroht, lenkt er den Angreifer ab, indem er den flügellahmen Hinkenden spielt und ihn so fortlockt. Da der Strauß Gefahr schon sehr früh erspähen kann, folgen ihm die anderen Tiere nach, sobald er einmal die Flucht ergreift. Der Strauß bringt uns die Elemente Luft und Erde und damit Erfindungsreichtum sowie ungewöhn-liche, schlaue Verhaltensweisen, mit deren Hilfe wir unser Leben und unsere Lieben beschützen kön-nen. Er ist ein soziales Wesen, das mit seiner Umwelt in Verbindung steht. Er bringt Wachheit und Aufmerksamkeit. Da er die Bewegung liebt, veranlaßt er uns, uns zu bewegen, unseren Körper fit zu halten, so daß er stark, gesund und kräftig bleibt. Er vermittelt uns den Respekt vor anderen Le-bensformen und vor unseren eigenen Fähigkeiten. Der Strauß ist Maat, der ägyptischen Göttin der Gerechtigkeit, zugeordnet, seine Federn stehen für Wahrheit und Gerechtigkeit. Einst schrieb man

ihm magische Fähigkeiten zu: So soll er seine Eier durch Anstarren ausbrüten. Tatsächlich werden seine Eier von der Hitze der Sonne ausgebrütet. Er steht für die Schöpfung und ist ein Symbol für Meditation. *Von seiner dunklen Seite betrachtet*, steht der Strauß durch seine Gewohnheit, den Kopf in den Sand zu stecken, für Ausweichen, Aufgabe, Dummheit und den vergeblichen Versuch, vor unbequemen Wahrheiten und Tatsachen die Augen zu verschließen.

TAUBE
Frieden, Hoffnung, Empfänglichkeit

Es gibt ungefähr 260 Taubenarten; sie sind weltweit verbreitet, ausgenommen einige wenige Ozeaninseln und Polargebiete. Ihr Gefieder kann von Art zu Art sehr unterschiedlich sein – manche Arten sind eher unscheinbar, andere zählen zu den schönsten Vögeln der Welt. Typische Taubenfarben sind Taubenblau, Grau, pastellige Rosatöne, schimmerndes Purpur, Braun, Grün und Weiß, jeweils mit stark kontrastierenden Flecken. Flügel und Schwanz variieren in Form und Größe stark; die Beine sind kurz und kräftig, der Hals ist ebenfalls kurz, der Kopf klein und der Bau allgemein etwas kräftiger. Tauben leben auf Bäumen, am Boden, in Felsen, und zwar in der freien Natur ebenso wie in den Städten. Sie sind ausgezeichnete Flieger und Allesfresser. Die Jungen werden mit Taubenmilch gefüttert, welche beide Eltern in ihrem Kropf produzieren. Tauben können zahm und zutraulich bis aufdringlich werden. Mit ihrem Wesen spiegeln Tauben exakt die Energie eines Ortes wider, da sie sich mit der Zeit an ihre Lebensräume anpassen können. Die weiße Taube symbolisiert den Heiligen Geist, die Auferstehung und das Licht der Seele, sie steht für Hoffnung und Reinheit. Ist ihr Gefieder unscheinbar taubengrau, verkörpert sie Dienstbeflissenheit, ist es auffällig bunt, bringt sie die Schönheit und das Regenbogenlicht: Sie schenkt Heilung durch Farben. Sie ist ein Symbol der Liebe, der Reinheit und der Herzensverbindung unter Menschen. In der jüdischen und christlichen Kultur steht sie mit dem Ölbaumzweig im Schnabel für Frieden. Nach der Sintflut sandte Noah einen Raben und eine Taube aus, nur die Taube kehrte zurück – so gilt sie als Zeichen der Vergebung und der Erlösung. In der schamanischen Arbeit kann sie mit ihren Farben zur Heilung von Energien und Plätzen eingesetzt werden und Gnade und Erlösung bringen. *Von ihrer dunklen Seite betrachtet*, stehen Tauben für Plagen, Aufdringlichkeit, Ängste, Schuldgefühle, schlechtes Gewissen, Verschmutzung, Unreinheit der Seele, Hilflosigkeit.

TRUTHAHN
Fruchtbarkeit, Selbstaufopferung, Zeugungskraft

Es gibt zwei Arten, wilde Truthühner und Haustruthühner. In freier Natur bewohnt das Truthuhn die offenen Waldgebiete. Es fliegt nur kurze Strecken und ist in der Regel ein Bodenläufer. Es ernährt sich von allerlei Samen, Nüssen und Kleintieren. Sein bräunlich gestreiftes Gefieder schillert grünlichbronzefarben. Der Kopf und ein Teil des Halses sind nackt und rot oder braun gefärbt. Vom Oberschnabel hängen Fleischklunker herab, die während der Balz anschwellen und eine intensivere Färbung bekommen. Der Schwanz wird dann hoch aufgerichtet und fächerartig ausgebreitet und die Flügel so weit wie möglich abgespreizt. Die Hähne haben einen Harem von mehreren Weibchen und geben als Ruf ein lautes Kollern von sich, die Hennen ein leises scharfes Glucken. Der in

Nordamerika beheimatete Truthahn gilt als Fruchtbarkeitssymbol, er steht für weibliche Gebärfähigkeit und männliche Zeugungskraft. In alten Riten für Fruchtbarkeit und besonderen Zeremonien der Ureinwohner Amerikas wurde der Truthahn häufig geopfert. Der Stamm der Creek führte beim Feuerfest einen Truthahntanz auf. Der Truthahn steht für Selbstaufopferung, Geben, Danken und Altruismus. Er war den Maya, Tolteken und Azteken heilig und wurde bei ihnen »Großer Xolotl« genannt. Seit dem 17. Jahrhundert wird er bei den eingewanderten Amerikanern an Thanksgiving, Erntedank, verspeist – letztlich ein von den amerikanischen Ureinwohnern übernommener Ritus zum Dank an Mutter Erde und als Bitte um erneute Fruchtbarkeit nach dem Winter. So steht er für Dankbarkeit und die Fähigkeit, zu geben, abzugeben und zu schenken, statt immer nur zu nehmen und auf seinen eigenen Gewinn zu schauen. Der Truthahn fordert dich auf, dich hinzugeben, Dinge mit freudigem Herzen zu verschenken und zu schauen, daß Angelegenheiten so geregelt werden, daß alle Beteiligten glücklich und zufrieden sind. Er mahnt uns, den Blick über den Tellerrand schweifen zu lassen in das Gefüge der Gemeinschaft: Wir alle gehören zu irgendwelchen Gemeinschaften und Kreisen, und manchmal ist es hier wichtig, innezuhalten, zurückzublicken, zu schauen, was uns alles zuteil wurde, wer uns unterstützt und begleitet hat, und dafür von Herzen danke zu sagen, das Gute bewußt anzuerkennen, ja dazu zu sagen, den Segen zu feiern und den Gewinn mit anderen zu teilen – denn: Geteilte Freude ist doppelte Freude, und geteiltes Leid ist halbes Leid. Da der Truthahn seine Nahrung aus dem Boden scharrt, bringt er die Kraft der Erde, den Wohlstand, die Materie, die Versorgung und den Reichtum. Der Segen, den man erfahren hat, miteinander feiert und teilt, wird sich vermehren, so wie Samen, den man sät, Pflanzen und diese wiederum neue Samen hervorbringen. So kann sich alles erneuern, sich der Kreislauf weiterdrehen, und die Kräfte von Geben und Nehmen bleiben im Gleichgewicht. *Von seiner dunklen Seite betrachtet,* steht der Truthahn für Gier, Geiz, eine rein materielle Ausrichtung, Neid, Kontrolle, Nehmen statt Gebens, Machogehabe, Wichtigtuerei, Prahlerei und Eitelkeit.

WIESEL
Gerechtigkeit, Ausgleich, Mäßigung

Nerze und Iltisse gehören derselben Familie an wie die Wiesel. In Europa, Amerika, Afrika, Asien und Neuseeland gibt es 23 Arten in 7 Gattungen, darunter Maus- oder Zwergwiesel, Hermelin oder Großwiesel, europäischer Iltis, amerikanischer und europäischer Nerz sowie Großgrison. Ihr Lebensraum ist sehr vielfältig, sie können in Wald, Gebirge, Ackerland, Wüste, Steppe und Tundra vorkommen. Wiesel sind im Sommer an der Oberseite braun, an der Unterseite weiß oder gelb. Nördliche Populationen tragen im Winter einen rein weißen Pelz. Iltisse sind unterschiedlich gefärbt, Nerze tragen ein glänzendes, rundum schwarzes oder braunes Fell. Wiesel können bis zu 10 Jahre alt werden und ernähren sich von Insekten und kleinen Wirbeltieren. Sie sind wachsam und aufmerksam und in ihrem Vorgehen unauffällig an die Umgebung angepaßt. Das Wiesel wurde als die Nemesis des kleinen Volks der Natur bezeichnet – Nemesis ist die griechische Göttin des rechten Maßes und der Vergeltung, die jedem das ihm zukommende Maß an Glück, Recht sowie an Vergeltung für begangenes Unrecht und Übermut zuteilt. Wiesel sind sehr erfolgreiche Jäger, sie verfolgen ihre Opfer oft bis in deren Bau und sind auch bereit, relativ große Tiere anzugreifen. Sie sind wachsam, flink und tauchen plötzlich wie aus dem Nichts auf. Das Wiesel geht bei seinen Vorhaben strategisch vor und läßt nicht locker, bis es sein

Ziel erreicht hat. Es steht mit den Elementen Luft, Wasser, Erde und Feuer in Verbindung: Unter seiner Führung können Dinge schnell passieren (Luft), es bringt uns die Kraft, auf unser Gefühl und unsere Intuition zu hören (Wasser), es kennt die Wege der Erde (!) und hat Zugang zu den unbewußten Vorgängen und Welten, es scheut sich nicht, seine Kraft anzuwenden und sich für seine Vorhaben einzusetzen (Feuer). In der schamanischen Arbeit ist das Wiesel ausgezeichnet dazu geeignet, Seelenteile zu finden, zu jagen und zurückzubringen und einen in der nichtalltäglichen Wirklichkeit zu führen. Es macht uns darauf aufmerksam, genau hinzuschauen, wenn das Schicksal zuschlägt, zu prüfen, was passiert ist und warum. Denn das Schicksal meint es niemals böse mit uns, es bringt einfach den Ausgleich, befreit uns von alten Schulden, Bindungen und Dingen. Opfer und Täter gehören zusammen und bedingen einander. Der Weg zum Ausgleich ist Vergebung und Verzeihung; wenn wir Einsicht zeigen und bereit sind hinzuschauen, erfahren wir eine unendlich große Gnade. *Von seiner dunklen Seite betrachtet*, steht das Wiesel für Rache, Vergeltung, Aggressionen und unerlöste Gefühle.

ZAUNKÖNIG
Pfiffigkeit, Ideenreichtum, Beweglichkeit

Der Zaunkönig ist ein kleiner, rundlicher Vogel mit fast stets hochaufgerichtetem Schwanz. Er ist ein einzelgängerischer Teilzieher oder Standvogel, der in ganz Europa recht häufig vorkommt. Er hält sich gerne in Wassernähe auf und bewegt sich gern im bodennahen Dickicht zwischen den Wurzeln. Im Flug legt er nur kurze Strecken zurück. Mancherorts ist sein lauter Gesang das ganze Jahr über zu hören; er schmettert seine Strophen mit einem tieferen Roller. Seine Nester baut er vorzugsweise in die Wurzeln umgefallener Bäume, in Mauernischen oder in Erdlöchern. Die Jungen werden von beiden Eltern gefüttert. Der Zaunkönig kam zu seinem Namen, als die Vögel sich einst einen König wünschten. Sie veranstalteten ein Wettrennen: Wer am höchsten fliegen könnte, der würde König. Alle Vögel stiegen in die Lüfte, doch keiner konnte es dem Adler gleichtun. Alle Vögel beschlossen, er solle König sein. Doch ein kleiner Vogel hatte sich in den Brustfedern des Adlers versteckt und rief: »König bün ick!« Die anderen Vögel waren sehr zornig über diesen frechen Kerl. Ihre nächste Disziplin war: Wer am tiefsten in die Erde gehen könnte, sollte König werden. Der Kleine suchte ein Mauseloch, schlüpfte hinein und schrie: »König bün ick!« Diese List konnte nicht gelten. So beschlossen die anderen Vögel, ihn in seinem Loch gefangenzuhalten. Die Eule bewachte das Loch. Doch irgendwann schlief sie ein, und der Kleine schlüpfte heraus. Fortan hielt er sich am Zaun auf, der Grenze zwischen den Welten, um schnell verschwinden zu können, wenn andere kommen, da er ihre Strafe fürchtete. So bekam er den Namen Zaunkönig. Die Eigenschaften, die uns der Zaunkönig bringt, sind Erfindungsreichtum, die Fähigkeit, sich in den verschiedenen Welten zu bewegen, Gewitztheit und Einweihung in die Anderswelt. Er wacht auf dem Zaun an den Toren zwischen den Welten und weiß, wann es Zeit ist, nach außen oder nach innen zu schauen. Mit seinen Gaben kannst du deine Aufgaben meistern und lösen. Der Zaunkönig kennt die Sonnenstadt, die mittlere und die untere Welt, und ist ein guter Führer auf dem Erdenweg. Sein olivgrünes Gefieder tarnt, schützt und stärkt. Er fordert uns auf, auch einmal vorwitzig zu sein und uns unsere eigenen Gedanken zu machen. Wo ein Wille ist, da findet sich auch ein Weg. *Von seiner dunklen Seite betrachtet*, steht er für List, Tücke, Täuschung und für Schuldgefühle, weil man seinen eigenen Weg geht, der nicht mit den Gesellschaftsnormen übereinstimmt.

ZEBRA
Wildheit, Polarität, Geist und Freiheit

Das Zebra gehört zu den Wildpferden und ist ein kurzbeiniger Pflanzenfresser, der in kleinen Gruppen von maximal 16 Tieren lebt. Es kommt in Afrika in drei Arten und Unterarten vor. Zebras haben keine eigenen Territorien und führen keine Revierkämpfe. Der Zusammenhalt der durch eine Rangordnung strukturierten Herde ist groß: Wenn ein Tier fehlt, so suchen die anderen es stunden-, ja oft tagelang. Sie erkennen einander an der Stimme, am Geruch und an der Zeichnung des auffälligen schwarzweiß gestreiften Fells, die am Körper senkrecht und auf der Kruppe waagerecht verläuft. Über diese Streifen wurde schon viel gerätselt, wobei verschiedene Theorien versuchen, ihre Funktion zu erklären: Sie dienten der Tarnung, Löwen würden durch das Streifenmuster irritiert, es solle soziale Funktionen haben, es könne gefährliche Fliegen abschrecken ... – so gibt es uns bis heute Rätsel auf. Erscheint uns das Zebra, so stellt es uns vor das Lebensrätsel. Es fordert uns auf, Fragen zu stellen und Untersuchungen anzustellen, damit wir lernen und verstehen können. Fragen werfen wieder neue Fragen auf, und dadurch lernen wir, forschen wir und dringen ein in das Unbekannte, Fremde und in das Mysterium des Lebens. Das Zebra veranlaßt uns zum Nachdenken, regt unsere geistige Tätigkeit an. Es mahnt uns, auch einmal stehenzubleiben und über Dinge zu meditieren und tiefer zu gehen. Mit seinen schwarzweißen, in der Hitze flimmernden und im Galopp verschwimmenden Streifen, zeigt uns das Zebra die Polarität von Schwarz und Weiß, hell und dunkel, männlich und weiblich, Leben und Tod, Gut und Böse ... – und deren Auflösung, die eintritt, je höher wir schwingen und je näher wir zur Mitte unseres Herzens vordringen, eins werden und wir selbst werden. Alles hat zwei Pole, Gegensätze sind identisch, Extreme berühren sich. Das Zebra verleiht uns damit auch die Kraft der Wandlung. Es versteckt sich nie vor Raubtieren und zeigt uns den Weg, in Frieden in der Gemeinschaft zu leben, einfach nur zu sein. Es bringt uns die geistige Freiheit und vermittelt die Kunst, Wertungen und Urteile aufzugeben, sowie das Wissen, daß alles, so wie es im Augenblick ist, vollkommen ist. Darüber hinaus ist die Kraft des Zebras mit der des Pferdes identisch, siehe dort. *Von seiner dunklen Seite betrachtet*, steht das Zebra für Schwarzweißdenken, Schubladendenken, Verurteilung und Beurteilung, die Neigung, Dinge zu sehr mit dem Geist und ohne Herz zu erfassen.

ZECKE
Vampirismus, gestörtes Gleichgewicht, Ängste

Zecken sind Milben mit lederartiger Haut, die auf Menschen und Tieren parasitieren und oft sehr gefährliche Krankheiten übertragen können. Ihr Körper ist nicht in Segmente unterteilt, ein echter Kopf nicht zu erkennen – das nachtaktive Tier sieht aus wie ein Säckchen auf Beinen. Zecken können problemlos die Haut ihrer Wirte durchdringen. Ein Zeckenweibchen legt seine 500–5000 Eier am Boden ab. Diese entwickeln sich in vier Stadien: Ei, sechsfüßige Larve, Nymphe und ausgewachsenes Tier, die beiden letzten Stadien sind achtfüßig. Die Entwicklung dauert je nach Temperatur 178–2700 Tage. Über ein Reizreaktionsschema – Duftstoffe, Berührung/Erschütterung und Temperatur – schaffen sie es, ihren Wirt zu finden, von dessen Blut sie sich ernähren. Die Gefahr, von Zecken befallen zu werden, besteht ganz allgemein bei Aufenthalten in der Natur. Will man sich schützen, sollte möglichst viel Körperoberfläche mit Kleidung bedeckt sein; anschließend sollte man die komplette Hautoberfläche aufmerksam prüfen: Zecken sind wählerisch und bevorzugen feuch-

te, warme und gut durchblutete, dünne Haut. Wo viele Zecken auftreten, ist die Energie sicher gestört – das Auftreten von Ungeziefer weist meistens auf einen gestörten Energiefluß hin. Zecken zeigen insbesondere Vampirismus und Energieraub auf: Blut ist der Lebenssaft schlechthin, es steht mit
der Lebensenergie, aber auch mit der Sippe und den Ahnen in Verbindung. So können Zecken ein
Hinweis darauf sein, daß irgendein Erlebnis in der Kindheit, ein Ahn oder jemand anderes einem
die Lebensenergie abzapft – irgend etwas in uns ist noch nicht geheilt oder nicht im Gleichgewicht.
Dadurch gelangen Ärger, Krankheitserreger und Dreck in unsere Lebensenergie, und das ganze
Energiefeld wird geschwächt. Das führt dazu, daß nicht allein der Verlust, sondern auch noch Schmerz
in unserem Körper wirkt und wir nicht mehr klar denken können. Wir sind aufgefordert, zu prüfen,
wo das Muster in uns ist, das solche Erlebnisse in unser Leben zieht. Die Haut steht für Grenze,
Abgrenzung; um uns vor Zecken zu schützen, sollten wir uns eine zweite Haut zulegen, sprich: uns
unserer Grenzen bewußt sein und diese auch deutlich nach außen kenntlich machen – bis hierher
und nicht weiter. Die Zecke steht für die Neigung, Probleme anderer auf sich zu ziehen und sie dann
auszubaden. Die Zecke kann auf Verletzungen im inneren Kind hinweisen, auf Angst vor Vampirismus, auf die Angst, in etwas mit hineingezogen zu werden, womit man eigentlich nichts zu tun hat,
auf ungelöste Muster aus der Kindheit, auf Angst vor Stellvertreterpositionen, vor Überforderung,
davor, benutzt zu werden, sich nicht abgrenzen zu können.

Quellennachweis

Bächtold-Sträubli, Hans (Hrsg.): Handwörterbuch des deutschen Aberglaubens. Berlin 1987

Bradler, Christine M./Scheiner, Joachim Alfred P.: Feng Shui Symbole des Ostens. Damstadt, 1999

Bradler, Christine M./Scheiner, Joachim Alfred P.: Feng Shui Symbole des Westens. Damstadt, 1999

Burton, Maurice (Hrsg.): Das große farbige Tierlexikon. Hamburg 1976

Cotterell, Arthur: Die Enzyklopädie der Mythologie. Reichelsheim 1999

Das Superbuch der Traumdeutung. München 2003

Golowin, Sergius: Drachen, Einhorn, Oster-Hase. Basel 1994

Grimm, Jacob: Deutsche Mythologie. Göttingen 1835

Kenneth, Johnson: Die Weisheit des Jaguars. München 1997

Knaurs Lexikon der Mythologie. München 1989

Lambert, David: Der Kosmos Tieratlas. Stuttgart 1992

Lohmann, Michael: BLV-Bestimmungsbuch Vögel. Augsburg 1992

Marx, Helma (Hrsg.): Das Buch der Mythen. München 1999

McGavin, Georg C.: Insekten. Freiburg 2000

Meadows, Kenneth: Das Naturhoroskop. München 1990

Miers, Horst E.: Lexikon des Geheimwissens. München 1993

Reid Lorie: Das Große Buch des Chinesischen Horoskops. Ludwigsburg 1997

Ruland, Jeanne: Das große Buch der Engel. Darmstadt 2000

Schenda, Rudolf: Who's who der Tiere. München 1998

Stichmann, Wilfried: Der große Kosmos Naturführer. Stuttgart 1996

Wabun Wind/Mulligan, Crysalis: Das Medizinrad Praxisbuch. München 1993

Wabun, Wind/Anderson, Reed: Die Macht der heiligen Steine. München 1989

Warneck, Igor: Ruf der Runen. Darmstadt 2000

Wates, Frank: Das Buch der Hopi. München 1980

Wilson-Schaef, Anne: Botschaft der Urvölker. Fulda 1996

Zeichen und Symbole. Köln 2000

Zolbrod, Paul G.: Auf dem Weg des Regenbogens. München 1988

Besuchen Sie Jeanne Ruland auf ihrer Website:
www.shantila.de

Jeanne Ruland & Murat Karaçay
Krafttier-Orakel
Ein liebevoller Begleiter im Alltag
64 farbige Spielkarten, 89 x 127 mm
inkl. Begleitheft, 144 S., sw-illustriert
ISBN 978-3-89767-241-3

Ihr Krafttier schenkt Ihnen Mut, Kraft und Vertrauen, so daß Sie den Weg, den seine Botschaft Ihnen weist, aus dem Herzen gehen können. Dieses Orakel steht im Zusammenhang mit dem Buch »Krafttiere begleiten dein Leben« und ist doch unabhängig davon. Es hat insgesamt 64 Karten; auf 63 davon werden bestimmte Tiere vorgestellt, und eine leere Karte gibt Raum für alle anderen Möglichkeiten. Im Begleitbuch finden Sie eine Einführung in das Wirken der Kraft der Tiere, außerdem erhalten Sie eine Anleitung, wie Sie diese Kraft praktisch einsetzen können. Jedes der 63 Tiere wird in liebevoll heilsamer und unterstützender Form beschrieben, und Sie werden in den Umgang mit der leeren Karte eingewiesen.

Jeanne Ruland
Traum und Wirklicheit
Träume als Boten der Seele
264 S., Paperback
ISBN 978-3-89767-240-6
Jeanne Ruland beschreibt in diesem Buch neben den verschiedenen Formen des nächtlichen Traums auch den Zustand des Träumens selbst und der Versenkung in die inneren Tiefen. Sie zeigt Übungen, anhand derer man erlernen kann, bewußt zu träumen und das Traumgeschehen zu steuern oder im Nachhinein zu ändern.

Jeanne Ruland
Das große Buch der Engel
Namen, Geschichte(n) und Rituale
392 S., Paperback
ISBN 978-3-89767-081-5
Über 1400 Engelnamen, ihre Bedeutung und Zuordnung sowie vieles mehr, was Sie über Engel wissen wollen: Was essen Engel? Leben Engel ewig? Wie entstehen Engel? Wie können wir mit Ihnen in Verbindung treten und ihre lichte Kraft in unserem Leben aktivieren? Dazu und zu vielen anderen Themen finden Sie Antworten in diesem umfangreichen Grundlagenwerk .

Jeanne Ruland
Feen, Elfen, Gnome
Das große Buch der Naturgeister
320 S., Paperback,
farbig illustriert
ISBN 978-3-89767-139-3
Dieses Buch ist ein liebevoller und informativer Begleiter in die Reiche der Natur. Es zeigt die verschiedenen Möglichkeiten auf, wie wir mit den Wesen der Natur in Kontakt treten können und was wir dabei beherzigen sollten. Vorgestellt werden auch die verschiedenen Ebenen der Welt der Naturgeister mit ihren Eigenheiten, Bewohnern und Entsprechungen in der Alltagswelt.

Jeanne Ruland & Judith Schaffert
Engel-Kraftsüppchen
192 S., Klappenbroschur,
durchgehend farbig illustriert
ISBN 978-3-89767-301-4
Lassen Sie sich von den Autoren zeigen, wie Sie mit Gebeten und Meditationen die Engel einladen, um mit Ihnen zu kochen, und wie Sie den Segen der Engel in Ihre Nahrung bringen können. Engel unterstützen uns darin, einen ständigen Strom der liebevollen Aufmerksamkeit für die Nahrung unseres Körpers, unseres Geistes und unserer Seele zu erschaffen. Mit Engeln zu kochen kann eine völlig neue Perspektive des ganzheitlichen Seins eröffnen.

Jeanne Ruland & Iris Merlino

Die lichte Kraft der Engel

Set aus Buch
und 56 farbigen Karten
Buch: 288 S., Paperback
Karten: 95 x 140 mm
ISBN 978-3-89767-071-6

Die inspirierende Kraft der Engel macht das Leben von uns Menschen lebendiger, klarer und glücklicher. Über die 56 Karten mit ihren Erläuterungen und Ritualen sowie den Legemethoden gelingt es, ihre gewaltig wirkenden göttlichen Kräfte in unser Leben einzubinden.

Jeanne Ruland & Iris Merlino

Die Gegenwart der Meister

Set aus Buch
und 56 farbigen Karten
Buch: 304 S., Paperback
Karten: 95 x 140 mm
ISBN 978-3-89767-075-4

56 Meister und Meisterinnen (darunter Jesus, Buddha, Zarathustra, Mutter Maria, Isis, Tara, Quan Jin ...). Ihre Leben und ihr Wirken werden hier mit Botschaft und praktischen Übungen dargestellt. Sie zeigen uns den Weg zum vollen Umfang unserer Möglichkeiten und Fähigkeiten. Hat nicht Jesus gesagt: „Das, was ich kann, und noch viel mehr kann jeder von euch vollbringen".

Jeanne Ruland & Iris Merlino

Im Reich der Naturgeister

Set aus Buch
und 56 farbigen Karten
Buch: 304 S., Paperback
Karten: 95 x 140 mm
ISBN 978-3-89767-076-1

Hier vorgestellt werden 56 Natur- und Elementarwesen, ihre unterschiedlichen Wirkungsbereiche, ihre Stärke, Aufgaben und Weisheit, die sie dem Menschen bringen können. Durch spielerische Variationen lassen sich erfrischende, erheiternde, nützliche Inspirationen für den Alltag erfahren, die uns zurück zu unserem Ursprung führen.

Jeanne Ruland & Sabrina Dengel & Diana Holzschuster

Elfenkraft-Kochbuch

Kochen im Einklang mit der Natur
224 S., Klappenbroschur,
durchgehend farbig illustriert
ISBN 978-3-89767-324-3

Elfen und andere Naturgeister führen Sie mit den Rezepten dieses besonderen Kochbuchs zurück zu den lebendigen Zyklen der Natur, von der wir alle ein Teil sind. Die zahlreichen, liebevoll zusammengestellten Gerichte einer gesunden, natürlichen Küche folgen dem Jahreszyklus und sind den Monaten zugeordnet, in denen die verwendeten Zutaten Saison haben.